8 Z 1486 1

Paris
1880

Demogeot, J.

Histoire des littératures étrangères considérées dans leurs rapports avec le developpement de la littérature française

Tome 1

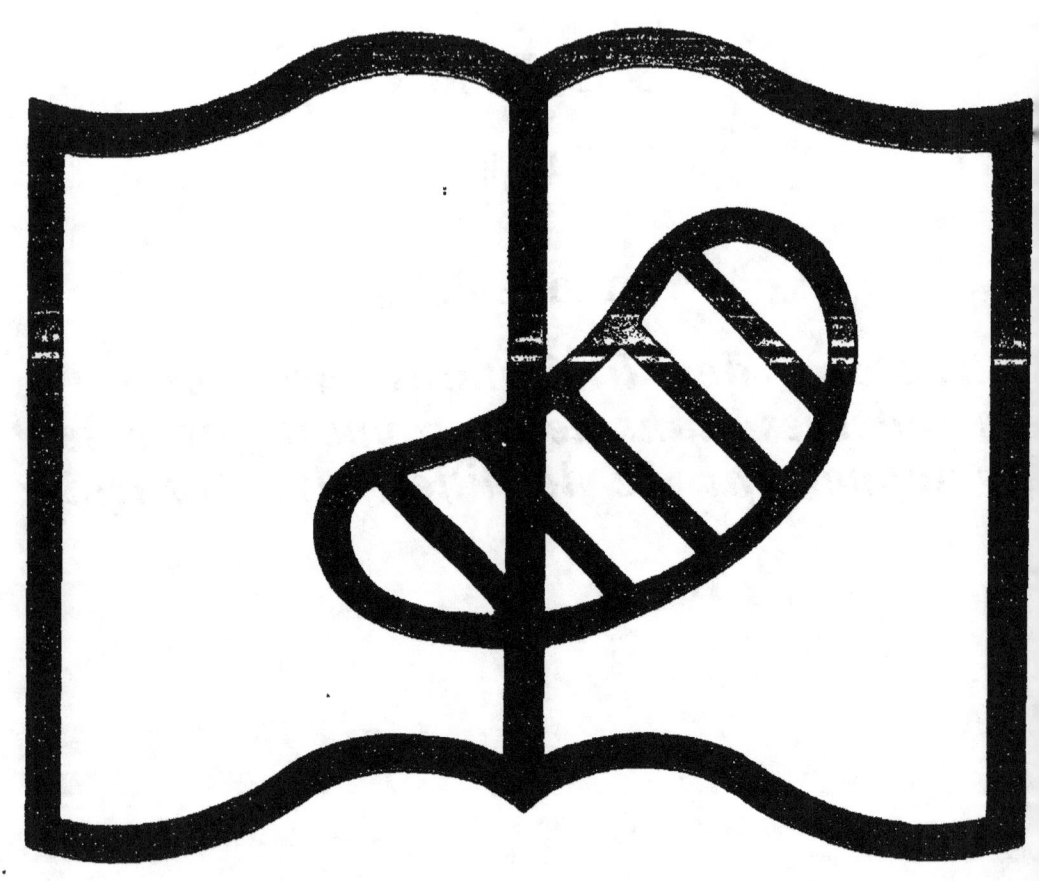

Symbole applicable
pour tout, ou partie
des documents microfilmés

Original illisible

NF Z 43-120-10

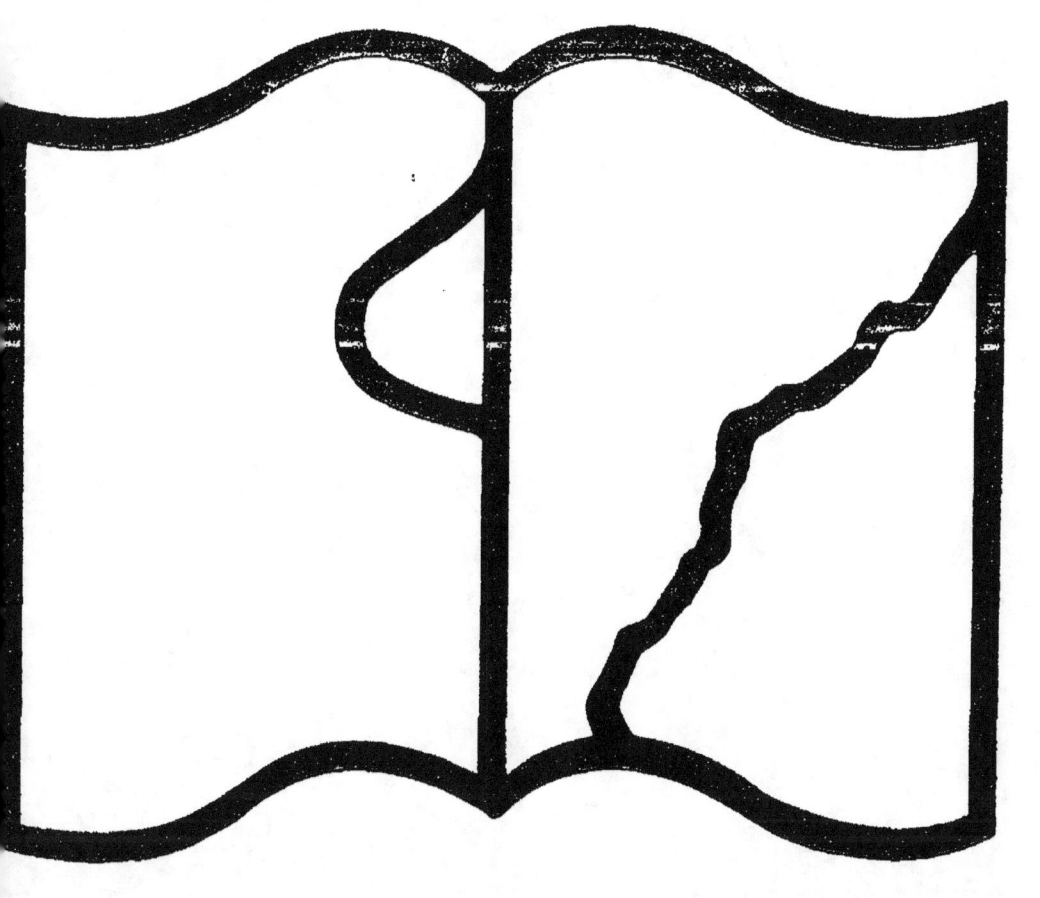

**Symbole applicable
pour tout, ou partie
des documents microfilmés**

Texte détérioré — reliure défectueuse

NF Z 43-120-11

8°Z
1486

HISTOIRE UNIVERSELLE

PUBLIÉE

par une société de professeurs et de savants

SOUS LA DIRECTION

DE M. V. DURUY

HISTOIRE

DES

LITTÉRATURES ÉTRANGÈRES

L'HISTOIRE DES LITTÉRATURES ÉTRANGÈRES comprend deux parties, qui se vendent séparément :

Littératures méridionales : Italie — Espagne.

Littératures septentrionales : Angleterre — Allemagne.

25 024. — Imprimerie A. Lahure, rue de Fleurus, 9, à Paris.

HISTOIRE
DES
LITTÉRATURES
ÉTRANGÈRES

CONSIDÉRÉES DANS LEURS RAPPORTS
AVEC LE DÉVELOPPEMENT DE LA LITTÉRATURE FRANÇAISE

PAR

J. DEMOGEOT

Docteur ès lettres, Agrégé de la Faculté des lettres de Paris
Ancien professeur de rhétorique au lycée Saint-Louis

LITTÉRATURES MÉRIDIONALES
ITALIE — ESPAGNE

PARIS
LIBRAIRIE HACHETTE ET Cie
79, BOULEVARD SAINT-GERMAIN, 79

1880

Droits de propriété et de traduction réservés

A MA PUPILLE

MADEMOISELLE JEANNE MACHIZOT

Ma fille chérie,

Votre éducation a été pendant plusieurs années l'objet de mes soins, comme votre bonheur est le but de mes vœux. Ce livre vous appartient : sans vous, je n'aurais pas eu la force de le terminer. Recevez-le comme un souvenir de l'amitié qui m'unissait à votre père et à votre mère, et comme un témoignage de la tendresse paternelle qu'ils m'ont léguée pour vous.

14 avril 1880 [1].

J. D.

---

[1] On me pardonnera d'ajouter, avec la joie d'un tuteur qui vient d'accomplir heureusement sa tâche, que le lendemain de cette date j'aurais dû dédier ce livre

A MADAME JULES ROSOT

PRÉFACE

> « Dans nos recherches de littératures étrangères, nous ne devons nous attacher qu'aux noms célèbres et aux esprits originaux dont l'influence s'est exercée sur l'Europe et sur la France. »
>
> VILLEMAIN, *Tableau de la littérature au moyen âge*, XIII° leçon

Nous avons déjà, dans notre *Histoire de la littérature française*, esquissé le plan du livre que nous offrons aujourd'hui au public. Nous y considérions la France comme le cœur de l'Europe, comme le centre d'où partent ou auquel aboutissent tous les mouvements de ce grand corps. « Au moyen âge, disions-nous, c'est la France qui donne l'impulsion et jette au dehors ses fécondes pensées : les nations voisines les recueillent avec empressement et quelques-unes en font leurs chefs-d'œuvre. Bientôt après, commence un reflux non moins remarquable : la France absorbe et transforme au seizième siècle l'Italie, au dix-septième l'Espagne, l'Angleterre au dix-huitième, et de nos jours l'Allemagne. Il semble que, pour devenir européenne, toute pensée locale doit d'abord passer par la bouche de la France. »

Le programme que nous tracions alors, nous allons tâcher de le réaliser. Nous essaierons d'exposer la littérature des peuples voisins dans ses rapports d'influence réciproque avec notre littérature. L'Europe ne nous apparaît pas comme une agglomération fortuite, ses œuvres comme des produits isolés et indépendants : une vie commune d'intelligence circule comme le sang dans ce grand corps, et trouve dans les poètes, dans les orateurs, dans les écrivains de tous genres sa plus complète expression ; S'il en est ainsi, il est possible d'écrire une histoire générale du mouvement littéraire chez les nations modernes. Cette réunion des plus célèbres littératures vivantes, cet ensemble, qui paraît d'abord multiplier à l'excès les détails, les abrège au contraire et les simplifie. Mille faits, qui semblent importants dans l'histoire particulière d'une seule littérature, perdent leur valeur dès qu'on les considère d'un point de vue plus général. Chaque nation, comme chaque époque, a des livres et des noms propres qui n'intéressent qu'elle seule. Peu nombreux sont toujours les ouvrages significatifs qui ajoutent au domaine de la raison générale et viennent grossir le patrimoine commun de l'humanité.

Le plan de notre livre nous était donné par la chronologie. Nous abordons chaque nation dans l'ordre même où s'est exercée son influence sur notre littérature, c'est-à-dire sur la civilisation commune. L'ordre logique, l'ordre du développement des idées se confond en effet presque toujours avec l'ordre chronologique des événements ; chaque nation, ayant son rôle, a aussi son tour de parole.

Comme il était naturel, ce sont les pays de langue romane qui commencent. D'abord l'Italie de la Renaissance, qui agit plus sur nous par l'art que par la pensée. Vient ensuite l'Espagne qui, au dix-septième siècle, exerce sur toute l'Europe une double hégémonie, politique et littéraire, l'Espagne de Charles Quint et de Philippe II, celle de Caldéron, de Cervantes et de Corneille. Paraît ensuite l'Angleterre, celle d'Élisabeth et de Shakspeare, sans doute, car c'est avec eux que l'Angleterre est elle-même, mais aussi celle de la reine Anne et de Pope, celle de Bolingbroke et de Voltaire, celle de Chatam, de Sheridan et de Montesquieu. Enfin la dernière, mais non la moindre, se présente devant nous la pensive et puissante Allemagne, féconde en idées, comme autrefois en hommes (*officina generis humani*), l'Allemagne de Herder et de Goethe, la rénovatrice de la pensée moderne, la mère des doctrines et des erreurs de notre époque.

Dans ce concert de la pensée européenne la France a rempli deux fois le premier rôle; au moyen âge d'abord, ensuite au dix-septième et au dix-huitième siècle. En d'autres temps elle a entendu, répété et agrandi en les reproduisant toutes les voix qui dominaient le bruit. L'histoire de la littérature française était donc déjà jusqu'à un certain point l'histoire de la littérature européenne. Celle que nous écrivons aujourd'hui aspire à en être le complément.

Nous ne nous dissimulons ni la difficulé de la tâche ni notre impuissance à la remplir. Cinquante années de notre longue vie consacrées à l'étude des langues et des littératures étrangères ne suffisent pas encore, nous ne le sentons que trop, pour acquérir les connaissances innombrables que semble exiger une pareille entreprise ; mais la pesanteur du fardeau, qui est pour nous un juste sujet de crainte, sera aussi, nous l'espérons, pour le public bienveillant un juste motif d'indulgence.

D'ailleurs nous sommes loin de prétendre à juger toujours et partout seulement par nos yeux. Dans chaque nation, sur chaque livre, nous avons consulté l'opinion des meilleurs critiques, recueilli leurs documents, comparé leurs témoignages, réformé à l'aide de leurs jugements notre impression personnelle. Il importe peu au lecteur qu'une idée nous appartienne originellement, pourvu qu'elle soit vraie. En cela nous avons suivi la méthode de Dante : le breuvage qui remplit notre coupe a été puisé à plusieurs sources ; mais nous espérons qu'il sera pur et agréable. « Non solum aquam nostri ingenii ad tantum poculum haurientes, sed accipiendo, vel compilando ab aliis, potiora miscentes, ut exinde potionare possimus dulcissimum hydromelum. » (Dante, *De vulgari eloquio*.)

Qu'on me permette de témoigner ici ma reconnaissance au directeur de cette collection d'histoires, à mon cher et bon Duruy. Cette fois encore, malgré ses travaux personnels, au milieu des occupations de toute espèce que lui impose la nouvelle et magnifique édition de son HISTOIRE DES ROMAINS, il a bien voulu prendre au sérieux ses fonctions de tuteur littéraire :

> Ses yeux sur mes dangers incessamment ouverts,
> M'ont sauvé jusqu'ici de mille écueils couverts.

Sans restreindre en aucune façon ma liberté d'écrivain, ma liberté de dissentiment, il l'a éclairée de son savoir et de ses conseils. Le ministère de l'Instruction publique, où il a laissé d'ineffaçables traces, nous l'a rendu, à l'Histoire et à moi, tel et meilleur encore qu'autrefois : à elle avec toute sa verve et son talent, mûri par l'expérience des hommes et des affaires, à moi avec toute son amitié.

Je dois aussi des remerciements publics à mon vieil ami, le savant magistrat et bibliophile Hyacinte Vinson. Depuis longtemps déjà il avait suivi tous mes pas dans toutes mes publications ; aujourd'hui j'ai pu l'entraîner, non seulement en Italie et en Espagne, où le traducteur de Dante et d'Ercilla était chez lui, mais encore en Angleterre et en Allemagne, sans le dépayser ni épuiser son savoir ou son dévouement.

HISTOIRE DES LITTÉRATURES ÉTRANGÈRES

LITTÉRATURES MÉRIDIONALES

L'ITALIE

CHAPITRE PREMIER

LES CONQUÉRANTS BARBARES

Destruction de la civilisation antique. — Formation de la langue italienne.

Après la France, l'Italie fut la première nation moderne qui fit briller sur l'Europe l'éclat des lettres et des arts. C'est à elle qu'appartient l'époque de la Renaissance. Le moyen âge ne s'est exprimé en France que par des œuvres littéraires incomplètes : l'art catholique n'a pu parvenir à sa maturité dans nos climats. Il était réservé au *pays où les citronniers fleurissent*[1] de donner à l'idée chrétienne cette fleur qu'on appelle la beauté. Tous les genres de littérature qu'avait fait germer en si grande abondance le génie original des Français devaient aller

---

1. Kennst du das Land wo die Citronen blühn,
In dunkeln Laub die Gold-Orangen glühn?
  Gœthe. *Wilhelm Meister*, l. III.

s'épanouir sous le ciel plus heureux de l'Italie. La chanson, cette fantaisie charmante des troubadours et des trouvères, va s'y revêtir d'une harmonie plus parfaite que celle des trouvères, s'y animer d'un sentiment plus profond que celui des troubadours : le poëme épique, dont nous avions créé les éléments dans nos chansons de geste et dans nos romans de la Table ronde, va trouver en Italie sa forme définitive, c'est-à-dire son immortalité. Des récits légendaires froidement versifiés y deviendront la *Divine Comédie*. L'Italie nous ravira Roland et Charlemagne : elle écrira la première croisade, que la France héroïque s'était contentée de faire. Au nord des Alpes ont vécu les Aèdes du moyen âge ; au midi naîtront ses Homères. Il n'est pas jusqu'au fabliau, si admirablement traité par nos poètes, qui ne passe ingratement la frontière, pour aller chercher sous la plume des *novellieri* une forme en apparence plus élégante et un langage plus parfait. On le voit, l'Italie continue la France ; c'est par l'Italie que nous devons commencer notre examen des littératures étrangères.

Reportons un instant nos regards sur l'époque des invasions germaniques.

La vieille société romaine mourait de sa corruption et de ses vices, au milieu de ses institutions impuissantes et de ses arts dégénérés. Les barbares ne firent qu'accélérer sa chute : ils empêchèrent que l'occident n'eût son Bas-Empire. De plus, ils déblayèrent le sol où devait s'élever avec le temps une société nouvelle. Mais c'est en Italie que l'ancienne civilisation avait les plus profondes racines : c'est là que le travail de destruction, préliminaire douloureux d'une organisation nouvelle, se prolongea le plus. L'Italie était riche et vantée ; c'était la proie universelle. Sans parler des incursions passagères d'Alaric, d'Attila, de Genséric, l'Italie eut à subir la domination des Hérules, celle des Goths de Théodoric, celle des Lombards et les dévastations réitérées des Francs, des Hongrois, des Sarrasins. Il ne fallut rien moins que cinq siècles de barbarie pour faire oublier aux Italiens les funestes leçons d'un despotisme de cinq siècles, pour leur rendre l'énergie qui fait les nations, et sans laquelle sont impossibles les grandes œuvres de la pensée.

Le dixième siècle fut pour l'Italie ce que le commencement du huitième avait été pour la France, l'époque des plus profondes ténèbres et de la barbarie la plus complète. C'était le temps où les derniers descendants de Charlemagne laissaient échapper l'empire, et où l'anarchie préparait la féodalité. Le saint-siège était souillé par d'indignes pontifes : des femmes impudiques disposaient de la tiare. La Lombardie s'agitait entre la tyrannie du comte Hugues et la faiblesse des Béranger. Les Hongrois ravageaient le nord de la Péninsule, tandis que le midi, possédé encore par les Grecs de Byzance, était sans cesse désolé par les dévastations des bandes arabes.

Il importe de se figurer l'Italie telle qu'elle était alors. Elle nous apparaît, surtout en Lombardie, comme un désert, comme une triste solitude : beaucoup de villes sont entièrement détruites, d'autres en partie démolies ou abandonnées. La plupart sont devenues des villages, peuplés d'un petit nombre d'habitants misérables ; tous les autres ont succombé aux guerres et aux contagions, ou cherché par la fuite des asiles qu'ils croyaient plus sûrs. La dépopulation en vient même à un tel excès que les empereurs, et en particulier les Othon, sont obligés d'envoyer des Allemands leurs sujets, pour repeupler en Italie certains cantons de leurs domaines. Les incendies, les ravages, la rareté des habitants, ont anéanti tous les travaux de défense, toutes les digues qui seules peuvent protéger le sol contre les torrents des Alpes et de l'Apennin. Partout s'étendent de vastes marais qui submergent et détruisent les routes. Toute communication est entravée : ce n'est que par les crêtes des collines que les voyageurs osent de temps en temps s'aventurer au milieu des dangers de tout genre qui les menacent.

L'industrie et les arts ont disparu, excepté les travaux les plus indispensables à la vie, ou ceux qui s'appliquent aux métaux et à la fabrication des armes. Le peu de peintures et de sculptures qui nous restent de cette époque sont extrêmement grossières; encore sont-elles rarement l'ouvrage des Italiens; leurs auteurs sont plutôt des Grecs, presque aussi barbares eux-mêmes. L'architecture n'était pas moins dégénérée. On détruisait alors plus qu'on ne bâtissait. La plupart des maisons en Italie étaient faites de bois et de craie, mal fondées et couvertes en chaume. Les habitants étaient si pauvres, et l'ennemi était si près[1]!

L'analogie suffirait pour nous apprendre quel devait être à cette époque l'état intellectuel de l'Italie. Il est clair qu'il ne faut chercher aucun des exercices de la pensée chez un peuple pour qui sont brisés tous les liens de la société civile. L'Église seule sauva du naufrage de la barbarie quelques débris de la civilisation antique. Les couvents, sans être capables de produire aucun écrivain de quelque valeur, conservaient au moins les manuscrits, les copiaient, enseignaient à les lire, à les comprendre. Le christianisme établit pour ainsi dire un pont au-dessus du chaos, et rattacha ensemble les deux périodes de la civilisation. Sans lui l'Europe aurait pu sans doute s'éveiller de nouveau à la vie de l'intelligence, mais le génie des temps modernes n'aurait pas reçu le riche héritage de l'antiquité. Rome et la Grèce n'auraient laissé dans la tradition que de vagues souvenirs, et les monuments de leur puissance n'eussent fait naître parmi les générations nouvelles que le vague sentiment d'admiration et de rêverie avec lequel nous contemplons aujourd'hui les restes de Pal-

---

1. Bettinelli, *Risorgimento d'Italia*, c. 1°.

myre et de Persépolis. Quant aux laïques, ils s'éloignaient de plus en plus de tous les souvenirs classiques. La langue même de l'ancienne Rome avait cessé d'être la leur. Un idiome nouveau s'était enfin constitué, et proclamait ainsi la formation définitive d'un nouveau peuple. C'est le premier fait purement littéraire sur lequel nous devons nous arrêter.

Le latin, cet industrieux langage, produit et instrument d'une élégante civilisation, ne pouvait survivre à la société qui l'avait créé. Elle-même avait eu peine à le préserver de toute atteinte. Ce savant idiome était comme une machine immense, compliquée de mille rouages, pleine de détails délicats et fragiles; il donnait de merveilleux résultats sous une impulsion habile, mais ne pouvait supporter sans se rompre l'effort d'une main inexpérimentée. Déjà, sous les premiers Césars, le peuple de Rome secouait parfois rudement le joug de la grammaire. « Nous savons que souvent, dit Quintilien, des théâtres tout entiers et l'immense foule qui remplit le cirque se sont exclamés en un langage barbare [1]. » Nous trouvons dans les recueils d'inscriptions antiques les fautes les plus grossières gravées par les sculpteurs sur les tombeaux mêmes de la famille impériale [2]. L'universalité du latin nuisit encore à sa pureté. Les provinces reçurent la langue ainsi que le gouvernement de Rome, mais elles lui rendirent bientôt l'une et l'autre, altérés par la barbarie. Grâce aux troupes étrangères qui finirent par constituer toute son armée, Rome était envahie par les barbares même avant l'époque des invasions. Lorsque celles-ci fondirent violemment sur l'Italie, elles achevèrent de détruire une langue déjà si ébranlée. Les vainqueurs voulurent adopter celle des

---

1. Quintilien, livre Ier, chapitre VI.
2. Par exemple : *Dat sorores*, au lieu de *dat sororibus*; *dat olla* pour *dat ollam*; *mangana* pour *anthlia*; *acutos* pour *clavos*; *vedua* pour *vidua*; *Idus Mazas*, *Kalendas Febraras*, etc. Voyez Bianchini, Gruter, Muratori.

vaincus : ils étaient à la fois moins nombreux et moins éclairés; mais ils ne l'adoptèrent que dans la mesure de leur capacité et de leurs besoins. Les Italiens de leur côté furent contraints à modifier leur idiome pour se faire entendre de leurs maîtres.

De ces concessions réciproques il se forma un mélange confus et bizarre en apparence, mais soumis à certaines lois générales, auxquelles l'esprit humain obéit à son insu et nécessairement. La plus remarquable de toutes est cette tendance qui entraîne sans cesse les langues de la synthèse à l'analyse, de l'expression concrète, qui rend d'un seul mot toutes les nuances de la pensée, à l'expression abstraite qui les divise, et consacre un mot différent à chaque détail[1]. La langue latine corrompue devint plus analytique : elle gagna les articles qui lui manquaient, fit plus souvent usage des prépositions pour suppléer aux terminaisons des noms, et adopta les auxiliaires pour simplifier la conjugaison des verbes. Les barbares introduisirent en Italie assez peu de mots, mais plutôt des tendances logiques auxquelles ils forcèrent le latin de plier. Par exemple, la plupart d'entre eux possédaient l'article dans leur langue maternelle : ils l'imposèrent à leur nouveau langage, mais en le tirant du vieux latin[2]. Quant aux mots eux-mêmes, on a remarqué que les termes qui expriment les choses nécessaires à la vie sont tous dérivés de l'ancienne langue latine, tandis que ceux qui désignent les choses

---

1. Par exemple, l'hébreu peut dire en un seul mot, sans employer d'auxiliaire, non seulement *j'ai enseigné*, mais *j'ai enseigné exactement* ou *souvent; j'ai reçu ordre d'enseigner, je me suis enseigné à moi-même*. Le grec ancien dit en deux mots *je me suis fait faire un habit*. Un seul mot suffit au latin pour dire *j'avais cherché à prendre*, etc. Au contraire, l'anglais, l'allemand, le grec moderne, n'expriment même plus, dans les verbes, l'idée accessoire de futur ou de conditionnel par une simple modification du présent; ils ont besoin pour cela d'un mot particulier qui se place devant le verbe et n'a pour mission que d'exprimer ces nuances de temps ou de mode.

2. *Il, lo, la, gli, le, loro*, tirés des divers cas du pronom *ille*.

de la guerre et du gouvernement sont souvent d'origine barbare. Le vaincu, en effet, devait apprendre les mots que lui imposait la force, et le vainqueur ceux que lui enseignait le besoin[1].

On ne saurait déterminer avec rigueur l'époque où commença l'usage de la langue italienne. Les langues ne naissent pas; elles se transforment. Il en est des idiomes comme des hommes qui les parlent : pour eux chaque journée paraît ressembler à la veille; ce n'est qu'au terme d'une longue série de jours qu'apparaissent les changements. Quelques savants semblent avoir voulu établir que l'idiome italien existait à Rome dès le temps de la république et qu'il était dès lors la langue vulgaire du peuple. Ce paradoxe, qui n'a pour lui aucune preuve sérieuse, ne mérite pas même une réfutation[2]. Cependant il est vrai que, sous le règne de l'ancienne langue latine, il se trouvait dans la bouche du peuple des termes, des tournures, des habitudes de prononciation qui se sont conservées dans l'italien moderne[3]. Quoique nous n'ayons aucun monument authentique écrit en italien avant la fin du douzième siècle, il est certain que cet idiome était formé

---

[1]. Perticari, *Difesa di Dante*, cap. VIII. — Walter Scott a fait une remarque analogue sur l'origine, soit saxonne, soit normande, de plusieurs mots de la langue anglaise. Les animaux dont l'homme fait sa principale nourriture ont chacun deux noms en anglais. Vivants, ils portent le nom que leur donne le saxon, c'est-à-dire le berger, l'agriculteur (*calf, hog, ox, sheep*); tués et mis en morceaux, ils prennent les noms sous lesquels les désignaient le guerrier, le consommateur, le normand (*veal, pork, beef, mutton*).

[2]. *Somnium est nulla confutatione dignum*, Muratori, diss. 32.

[3]. On trouvait, dans les atellanes, *orum* au lieu de *aurum*; *oriculas* pour *auriculas*; *parentes* au lieu de *propinqui*. Pour *ipsi* et *ipse*, on prononçait, sous Auguste, *issi* et *isse*, d'où les Italiens ont fait *esso*. Plaute écrit *essere* pour *esse*, *vernus* pour *hyems*, *minaccia* pour *minæ*, *battuere* pour *percutere*. On disait familièrement *bellus* pour *pulcher*, *caballus* pour *equus*. Pline, dit Bettinelli, emploie le mot *letamen* (fumier) et Sénèque *jornus* pour *dies*. Ausone se sert de *testa* pour *caput*, Apulée de *minare* pour *ducere*, etc.

à une époque bien antérieure. Les premiers essais qui nous restent de l'italien écrit supposent évidemment un italien depuis longtemps parlé. Bien plus, on entrevoit la langue populaire à travers l'horrible latin des notaires du dixième siècle[1]. Nous pouvons donc regarder la fin de ce siècle comme l'époque où la nouvelle langue est définitivement constituée. C'est aussi celle où le sol agité par tant de bouleversements commence à s'affermir. C'est la limite extrême où a pu descendre la barbarie, et d'où une civilisation nouvelle va lentement surgir.

CHAPITRE II

LA PREMIÈRE RENAISSANCE

Formation d'une civilisation nouvelle.
Société cléricale. — Étude du droit. — Université de Bologne.
Médecine. — L'école de Salerne.

La Providence a doué la société humaine d'une telle force de vie que toute ruine est le commencement d'une régénération. Là comme dans la nature il est vrai de dire avec le poète :

> Les débris s'animaient, la mort était féconde,
> Et la destruction renouvelait le monde[2].

---

[1]. On trouve dans un contrat de cette époque (994) : « in loco qui dicitur *a la crux* »; dans un autre (1052) : « in Cingnano usque ad Fechano fine *al capo del monte*. » Un autre notaire désigne ainsi le même lieu en latin : « usque *ad caput de monte* » (1058); plus le notaire était ignorant, plus l'idiome vulgaire transperçait à travers son latin. Il en est presque de ces actes comme des discours prononcés en français par Menot et Maillard, et écrits en latin avec de nombreuses phrases en langue vulgaire par quelque moine médiocrement lettré.

[2]. Delille, *Les trois règnes*, ch. 1er.

Les invasions des barbares délivrèrent l'Italie, ainsi que les provinces, d'une centralisation qui les opprimait sans les protéger; elles détruisirent un gouvernement qui n'était plus en rapport avec les idées et les besoins des peuples. Elles firent plus : elles rendirent à l'individu, avec la nécessité de pourvoir par lui-même à sa propre défense, le sentiment de sa valeur personnelle, l'habitude d'affronter le danger, enfin le besoin de s'unir avec ses voisins menacés comme lui, et de former ainsi ces associations plus intimes, plus étroites, où chacun est connu de tous et sent davantage la responsabilité de ses vertus et de ses vices. Ainsi se reforma peu à peu l'homme et le citoyen.

L'Italie surtout avait conservé plus que toute autre contrée l'instinct du gouvernement municipal, reste de ses habitudes romaines. La féodalité y jeta de moins profondes racines. Les cités si riches autrefois y retrouvèrent plus vite une certaine importance. Au neuvième et au dixième siècle elles obtinrent presque toutes des empereurs allemands le droit de relever, de défendre leurs murs. Bientôt même la ville absorba le château : on vit des marquis et des comtes, avides d'augmenter leurs forces par l'appui d'une de ces puissantes communes, descendre de leurs forteresses isolées et se faire inscrire comme citoyens des villes de Lombardie ou de Toscane. Avec eux entrèrent dans ces petites républiques les rivalités et les factions, mais aussi les sentiments de fierté et d'estime pour soi-même qui sont la vie morale des associations.

C'est en général le commencement du onzième siècle que les historiens assignent pour date à la renaissance de la civilisation en Italie. Quand la fatale année (1000) dont la superstition populaire redoutait l'approche avec terreur, comme celle de la fin du monde, eut expiré sans catastrophe, on se livra avec joie à la sécurité que Dieu, comme les hommes, semblait vouloir accorder à la terre. Peu à peu reparurent le bien-être et l'aisance, condition indispensable de toute culture de l'esprit ; on vit renaître le commerce et avec lui l'échange des idées. Venise et Amalfi, bientôt ensuite Pise et Gênes, renouèrent les relations de l'Italie avec l'Orient. Les croisades les rendirent plus fréquentes. L'usage de la boussole inspira l'audace aux navigateurs. D'intrépides voyageurs pénétrèrent dans la Tartarie, dans la Perse et jusqu'en Chine et au Japon.

Vers la fin du treizième siècle le vénitien Marco Polo enflamma l'imagination de ses compatriotes par ses merveilleuses descriptions des contrées les plus reculées de l'Orient[1], que son père, son oncle et lui-même avaient parcourues. Cependant deux Génois[2], devançant Christophe Colomb, sortaient du détroit de Gibraltar avec deux galères, et allaient se perdre dans l'océan Atlantique en cherchant la route des Indes.

Quant à la culture intellectuelle, l'Italie, comme toute l'Europe au moyen âge, préluda à la civilisation générale de toute la nation par celle de l'Église et du cloître. Avant d'avoir ses poètes et ses naïfs chroniqueurs en langue vulgaire, elle eut ses moines, ses prédicateurs, ses philosophes, ses théologiens.

Nous avons cherché à peindre, dans notre *Histoire de la littérature française*, la société cléricale de la France. Nous ne nous arrêterons point sur celle de l'Italie qui présente les mêmes caractères, ou plutôt qui n'en est pas distincte. La grande monarchie de l'Église n'était point limitée par les frontières des divers royaumes : elle était une, comme sa langue sacrée, universelle dans la majestueuse identité de ses études et de son administration. L'Europe du moyen

---

1. *Maraviglie del mondo.* On donna à Marco Polo le surnom de *messer Miglione*, à cause des richesses fabuleuses qu'il était censé posséder ou qu'il attribuait, dans son récit, au grand khan des Tartares.
2. Tedesio Doria et Ugolino Vivaldi.

âge, malgré la confusion et la bizarrerie apparente qui s'agitent à la surface, n'a qu'une seule vie morale, qu'une seule forme littéraire, représentée et pour ainsi dire symbolisée par l'uniformité de son culte. Il semble que du fond de l'Allemagne et de l'Angleterre jusqu'aux extrémités de l'Italie et de l'Espagne, s'élève vers le ciel, si l'on prête une oreille attentive, la voix solennelle de l'Église, à peine modifiée par la diversité nécessaire des races et des climats. Or la France était au moyen âge le centre et pour ainsi dire le cœur du grand corps catholique. C'est d'elle que tout part, c'est à elle que tout aboutit. Si Rome était le trône de l'autorité, Paris était la source de la doctrine. Si l'une décidait, l'autre avait discuté. Paris était déjà la ville capitale de l'intelligence. Mais alors, comme depuis, ce n'était pas par sa propre supériorité qu'il suffisait à ce rôle glorieux : toutes les provinces de l'Église lui fournissaient leur contingent d'hommes illustres. L'Italie y venait briller au premier rang. De même que sous Charlemagne elle avait prêté à la France ses premiers maîtres, ce fut elle qui céda à l'Abbaye du Bec et ensuite au siège de Canterbury Lanfranc[1] et saint Anselme[2]. Ce fut elle qui donna à Paris Pierre Lombard, le *maître des sentences*[3], dont l'ouvrage servit de texte à toute la théologie du moyen âge; elle imposa à l'Université rétive deux de ses gloires les plus brillantes, saint Bonaventure, *le docteur séraphique* (1221-1274), et son illustre ami saint Thomas d'Aquin, *le docteur angélique* (1227-1274), ce génie encyclopédique, qui, dans un autre siècle, dit Fontenelle, aurait été Descartes. L'Italie envoya encore à ce célèbre rendez-vous de l'Europe une foule de professeurs et d'élèves fameux alors, peu connus aujour-

---

1. Né à Pavie en 1005, mort en 1089.
2. Né à Aoste vers 1034, mort en 1107.
3. Né près de Novare vers 1100, mort en 1164.

d'hui, hommes utiles à leur époque, et que leur époque a récompensés par une gloire viagère.

Il est néanmoins un trait qui caractérise la société latine et savante de l'Italie et la distingue au milieu de cette uniformité de l'Europe catholique. Si, pour la philosophie scolastique, l'Italie n'était qu'une riche tributaire de la France, elle sut se faire dans la jurisprudence et la médecine un glorieux domaine.

Le droit était pour elle un antique patrimoine. Né au milieu des traditions et des mythes de la vieille Étrurie, il s'était peu à peu dégagé des voiles du symbole, pour arriver, sous l'influence des jurisconsultes stoïciens, à la raison sévère et précise du génie politique. Bientôt répandu par le monde à la suite des légions victorieuses, il y avait jeté de si profondes racines que les invasions ne purent l'arracher, et que, privé de l'appui de l'autorité, il continua à régner par la force de la justice. Le droit romain subsista dans toute l'Europe à côté des lois barbares, et gouverna, à l'ombre des institutions chrétiennes, la vie civile des vaincus et des clercs[1]. Mais au douzième siècle l'Italie, cette terre de la Renaissance, ressuscita en premier lieu la science qui avait fait sa gloire : elle fit passer le droit d'une existence pratique et obscure à la dignité d'une doctrine et d'un enseignement. Elle donna à cette science renouvelée la vogue, le crédit, la richesse, lui éleva des chaires, les entoura de nombreux disciples et envoya des maîtres pour l'enseigner aux contrées étrangères. L'Italie du moyen âge eut aussi sa Sorbonne.

La prospérité des villes lombardes, l'activité de leur commerce, la forme républicaine de leur administration, demandaient un droit civil plus perfectionné que celui dont on s'était servi jusqu'alors. Les lois germaniques et le peu

---

1. Ce fait, établi par Muratori et par d'autres écrivains du siècle dernier, a été environné d'une vive lumière par les savants travaux de Savigny, *Geschichte des römischen Rechts im Mittelalter*.

de lois romaines qu'avait conservées l'usage ne pouvaient plus leur suffire. Le droit romain, par la multiplicité de ses prévisions, par la généralité de ses principes, par la haute équité de ses dogmes, offrait une législation toute faite à une société qui aspirait à renaître. Bien plus, les souvenirs du peuple qu'il avait régi flattaient l'orgueil des Italiens ses descendants; ils s'honoraient d'une telle obéissance; il leur semblait retrouver leur ancienne gloire en relevant leurs anciennes lois. De leur côté les empereurs d'Allemagne aimaient dans la législation romaine le prestige de l'immortel empire. Ils espéraient sanctionner leur puissance barbare par le cachet d'une tradition vénérée, et voyaient avec joie dans la science des jurisconsultes un magnifique instrument de despotisme. Au milieu des disputes des Guelfes et des Gibelins, le droit romain devint donc une arme nouvelle que chacun des deux partis s'efforça de s'approprier.

Alexandre III et Frédéric Barberousse, rivaux en toute autre chose, s'accordèrent à combler les jurisconsultes d'honneurs et de privilèges. Lorsqu'en 1158 l'empereur Frédéric Barberousse passa en Italie à la tête d'une puissante armée, et convoqua dans la plaine de Roncaglia les princes, les évêques, les feudataires de l'empire et les députés des villes, pour établir solennellement les droits respectifs de sa couronne et de ses sujets, quatre jurisconsultes bolonais, tous professeurs de droit, siégèrent à la tête de vingt-huit juges et dirigèrent les travaux de ce tribunal des nations. Entre autres questions on agita celle-ci : Les empereurs ne sont-ils pas les maîtres du monde et n'est-ce point avec raison qu'ils prennent le titre de *orbis domini et reges regum*? Il n'est pas inutile d'ajouter que des quatre jurisconsultes deux soutinrent le parti de la liberté des villes [1] : il l'est peut-être de

---

1. Bettinelli, *Risorgimento d'Italia*, t. I, c. III.

dire que Frédéric ne voulut entendre à aucune concession, et que la décision des juges fut moins efficace pour abaisser son orgueil que la glorieuse bataille de Legnano.

Bologne fut le foyer où se ralluma l'étude du droit romain : la principale gloire en appartient à Irnérius [1]. Seul, sans secours, sans autre instruction historique que la faible dose de connaissances qu'on possédait communément au douzième siècle, il se mit à lire et à méditer les textes. Ravenne, où les manuscrits antiques furent toujours assez nombreux, n'est pas éloignée de Bologne; c'est de là probablement qu'étaient venus la plupart des livres qu'il put se procurer, c'est-à-dire les Pandectes, le Code, les Institutes, les Authentiques [2] et le travail de Julien. Tout ce que nous connaissons de droit romain au delà de ces sources était alors profondément ignoré. Bientôt Irnérius se mit à enseigner ce qu'il avait appris; de maître ès arts il se fit docteur en droit et jurisconsulte. Il lisait publiquement les textes, les interprétait par de courtes remarques soit exégétiques, soit grammaticales, qu'on nomme gloses. Ses disciples et ses successeurs suivirent et propagèrent cette méthode d'enseignement, d'où ils prirent le nom de glossateurs. Cette première école se termine par un nom autrefois glorieux : Accurse (1151-1229) réunit en un seul corps les gloses ou commentaires épars et souvent discordants de ses prédécesseurs. Il va sans dire qu'il ne faut chercher dans ce qui nous reste de ces commentateurs aucune connaissance ni de l'histoire ni des antiquités du droit. Leurs gloses sembleraient quelquefois ou puériles ou ridicules, si l'on ne songeait que, venus les premiers, et privés de tous les secours de l'érudition qui environne

---

1. Né vers 1065, mort après 1138.
2. En supposant qu'il ne soit pas lui-même, ainsi qu'on l'a cru longtemps, l'auteur de cet abrégé des *épineuses et bavardes Nouvelles*, comme les appelle Gravina.

et accable leurs successeurs, ils ont eu la gloire de ressusciter la science du droit romain, et d'en saisir par une vive intelligence l'esprit et les principes.

« Un usage continuel des ouvrages originaux sur la science du droit, dit Savigny, leur en donnait une connaissance complète et familière, qui leur permettait d'établir avec succès des rapprochements ingénieux entre différents passages. Beaucoup de glossateurs ont un mérite qu'on peut regarder comme caractéristique, celui de tenir l'attention toujours fixée sur le sujet immédiat de leur explication; et au milieu même du plus grand luxe de comparaisons avec d'autres passages de la loi, on ne les voit jamais dévier de leur but pour se jeter dans des généralités trop vagues. »

A côté du droit civil commença à fleurir aussi une autre jurisprudence, celle qui s'occupe des lois ecclésiastiques, des règles établies par les conciles, des décrets des papes et des maximes des Pères. Le droit canonique ou droit canon, c'est ainsi qu'on l'appelle, eut aussi au treizième siècle son Irnérius ou plutôt son Accurse. Le moine Gratien, né en Toscane, mais résidant à Bologne, avait trouvé les matériaux de la jurisprudence cléricale entassés pêle-mêle dans des recueils sans critique et sans goût; il entreprit de faire un corps régulier de tous ces membres confus. Dans son ouvrage intitulé *Décret*, ou *Concordance des canons*, il établit d'abord les principes généraux de la législation, d'où il fit découler tous les droits ecclésiastiques; il distribua son sujet en chapitres distincts, appuya ses doctrines par les préceptes de l'Écriture et des Pères, par les constitutions des Pontifes et des Conciles; enfin il éclaircit ou concilia les autorités qui semblaient obscures ou contradictoires. S'il mit trop peu de critique dans l'adoption de certaines pièces apocryphes, s'il favorisa trop la puissance excessive de la papauté, il faut songer que son ouvrage parut vers 1150 et fut le point de départ de la jurisprudence ecclésiastique.

L'étude du droit, ainsi ranimée, jouit aussitôt d'une vogue merveilleuse : en moins de cinquante ans toute la Lombardie fut pleine de légistes. Des universités furent bientôt créées à Modène, à Mantoue, à Padoue, à Naples, à Pise, et consacrées spécialement à l'enseignement du droit. Mais celle de Bologne garda toujours le premier rang. Elle comptait, dit-on, jusqu'à dix mille écoliers. Les professeurs étaient environnés d'une haute estime et comblés de faveurs. Les universités rivales cherchaient à se les dérober mutuellement, et les villes étaient obligées de leur imposer le serment de ne point les quitter pour enseigner ailleurs. Le zèle des professeurs répondait à celui des élèves. Les écoles étaient ouvertes avant le jour, et les chaires continuellement occupées jusqu'au soir ; au point qu'on fut obligé de défendre d'enseigner à l'heure du dîner. On comprend cette avidité pour la parole des maîtres, à une époque où la rareté des livres faisait de l'enseignement oral le moyen presque unique de communiquer l'instruction. Il y eut même des femmes qui s'adonnèrent à l'étude et, dit-on, à l'enseignement public du droit. Novella, fille aînée de Giovanni d'Andréa, professeur à Bologne, se fit le suppléant de son père. « Quand il étoit occupé de quelque ensoine (affaire) pour quoi il ne pouvoit vaquer à lire ses leçons à ses écoliers, il envoyoit Novella, sa fille, en son lieu lire aux écoles en chaire ; et afin que la beauté d'elle n'empêchât la pensée des oyants, elle avoit une petite courtine (rideau) au-devant d'elle, et par celle manière suppléoit et allégeoit aucunes fois les occupations de son père [1]. »

La médecine ne jeta pas moins d'éclat que le droit sur le premier réveil de l'Italie. Les couvents (le Mont-Cassin,

1. Christine de Pisan, citée par Ginguéné. — De nos jours Mlle Clotilde Tambroni a occupé pendant plusieurs années la chaire de littérature grecque à l'Université de Bologne. Son nom a figuré jusqu'en 1817 parmi ceux des professeurs de cette illustre corporation.

l'abbaye de Farfa) avaient conservé, au neuvième et au dixième siècle, quelques traditions de l'art iatrique. Vers la même époque commençait la célébrité européenne de Salerne : des abbés, des évêques, des princes y venaient des contrées lointaines chercher l'espoir de la guérison. Il est probable que les Arabes, maîtres des provinces méridionales de l'Italie, apportèrent à Salerne leurs livres et leurs méthodes ; il est certain qu'au onzième siècle la médecine y était cultivée depuis longtemps. Des femmes même s'y firent une grande réputation dans cette science, comme à Bologne dans celle du droit. Ordéric Vital nous parle d'une savante dame qui éclipsait alors tous les autres docteurs [1]. Des traductions nombreuses firent connaître aux Italiens les médecins grecs et arabes. Le moine carthaginois Constantin, réfugié à Salerne et contemporain de Robert Guiscard, en fit à lui seul un grand nombre, dont quelques-unes nous restent encore.

Mais une autre œuvre, presque littéraire, a donné à l'école de Salerne une longue popularité ; c'est un recueil de préceptes sanitaires, rédigés en vers latins, dont il ne reste que 373, la plupart léonins ou rimés, dont le style barbare ne s'impose que plus impérieusement à la mémoire du lecteur. Adressés à un prince que les auteurs appellent « roi d'Angleterre »,

Anglorum regi scribit schola tota Salerni,

et que Tiraboschi, après une savante discussion, suppose être Robert de Normandie, alors hôte de Robert Ier et gendre de Godefroy de Conversano, ces vers, monument authentique de la célébrité de l'école, remonteraient donc au moins à l'époque de la première croisade [2].

1. Chron. ad ann. 1059.
2. D'autres littérateurs, sur la foi de quelques manuscrits des vers salernitains, veulent, avec assez peu de vraisemblance, qu'ils aient été

La société savante, cléricale, latine, quelque semblable qu'elle fût à elle-même dans toute l'Europe, avait donc en Italie, au douzième et au treizième siècle, un caractère distinctif. Tandis que Paris et Oxford se livraient tout entiers à la scolastique, l'Italie n'eut des écoles publiques de théologie qu'après l'année 1360 [1]. Lors même qu'elle cultiva cette étude, elle laissa toujours percer d'autres préoccupations. Elle donna à l'Occident les deux premières traductions d'Aristote [2]; les lettrés de Venise et de Padoue, dans leur admiration fanatique pour Averroès, allaient jusqu'à dédaigner les apôtres et les Pères de l'Église [3]. Enfin, par l'étude et l'enseignement du droit, l'Italie tendait à la fois les mains au glorieux passé de Rome et à l'avenir fécond de l'Europe moderne. C'était déjà de la Renaissance.

CHAPITRE III

FORMATION DE LA POÉSIE ITALIENNE

Imitation des troubadours.
Importance du milieu politique. — La ville de Florence.
Influence de la France du nord. — Brunetto Latini.

Les progrès mêmes de l'instruction cléricale retardèrent la naissance de la littérature italienne. Toute la sève du

---

dédiés à Charlemagne. Il semble que dans certains manuscrits, aujourd'hui perdus, ces vers s'élevaient au nombre de 664, de 1096 et même de 1639. Voir Tiraboschi, *Storia della letter. ital.*, III, p. I, p. 395.

1. Tiraboschi, t. V, p. 137, 160, et H. Hallam, *Histoire de la littérature*, t. I, p. 19 (trad. franç.).
2. L'une entreprise par les ordres de Frédéric II, l'autre sous la direction de saint Thomas. Une troisième traduction fut faite encore, en Italie, à l'époque de la Renaissance, d'après le vœu de Nicolas V.
3. « *Utinam tu Averroim pati posses.* disait l'un d'eux à Pétrarque,

talent se portait vers la langue latine, que les hommes instruits voulaient toujours, dans leurs regrets orgueilleux, regarder comme la langue nationale. La poésie elle-même, quand elle ne s'exprimait pas en hexamètres demi-barbares, conservait encore ses dédains et ses préférences. Les chantres provençaux avaient pénétré en Lombardie par suite des relations politiques qui unirent la noblesse des deux pays. Les troubadours étaient accueillis et fêtés dans les cours féodales de Montferrat, d'Este, de Vérone et de Malaspina : séduite par leur succès, la poésie italienne se prit à parler leur langue; elle perdit un temps précieux à suivre cette mode étrangère : de plus elle contracta, à l'école de ces dangereux maîtres, ces funestes habitudes de faux goût et de fade galanterie dont elle put difficilement se débarrasser même dans ses plus beaux jours [1].

Mais quoique entrée la dernière des contrées de l'Europe dans la carrière de la poésie, l'Italie semblait prédestinée à y devancer toutes les autres. La lumière de la civilisation antique s'était moins éclipsée pour elle. Les invasions des barbares y avaient été moins sauvages; le système municipal avait concentré la vie sociale dans le sein de ses villes, où la féodalité l'avait moins facilement atteinte. L'industrie, le commerce, y renaissaient rapidement, et en même temps l'opulence et l'activité. La longue lutte de l'empire et de la papauté, l'insurrection glorieuse de la ligue lombarde, Milan deux fois ruiné, deux fois renaissant de ses cendres, l'héroïque bataille de Legnano, la démocratie triomphant à la paix de Constance, les dissensions mêmes des vainqueurs, ces guerres intestines si

---

ut videres quanto ille tuis his nugatoribus major sit. » Mém. de Pétr., tome III, page 759.

1. Nous prions le lecteur de vouloir bien se reporter, pour ce qui regarde la poésie des troubadours, au chapitre XII de notre *Histoire de la littérature française*.

déplorables pour la prospérité de l'Italie, si fécondes en grands caractères et en grandes actions, tout agitait profondément les âmes et les éveillait aux nobles pensées. D'ailleurs des souvenirs historiques, des ruines éloquentes entretenaient dans les cœurs une vague fierté, un retentissement lointain d'enthousiasme. Il y avait dans la race italienne une poésie latente, tenue pour ainsi dire en suspension dans les masses populaires. Il ne fallait qu'un homme de génie pour la précipiter. Joignez à cela l'éternelle poésie du climat, les fêtes splendides d'un beau ciel, les douces et énivrantes séductions de la nature du Midi, cette Circé immortelle! L'Italie, dont la tête se couronne des ombrages luxuriants de la Lombardie et des neiges imposantes des Alpes, baigne voluptueusement ses pieds dans les tièdes eaux de la Sicile, sous un soleil africain, au milieu des laves de volcans, parmi les aloès et les monstrueux cactus; on sent que l'Europe finit là, et que nous sommes sur la limite d'un autre monde.

Il appartenait à l'Italie d'adoucir dans une forme harmonieuse les aspérités sévères du moyen âge. Le spiritualisme du Nord n'y pouvait garder sa raideur; le souffle de la Grèce avait jadis passé sur elle; Naples et la Sicile semblaient en frémir encore : les Arabes enfin y portèrent au moyen âge une inspiration orientale plus décisive, et joignirent le sensualisme de l'imagination à celui du climat. Tout semblait promettre à l'Italie une nouvelle jeunesse de poésie et de gloire.

Ce fut en Sicile que naquit la poésie italienne. Elle grandit à la cour élégante et presque asiatique de Frédéric II (1194-1250), au milieu des émirs dont il avait peuplé son palais. Malgré les agitations politiques de son règne et ses longs démêlés avec les papes, ce prince trouvait le loisir de fonder l'université de Naples, d'ouvrir des écoles nombreuses, à Palerme et dans toute la Sicile, de protéger le célèbre enseignement de Salerne. « C'était

« un homme très généreux, dit un ancien auteur, il don-
« nait volontiers et faisait bonne grâce : quiconque avait
« du mérite s'empressait de venir le trouver, qu'il fût
« poète ou beau parleur[1]. » Lui-même faisait des vers :
il nous reste encore une de ses *canzoni*. Ses fils Enzo et
Manfred imitèrent ses goûts poétiques. Celui-ci, au dire
de Matteo Spinello, « sortait souvent la nuit par les rues
« de la jolie ville de Barletta, et s'en allait prenant le frais
« et chantant des couplets d'amour, en compagnie de deux
« musiciens célèbres de la Sicile[2]. »

Ici se révèle le caractère de toute cette poésie naissante.
Elle ne fut qu'un chant d'amour et de plaisir, une redite
harmonieuse des chansons des troubadours. Les Siciliens
lui donnèrent pourtant une forme plus parfaite : ils créè-
rent le sonnet, ce moule si savant, si régulier, où devaient
couler au moins la moitié des inspirations lyriques de
l'Italie, et dont nous aurons lieu de parler un peu plus
loin.

Nous répéterons ici une observation que nous avons
faite dans un autre ouvrage à l'occasion des troubadours.
Les sujets qu'ont traités ces poètes ne souffrent guère de
citations : rien de plus fade pour les personnes désinté-
ressées dans la question, que des soupirs et des compliments ; les vers d'amour semblent exiger la même discrétion que le sentiment qui les inspire. D'ailleurs, les
poésies des Siciliens et de leurs imitateurs ne reproduisent guère que les galantes frivolités des cours d'amour :

---

1. « La gente che aveva bontade veniva a lui da tutte le parti : e
L'uomo donava molto volentieri e mostrava belli sembianti; e chi
aveva alcuna speciale bontà a lui veniano, trovatori e belli parlatori ».
Cento novelle antiche. Nov. XX.

2. Cantando strambotti e canzoni; ed iva pigliando il fresco, e con esso
ivano due musici siciliani che erano grandi romanzatori. V. Muratori,
Script. rer. ital., t. VII, p. 1095.

ils comparent leurs maîtresses au soleil, aux étoiles; ils ont de longues conversations avec leur cœur,

> Et, toujours bien portants, meurent par métaphore [1];

mais ils rencontrent rarement un trait de passion ou de vérité. C'est là le péché originel de la poésie italienne, la faute que Dante reproche si nettement à ses prédécesseurs [2].

Ce défaut est si choquant, quelquefois même si ridicule, il y a tant de fausseté et de froideur dans ces peintures d'un amour qui n'a rien de commun avec l'amour, que, pour disculper cette nombreuse école de poètes, un critique moderne s'est avisé d'un ingénieux et très bizarre système [3]. Selon lui ces expressions d'une passion idéale ne sont autre chose qu'une perpétuelle allégorie politique: c'est le langage d'une franc-maçonnerie italienne, dont se servaient les Gibelins pour se communiquer leurs vœux, leurs espérances et leurs douleurs antipapales. Si le vieux Sennuccio s'écrie que le peuple le persécute à cause de son amour, cela veut dire à cause de son parti; s'il prétend qu'il sera forcé de mourir, il veut parler de la nécessité

---

1. O mon cœur, que ne te déchires-tu? Sors de peine et sépare-toi du corps. Car il vaut mieux mourir une fois que souffrir toujours.

> Core, chè non ti smembri?
> Esci di pene, e dal corpo ti parti;
> Chè assai val meglio un' ora
> Morir, che ognor penare.
> *Canzone* de Enzo, fils de Frédéric II.

2. Et je lui dis: moi je suis ainsi fait, lorsque l'amour m'inspire, j'écris, et selon qu'il me dicte au dedans de moi-même, je vais le répétant.
— O frère, je vois maintenant, dit-il, le nœud qui nous retient, le notaire, Guittone et moi (Buonagiunta), en deçà de ce doux style nouveau que j'entends.
Je vois que vos plumes s'en vont pressées après celui qui vous dicte (l'amour); ce qui certes n'arriva pas aux nôtres. (*Purg.*, XXIV, 51-60.)

3. Gabriele Rossetti, *Sullo spirito antipapale che produsse la Riforma*. Londra, 1832, in-8.

où il va être de se faire guelfe. Les amants que le poète invite à pleurer avec lui sont les partisans de l'empire ; les dames auxquelles il s'adresse sont les chefs du parti ; l'amour c'est le parti lui-même.

Il suffit de jeter les yeux sur l'histoire des villes d'Italie, de voir la violence des luttes intestines, la franchise des haines, la licence des actions et des paroles, pour savoir à quoi s'en tenir sur cette dissimulation prudente qui se serait enveloppée de si étranges voiles. D'ailleurs ces fadeurs prétendues platoniques sont antérieures aux partis guelfes et gibelins ; les troubadours en avaient donné l'exemple, et les plus anciens poètes siciliens les reproduisirent avec une malheureuse docilité. L'invention du système de M. Rossetti prouve du moins combien ce délire érotique et universel des poètes italiens du treizième siècle semble aujourd'hui inexplicable et ridicule.

Nous choisirons parmi les débris de leurs œuvres, pour les citer ici, quelques fragments qui semblent faire exception à ce caractère trop général.

Le meilleur des vieux poètes siciliens est le notaire Jacopo de Lentino (l'ancien Leontium). Voici comme il termine une de ses chansons, en lui adressant à elle-même la parole, selon l'usage des Provençaux.

> Ma chansonnette polie,
> Vole, vole ce matin
> Vers la fleur la plus jolie
> Qu'ait Amour en son jardin.
> Et vous, plus blonde qu'or fin,
> Donnez votre amour si chère,
> Madame, au pauvre notaire,
> Au notaire de Lentin.

> Mia canzonetta fina [1]
> Muoviti la mattina

---

[1]. Nous croyons nécessaire, pour garantir la fidélité de nos traductions en vers, de les faire suivre par le texte.

Davanti alla più fina
Fiore d'ogni amoranza.
Bionda più che auro fino,
Lo vostro amor da caro
Donatelo al notaro
Ch'è nato da Lentino.

Le même auteur a mis une naïveté assez piquante dans un de ses sonnets que nous allons reproduire tout entier :

Je m'étais mis de cœur à servir Dieu,
Afin qu'un jour, au bout de ma vieillesse,
Il voulût bien me loger au saint lieu
Où sont toujours, dit-on, ris et liesse.

Mais si devais ne plus voir au ciel bleu
Celle qui porte œil vif et blonde tresse,
Au paradis aime mieux dire adieu;
Car ne pourrais vivre sans ma maîtresse.

Point ne vous dis que j'ai le projet noir
Faire là-haut de peccadille affreuse!
Oh non! voudrais tout seulement y voir

Son doux regard, sa marche langoureuse;
C'en est assez : mon cœur, sans nul espoir,
Serait heureux en la voyant heureuse.

Io m'aggio posto in core a Dio servire
  Come io potesse gire in paradiso,
  Al loco santo c'aggio audito dire
  Ove si mantiene sollazzo, gioco, e riso ;

Senza la mia donna non vi vorria gire,
  Quella c'a la blonda testa e'l claro viso,
  Chè senza lei non porzeria gaudire
  Estando da la mia donna diviso.

Ma non lo dico a tale intendimento,
  Perchè peccato ci volesse fare,
  Se non vedere lo suo bel portamento

E lo bello viso e'l morbido sguardare;
  Che lo mi tiria in grand consolamento
  Veggendo la mia donna in gioia stare.

L'Italie continentale ne tarda pas à imiter la Sicile. Le treizième siècle est comme le printemps de la poésie italienne : les chants mélodieux s'éveillent de tous côtés à la fois. Bologne, Pérouse, Florence, vingt autres villes, rivalisent ensemble par le nombre, sinon par le mérite de leurs poètes. Le premier nom qui brille sur cette liste est celui du fondateur des frères mineurs, Giovanni Moriconi, d'Assisi (1182-1226), qui dans la suite s'appela François à cause de la prédilection qu'il avait pour la nation et la langue françaises. Outre quelques autres compositions poétiques, il nous reste de saint François d'Assise un cantique admirable où, à l'exemple du Psalmiste, il invite toutes les créatures ses sœurs à s'unir à lui pour louer leur père commun.

« Très haut, très puissant et bon Seigneur, à toi les louanges, la gloire, l'honneur, à toi toute bénédiction.

« Elles conviennent à toi seul, et nul homme n'est digne de te nommer.

« Sois loué, ô Dieu mon Seigneur, avec toutes les créatures, spécialement pour monseigneur le Soleil, notre frère, qui fait le jour et luit alors à nos yeux. Il est beau et rayonne d'une grande splendeur ; il porte, Seigneur, le signe de ta puissance.

« Sois loué, ô mon Seigneur, pour notre sœur la lune et pour les étoiles ; tu les as formées dans les cieux brillantes et belles.

« Sois loué, mon Seigneur, pour notre frère le vent, pour l'air tantôt nuageux et tantôt serein, par lesquels tu soutiens toute créature.

« Sois loué, mon Seigneur, pour notre sœur l'eau ; elle est utile et louable, précieuse et chaste.

« Sois loué, mon Seigneur, pour notre frère le feu, par lequel tu illumines la nuit : il est beau et agréable, vigoureux et fort.

« Sois loué, mon Seigneur, pour notre mère la terre, qui nous soutient et nous gouverne : elle produit les fruits, les herbes et les fleurs diaprées. »

Grâce à l'émotion religieuse qui l'animait, le pieux auteur a mis plus de vraie poésie dans cet hymne qu'on n'en trouve dans les sonnets de la plupart de ses contemporains. On ne peut s'en étonner, quand on connait sa vie si enthousiaste et si poétique, ses visions gracieuses et tendres, les extases de ses prières, l'éloquence entraînante de ses discours, enfin la vive et profonde sympathie dans laquelle il embrassait toute la création. La légende de saint François d'Assise est un poème populaire plein de naïveté et de charme.

Bologne, la ville savante, la cité du *Studio* (Université), fut l'une des premières à recueillir l'héritage des chantres siciliens. Ses poètes chantent aussi l'amour, mais ils impriment à leur poésie un cachet particulier. Le voisinage d'un docte enseignement, les habitudes d'esprit d'une éducation scolastique, donnent à leurs vers quelque chose de moins frivole, de plus ferme, mais aussi de plus recherché et de plus pédantesque. Écoutez le plus célèbre d'entre eux, Guido Guinizelli. Le trait de l'amour, pour aller à son cœur, passe par ses yeux, comme le tonnerre qui entre par la fenêtre d'une tour, et qui fend et met en pièces tout ce qu'il trouve au dedans. « Je reste, dit le poète, comme une statue de bronze où il n'y a ni âme ni vie, si ce n'est qu'elle imite une figure d'homme. »

Ailleurs il met aux prises son cœur avec ses yeux. « Le cœur dit aux yeux : C'est par vous que je meurs ; les yeux disent au cœur : C'est toi qui nous as perdus. »

La recherche devient plus choquante quand il compare les attraits de sa dame à la force magnétique du pôle. « Dans les régions placées sous l'étoile du nord se trouvent les montagnes d'aimant qui donnent à l'air la vertu d'attirer le fer ; mais comme elles sont éloignées, elles ont besoin du secours d'une pierre de même nature pour le faire agir, et diriger l'aiguille vers l'étoile polaire. Mais vous, madame, possédez les montagnes de mérite d'où se répand l'amour : l'éloignement n'en détruit pas la force ; car elles agissent de loin et sans secours. »

Les lecteurs pardonnaient volontiers à cette affectation de la pensée en faveur de la noblesse du style. Nous voyons par un des ouvrages de Dante *De vulgari eloquio*, que la grande affaire poétique de l'époque c'était la formation d'un langage noble, commun à toutes les provinces de l'Italie.

Dans cette préoccupation, on était bien plus choqué d'un mot vulgaire et d'un idiotisme local que d'une pensée froide ou d'une image forcée. Aujourd'hui, placés à un point de vue différent, nous n'en jugeons peut-être pas ainsi. Nous citerons donc sans scrupule quelques poètes au langage grossier et plébéien (*goffo e plebeo*), de préférence à d'habiles artisans de ce beau style qu'il s'agissait alors de créer. A ce titre, nous allons traduire quelques stances de Fra Jacopone, ce moine fou et poète, espèce de Triboulet populaire, enfermé par les ordres du pape Boniface VIII[1]. Il va lui-même justifier doublement notre citation, par le mérite de ses vers et par l'opinion qu'ils expriment :

> Sache bien dans la poussière
> Prendre un joyau précieux,
> Et d'une bouche grossière,
> Un langage gracieux ;
> Tire d'un fou la sagesse,
> Et la rose d'un buisson ;
> Une bête est ta maîtresse,
> Si tu sais prendre leçon.
>
> Nous voyons qu'une main vile
> Trace un élégant tableau ;
> Du sein d'une informe argile
> Sort un vase utile et beau.
> Aux sales vers on sait prendre
> La soie aux longs filets d'or ;
> Le verre vient de la cendre,
> Et des sous font un trésor.
>
> La souris la plus petite
> Peut délivrer un lion ;

[1]. Jacopone était un jeune avocat de Todi : dans une fête à laquelle il assistait, il vit la jeune fille qu'il allait épouser écrasée tout à coup par la chute d'un plafond. En recueillant son corps, on s'aperçut que, sous ses riches vêtements, elle portait un cilice. Jacopone, frappé d'un tel malheur, perdit la raison, et n'en recouvra quelques lueurs que pour embrasser la vie monastique dans l'ordre des frères mineurs. Il mourut en 1306.

Le taureau se précipite
Quand le pique un moucheron
L'avis que je veux te dire,
C'est de ne rien mépriser ;
Souvent un objet peut nuire
S'il ne peut favoriser.

Avec toute seigneurie
Fuis la contestation ;
On te vole, on t'injurie
A la moindre occasion,
Et tout le monde s'écrie :
« Monseigneur a bien raison ! »

Ne réponds pas du navire
Avant qu'il ne soit au port ;
N'adore pas le martyre,
Avant que le saint soit mort ;
Car souvent le fort chavire,
Et le droit devient le tort.

    Sappi ben della polvere
    Tor pietra preziosa,
    E da uom senza grazie
    Parola grazioza :
    D'al folle sapienzia
    E da la spina rosa,
    Prenda esempio da bestia
    Chi a mente ingeniosa.

    Vediamo bella imagine
    Fatta con vili deta :
    Vasello bello ed utile
    Fatto è di sozza creta :
    Pigliam da laidi vermini
    La preziosa seta,
    Vetro da laida cenere,
    E da rame moneta.

    Se puote picciol sorice
    Leon disprigionare,
    Se puo la mosca piccola
    Il bue precipitare,
    Per mio consiglio donoti
    Persona non sprezzare
    Chè forse ti può nocere
    Si non ti può giovare.

    Con signore non prendere,
    Se tu puoi, quistione ;
    Ch' el ti ruba ed ingiuria
    Per picciola cagione ;

> E tutti gli altri gridano :
> « Messere ha la ragione. »
>
> Non sicurar la nave
> Finchè non giunta in porto ;
> Santo non adorare
> Innanzi chè sia morto ;
> Chè il forte può cascare,
> E'l dritto farsi torto.

J'avoue que c'est avec bonheur que je trouve un langage si franc, une phrase si nette parmi les flammes et les soupirs des poètes italiens du treizième siècle.

Plusieurs circonstances préservèrent la poésie italienne de l'épuisement prématuré qui avait atteint la muse provençale, son dangereux modèle.

La formation des républiques lombardes donna de la gravité aux intérêts et aux pensées : les poètes furent en même temps des hommes et des citoyens. De sérieuses études se mêlèrent à leurs chansons légères et les tirèrent de cette fatale ignorance où se plaisait la paresse des troubadours. Le plus élégant des lyriques italiens avant Pétrarque, Guittoncino Sinibaldi, plus connu sous le nom de Cino da Pistoia (1270-1337), fut un jurisconsulte distingué ; il publia un commentaire sur les neuf premiers livres du Code. Il professa le droit à Trévise, à Pérouse, à Florence et eut pour disciple le célèbre Bartole (1315-1356). Veut-on prendre sur le fait l'influence que ces travaux sérieux exercèrent, au moins quelquefois, sur son talent de poète ? Au milieu de ses poésies d'amour, qui ressemblent trop à toutes celles de ses contemporains, on lit le sonnet suivant, qu'un troubadour n'aurait certes jamais écrit :

> A quoi bon, superbe Rome, tant de lois faites par tes sénateurs, ton peuple, tes jurisconsultes? A quoi bon tant d'édits et de décrets, si tu ne gouvernes plus, comme autrefois, le monde ? Lis, malheureuse, oui, malheureuse, lis les vieux exploits de tes fils invincibles, qui te firent jadis gouverner l'Afrique et l'Égypte. Maintenant, c'est toi qu'on gouverne, et tu ne gouvernes plus rien. Que te sert aujourd'hui d'avoir dompté les autres contrées, et mis le frein aux nations étrangères, si

ta gloire est désormais morte avec toi? Pardon, mon Dieu, d'avoir mal employé mes jours à étudier des lois injustes et vaines, au préjudice de ta loi que chacun porte écrite dans son cœur.

De toutes les villes de la Péninsule, Florence offrit à la culture des lettres le sol le plus fécond et le plus généreux. Cette cité avait eu des origines obscures, une lente et forte croissance. Ville secondaire de l'Étrurie, éclipsée par le voisinage de la puissante Fésules, elle devint colonie romaine, puis duché sous les Lombards, comté sous les Carolingiens, et fit enfin partie du domaine des marquis de Toscane, si riches et si puissants au onzième et au douzième siècle. Florence, dans sa vie politique, eut le bonheur de n'être point précoce. Elle s'éveilla plus tard que les autres villes de l'Italie aux agitations et aux luttes de la liberté; mais elle se présenta dans l'arène avec toute sa force. Au douzième siècle, elle fut des dernières à s'ériger en commune et à posséder des consuls; au commencement du treizième, elle réclama des dernières les droits régaliens; des dernières aussi elle connut les divisions des Guelfes et des Gibelins, des plébéiens et des nobles. Les autres cités d'Italie avaient accompli leur révolution populaire avant que le développement de leur civilisation leur permît d'en tirer des conséquences fécondes : elles avaient passé brusquement de l'enfance à la virilité. Florence eut une belle et florissante jeunesse : tous les arts, toutes les sciences du temps, présidèrent à la naissance de sa liberté, et formèrent autour de son front une brillante couronne. La peinture, la musique, l'architecture, y prirent un soudain essor. La poésie surtout y jeta un vif éclat. A la fin du treizième siècle, quand les passions politiques déchiraient déjà la plupart des cités voisines, Florence, à la veille de s'y livrer tout entière, jouissait encore, au sein de ses institutions républicaines, des mœurs les plus douces et les plus élégantes. Un chant de Casella, un sonnet de Cavalcanti, une fête du mois de mai, excitaient un intérêt public parmi ce peuple né pour les arts. « Il y avait dans ce temps à Florence (1282), dit G. Villani, plus de trois cents cavaliers qui donnaient à leur réception de splendides banquets, et beaucoup de compagnies de cavaliers et de damoiselles qui soir et matin tenaient une riche table, avec beaucoup d'hommes de cour distribuant à Pâques un grand nombre de robes fourrées. Aussi on voyait accourir de Lombardie et de l'Italie tout entière des jongleurs, des bouffons, et des hommes de cour qui se rendaient à Florence, et tous étaient reçus avec plaisir ; et il n'y passait pas un étranger de renom, et digne d'être honoré, qu'il ne fût à l'envi invité et retenu par lesdites compagnies, et conduit à pied et à cheval par la ville et par le pays, comme il convenait [1]. »

De telles mœurs supposent la richesse et la culture de l'esprit : Florence était riche et intelligente. Elle fabriquait de belles étoffes de laine, avait inventé les lettres de change et faisait le commerce par terre, comme Pise et Venise

---

[1]. Jean Villani nous transmet de précieux détails sur la prospérité de Florence dans la première partie du quatorzième siècle. Le revenu de la République montait alors à trois cent mille florins, somme qui, eu égard à l'avilissement des métaux précieux, équivalait au moins à quinze millions de francs. Le travail de la laine employait à lui seul deux cents manufactures et trente mille ouvriers. La vente des draps produisait en moyenne, chaque année, douze cent mille florins, dont la valeur d'échange était de plus de soixante millions. On frappait annuellement quatre cent mille florins. Quatre-vingts banques conduisaient les opérations commerciales, non pas seulement de Florence, mais de toute l'Europe, et leurs opérations s'élevaient quelquefois à une importance digne d'étonner même nos banques contemporaines. Deux maisons florentines avancèrent à Édouard III d'Angleterre plus de trois cent mille marcs, à une époque où le marc contenait plus de soixante-deux francs d'argent, et où la puissance de l'argent était plus que quadruple de ce qu'elle est aujourd'hui. Le prêt en question équivalait donc à plus de soixante-quinze millions. La ville et ses environs contenaient cent soixante-dix mille habitants. Dans ses diverses écoles dix mille enfants apprenaient à lire, douze cents étudiaient l'arithmétique, six cents recevaient une éducation littéraire. — Ce résumé de Villani est dû à l'historien Macaulay, *Critical and historical Essays*, tome I, page 69, édition de Leipzig.

par eau. Son dialecte était le plus pur de l'Italie : on n'avait presque qu'à l'écrire pour avoir une langue littéraire. Les besoins du gouvernement communal avaient rendu vulgaire le talent de parler en public. Les poètes n'étaient pas seulement des troubadours ; c'étaient des savants, des lettrés, presque des philosophes. Nous avons entendu des vers du professeur de droit Cino da Pistoia ; Guido Cavalcanti, ami intime de Dante et poète alors célèbre, passait pour se livrer à des recherches métaphysiques, et même assez peu orthodoxes : quand on le voyait marcher par les rues de Florence, la tête baissée et l'air abstrait, les médisants prétendaient qu'il cherchait des arguments pour prouver que Dieu n'existait pas. Enfin le maître de Dante, Brunetto Latini, a laissé, comme poète et comme prosateur, des ouvrages dont l'Italie moderne n'avait encore vu aucun modèle.

Brunetto forme le lien qui, au treizième siècle, unit Paris avec Florence. Banni de sa patrie, à la chute du parti guelfe (1260), il vint chercher un asile en France. C'était l'époque où notre poésie, fatiguée déjà d'une longue et brillante carrière, riche de ses chansons de geste et de ses fabliaux, commençait à se faire savante et allégorique. Guillaume de Lorris, l'auteur de la première partie du *Roman de la rose*[1], venait de mourir (vers 1260) ; son œuvre, qui devait exercer une si longue influence, était alors dans toute sa vogue. Le goût public tournait aux œuvres encyclopédiques : saint Thomas écrivait son admirable *Somme* ; Jean de Meung, continuateur de Guillaume, devait donner à la suite du *Roman* l'apparence d'une compilation scolastique, et rédiger de plus un autre ouvrage sous le nom de *Trésor*. Le troubadour Pierre de Corbiac avait déjà appelé *Trésor* une pièce où il exposait l'ensemble des connaissances qui avaient fait l'objet de ses études. Ce

1. Voyez notre *Histoire de la littérature française*, chap. XI, p. 119.

fut sous le même titre que le réfugié florentin composa à Paris et en langue d'oïl son plus important travail. Lui-même nous en dévoile ainsi le but et le plan :

« Ce livre est appelé *Trésor* ; car comme le sire qui veut en petit amasser chose de grand vaillance, non pas pour son délit (plaisir) seulement, mais pour accroître son pooir (pouvoir) et pour son état assécurer en guerre et en paix, met les plus chères choses que il peut trouver selon son intention ; tout autresi (ainsi) est le corps de ce livre compilé de sapience. Si comme celui qui est extrait de tous les membres de philosophie brièvement en une somme. »

L'auteur annonce ensuite qu'il divisera son œuvre en quatre parties traitant l'une de la philosophie théorique, à laquelle il joint très sagement l'histoire, la seconde de la morale, les deux dernières de la rhétorique et de la politique. « Et si aucun demande pourquoi ce livre est écrit en roman, selon le patois de France, puisque nous sommes Italien, je dirai que c'est pour deux raisons. L'une est parce que nous sommes en France, l'autre si est parce que françois est plus délitauble (délectable) langage et plus commun que moult d'autres. »

L'influence française est peut-être plus frappante encore dans un autre ouvrage que Brunetto fit avant le *Trésor* et écrivit en italien, je veux parler du *Tesoretto*, comme on l'a depuis appelé pour le distinguer de l'ouvrage écrit en français. Ici on ne peut méconnaître une imitation du *Roman de la rose* : comme le poème de Guillaume, le *Tesoretto* est écrit en petits vers de huit syllabes, rimés deux à deux, à la manière du cycle d'*Arthur*[1], avec une facilité négligente et diffuse : comme l'auteur français, le Florentin a une vision ; il s'égare dans une forêt, il y voit la nature qui lui parle de Dieu, de la création, des facultés de l'homme, des éléments, des plantes, et lui ordonne de

---

1. *Hist. de la litt. franç.*, chap. IX, p 87 et suivantes.

parcourir la forêt voisine, où il trouvera la Philosophie, les quatre Vertus, le dieu d'Amour et, s'il lui plaît, la Fortune et la Fraude. Notons en passant qu'arrivé aux lieux qu'habite l'Amour, Brunetto rencontre Ovide, qui lui sert de conseiller et de guide; comme Dante, le disciple de Brunetto, rencontrera bientôt Virgile dans la « forêt obscure » où lui aussi se sera égaré.

Ainsi, à l'école de la France du nord et sous l'influence de sa docte Université, la poésie toscane s'exerçait à former des plans plus vastes, à recevoir des inspirations plus hautes que celles qu'avaient traduites jusque-là les poètes italiens. Elle préparait ses forces pour composer l'épopée sublime qui devait fermer si glorieusement le moyen âge.

CHAPITRE IV

DANTE ALIGHIERI

L'épopée catholique. — Ouvrages divers de Dante. La *Divine Comédie*.

Ni les poètes siciliens, ni leurs imitateurs bolonais et toscans ne pouvaient, avec leurs gracieuses et légères compositions, exprimer complètement les émotions poétiques qui agitaient alors l'Italie. Leurs chants étaient d'harmonieux préludes; mais ils ne formaient point une de ces œuvres puissantes où un âge de l'humanité reconnaît avec admiration son image. On n'y trouvait rien de ces grandes luttes entre la papauté et l'empire, qui avaient été, après les croisades, le fait le plus important du moyen âge; rien de ces haines intestines des partis, de ces violentes rivalités des petites républiques, où les âmes se déploient avec tant d'énergie et de caractère : surtout ce n'est pas de ces poètes qu'on pouvait attendre un monument immortel où le catholicisme vînt renfermer ses dogmes, sa morale, sa science et ses plus divines émotions. L'amour même, qui faisait l'objet presque unique de leurs chants, n'avait pas reçu de ces troubadours italiens le caractère particulier, la pure et sainte auréole qui devait bientôt le transfigurer.

Réunir et représenter à la fois tous les éléments poétiques de l'époque et du pays, c'est ce que seule pouvait faire une épopée véritable, une de ces œuvres encyclopédiques qu'un homme rédige, mais qu'un siècle a conçues, qui reflètent et concentrent dans une action individuelle tous les rayons épars dans l'imagination d'un peuple, enfin un de ces poèmes sacrés auxquels le ciel et la terre mettent également la main :

> Poema sacro
> A cui han posto mano e cielo e terra.

Le quatorzième siècle semblait une époque propice à cette audacieuse entreprise; c'était, comme le temps d'Homère, la fin d'un âge héroïque. Les grandes figures du douzième et du treizième siècle apparaissaient déjà dans un poétique lointain, espèce de crépuscule de gloire qui en élargissait les proportions. Barberousse, Richard Cœur-de-Lion, Manfred, Charles d'Anjou, Ugolin, Farinata, étaient pour le poète italien ce que Ixion, Pirithoüs, Nestor, Ajax, Ulysse, avaient été pour le poète grec. Dans l'une comme dans l'autre de ces époques indisciplinées où la loi n'était rien encore, l'individu avait une valeur immense; les vertus comme les vices s'y développaient dans le vide des institutions et atteignaient une prodigieuse hauteur. Les événements même n'étaient pas sans analogie. Le moyen âge avait eu sa guerre de Troie : l'Europe coalisée avait marché avec enthousiasme à la conquête de l'Asie. De même l'Iliade avait eu, en quelque sorte, sa querelle du sacerdoce et de l'empire : elle avait pris la Grèce au moment où, affranchie du joug théocratique de l'Asie, la population hellène se dégage des traditions et de l'influence pélasgiques, où le héros s'insurge contre le prêtre, tout en adorant le dieu; où Chrysès maudit le grand roi, où Calchas, menacé par le chef des guerriers, implore le brave contre le despote, Achille contre Agamemnon; de même que le pontife romain invoque Guiscard contre Henri, Milan et Lodi contre Frédéric. Ajoutons pour dernière ressemblance celle des deux peuples auxquels s'adressait l'épopée. Même curiosité, même crédulité aux deux époques. La nation pour laquelle chante Homère écoute avec un respect naïf les voyageurs qui, revenant d'Italie, cet autre monde, où ils ont été chercher l'airain de Temèse, racontent les merveilles des Lestrygons, les chiens aboyants de Scylla, l'œil unique des monstrueux Cyclopes; le peuple de Toscane court en foule sur le pont de Florence[1], où on lui a promis de lui révéler l'autre monde, le monde d'au delà du tombeau. Il prête l'oreille aux interminables discussions de la théologie, où il espère trouver le secret des choses invisibles. Il montre et regarde avec crainte un homme qu'on appelle Dante Alighieri, qui passe pour aller, quand il veut, en enfer, et qui rapporte, dit-on, des nouvelles de ceux qui sont là-bas[2].

L'épopée du moyen âge devait donc être le chant du

---

1. Dans une fête publique on représenta, à Florence, l'enfer avec ses supplices. Le théâtre était au milieu d'un pont de bois qui s'écroula sous le poids des spectateurs. « Ce qui n'était qu'un jeu devint une chose sérieuse et, comme on l'avait proclamé, beaucoup de gens qui y périrent allèrent savoir des nouvelles de l'autre monde. » *Jean Villani*, VIII, 70.

2. Boccace attribue ce mot à une femme de Vérone; sa compagne lui répondait : « Ce que tu dis doit être vrai. Ne vois-tu pas comme il a la barbe crépue et le teint noirci? C'est le feu et la fumée de l'enfer. *Vita di Dante.*

dogme catholique. La vie future, avec ses terreurs et ses espérances, était la grande affaire, l'intérêt unique de la vie présente. Le monde avait longtemps vécu dans l'effroi d'une destruction imminente : depuis qu'il s'était promis quelques siècles de grâce, d'étranges récits, de miraculeuses visions ne laissaient point oublier aux hommes que pour les individus la fin du monde arrive à chaque instant. Rien n'était plus célèbre au treizième siècle que la vision de saint Paul, les songes de sainte Perpétue et de saint Cyprien, le pèlerinage de saint Macaire au paradis terrestre, le ravissement du jeune Albéric, le purgatoire de saint Patrick et les courses miraculeuses de saint Brandan[1]. Le cadre du nouveau poème épique était donc en quelque sorte indiqué d'avance par les habitudes et les préoccupations de l'époque. Ajoutez que l'antiquité gréco-latine qui commençait à renaître, offrait, dans quelques-uns de ses chefs-d'œuvre, des antécédents littéraires : l'Ulysse d'Homère avait visité les ombres, Virgile avait conduit Énée au Tartare et à l'Élysée.

Les détails du poème, non moins que son inspiration, étaient imposés par l'esprit général de l'époque. De quoi peupler l'autre monde, sinon des éléments de celui-ci ? Hommes et choses, faits et idées, devaient y trouver leur place. Cette vie merveilleuse ne devait être que la vie réelle transformée : c'était l'auréole divine placée sur les choses de la terre. La nouvelle épopée ne pouvait donc être naïve et simple comme l'Iliade : le jeune monde du

---

1. Nous possédons encore les textes de plusieurs poèmes français qui ont pour objet ces pèlerinages merveilleux. Nous citerons entre autres la *Voie ou le Songe d'enfer*, par Raoul de Houdan ; la *Voie du paradis*, par Rutebeuf, l'ouvrage d'un trouvère anonyme du XIIe siècle sur le *Voyage de saint Brandan au paradis terrestre*, et la *Vision* où l'apôtre saint Paul est conduit par saint Michel au milieu de tous les supplices de l'enfer, longue et froide narration en vers, par le trouvère Adam de Ros. Voyez Delarue, *Histoire des bardes, trouvères et jongleurs* ; et Ozanam, *Étude sur les sources de la Divine Comédie*.

moyen âge balbutiait d'antiques souvenirs; sa pensée renaissante pliait déjà sous le fardeau d'une érudition confuse : ses croyances étaient environnées de l'appareil pédantesque de la scolastique. Le poème sacré devait s'ouvrir à la science des sciences, à la théologie.

Quel fardeau à soulever qu'une telle entreprise ! Dogmes, idées, sciences, faits et hommes politiques, souvenirs de l'antiquité, il fallait tout unir, tout coordonner; il fallait surtout donner à ce grand corps la vie et la beauté, sans lesquelles il n'y a pas de poésie, et pour cela animer le tout d'une passion, d'un amour, le couronner d'une belle et chaste figure de femme ; puis l'exprimer avec un style nouveau, puissant, original, tour à tour simple, sublime et tendre, dans un idiome qui n'avait jusqu'alors répété que de faibles chansons d'amour. En un mot, il fallait être à la fois homme d'État, philosophe, théologien, littérateur, savant, poète, amant et grammairien : il fallait en même temps exprimer une société, créer un poème et inventer une langue.

L'homme qui devait remplir cette haute mission naquit à Florence le 27 mai 1265. Son père se nommait Alighieri Degli Elisei. Lui-même reçut d'abord le nom de Durante qu'on abrégea ensuite en celui de Dante. Instruit dans toutes les connaissances de son époque, passionné pour les arts, ami du peintre Giotto et du musicien Casella, profond théologien, philosophe alors célèbre, il reçut en outre des événements et de la vie pratique cette seconde éducation si nécessaire au génie. Épris, à l'âge de neuf ans, du plus extraordinaire amour, il sentit naître dans son âme la poésie avec la raison; bientôt soldat, homme politique, ambassadeur, victime de la haine des partis, guelfe par la naissance, gibelin par vengeance et par nécessité, il apprit combien « est amer le pain de l'exil, » et combien « il est dur de monter et descendre l'escalier d'une maison étrangère. » La tendresse, l'amertume, la mélancolie, toutes les passions vibrèrent tour à tour dans son cœur. L'étude n'en eût fait qu'un savant, le malheur en fit un poète. Sa foi sincère, sa haine pour le vice, la hauteur naturelle de sa pensée, le rendirent l'interprète du dogme catholique, l'architecte sublime d'une des œuvres les plus étonnantes qui honorent l'esprit humain.

Dante préluda à son grand poème par plusieurs études, dans lesquelles il exerçait isolément chacun des talents, chacune des facultés, dont la réunion devait produire sa *Divine Comédie*. Ces travaux préparatoires sont représentés pour nous par plusieurs ouvrages composés les uns avant, les autres avec son épopée. Dans ses *Rime*, qui comprennent des *sonnets*, des *canzoni* et des *ballades*, Dante reçoit et épure la tradition poétique des Siciliens et des Provençaux. Il se montre l'héritier de ses prédécesseurs, mais un héritier qui va bientôt centupler leurs richesses. N'eût-il écrit que ces pièces fugitives, Dante serait encore au premier rang parmi ses contemporains. Comme eux il fait parler à l'amour le langage mystique de l'adoration; mais de loin en loin une pensée plus haute, un sentiment plus vrai annoncent le poète. N'y a-t-il pas par exemple dans les vers suivants une inspiration analogue à celles des premiers chants du *Paradis*?

Puisque ne puis rassasier mes yeux
De regarder ma dame au doux visage,
La veux encor regarder davantage,
Pour que la voir me rende bienheureux.
Ainsi qu'un ange, intelligence pure,
Devient heureux dans sa haute nature
Rien seulement qu'en voyant le Seigneur,
Le deviendrai, moi faible créature,
En regardant la céleste figure
De la donna qui possède mon cœur.

Poiche saziar non posso gli occhi miei
Di guardar a madonna il suo bel viso,
Mirerol tanto fiso
Ch' io diverrò beato, lei guardando.

> A guisa d'angel, che di sua natura
> Stando su in altura
> Divien beato sol vedendo Iddio;
> Cosi essendo umana criatura
> Guardando la figura
> Di questa donna che tiene il cor mio
> Porria beato divenir qui io.

L'amour, qui devint l'âme de son grand poème, a écrit sa propre histoire dans quelques pages charmantes de la *Vita nuova*; ouvrage étrange et attachant, où la naïveté et la tendresse la plus vraie s'allient d'une façon bizarre à l'enflure et au pédantisme, passeport nécessaire alors de toute composition en prose. On suit avec une curiosité profonde la naissance et tous les accidents d'une passion glorifiée par le génie. C'est là qu'on trouve déjà, dans un songe merveilleux, l'esquisse de l'apothéose de Béatrice, et le projet de dire d'elle « ce que jamais poète n'avait dit d'aucune femme. »

Les travaux philosophiques du poëte florentin, qui devaient tenir dans la *Divine Comédie* une si large place, sont résumés dans le *Convito* (Banquet), où Dante se fait lui-même le commentateur de ses *canzoni*. Le *Convito* est le premier ouvrage de prose sévère que puisse citer la langue italienne, le premier qui parle de philosophie; cette philosophie est sans doute aride, décharnée, souvent aussi fausse qu'ambitieuse, comme celle de ses contemporains; mais elle n'en montre que mieux le mérite du poëte qui a su, dans son œuvre capitale, souffler la vie et la beauté sur ces ossements desséchés. Le *Convito* n'est qu'une ébauche abandonnée par l'auteur : c'est le plus médiocre de ses ouvrages.

Dans cette œuvre même, condamnée à une certaine froideur par la nature du sujet, l'âme passionnée du poëte a laissé percer quelques traits d'une sensibilité énergique et profonde. Il se retrouve lui-même quand il songe à son exil, à sa patrie « à cette belle et glorieuse fille de Rome, Florence, qui l'a rejeté de son sein chéri ! »

Les haines politiques de la *Divine Comédie*, ses invectives si éloquentes contre les prétentions temporelles des papes, viennent se formuler en une théorie pleine de grandeur, dans l'ouvrage latin *De monarchia*, où le poète relevant par la pensée la domination du peuple romain, plus forte et plus complète que ne l'avait créée l'histoire, cherche dans l'autorité de l'empereur l'unité sociale dont son génie sévère et irrité sentait l'indispensable besoin.

Enfin un autre ouvrage latin, *De vulgari eloquio*, nous initie aux secrets de ce style puissant, qui n'est pas une des moindres merveilles de l'épopée dantesque. Non moins grand comme écrivain que comme poète, l'auteur procède par les mêmes moyens; il se fait un idéal du langage comme de la nature; il le compose de tous les éléments réels que lui fournissent les mille dialectes parlés dans la péninsule. Il conçoit et réalise déjà pour elle l'unité de langue, comme il appelle de ses vœux l'unité de nation.

Toutes ces œuvres représentaient les matériaux isolés dont l'ensemble devait constituer le grand poème du moyen âge. La *Divine Comédie* embrasse et coordonne toutes les idées, tous les travaux du poète, et les anime du feu sacré de l'art.

Le début de la *Divine Comédie*[1] a quelque chose de sombre et de mystérieux, comme ce demi-jour qui vous enveloppe à l'entrée d'une vaste cathédrale gothique. Le

---

1. Dante a donné à son poème le titre de *Comédie* qui, dans sa pensée, ne réveillait aucunement le souvenir d'une œuvre dramatique, pour caractériser le style familier et simple dont il prétendait faire usage, et qu'il opposait modestement au style élevé et « tragique » de Virgile son maître. Il voulait aussi annoncer, par ce mot, l'issue heureuse et non « tragique » du céleste voyage.

poëte nous transporte avec lui dans une forêt profonde. Les créations qui nous environnent ne sont point celles de la nature : une allégorie menaçante ne nous permet de les toucher qu'avec crainte; nous sentons que ces êtres fantastiques pourraient s'évanouir ou se transformer sous nos mains. Ce silence, ces ténèbres, cette forêt qui n'est pas une forêt[1], cette nature qui n'est point notre nature, saisissent l'âme du lecteur d'une émotion vague et pleine d'anxiété.

> J'étais à la moitié du chemin de la vie,
> Je me perdis, dans l'ombre, au fond d'une forêt :
> Car j'avais dévié de la route suivie.
>
> Ma mémoire à présent bien mal retracerait
> Cette forêt profonde, âpre, épaisse, sauvage;
> Et rien que d'y penser, la peur me reviendrait[2].

Toutefois, comme pour nous rattacher à la réalité vivante au milieu de ce monde vacillant et douteux, nous apercevons un de nos semblables, un homme de chair et d'os comme nous, pour qui nous éprouvons une vive sympathie, et dont nous sommes tout prêts à partager les terreurs et les périls. Sur cette scène muette apparaît aussi le poëte Virgile : mais sa voix même est éteinte. Aucun bruit n'ose se faire entendre. C'est bien là le vestibule du monde futur; le mystère et l'effroi sont assis à ses portes,

> Umbrarum hic locus est, somni, noctisque soporæ.

Tout à coup, semblable à ce rayon doré qui « colore le « sommet de la colline et ramène le calme dans le cœur »

---

1. La forêt, *selva*, dans le langage allégorique de Dante, représente souvent le parti guelfe, dont Florence fut presque toujours le plus ferme rempart.
2. Traduction de M. Hyacinthe Vinson. On remarquera, entre autres gages de fidélité, que le traducteur a reproduit les *terzines* de son modèle et l'entrelacement de leurs rimes.

du poète, apparaît, comme un espoir, le nom, le souvenir de Béatrice, chaste et gracieuse unité du poème. On pressent déjà cette beauté divine, quoiqu'on ne la contemple pas encore. C'est elle qui envoie Virgile pour être le guide de Dante; on entrevoit, à travers le récit du poète conducteur, le charme le plus puissant de cette céleste figure, ses yeux brillants sous les larmes,

Gli occhi lucenti lagrimando volse.

Pareil au compositeur qui dans une ouverture jette quelques traits de ses plus suaves mélodies, Dante prélude ainsi par ce rayon d'amour aux ravissantes apparitions du purgatoire et du paradis. Au nom de Béatrice les nuances s'adoucissent, les ténèbres s'effacent, et l'âme comprimée s'épanouit un instant,

> Telles les jeunes fleurs que le vent froid des nuits
> Penche, aussitôt que l'aube a blanchi le rivage,
> Se dressent en s'ouvrant sur leurs pieds raffermis[1].

Mais aussitôt, par un contraste terrible, nous lisons l'inscription fatale gravée sur la porte éternelle de l'enfer. Elle-même semble prendre une voix pour nous crier : « C'est par moi qu'on va dans la cité des pleurs... vous qui entrez, quittez toute espérance. » Puis on entend des bruits confus et effrayants, des langages divers, d'horribles blasphèmes, des cris de douleur, des accents de colère, des voix hautes et rauques et des froissements de mains qui se choquent entre elles... Dante s'adresse d'abord à notre oreille, cet organe des sensations vagues, qui s'accordent si bien avec les idées d'infini; et quand il nous a ainsi préparés, quand il a ébranlé puissamment nos âmes,

---

1. *Enfer*, chant II, vers 127. Traduction de M. Hyacinthe Vinson.

par l'attrait de l'inconnu, du divin, du terrible, par les émotions les plus indéterminées et les plus profondes, alors le grand justicier du moyen âge procède à sa redoutable besogne : il frappe d'une main hardie tous les crimes, toutes les iniquités. Au milieu du chaos sanglant de son époque turbulente et indisciplinée, il fait rayonner l'idée d'une éternelle justice et crie aux puissants de la terre : « tremblez, vous êtes immortels ! »

Les trente-trois chants de son *Enfer* sont une effrayante galerie de grands criminels, une prodigieuse échelle de supplices : ici c'est un orage éternel, là une pluie froide et noire, ailleurs un sable brûlant, une onde fétide, puis des serpents horribles, puis des tombes ardentes; toujours et partout des tortures; et quand on le croit épuisé d'inventions terribles, il se relève tout à coup tenant à la main quelque vengeance inouïe. Son imagination est aussi féconde en tourments que l'histoire en forfaits, que le corps de l'homme en douleurs. Tout le monde connaît l'admirable épisode d'Ugolin dévorant le crâne de l'archevêque Roger, qui, sur la terre, l'a fait mourir de faim avec ses trois enfants. On sait aussi que ce même poète qui a porté le pathétique jusqu'aux limites de l'horrible, a fait parler la plus tendre des passions dans le récit de Françoise de Rimini.

Si nul poète n'a été plus énergique que Dante, nul aussi n'a été plus délicat et plus gracieux : la vigueur de son génie n'est pas plus admirable que sa souplesse. Quel sentiment profond des harmonies de la nature anime toutes les scènes du Purgatoire! Dans un cadre merveilleux, dans un monde surnaturel, il est le plus vrai, le plus naïf des peintres. Il aime la campagne comme J. J. Rousseau, et la décrit comme Homère. Qu'on trouve de charme, au sortir de l'abîme infernal, à voir briller cette « douce couleur de saphir oriental... » à sentir « cet air doux et tranquille qui vous effleure le front sans plus vous frapper qu'un vent léger... » à entendre murmurer « ce ruisseau qui, allant vers la gauche, plie avec ses petites ondes l'herbe née sur ses bords ! [1] » L'harmonie intraduisible des vers italiens est une partie essentielle de ces suaves descriptions. Les anges que Dante amène souvent dans ce lieu d'épreuves suffiraient pour y répandre un avant-goût du ciel, tant ils déploient de grâce, de sereine majesté ! Mais ce qui nous frappe le plus en relisant le *Purgatoire*, c'est la chaleur douce et continue qu'y répand une passion bien nouvelle en poésie, l'espérance. Cette seconde partie du poème est une longue et pure aspiration vers la troisième : on y sent partout une sainte résignation, une tendre mélancolie, pareille à celle de l'exilé qui, sous un beau ciel étranger, tourne ses yeux vers la patrie où il doit retourner un jour.

Dante créait l'*Enfer* au milieu des discordes civiles : il était banni depuis longtemps quand il écrivait le *Purgatoire*.

Le *Paradis* était la partie la plus difficile de cette épopée. Les anciens poètes épiques qui avaient fait descendre leurs héros dans le séjour des morts, ou n'avaient pas essayé de décrire les joies de la vie future, ou n'en avaient donné qu'une idée peu séduisante. Ce n'est pas, comme on l'a dit, que le cœur de l'homme connaisse mieux la douleur que la joie : c'est que l'idée de douleur se rattache invariablement aux mêmes objets pour tous les hommes, tandis que les causes de la joie sont aussi variables que les individus qui l'éprouvent.

Que doit donc faire le poète qui veut donner une idée du séjour de tous les délices ? Le remplira-t-il de tous les objets dépositaires passagers du bonheur, instruments éphémères de nos jouissances ? Ce serait risquer de présenter au lecteur, au lieu d'un fruit plein de saveur, une

---

1. *Purgatoire*, ch. 1ᵉʳ et ch. XXVIII.

écorce aride et desséchée. Dante l'a senti, et, avec l'audace du génie, il a pris la plus étonnante résolution ; c'est de peindre le paradis, sans décrire aucun des objets qui peuvent enivrer les sens. Désertant le sol mouvant de la sensation, il s'élance résolument dans le domaine de l'intelligence. Il ne décrit pas le plaisir, qui est le bien des sens, mais il cherche à révéler la vérité, qui est le bien de l'âme. Le paradis de Dante est le théâtre de ces magnifiques expositions de doctrine que le moyen âge admirait, parce qu'il y trouvait sa plus haute formule. C'est à elles que Dante devait la gloire de théologien, plus grande alors que celle de poète :

Theologus Dantes, nullius dogmatis expers.

Que manque-t-il au succès de cette tentative admirable ? Une doctrine plus complètement, plus éternellement vraie. Jugée au point de vue moderne, cette science scolastique est aussi étroite que sèche : pour être juste envers le poète, il faut se replacer dans son horizon, relever autour de soi toutes les croyances, toutes les opinions du moyen âge. On concevra alors quelle admiration dut exciter un ouvrage qui semblait couronner par les vérités les plus hautes, l'édifice poétique le plus noble et le plus imposant.

La scène où Dante place le paradis est magnifique par elle-même. Ce n'est pas une plage céleste, mesquine contrefaçon de la terre ; c'est l'ensemble du système cosmique, dont les astres divers sont les brillants échelons. De planète en planète, de ciel en ciel, le poète monte sans cesse, les yeux fixés sur ceux de Béatrice, et porté par la douce et puissante attraction de ce regard chéri. Par une invention aussi neuve qu'heureuse, Béatrice, transfigurée sans cesser d'être elle-même, devient le symbole de la science divine, de la théologie : Dante mêle ses deux amours, et passionne la science par cette fusion hardie. Le symbole est un des secrets poétiques dont il fait le plus fréquent usage dans son *Paradis* et vers la fin de son *Purgatoire :* ici ce sont deux femmes célestes, Lia et Rachel, qui représentent la vie contemplative et la vie active; là c'est le char triomphal de l'Église; c'est la rose mystique où s'épanouit toute l'Église céleste et dont chaque feuille est une âme bienheureuse; c'est le point de feu indivisible où se concentre à ses yeux l'essence divine.

Bien différent de la froide allégorie qui n'est qu'une fiction, le symbole est un objet réel et physique destiné à rappeler des idées immatérielles. C'est un genre de poésie essentiellement catholique. Tout dans l'Église est symbole, ses sacrements, son culte, la forme même de ses vêtements et de ses temples. Bien plus, ce procédé est inhérent à l'homme, intelligence liée à un corps et qui ne pense qu'avec des signes; nos langues sont une série de symboles. La nature qui nous entoure est un symbole pour nous. Dieu se révèle à nous par la grandeur des cieux, par l'étendue des mers : au lieu de fatiguer notre raison par la démonstration abstraite de l'infini, il nous place sur le rivage de l'Océan, sous la voûte étoilée du ciel et semble nous dire : « Contemple! »

Nous nous sommes principalement attaché à considérer le côté humain et universel de la *Divine Comédie :* le côté italien et temporaire n'était guère moins frappant pour ses premiers lecteurs. Quelle passion, quelle verve de haine éclate dans ses invectives contre ses adversaires politiques, dans les supplices ou les malédictions qu'il inflige aux pervers!

Citons, pour en donner une idée, un exemple entre mille, en choisissant un de ceux qui, se rapportant à des personnages connus, peuvent le plus aisément se passer de commentaires.

Arrivé au huitième cercle (l'enfer de Dante est un vaste

entonnoir formé intérieurement de cercles ou terrasses concentriques de plus en plus profondes et toutes garnies de supplices), le poète aperçoit dans la roche livide des trous nombreux, de chacun desquels sortent en s'agitant les jambes allumées d'un pécheur. Ces puits renferment les simoniaques, ceux qui vendirent les choses saintes. Il s'approche de l'un d'eux, de celui dont les pieds paraissent se tourmenter avec le plus de douleur. C'est le pape Nicolas III. Sous sa tête renversée vers le gouffre sont enfouis ses prédécesseurs coupables du même crime; et son successeur viendra l'enfoncer dans le puits à son tour. Quand il entend la voix du poète, le supplicié croit que c'est déjà Boniface VIII, le pape régnant, qui vient le relayer à la surface. Dante le détrompe et lui demande qui il est. Le pape répond :

> Sache qu'on me vêtit du splendide manteau.
>
> Cupide que j'étais et vraiment fils de l'Ourse (Orsini),
> Pour mieux faire avancer les oursins en grandeurs,
> J'ai mis là-haut de l'or, ici moi-même, en bourse.
>
> Sous ma tête enfoncés, gisent d'autres vendeurs,
> Qui m'ont précédé tous avec leur simonie,
> Dans ces fentes de pierre et dans ces profondeurs.
>
> J'y tomberai plus tard, quand viendra l'âme impie
> Pour qui je t'avais pris, quand, par le feu couvert,
> Je t'ai fait tout à coup ma demande étourdie.

Ce condamné futur, successeur promis à Boniface VIII, sera Clément V, le protégé de Philippe le Bel.

Emporté par son indignation, le poète éclate alors contre les pontifes simoniaques :

> Quel trésor donna Pierre, avant que dans sa main
> Le Seigneur mit les clefs du séjour de la grâce?
> Certe, il ne lui dit rien que : *Viens sur mon chemin.*

> Pierre et ses successeurs avaient-ils eu l'audace
> De vendre à Mathias, pour or ou pour argent,
> Le siège où d'un grand traître il vint prendre la place.
>
> Reste là, tu subis un juste châtiment ;
> Garde bien ta richesse, avec honte ravie,
> Qui te fit contre Charle oser impudemment.
>
> . . . .
>
> L'or, l'argent sont vos Dieux ! Et quelle différence
> De l'idolâtre à vous ? on n'adorait jadis
> Qu'un Dieu, vous en priez cent dans votre démence ![1]

C'est ainsi que dans les cent chants qui composent son grand poème, Dante a jeté sur sa triple scène l'histoire de son époque mêlée à celle du passé. Personnages connus alors, criminels et héros, hommes célèbres par leurs vertus ou par leurs forfaits, idées et actions, toute la société, toute la vie contemporaine vient se classer sans confusion sur ce théâtre immense. Mais il sait, en grand artiste, rattacher le particulier au général : il enchâsse l'histoire du treizième siècle dans un dogme universel. L'auteur n'est plus un gibelin, un exilé de Florence ; c'est un homme, interprète de l'humanité : c'est un poète catholique dans toute l'étendue de l'expression. Son sujet nous saisit par la croyance la plus vivace, la plus innée, la plus humaine, la foi à l'immortalité de l'âme et à la justice inévitable de Dieu.

---

1. *Enfer*, chant XIX, vers 69-114 ; traduction de M. Hyacinthe Vinson.

CHAPITRE V

PÉTRARQUE.

Travaux d'érudition. — Laure de Noves.
Sonnets; Canzoni; Triomphes.

La transformation brillante par laquelle l'Italie changeait les esquisses de nos poètes en œuvres immortelles [1] ne tenait pas seulement à l'accident heureux de quelques hommes de génie : elle révélait déjà un fait bien important dans l'histoire des lettres, la résurrection du goût et des formes antiques, l'union harmonieuse de l'inspiration du moyen âge avec les traditions de l'art grec et romain.

Si Dante est le grand « théologien » de son époque, s'il possède la connaissance de « tous les dogmes [2] », Dante est aussi élève de Virgile; c'est par le poète d'Auguste qu'il se fait guider dans son enfer, « c'est de lui qu'il a pris ce beau style qui fait sa gloire » (*Enfer*, I, 87).

Après lui son œuvre réparatrice ne restera point abandonnée. Nous allons lui trouver à Florence même deux héritiers illustres avec qui commence à briller l'aurore de la Renaissance.

Dante avait eu pour compagnon d'exil un Florentin nommé Pierre, *Petracco*, dont le fils François, *Francesco di Petracco*, prit plus tard le nom de *Petrarca*. Né en 1304 dans un des faubourgs d'Arezzo, Pétrarque hérita de la destinée errante de son père : toute sa vie ne fut qu'un long exil. Vaucluse même, sa solitude chérie, ne put fixer

---

1. Voyez ci-dessus pages 1 et 2. — 2. Voyez p. 46.

son inconstance : un malaise secret, une mobilité inquiète le pousse sans cesse à Pise, à Bologne, à Avignon, à Paris, à Naples, à Rome, à Parme, à Mantoue, à Vérone, à Padoue, à Milan, à Ferrare, jusqu'à ce qu'il vienne dans sa villa d'Arquà mourir, comme devait mourir le premier apôtre de la Renaissance, assis dans sa bibliothèque et la tête sur un livre. C'est que Pétrarque était condamné à un exil plus douloureux que celui de son père : il était banni de l'antiquité, exilé dans son siècle. Dès son enfance il avait rêvé les beaux jours d'Athènes et de Rome libre, et, poursuivi par ce songe qu'embellissaient les illusions de sa pensée, il allait par le monde cherchant partout dans la nature et dans les hommes les rayons affaiblis d'un passé glorieux. Avec quelle joie pieuse il retrouvait çà et là quelque manuscrit latin échappé aux ravages du temps et de la barbarie! Ce fut lui qui découvrit à Vérone en 1345 les *Lettres* de Cicéron, à Arezzo les *Institutions oratoires* de Quintilien. Il se faisait, autant qu'il était possible, contemporain de ces grands hommes, non seulement en écrivant leur langue et en retrouvant quelque chose de leur élégante diction, mais en leur adressant des lettres, en conversant familièrement avec ces illustres morts, comme avec des amis de tous les jours.

Ce culte que Pétrarque avait voué à l'antiquité n'était pas une passion solitaire et sans influence. L'érudition, appelée à régénérer l'Europe était alors une puissance. L'Italie et la France avaient les yeux fixés sur Pétrarque. Les princes se disputaient son amitié et sa présence ; l'empereur écoutait ses avis avec respect ; à Venise, dans une cérémonie publique, la place du savant fut marquée à la droite du doge. Sans charge, sans fonctions dans l'État, il exerçait un pouvoir suprême : il était en Italie le chef et pour ainsi dire le doge de la république des lettres. Enfin on sait que les Romains ressuscitèrent pour lui la vieille coutume du triomphe, et que Pétrarque fut solennellement couronné au Capitole. Il était juste qu'une antique cérémonie honorât en sa personne la renaissance de la science antique.

Car c'était bien le père de la Renaissance, c'était le savant, le poète latin que son siècle prétendait surtout couronner. Pétrarque lui-même compta longtemps son épopée latine, intitulée *Africa*, et dont Scipion est le héros, comme son principal titre au souvenir de la postérité. La critique moderne blâme dans ses nombreuses œuvres latines, tant en prose qu'en vers, une certaine pompe de rhéteur, une vulgarité d'idées voisine du lieu commun. Reproche injuste et étroit! On ne voit pas que rien n'était alors plus neuf que le lieu commun, et que toute redite était une découverte. Avant d'augmenter le patrimoine de la pensée, il fallait songer à le recueillir.

Les honneurs, les richesses même qui en furent le fruit ne pouvaient satisfaire Pétrarque; une seule chose dans le siècle barbare où il ne se consolait pas de vivre, lui parut digne de fixer toute son âme, ce fut l'amour, le culte de la beauté, cette religion de l'antiquité païenne, qui devait recevoir de l'Italie moderne une nouvelle consécration. Pareille à la colombe de la Bible, l'âme du poète errant ne trouva qu'un seul objet dans le monde où reposer ses blanches ailes et elle en rapporta un rameau toujours vert.

Ce fut une Française qui inspira Pétrarque. Le 6 avril 1327 il rencontra pour la première fois dans une église d'Avignon celle dont la pensée devait faire le bonheur, le tourment, la gloire de toute sa vie, Laure, fille d'Audebert de Noves, jeune femme de dix-neuf ans, mariée depuis peu à Hugues de Sade. Il conçut pour elle un amour dont le caractère dépendit assurément des sentiments de Laure; cet amour fut toujours pur, religieux, enthousiaste, tel que les mystiques le conçoivent pour la Divinité, tel que l'avait décrit Platon. La poésie qu'inspira une passion si extraordinaire en reproduit fidèlement l'image. C'est l'idéal le plus élevé, le plus délicat, le plus dégagé de tout élément étranger, de tout alliage terrestre. L'amant de Laure isole le sentiment qui l'inspire, non seulement de tout objet vulgaire, mais encore de tout ce qu'il pourrait contenir en lui de moins pur : dans sa pensée comme dans sa vie, il divise l'amour en deux parts, et n'offre à son idole que le plus chaste encens. Pétrarque est le poète de l'abstraction, non de l'abstraction sèche et incolore du savant, mais de celle qui conduit l'artiste à la région la plus sereine de la beauté. Ce n'est plus, comme Dante, un de ces poètes puissants qui s'emparent de toute la nature par droit de conquête, qui embrassent l'univers et le transforment poétiquement par la force d'assimilation de leur génie : Pétrarque n'éprouve qu'une seule émotion, et la nourrit de parfums, de rosée, d'harmonie. Il ne s'attache qu'à une pensée, mais c'est de toutes la plus belle, la plus céleste. Il a le don de nous y intéresser sans cesse, d'en charmer continuellement nos regards. C'est une seule fleur brillante dont il développe à loisir tous les pétales. Rien n'égale en douceur cette poésie toute de calme, de fraîcheur, cette suave monographie de l'amour! Il semble que c'est dans une région inaccessible à toutes les émotions communes que se joue ce drame paisible ; car c'est bien véritablement un drame lyrique que le *Canzoniere* de Pétrarque : il a ses progrès, son intrigue, ses péripéties, son grave et terrible dénouement. Les moindres bontés de Laure et ses fréquentes sévérités, ses maladies, ses chagrins, les petites querelles qui peuvent exister entre deux amants qui se parlent à peine, un sourire, un *mot*, un gant qui tombe et qu'on ramasse, tout devient le sujet, l'occasion d'une pièce de vers. Ici le poète espère, plus loin il n'a plus qu'à mourir. Là il se fortifie contre les dédains de sa dame et s'enveloppe d'une magnifique indifférence; ailleurs il s'abandonne à l'ivresse de sa joie : il a remarqué que Laure a pâli en apprenant son prochain départ. C'est sur ce frêle et léger tissu qu'éclatent les plus vives couleurs de la poésie. La nature prodigue au poète ses objets les plus riants : l'herbe, les zéphirs, les ruisseaux payent leurs plus doux tributs à sa lyre. C'est un luxe de détails, une profusion d'images dont s'effraye notre goût septentrional. L'or, l'argent, les perles, le soleil se jouent à chaque instant dans ces vers. L'esprit surtout, le bel esprit italien, qui met en mouvement toutes ces richesses de style, qui les unit, les sépare, les rassemble de nouveau en mille combinaisons inattendues, étonne et fatigue souvent notre froide raison. On mettait autrefois en question si un homme d'esprit pouvait parler allemand ; nous serions quelquefois tenté de nous demander si une passion sérieuse peut s'exprimer en italien. Mais le sentiment qui se trouve sous tout cela est si puissant, si vrai, si pur, qu'en dépit de cette langue trop brillantée pour nous, il charme, il touche, il attendrit.

L'expression naturelle et pour ainsi dire nécessaire de cette poésie, c'est le sonnet, forme d'élite, élégante et pure comme l'amour de Pétrarque. Dans le sonnet tout est choisi, tout est soigneusement limé : pas un mot répété, pas un vers négligé ou commun. Quel moule plus propre à condenser des idées indécises et fuyantes, à leur imposer des contours fermes et arrêtés ? Le souffle délicat de la muse italienne[1] s'enveloppera donc volontiers de cette bulle légère où se réfléchissent les plus éclatantes couleurs. Pourvu qu'elle soit gracieuse, la pensée peut y être faible à son gré. Le sonnet est une mélodie, une musique indépendante, où le rythme a ses lois en lui-même sans daigner les recevoir de l'idée qu'il traduit. D'abord se développent lentement deux quatrains revêtus de leurs rimes régulièrement croisées ; ils exposent avec une gravité ma-

---

1. Spiritum graiæ tenuem camenæ.
Horace.

jestueuse l'impression du poète ou le sujet que la pièce doit traiter; puis le premier tercet vient briser cette mélodie par la double altération des rimes et des sentiments : alors tout est en suspens, le problème poétique est soulevé, l'oreille et l'esprit sont également attentifs, inquiets : enfin le second tercet arrive comme un gracieux dénouement et rétablit dans le petit poème le calme et l'harmonie du début.

A côté de ces avantages particuliers au sonnet, il convient d'en indiquer les inconvénients. C'en est un bien grave que cette autonomie absolue de la forme. Le sonnet est un lit de Procuste, qui réduit nécessairement toutes les pensées à un égal développement et les enferme toutes en quatorze vers. Or les mouvements passionnés, comme le remarque le judicieux et sévère Sismondi, demandant à être préparés et développés avec plus d'ampleur, le sonnet les a presque toujours remplacés par des pensées ingénieuses; et le bel esprit, souvent le faux esprit, a dû en faire toute la parure.

On ne traduit pas plus les sonnets de Pétrarque qu'on ne peint le doux murmure d'un ruisseau ou le suave parfum d'une rose. Toutefois, après avoir essayé de donner par quelques citations une faible idée des poètes que nous avons rencontrés jusqu'ici, nous ne pouvons nous abstenir de rendre le même hommage au plus illustre lyrique de l'Italie. Nous allons donc mettre en français une ou deux de ses compositions, en faisant toutes nos réserves en faveur de sa gloire.

Quoique Pétrarque emprunte trop souvent à ses devanciers et aux troubadours de la langue d'oc leur langage de convention, leurs flammes et leurs chaînes, la personnification de son amour et de son cœur, il diffère cependant en un point essentiel de ceux qu'il semble imiter : il éprouve une émotion vraie, et c'en est assez pour qu'il soit touchant. Le sonnet onzième exprime avec une douce mélancolie les effets que produira le temps sur la beauté et sur les sentiments de Laure. Il a quelques rapports avec l'une des plus touchantes compositions de notre Béranger.

> Si ma vie, au milieu de ses ennuis pesants,
> Peut prolonger assez sa funeste carrière,
> O madame, pour voir, sous la brume des ans,
> S'éteindre de vos yeux l'éclatante lumière,
>
> Et l'or de vos cheveux se changer en argent,
> Et les fleurs délaisser votre tête moins fière,
> Et pâlir ce beau front qui, malgré ma misère,
> A gémir devant vous, me fait timide et lent;
>
> Peut-être alors l'amour me donnera l'audace
> De vous dire comment, au sein de la douleur,
> Ont fui les ans, les jours, les heures que je passe;
>
> Si ce temps n'est propice aux doux penchants du cœur,
> Du moins vous daignerez, à mon chagrin vivace
> Accorder d'un soupir la tardive douceur.

> Se la mia vita dall' aspro tormento
> Si può tanto schermire e dagli affanni
> Ch' i' veggia per virtù degli ultim' anni,
> Donna, de' be' vostr' occhi il lume spento,
>
> E i cape' d'oro fin farsi d'argento,
> E lassar le ghirlande e i verdi panni,
> E' l viso scolorir, che ne' miei danni
> Al lamentar mi fa pauroso e lento;
>
> Pur mi darà tanta baldanza Amore,
> Ch'i' vi discovrirò de' miei martiri
> Qua' sono stati gli anni ei giorni e l'ore :
>
> E se 'l tempo è contrario ai be' desiri,
> Non fia ch'almen non giunga al mio dolore
> Alcun soccorso di tardi sospiri.

C'est surtout dans les sonnets écrits *après la mort* de Laure et qui forment la seconde partie du recueil, que le sentiment, devenu plus sérieux et plus profond, inspire plus heureusement Pétrarque. Ici le bel esprit fait une plus grande place au langage du cœur, c'est-à-dire à la vraie poésie. Le sonnet 238, commencé par une peinture gracieuse, finit par une image sublime.

Si j'entends les oiseaux gémir, le vert feuillage
Se mouvoir lentement au souffle du zéphir,
Ou l'onde transparente, avec douceur frémir,
En caressant les fleurs qui couvrent son rivage ;

Tout plein de mon amour, je crois revoir l'image
De celle que le ciel a daigné nous offrir,
Que la terre nous cache : oui, c'est son doux langage ;
Je la vois, je l'entends répondre à mon soupir.

Sa tendre voix me dit : ô mon ami fidèle,
Pourquoi te consumer en ces chagrins amers ?
Pourquoi noyer de pleurs ton ardente prunelle ?

Ah ! ne regrette pas quelques jours que je perds :
La mort les éternise ; à la gloire éternelle
Mes yeux, que je semblais fermer se sont ouverts.

Se lamentar augelli, o verdi fronde
Mover soavemente all' aura estiva,
O roco mormorar di lucid' onde
S'ode d'una fiorita e fresca riva,

Là' v' io seggia d'amor pensoso, e scriva,
Lei che 'l ciel ne mostrò, terra n' asconde,
Veggio ed odo ed intendo ; ch' ancor viva
Di si lontano a' sospir miei risponde.

Deh! perchè innanzi tempo ti consume ?
Mi dice con pietate : a che pur versi
Degli occhi tristi un doloroso flume ?

Di me non pianger tu, che miei dì fersi
Morendo eterni : e nel l'eterno lume,
Quando mostrai di chiuder gli occhi, apersi.

Les *Sonnets* de Pétrarque nous semblent supérieurs à ses *Canzoni* et à ses *Triomphes*[1]. Il nous paraît que l'ins-

---

1. Nous ne devons pas dissimuler que notre opinion sur ce point n'est pas celle de plusieurs critiques italiens très considérés. *Le Canzoni*, dit Tassoni, *per quanto a mi pare, furone quelle, che poeta grande e famoso lo fecero.* Un autre, nous avons oublié lequel, met les *Triom-*

piration de ce poète, qui suffit aux premiers, n'est pas assez forte pour de plus longues compositions. Sans doute dans les *Canzoni* sa langue est toujours riche, sa période magnifique; mais ce large vêtement flotte peut-être un peu autour de la pensée. Ce ne serait pas trop, pour remplir ces amples strophes, des grandes idées d'Horace ou de Pindare. Même dans les *Canzoni* politiques de Pétrarque, pièces d'ailleurs si nobles, nous croyons trouver un peu de cette *morbidezza*, de cette douce faiblesse, dont la langue italienne a si heureusement fait une grâce.

Pétrarque diffère de Dante par le style autant que par le génie. L'un avait créé une langue nouvelle, et contraint tous les dialectes de l'Italie à se réunir sous sa plume pour exprimer non seulement ses idées nobles et sublimes, mais encore les scènes les plus communes de la nature, les caprices bizarres de sa fantaisie, les théories abstraites de la philosophie et de la religion; l'autre choisit dans le style noble les termes les plus élégants, les phrases les plus mélodieuses : il resserre le cercle de sa langue, comme celui de ses idées, et n'y admet rien que de parfait. Dante est court, concis; il va droit au but, et semble se dire à lui-même :

« Parla, e sii breve ed arguto[1]. »

Pétrarque enlace habilement sa pensée dans une élégante période; on dirait qu'il se propose

« D'assalir con parole oneste, accorte
« *Il suo pensiero*, in atto umile e piano[2]. »

phes au-dessus des *Canzoni* et des *Sonnets*. Il faut se rappeler que la plupart des Italiens attachent une importance décisive à la versification, à l'harmonie et aux qualités matérielles du style.

1. Parle et sois bref et pénétrant.

2. D'assaillir sa pensée avec des mots élégants, polis, et d'une façon modeste et douce.

La brièveté de ses pièces n'exigeant pas une grande variété de ton, il charme toujours l'oreille par les sons les plus doux. Dante a généralement moins de mélodie, mais une harmonie plus riche et plus variée. Les images de Pétrarque séduisent plus par l'éclat que par le dessin : celles de Dante sont des figures hardies et de haut relief qu'on croirait pouvoir toucher avec la main, et à qui notre imagination restitue promptement la partie cachée à nos yeux. L'un a le coloris et la grâce de l'Albane, l'autre la touche fière et énergique de Michel-Ange [1].

CHAPITRE VI

LA PROSE AU XIV° SIÈCLE

Boccace. — Les Cent nouvelles anciennes. — Franco Sacchetti. Les chroniqueurs : Dino Compagni ; les Villani.

Les langues naissent et se développent par la poésie, elles ne se fixent que par la prose. L'Italie du quatorzième siècle, à côté de ses grands poètes, Dante et Pétrarque, eut déjà un grand prosateur dans la personne de Boccace ; poète encore par son éducation, par ses habitudes et par son imagination brillante, il s'éloigne de la poésie par la nature de ses sujets, par la tendance familière et peu idéale de son esprit, enfin par l'absence du mètre dans ses meilleurs ouvrages. Boccace se tient sur la limite des deux

---

1. On nous pardonnera d'avoir osé caractériser avec autant de décision le style de deux grands poètes étrangers, quand on saura que nous n'avons fait que reproduire le jugement d'*Ugo Foscolo*, dont l'ouvrage, intitulé *Essais sur Pétrarque* et écrit en anglais, renferme les observations les plus intéressantes sur le sujet qui nous occupe.

régions, dans le domaine incertain et vague des romanciers, ce *border* de la poésie.

Fils d'exilé comme Pétrarque, sa naissance fut déjà un roman : il eut pour mère une jeune Parisienne que son père avait séduite. Lui-même naquit et vécut longtemps à Paris; comme si l'Italie devait emprunter au pays des fabliaux le premier des conteurs, aussi bien que la meilleure partie de ses contes. Après avoir fait beaucoup de vers qu'il brûla en partie quand il lut ceux de Pétrarque, il se mit à écrire, à raconter en prose. D'abord quelques essais assez faibles, comme le *Filocopo*, qui contient les aventures extravagantes de Flore et de Blanchefleur, et la *Fiammetta*, tableau peu intéressant de ses propres amours, étaient loin d'annoncer l'habile et ingénieux auteur du *Decamerone*.

L'ouvrage qui a fait à juste titre la gloire de Boccace est un recueil de contes. Le *Decamerone* est la forme définitive donnée par un admirable écrivain à ces joyeux et piquants récits du moyen âge, qui se trouvent partout, et dont personne n'est l'auteur; fabliaux naïfs et moqueurs, aimable et rieuse troupe de bohémiens, venus peut-être de l'Orient, qui parcourent l'Europe en chantant et se multiplient au hasard sur la route. Boccace les a reçus, accueillis, placés avec soin et attachés pour toujours à son nom et à sa gloire[1].

Le cadre même dans lequel l'auteur italien a réuni ces narrations n'était pas sans modèle dans la littérature. Le roman indien de Sendebad avait été traduit successivement en arabe, en syriaque, en grec, et imité en latin au

---

1. *Manni* a recherché l'origine de chacune des nouvelles de Boccace, dans son ouvrage intitulé : *Istoria del Decamerone di Giovanni Boccacio*, 1742, in-4.

Fauchet a indiqué la source de quelques-uns de ces contes. On peut consulter aussi *Caylus* : Mémoires de l'Acad. des Insc., XX, 375, in-4; *Barbazan*, préface du recueil des *Fabliaux*; et surtout les notes des *Fabliaux de Legrand d'Aussy*.

douzième siècle par un moine français, Jean, de l'abbaye de Haute-Selve, sous le titre de *Dolopathos* ou de *Roman du roi et des sept sages*; puis il avait passé en français, en vers d'abord, et enfin en prose. Plusieurs contes de ce recueil sont reproduits dans le *Decamerone* : il est donc probable que Boccace eut connaissance de la version latine ou française de cet ouvrage, et qu'il lui emprunta l'idée de rattacher ses cent nouvelles à un même sujet.

Quoi qu'il en soit, la fiction de Boccace est bien supérieure à celle du *Dolopathos*. Il y a quelque chose de la sérieuse volupté du climat italien, de cette nature enivrante et meurtrière, dans le beau contraste qui éclate au début du livre. C'est pendant la peste de 1348, dont l'auteur trace le plus énergique tableau, qu'une élégante compagnie de jeunes et belles femmes, de jeunes gens spirituels, se réfugient à la campagne, et là, dans une douce retraite, aux portes de la cité où l'on meurt, charment leurs loisirs par les récits les plus divers et les plus libres. N'est-ce pas bien là le génie de l'antique Italie, cet âcre mélange de plaisir et de mort, qui se retrouve dans le climat lui-même, et dans les arts, dans les mœurs, dans les jeux de l'ancienne Rome? Dix jours[1] se passent ainsi, et chaque journée produit ses dix nouvelles. L'auteur a su répandre dans son ouvrage la plus grande variété. Parmi les aventures qu'il nous raconte, quelques-unes sont tristes, tragiques même, la plupart amusantes et comiques, un trop grand nombre licencieuses. Dans tous ces genres divers, l'écrivain a toujours la même facilité, la même vérité, la même élégance ; toujours il sait donner à chaque personnage le caractère et le langage qui conviennent à sa position. Ici paraissent sur la scène des seigneurs oppresseurs et cruels, là des chevaliers francs et courtois; des prêtres fourbes et libertins, comme ils l'étaient souvent alors, des

---

1. Origine du titre que porte l'ouvrage : Δέκα ἡμέραι.

maris dupes et crédules; des femmes coquettes et rusées, d'autres aimables et faibles, quelques-unes fières et vertueuses; des jeunes gens qui ne songent qu'au plaisir, des vieillards et des vieilles femmes qu'à l'argent; puis ce sont des corsaires, des ermites, des faiseurs de faux miracles et de tours de gibecière, des gens de toute condition, de tout pays, de tout âge, avec leurs passions, leurs habitudes, leur physionomie : le *Decamerone* est le tableau vivant du monde, à la fin du moyen âge. Dante avait été le peintre universel des hautes régions de l'humanité; Boccace nous présente l'image également complète de la vie ordinaire et réelle. C'est d'avance un artiste de l'école de Téniers, mais plus élégant, plus gracieux que le maître; c'est le peintre flamand de la nature italienne.

On a reproché avec raison à Boccace l'extrême liberté de sa plume et l'immoralité de plusieurs de ses peintures. Au lieu de chercher à l'excuser comme le fait le trop indulgent Pétrarque, en alléguant, soit l'âge de l'auteur, soit le goût des lecteurs qui exigeaient de tels récits, nous invoquerons contre Boccace le jugement de Boccace lui-même. Un de ses amis voulait lire le *Decamerone* à sa femme et à quelques dames de sa maison. « Gardez-vous-en bien, lui écrivit l'auteur devenu vieux et sage; vous savez combien il s'y trouve de choses peu décentes et contraires à l'honnêteté... Gardez-vous-en, je vous le répète, et je vous en prie. Si ce n'est par respect pour leur honneur, que ce soit par égard pour le mien... » Ajoutons néanmoins que, pour qui peut se permettre une pareille lecture, cette licence même est un trait de vérité historique. Elle fait connaître les mœurs d'une société où l'on pouvait, sans invraisemblance, mettre de pareils récits dans la bouche de jeunes femmes réputées sages et honnêtes.

Un des principaux mérites du *Decamerone*, c'est le style. Boccace enleva la prose italienne à la rudesse des chroniqueurs de son siècle. Il consulta l'oreille et le goût de ses auditeurs accoutumées à la lecture des poètes, et transporta hardiment dans sa diction des formes de langage empruntées à Dante, son poète chéri. On sait que ce fut Boccace qui fit rougir les Florentins de leur ingratitude pour ce grand homme, qu'il en écrivit la biographie et en commenta publiquement les ouvrages. A ce modèle, il joignit les anciens; il imita les tours de Cicéron, de Virgile, cherchant ainsi à donner à la prose toscane plus de grandeur et de magnificence. L'usage ne l'a pas suivi dans cette innovation. L'esprit analytique des langues modernes répugnait à ces inversions, à ces longues et splendides phrases, à ces savantes complications de la période latine, espèce de labyrinthe, où les mots, errant en liberté, ont besoin, pour ne pas s'égarer, d'être marqués, et en quelque sorte étiquetés par leurs terminaisons. Les Italiens, en admirant dans Boccace le choix des mots et la grâce des idiotismes, ne lui ont point pardonné la tentative savante de ses constructions. « La langue de Boccace est ordinairement excellente, dit Baretti[1], mais sa diction est généralement détestable. »

A ce premier reproche, nous en joindrons un second qui s'y rattache. Les personnages du Décaméron sont prolixes dans leurs discours, ou plutôt phraseurs. Ils aiment à rouler longuement la période, afin de l'arrondir. Ils disent en deux pages ce qu'ils devraient exprimer en deux lignes. Quelquefois on sent que l'auteur se complait au murmure harmonieux de son langage, comme ses *Fiammetta* et ses *Pampinea* aux doux bruits de leur claire fontaine.

Ces défauts ont du moins une cause glorieuse. Jusqu'à présent nous avons parlé de Boccace comme d'un écrivain facile, ingénieux ; nous ne l'avons pas encore montré comme érudit, comme savant. Cet aimable conteur partage

---

1. La lingua adoperata dal Boccacio è per lo più ottima, e il no stile per lo più pessimo. *Frusta letteraria*. Tome II, n° 13.

avec Pétrarque la gloire d'avoir donné le premier signal du retour aux études grecques et latines. Il fit, comme son illustre ami, mais moins bien que lui, de nombreux ouvrages latins tant en prose qu'en vers. Quoique pauvre, puisque Pétrarque lui laissait par testament cinquante florins pour avoir un habit, il recevait, logeait chez lui le grec Léonce Pilate, apprenait sa langue, achetait et faisait venir à grands frais de Grèce les poésies homériques et d'autres ouvrages grecs, qui depuis plusieurs siècles n'existaient plus en Italie. Boccace fut le premier italien à qui l'on expliqua en particulier Homère; ce fut par ses soins que ce poète devint l'objet d'un enseignement public à Florence. Il envoyait un exemplaire de l'Iliade à Pétrarque qui le recevait avec des transports de joie, mais hélas! ne pouvait le comprendre. « Ton Homère reste muet pour moi », écrivait-il un jour à son ami plus heureux. Ainsi au quatorzième siècle la Renaissance germait partout en Italie. C'était le confluent du moyen âge et de l'antiquité. Dante se faisait accompagner par Virgile dans son enfer catholique; Pétrarque écrivait des lettres à Homère en même temps que des sonnets à Laure; Boccace redisait les contes des trouvères avec la période de Cicéron, et expliquait Homère en refondant Rutebeuf.

C'est par le talent et non par l'ancienneté que Boccace occupe le premier rang parmi les conteurs italiens. Un recueil intitulé les *Cent nouvelles anciennes*[1] qui contient plusieurs contes postérieurs à Boccace, en renferme quelques-uns qu'on peut avec assurance faire remonter à la fin du treizième siècle ou au commencement du quatorzième. Elles sont, dit Joseph Maffei, écrites avec une

---

1. *Le ciento novelle antike* (sic), Bologna, 1525, in-4; tel est le titre de l'édition originale plusieurs fois reproduite depuis : on cite particulièrement les éditions de : Firenze, 1778-82, 2 vol. in-8, Torino, 1802, in-8 et Milano, 1825, in-8.

simplicité admirable et n'offensent le lecteur par aucune peinture déshonnête.

Après Boccace la mine fut exploitée par de nombreux auteurs : Franco Sacchetti[1], son contemporain, nous a laissé deux cent cinquante-huit nouvelles (il en avait écrit trois cents); Jean de Florence (Giovani Fiorentino), composa en 1378 un recueil de cinquante contes sous le titre singulier de *Pecorone* (*Grosse-bête*). Jean cherche évidemment à imiter Boccace : mais ses récits plus courts que celui de son maître, accusent aussi bien moins d'art et de talent. L'auteur raconte pour s'amuser lui-même avant d'intéresser les autres. Le cadre qui, à l'imitation du *Decamerone*, réunit ses contes, est d'une naïveté bizarre. Jean suppose qu'un jeune homme, enamouré d'une belle et sainte religieuse, se fit moine et chapelain du monastère où elle résidait. Puis les deux platoniques amants convinrent entre eux, pour passer le temps, de se raconter chaque jour une nouvelle. Il est juste d'ajouter qu'à la différence du *Decamerone* et même du recueil de Sacchetti, le *Pecorone* est exempt d'obscénités[2].

Un caractère remarquable de ce livre c'est que les deux premières journées seules renferment des narrations fictives, à la manière de Bocacce, le reste se compose de récits historiques. Le besoin d'entendre raconter des événements réels ou supposés tels, se manifestait évidemment alors dans le public florentin. Aussi plusieurs écrivains, laissant de côté les nouvelles, s'appliquèrent à composer des chroniques en langue vulgaire. Dino Compagni qu'on a loué à juste titre pour l'élégance et la pureté de sa diction, écrivit un récit des événements de 1270 à 1312. Les

---

1. Florence, 1335-1410.
2. *Novellieri italiani*, *Bandello Boccacio*, *Sacchetti*, Lond. (Livorno), 1791-98, 26 vol. in-8.
Tesoro dei novellieri italiani scelti dal decimo terzo al decimo nono secolo. Parigi. 1847, in-8.

trois Villani, Jean, Mathieu son frère, et Philippe son neveu, se succédèrent dans la rédaction d'une histoire de Florence. Le premier et le plus habile, Jean Villani nous rend compte lui-même de l'époque et de l'occasion où son œuvre prit naissance. « Me trouvant pour ce béni pèlerinage (du jubilé de 1300) dans la sainte cité de Rome, voyant les grandes et antiques choses qu'elle renferme, et voyant les histoires et hauts faits des Romains écrits par Virgile et par Salluste, Lucain, Tite-Live, Valère, Paul Orose et autres maîtres d'histoire, lesquels décrivent les petites aussi bien que les grandes choses, celles mêmes des extrémités de l'univers, pour donner souvenir et exemple à l'avenir, je leur ai emprunté leur style et leur forme, bien que je ne fusse pas un digne disciple pour une si grande œuvre. Mais considérant que notre cité de Florence, fille et créature de Rome, était en train de monter et de faire de grandes choses, tandis que Rome descendait, il me parut convenable de consigner dans ce volume et dans cette nouvelle chronique tous les faits et commencements de notre ville, autant que cela me serait possible; de chercher, trouver et suivre les événements passés, présents et futurs... Et ainsi, moyennant la grâce du Christ, dans l'année 1300, revenu de Rome, je commençai à compiler ce livre pour la gloire de Dieu et du bienheureux saint Jean et à l'honneur de notre cité de Florence. »

M. Villemain, qui cite ce passage[1], fait judicieusement observer « ce commencement d'études classiques » dans le naïf chroniqueur florentin, qui, au premier réveil de la Renaissance et de la découverte des manuscrits, « regarde Virgile et Lucain comme des historiens, et met Paul Orose à côté de Tite-Live. » Il l'oppose ingénieusement à Froissard qui ne sait rien du monde ancien et semble croire que les événements ont commencé avec lui. Le spirituel

---

1. *Tableau de la littérature au moyen âge*, XIVe leçon.

critique continue à opposer les deux classes contemporaines de chroniqueurs français et italiens, et montre chez les derniers un sérieux, une gravité, une intelligence des affaires et des hommes, que les nôtres ne parviennent pas à compenser par l'enjouement et la légèreté gracieuse de leurs récits.

« Villani ne néglige rien de ce qui sert à la vérité. Il a par avance plusieurs caractères des historiens modernes : il explique les faits, il rend compte des causes et des moyens. Ce n'est pas qu'il ne s'anime parfois et ne décrive avec force ce qu'il a vu ; mais alors même il conserve son exactitude et sa précision d'homme d'état. La naïveté, la candeur de sa diction, qui se mêlent à cette fermeté de bon sens, lui donnent sans génie une sorte d'originalité : sous ce rapport il a quelque ressemblance avec Comines. Les mots dont il se sert sont simples et naïfs ; sa pensée est forte et pénétrante. Dans une guerre, dans une sédition, il racontera simplement les faits ; mais en même temps il vous fera bien connaître les ressources de commerce et d'impôt et toute la situation de chaque peuple et de chaque parti. »

A la mort de Jean Villani, son frère Mathieu entreprit de continuer son histoire, et la conduisit jusqu'à l'année 1361 et au onzième livre ; il mourut alors de la peste qui désolait l'Italie, laissant l'œuvre de famille aux mains de Philippe, son fils, qui y ajouta quarante-deux chapitres et compléta à la fois le onzième livre de la chronique et l'histoire de l'année 1363. Les deux continuateurs sont fort inférieurs à l'auteur principal. Mais Philippe s'est fait un autre titre à la reconnaissance de la postérité : il nous a transmis, dans ses *Vies des hommes illustres de Florence*, composées en langue latine, de précieux documents sur l'histoire littéraire de sa ville natale.

L'historien des *Républiques italiennes*, Simonde de Sismondi fait des trois Villani un éloge touchant, par lequel nous terminerons avec plaisir ce chapitre. « Ces trois grands hommes, dit-il, ont été pendant plus d'un siècle mes guides fidèles pour l'histoire d'Italie, et par leur candeur, leur loyauté, leur franchise antique, leur attachement à la vertu, à la liberté, à tout ce qu'il y a de grand et de noble sur la terre, ils m'avaient inspiré une affection personnelle; en sorte que je ne les quittai, pour poursuivre sans eux un voyage difficile, qu'avec la douleur avec laquelle on se sépare d'anciens amis.[1] »

CHAPITRE VII

LA GRANDE RENAISSANCE.

Travaux de l'érudition. — Les grands imprimeurs. — Les réfugiés grecs. La famille des Medici. — L'Académie platonicienne.

L'érudition et le génie littéraire s'étaient heureusement associés dans l'Italie du quatorzième siècle. Cette combinaison se dédoubla dans le siècle suivant : l'érudition seule suffit aux travaux du quinzième. Tout le monde y fut philologue. On se mit à rechercher les ouvrages des anciens; on entreprit, pour les trouver, de longs et dangereux voyages. On s'appliqua à les confronter, à les corriger, à les transcrire, à en former de vastes bibliothèques qui devinrent des dépôts publics. On érigea des chaires pour l'enseignement des langues grecque et latine ; les universités se disputaient les professeurs les plus renommés. Comme pour favoriser l'impulsion studieuse de l'Italie, des Grecs, échappés aux ruines de l'empire de Con-

---

1. *De la littérature du midi de l'Europe*, tome II, page 20.

stantinople, vinrent y chercher un asile, et payèrent l'hospitalité qu'ils recevaient par l'enseignement de la langue de Démosthène et d'Homère. Cependant l'une des plus merveilleuses inventions des temps modernes naissait à propos pour garantir à l'antiquité qui sortait de ses cendres une éternelle durée. L'imprimerie, découverte en Allemagne vers 1450[1], se répandit promptement en Italie. Sweynheym et Panartz, deux ouvriers de Fust, vinrent établir une presse au monastère de bénédictins allemands de Subiaco, dans les États de l'Église. Leur première œuvre (Lactance) porte la date de 1465. De là ils se rendirent à Rome. Un autre Allemand, Jean de Spire, créait une presse à Venise (1469). Cette ville devint bientôt le foyer le plus actif de la reproduction des ouvrages antiques. C'est dans son sein que se retirait, en 1492, celui qui devait être la première gloire de l'imprimerie naissante, Aldus Manutius, qui sut faire de son atelier une académie[2], et de son art un apostolat[3]. La facilité de reproduire les ouvrages par la typographie, stimula le désir de retrouver des manus-

---

1. Voyez notre *Histoire de la littérature française*, ch. XXII, p. 259. — H. Hallam, *Histoire de la littérature de l'Europe*, analyse les longues discussions auxquelles l'invention de l'imprimerie a donné lieu; Ginguené, dans l'*Histoire littéraire de l'Italie*, nomme les principaux auteurs qui ont traité cette matière.

2. Bien différente de la plupart des académies d'Italie, dont nous parlerons plus loin, la *Neacademia Aldi* s'occupait de travaux utiles : elle déterminait le choix des livres à imprimer et en discutait les différentes leçons. Musurus, Bembo, Gabrielli, Navagero, Rinieri et autres savants, membres de cette réunion, étaient ainsi en quelque sorte les associés du généreux imprimeur.

3. On ne trouvera pas cette expression exagérée si l'on se rappelle le dévouement passionné qui animait les efforts prodigieux de ce grand homme. Voici comme il s'exprime en publiant l'*Organum* d'Aristote (1495) : « Les livres grecs sont peu nombreux, et on les recherche avec « ardeur. Mais, avec l'aide de Jésus-Christ, j'espère qu'avant longtemps « je satisferai ce besoin, quoiqu'on ne puisse y parvenir qu'à force de « travail, de souffrance et de temps. Il faut que ceux qui cultivent les « lettres possèdent les livres nécessaires, et jusqu'à ce que ce but soit « atteint, je n'aurai pas de repos. »

crits anciens. D'infatigables voyageurs parcoururent de nouveau dans ce but l'Europe et l'Asie : ils y recueillirent des inscriptions, des médailles, des statues, précieuses reliques de l'antiquité. Les voyages produisirent les découvertes : un hardi Génois ouvrit un nouveau monde à la curiosité des savants, à la cupidité des aventuriers contemporains et à la liberté des siècles futurs.

La science devint un luxe royal, une mode princière dont toutes les cours d'Italie s'empressèrent de se décorer. A Rome les souverains pontifes, les Visconti et les Sforza à Milan, les Arragonais à Naples, les Gonzague et les ducs d'Este à Mantoue et à Ferrare, trouvèrent dans le protectorat des lettres un moyen de déployer leur magnificence et de changer une force redoutable en un docile ornement de servitude. Florence, qui avait déjà donné à l'Italie ses plus grands poètes, se distingua encore par l'accueil qu'elle fit à leurs successeurs. Les Medici firent un noble emploi de leurs immenses richesses. Côme l'ancien, Pierre son fils, et surtout son petit-fils Laurent le Magnifique, illustrèrent leur patrie en l'asservissant, et séduisirent, par l'éclat bienfaisant de leur pouvoir, la postérité comme leurs concitoyens.

Cédons un instant, nous aussi, en faisant toutes nos réserves, au charme de ce spectacle. Arrêtons-nous, dans notre course rapide, au milieu de cette cour si étrange et si admirable. Voyons, comme dit Voltaire, « ce citoyen qui faisait toujours le commerce, vendre d'une main les denrées du Levant et soutenir de l'autre le fardeau de la République ; entretenir des facteurs et recevoir des ambassadeurs ; résister au pape, faire la guerre et la paix, être l'oracle des princes, cultiver les belles-lettres, donner des spectacles au peuple et accueillir tous les savants de Constantinople[1]. » Suivons Laurent de Medici, soit dans sa

---

1. *Essai sur les mœurs*, II, page 543 (Kehl).

maison de Florence, élégante mais simple demeure, bâtie par Michellozi, dont le prudent Côme avait préféré le plan modeste aux splendides dessins de Brunelleschi; soit dans une de ses délicieuses villas, à Poggio-Cajano, à moitié route entre Pistoie et Florence, où le prince négociant, retiré des affaires après avoir contraint la République de faire banqueroute à sa place, avait établi une espèce de ferme royale dans un des replis de l'Ombrone; ou bien encore à Carreggi, où il avait rassemblé les plantes exotiques de l'Orient et créé le premier de ces jardins botaniques que tous les souverains offrent aujourd'hui à la science; ou bien enfin à Fiesole, sur la pente rapide de ces hauteurs que dominent les ruines de l'antique Fesule, la cité-mère de Florence. Là, au milieu de ces ombrages dont Politien, dans une de ses lettres[1], nous a conservé toute la fraîcheur, tout le silence, Laurent voyait, comme un symbole de son pouvoir, Florence rajeunie se dérouler à ses pieds. Il contemplait toutes les merveilles des arts qui semblaient s'épanouir sous l'influence de sa famille et de son nom; le dôme de Sainte-Marie de la Fleur, que Brunelleschi élevait dans les cieux par un art jusqu'alors inconnu, le *Campanile* (beffroi) de Giotto, que le sculpteur Donatello venait d'enrichir de ces statues de marbre auxquelles il sut le premier donner la vie et l'expression; le baptistère de Saint-Jean, où Ghiberti venait de placer des portes de bronze, dignes, au jugement de Michel-Ange, d'être les portes mêmes du paradis; l'église del Carmine, décorée des fresques de Masaccio; celle de Sainte-Marie-Nouvelle, ornée des peintures de Ghirlandajo, maître de Michel-Ange; de San-Spirito, autre création de Brunelleschi, et qu'on regarde aujourd'hui encore comme la plus belle église de Florence. Non loin du Palais-Vieux, œuvre de la démocratie guelfe, grandissait, encore inachevé,

---

1. Liber X, epistola 14.

le palais Pitti, qui devait un jour abriter les grands-ducs. Partout s'élevaient des constructions d'un style nouveau; partout les anciens monuments se rajeunissaient sous l'éclat des arts : il semblait que le moyen âge se repliât peu à peu, comme l'ombre, devant l'aurore de la Renaissance.

La société de lettrés et de savants qui entouraient Laurent de Medici présentait un caractère non moins nouveau. Ce n'était déjà plus cette première génération du quinzième siècle contemporaine de Côme son aïeul, les Valla, les Poggio, les Leonardo Bruni (Aretin), les Filelfo, laborieux érudits, estimables hellénistes, chercheurs et traducteurs de livres, mais dont le goût était loin d'égaler le savoir; c'étaient des hommes plus instruits, et surtout mieux instruits, qui, à force de voir penser les anciens, s'étaient mis à penser eux-mêmes : l'excellent Marsile Ficin, dont nous allons bientôt parler; le docte Vénitien Hermolaus Barbarus, qui se vantait d'avoir fait plus de cinq mille corrections dans l'*Histoire naturelle* de Pline, et plus de trois cents dans la géographie très succincte de Pomponius Mela; Christophe Landino, poète, commentateur, traducteur, qui termina l'éducation de Laurent de Medici et de son frère; le brillant Angelo Ambrogini, de Montepulciano (Politien), traducteur, commentateur, jurisconsulte, poète, et, par-dessus tout, homme d'esprit; l'universel et prodigieux Pic de la Mirandole, qui, à dix-neuf ans, parlait, dit-on, vingt-deux langues; qui, quelques années plus tard, offrait de soutenir publiquement contre tout assaillant neuf cents propositions sur toutes les sciences alors connues; qui enfin, et c'est là son vrai titre de gloire, tentait de concilier, dans un vaste éclectisme, toutes les doctrines des sages, et de saisir, à travers toutes les formes et tous les voiles, l'unité essentielle des traditions du genre humain. Ces hommes parlaient et écrivaient avec goût les langues anciennes. Leur latinité, encore quelque peu incorrecte, défaut excusable à une époque où manquaient les dictionnaires, encore chargée d'expressions disparates et surannées, n'en est pas moins vive, énergique, parfois ingénieuse, et préférable aux élégantes périodes des Cicéroniens du seizième siècle.

Le lien principal qui réunissait tous ces hommes, c'était l'étude de la doctrine de Platon. La résurrection des idées platoniciennes, et même des rêveries alexandrines, plus poétiques dans leurs vérités et dans leurs erreurs que les enseignements d'Aristote, était un des symptômes du réveil de la libre pensée. Aristote, amendé et adopté par l'Église, avait été, bon gré mal gré, l'âme de la scolastique : lui opposer Platon, c'était sortir avec éclat du moyen âge, c'était déjà faire acte de liberté, au moins en changeant de maître.

Côme de Medici avait souvent entendu Gemisthos Plethon, l'un des Grecs envoyés de Constantinople au concile de Florence en 1439, disserter sur la philosophie de Platon. Entraîné par l'éloquence du vieillard et par l'élévation de cette doctrine nouvelle, il avait conçu le projet de former une académie platonicienne. Le fils de son médecin, Marsile Ficin n'était encore qu'un enfant : mais il montrait déjà les dispositions les plus heureuses. Côme le fit élever dans l'étude du platonisme. Le jeune homme répondit pleinement à son attente, et devint le chef et le précepteur de l'Académie.

Cette réunion trouva dans Laurent de Medici non seulement un protecteur, mais un collègue. Tandis que Ficin traduisait Platon et Plotin, tandis que dans sa *Théologie platonique* il développait un système emprunté principalement aux derniers philosophes de l'école d'Alexandrie, Laurent exposait les mêmes idées en vers italiens, ou discutait avec ses savants amis à table, à cheval, en voyage, et les encourageait dans leurs travaux. Pour donner plus de stabilité à leur association, il voulut renouveler avec éclat la fête solennelle que les disciples de Platon célébraient autrefois en l'honneur de leur maître, et qui était tombée en désuétude depuis la mort de Plotin et de Porphyre, il y avait environ douze cents ans. A partir de 1469, chaque année, le 7 novembre, jour anniversaire, disait-on, de la naissance et de la mort du grand philosophe, un splendide banquet réunissait tous les citoyens distingués de Florence. Mais il y avait un autre festin en quelque sorte ésotérique, où les membres de l'Académie étaient seuls invités. Celui-ci avait lieu loin des profanes, dans la villa Carreggi; Laurent y présidait lui-même : au dessert, on lisait quelque passage du maître bien-aimé ; on commentait, on discutait, on disputait même quelquefois, et l'enthousiasme de la science s'augmentait de tout l'entraînement d'une mode.

La poésie vulgaire avait été négligée trop longtemps, au milieu des études de l'antiquité : depuis cent ans l'Italie n'avait pas entendu un grand poète. Il appartenait à ceux qui ramenaient la poésie dans la science, de la rétablir aussi dans son véritable domaine : le signal du réveil partit encore de la maison des Medici. C'est pour Lucrèce, mère de Laurent, que le spirituel Louis Pulci, composa son épopée romanesque dont nous parlerons dans le chapitre suivant; c'est pour chanter le tournoi où le jeune frère de Laurent signala son agilité, qu'Ange Politien, âgé, dit-on, de quatorze ans, écrivit l'un des poèmes les plus élégants de la langue italienne. Les *Stances pour la joute de Julien* sont pleines d'imagination, de grâce et d'harmonie : l'Arioste et le Tasse en ont imité plusieurs détails. Malheureusement la stérilité du sujet et l'absence d'intérêt véritable se font trop sentir à travers le luxe des descriptions et des peintures. Cet ouvrage d'ailleurs n'est qu'un fragment de douze cents vers, et le poète s'est arrêté aux préparatifs du combat.

A vingt-deux ans le même auteur tentait, par son drame d'*Orphée*, d'introduire dans la langue vulgaire la majesté ou du moins l'élégance du théâtre antique. Cet essai, quelqu'imparfait qu'il soit, renferme plusieurs passages excellents, entre autres la plainte amoureuse d'Aristée, et le chant final des Bacchantes. On admire encore plus le talent du jeune poète quand on pense que cette œuvre presque sans précédent fut composée en deux jours, au milieu des préparatifs tumultueux d'une fête.

Laurent lui-même fut un des meilleurs poètes de son siècle; supérieur aux deux frères Pulci par l'élégance et l'harmonie du style, il précéda Politien dans la carrière[1], et l'égala presque par le talent. Ses poésies lyriques, son *Ambra*, sa *Chasse au faucon*, ses *Selve d'amore*, ses poèmes moraux et sacrés, ceux qui ne sont ni l'un ni l'autre, comme sa *Confession*, ses *Sept joies d'amour*, prouvent une facilité d'invention et une verve de style des moins communes. S'il n'a pas la pureté irréprochable des poètes du seizième siècle, si les critiques italiens blâment dans sa diction quelques termes vieillis, durs et rustiques, il rachète amplement ces défauts par les qualités essentielles qui constituent le poète; et l'on peut dire de ses vers, avec Muratori : « C'est de l'or, tel qu'on le trouve dans une mine, mêlé d'une terre impure, mais c'est toujours de l'or. »

Une preuve des plus décisives de son génie poétique, c'est l'originalité des genres dans lesquels il s'exerça, et le grand nombre de routes nouvelles qu'il ouvrit à la poésie. Laurent de Medici offrit, dans ses Buveurs (*Beoni*), un des premiers modèles de la satire populaire; il éleva le premier à la forme littéraire, dans la *Nencia da Barberino*, les improvisations naïves des villageois toscans, donna aux *Chants du carnaval*, aux *Chansons à danser*, qui accompagnaient les fêtes joyeuses de Florence, un éclat et

---

1. Ce fut peu après son entrevue avec Frédéric de Naples, en 1465, que Laurent, âgé alors de dix-sept ans, lui envoya, en signe d'amitié, un recueil de poésies italiennes, à la suite desquelles il avait ajouté quelques-uns de ses sonnets et de ses *Canzoni*.

une valeur jusqu'alors inconnus ; il sut dégager, mettre en relief la poésie vivante et pleine de charme que contenait en germe la gaieté expansive et l'idiome si caractérisé du peuple florentin : en un mot il retrempa l'art dans sa source et le vivifia par le contact de la foule. On le voyait lui-même descendre sur la place publique et prendre part aux divertissements les plus frivoles. Ce n'est pas l'un des traits les moins frappants de cette curieuse et poétique nature, que la mobilité singulière et l'universalité brillante de ses talents et de ses goûts : l'homme qui recevait les ambassadeurs des rois et dirigeait toute la politique de l'Italie, qui conçut le premier cette pondération des États italiens, modèle de l'équilibre européen, cet homme qui occupait ses loisirs par les méditations les plus sublimes de la philosophie, se mêlait volontiers, dans les rues de Florence, aux danses des jeunes filles, et animait la joie publique en l'élevant à la noblesse de l'art.

L'influence qu'avait exercée sur la littérature italienne la noble maison des Medici ne s'éteignit point avec Laurent : elle devint plus décisive encore lorsque son fils Jean[1], cardinal à l'âge de treize ans, succéda, à l'âge de trente-sept, au belliqueux Jules II, et prit possession du Saint-Siège, sous le nom de Léon X (11 mars 1513). Ce mondain et élégant pontife, aussi mauvais pape que magnifique souverain, eut l'honneur de donner son nom à l'un des grands siècles littéraires, et contribua plus que personne au mouvement émancipateur de la Renaissance, cette forme italienne de la grande insurrection religieuse du seizième siècle. Passionné pour les beaux-arts et pour les plaisirs, habile musicien, beau chanteur, bon cavalier, chasseur infatigable, prince généreux, environné de cardinaux jeunes, riches, d'une noble naissance, il passait avec eux ses jours dans les concerts, les festins, les spectacles. On ne voyait dans

---

1. Né à Florence en 1475, mort à Rome en 1521.

leurs palais que chevaux et lévriers : tout y respirait la joie et la magnificence. Cependant le pape poursuivait avec ardeur les immenses travaux de la basilique de Saint-Pierre ; les chefs-d'œuvre de l'art antique sortaient en foule des décombres de l'ancienne Rome ; les artistes modernes étaient enrichis et honorés : le grand Raphaël les surpassait tous en fortune comme en talent. Une foule de peintres, de sculpteurs, d'architectes, faisaient avec le pontife un échange de gloire, et leur immortalité rendait le nom de Léon X immortel. On ne pouvait perdre plus royalement l'antique théocratie des Grégoire VII et des Innocent III. Léon daignait à peine s'apercevoir de quelques « disputes de moines » qui commençaient à agiter les barbares provinces de l'Allemagne, et un jour qu'il voulut bien y donner un moment d'attention, il trouva que « frère Martin Luther avait beaucoup d'esprit. »

Il était impossible que le fils de Laurent, l'élève de Politien, ne fût pas le protecteur des lettres. Nul pontife, si l'on excepte Nicolas V, ne les avait favorisées avec tant d'amour. Il appela près de lui comme secrétaires apostoliques les deux hommes qui, de l'aveu de tous, écrivaient le latin avec le plus d'élégance, Bembo et Sadolet : Beroald fils, fut préposé à la bibliothèque du Vatican : Jean Lascaris, sollicité à la fois par Léon X et par François Ier, partageait ses derniers jours entre Paris et Rome. Plus de cent professeurs recevaient des appointements dans l'université romaine, que le pape avait remise en possession de ses revenus. Une presse destinée à publier les ouvrages grecs fut établie à Rome ; et Léon, donnant à la recherche des manuscrits une nouvelle impulsion, déclarait dans un de ses brefs qu'il considérait « comme une portion importante « de ses devoirs pontificaux, de favoriser les progrès de la « littérature. »

Si, réunissant par la pensée toutes les tendances littéraires de cette brillante époque, à laquelle les Medici ont légué si justement leur nom, nous cherchons à les soumettre à une appréciation générale, nous éprouvons l'embarras que fait naître nécessairement un problème complexe. D'une part nous voyons se dérouler sous nos yeux une longue série de chefs-d'œuvre ; la cour des Medici semble le rendez-vous des représentants les plus glorieux de tous les arts ; on dirait que Raphaël en a tracé l'image symbolique dans ses deux admirables peintures de l'École d'Athènes et du Parnasse. De l'autre, quand on considère l'amollissement des esprits et des caractères, l'affaiblissement de la foi et de l'enthousiasme religieux, la décadence progressive des institutions libres, l'asservissement de l'Italie, d'abord à des souverainetés locales, ensuite à des invasions étrangères ; quand on voit dans les lettres elles-mêmes la forme prédominer déjà sur l'inspiration, comme dans les *Cicéroniens*, Dante tomber dans l'oubli, les Pétrarquistes, Bembo, Casa, s'imaginer qu'il ne s'agit, pour rivaliser avec le grand poète, que de lui prendre ses mots et ses images ; on entrevoit la décadence au sein même de la perfection, et l'on se reprocherait de n'avoir que des éloges pour les princes ingénieux dont l'influence présida à de telles destinées.

Pour concilier des impressions si diverses dans un jugement impartial, il faut se rappeler le rôle qui semblait réservé à l'Italie à la fin de la grande époque du moyen âge. Elle devait fermer la voûte de cet immense édifice. A elle appartenait l'heureux privilège de couronner trois siècles de travaux, et d'emprunter à l'antiquité renaissante un rayon de son immortelle beauté pour en illuminer le front sévère du catholicisme. Pour accomplir cette mission, l'Italie du seizième siècle, on le conçoit, dut sacrifier beaucoup à la forme : l'inspiration venait de plus loin, du treizième, du quatorzième siècle, de Béatrice, de Laure, de la France surtout, de ses vieux fabliaux, de ses rudes chansons de Charlemagne et d'Arthur. Il s'agissait de souffler la grâce et la beauté sur cette poussière vivante d'enthousiasme et d'héroïsme, et d'animer tous ces éléments en chefs-d'œuvre immortels.

On vit s'accomplir alors un fait qu'on remarque presque toujours dans l'histoire des littératures : après une de ces époques agitées et confusément fécondes, où la grandeur des caractères éclate au milieu des désastres et de l'anarchie des États, commence une période de régularité, où les passions se calment, où les esprits se recueillent, où les gouvernements s'affermissent. Alors le terrain bouleversé par les révolutions précédentes porte ses fruits les plus parfaits ; alors naissent les siècles de Périclès, d'Auguste, de Louis XIV. La postérité dans son admiration ne voit que les résultats, elle néglige les travaux préparatoires. Elle applaudit l'heureux moissonneur et oublie le laboureur infatigable dont les sueurs ont fertilisé les sillons. Tel fut le destin de l'Italie des Medici. Leur époque est une fin, non un prélude. Elle ne sème pas : elle récolte.

La moisson même du seizième siècle était le prélude et la cause d'un long épuisement : une énervante prospérité allait enfanter la décadence et la ruine. La même cause produisit la précoce grandeur et le déclin rapide de l'Italie : ce fut la prépondérance des villes dans le système politique. Leurs habitants étaient à la fois riches et occupés de travaux pacifiques : le commerce, les manufactures, sources d'immenses profits, éloignèrent les citoyens du maniement des armes et du service personnel de la patrie. On voulut des soldats mercenaires, et on eut de l'argent pour les payer. L'acheteur perdit toute mâle vertu : le vendu (*condottiere*), indifférent à la victoire, toujours prêt à changer de parti pour gagner une solde plus forte, se battant sans passion et presque sans danger sous son armure de fer, épargnant dans ses adversaires des hommes du même métier, des confrères qui pouvaient le lendemain devenir des alliés, perdit lui-même le courage et l'habitude des combats sérieux. Dès lors l'Italie fut en proie. L'indépendance disparut avec la liberté ; la moralité même fut profondément corrompue : la noblesse des sentiments passa de mode ; la valeur fit place à la ruse dans l'estime publique. Les raffinements de l'esprit supplantèrent, comme chez les Grecs dégénérés, la loyauté et l'héroïsme. Le machiavélisme était partout, avant Machiavel.

CHAPITRE VIII

LE THÉATRE. — LA SATIRE

Résurrection du théâtre classique. — La comédie improvisée. Le drame pastoral. — La satire populaire.

En attendant les funestes effets de cette décadence latente, l'Italie se berçait au milieu des amusements ingénieux de l'esprit. Alors parurent des genres littéraires ou nouveaux ou renouvelés des temps classiques. Le théâtre se releva avec éclat, mais avec des succès inégaux dans ses différentes productions.

Les auteurs dramatiques qui prétendirent imiter les Grecs et les Romains n'obtinrent qu'une renommée viagère par des œuvres d'une médiocrité durable.

« Ces prétendus restaurateurs du théâtre ont observé, il est vrai, dit Sismondi, toutes les règles d'Aristote dès le seizième siècle, et se sont conformés à la poétique classique, avant même que sa législation fut proclamée ; mais qu'importe, si la vie leur manque ? On ne vient point à bout de lire leurs tragédies sans une fatigue inexprimable. C'est un poids qu'on ne peut réussir à soulever, et l'on ne comprend pas la patience des spectateurs, condamnés à entendre ces longues tirades, ces conversations languissantes, mises à la place d'une action qu'on dérobait à leurs yeux. L'action, la représentation, que le poète ne doit pas négliger un instant dans l'art dramatique, y sont constamment perdues de vue; et la philosophie (lisez la déclamation) ou l'érudition sont mises à la place du mouvement essentiel à la scène. »

Dès le quatorzième siècle l'historien Albertino Mussato, avait composé deux tragédies latines dans le goût de Sénèque. Au quinzième siècle, Pomponio Leto, fondateur de l'Académie romaine, avait fait jouer en latin les comédies de Plaute et de Térence. Ange Politien, nous l'avons dit, écrivit le premier une œuvre théâtrale dans l'idiome vulgaire. Les ducs de Ferrare firent jouer sur un grand théâtre élevé dans la cour de leur palais une traduction des *Menechmes* et de l'*Amphitryon*, ainsi que plusieurs pièces imitées des anciens. Léon X ne se laissa point dépasser par les autres princes dans la protection qu'ils accordaient au théâtre. C'est à lui que Trissino dédia sa *Sophonisbe*; c'est devant lui que Ruccellaï fit jouer à Florence sa tragédie de *Rosmonde*. L'*Oreste* que le même auteur laisse imparfait en mourant [1] demeura pendant deux siècles inédit et inconnu.

Le cardinal Bibbiena, ami et secrétaire de Léon, faisait représenter devant le Saint-Père son amusante et graveleuse comédie intitulée *Calandria*. Si l'on excepte la *Mandragore* de Machiavel, excellente mais très licencieuse comédie, espèce de Tartufe bouffon du théâtre italien, qui fut jouée aussi devant le souverain pontife, toutes les pièces de cette époque manquent d'invention et d'originalité. Elles ne sont que de pâles contrefaçons des théâtres antiques. Les auteurs tragiques aspirèrent à reproduire Sophocle, et

---

[1] Necdum finitus Orestes. *Juvénal.*

n'arrivèrent pas même à Sénèque. Les comiques eurent généralement plus de verve et jetèrent quelques scènes de la vie moderne dans les cadres de Plaute et de Térence. Le théâtre de l'Italie était alors ce que fut un peu plus tard le théâtre français. Trissino, Ruccellaï, Giraldi Cinthio, Bibbiena, se retrouvent pour nous de ce côté des Alpes avec moins d'élégance de style, sous les noms de Jodelle, de Garnier, de Jean de la Taille, de Pierre de Larivey, qui lui-même était de race italienne (*l'Arrivé, Giunto*).

L'Arioste, dans ses quatre comédies, *la Cassaria, I Suppositi, la Lena, Il Negromante*, surpasse ses rivaux par la perfection du style, par l'esprit et la verve des détails, mais non par l'originalité de l'intrigue, ni par la vérité des caractères.

A côté de cette reproduction assez malheureuse du théâtre classique, le théâtre populaire, qui n'avait jamais cessé de vivre, fleurit plus que jamais sur son sol natal. La *commedia dell'arte* était une continuation des atellanes et des mimes.

La critique a cru reconnaître plusieurs personnages de la farce moderne, dans les fragments, dans les textes, et dans les figurines de l'époque romaine. L'ancien *Maccus* revit, dit-on, dans le Napolitain *Pulcinella;* son nom propre est devenu un mot commun de la langue italienne (*matto*); le Bergamasque *Arlecchino* semble n'être que le *Panniculus* latin, tel qu'on le voit encore sur un vase peint de Pompeï, avec son habit multicolore, son petit chapeau caractéristique et sa batte inaliénable[1].

Des types nouveaux vinrent s'ajouter à ces figures traditionnelles : chaque contrée de l'Italie fournit son contingent à cette assemblée nationale des ridicules et des

---

1. Schober, *über die Atellanischen Schauspiele der Römer.* — Ficoroni, *de Larvis scenicis...* pl. XXIX. — Riccoboni, *Histoire du théâtre italien.* Voyez les planches qui terminent le second volume.

travers. *Pantalone* fut un riche marchand vénitien; *Il Dottore*, un médecin de Bologne; *Spaviento*, un capitaine napolitain, digne rival des *Matamoros* et des *Sangre y Fuego* castillans, *Gelsomino*, un petit maître romain; *Brighella*, un valet bergamasque, rusé compatriote du niais *Arlecchino*.

Des rôles féminins furent créés avec non moins d'originalité : *Smeraldina*, *Colombina*, *Spilletta*, portèrent, dans mille intrigues diverses, leur langage toscan ou romain et leurs caractères de friponnes et moqueuses soubrettes.

Le mélange des dialectes divers, le comique facile dû à l'emploi des patois grossiers de différentes provinces, étaient peut-être encore une tradition des atellanes[1]. Une ressemblance plus frappante c'est l'improvisation, qui caractérisait ces pièces antiques, et qui se conserva aussi dans les *commedie dell'arte*. Comme le poète ancien, l'auteur moderne se contentait de tracer un plan général, une espèce de *scenario* livré à la verve bouffonne des acteurs. Chaque comédien, habitué à son rôle, identifié avec le personnage qu'il représentait toujours, était en quelque sorte plus apte que l'auteur lui-même à en exprimer fidèlement le caractère. Aussi suffisait-il de lui montrer dans chaque scène le but où il devait tendre, dans chaque intrigue le résultat auquel il devait arriver. A. W. Schlegel compare ingénieusement ces personnages stéréotypés du théâtre italien aux pièces du jeu d'échecs, qui, toujours les mêmes dans toutes les parties, n'en produisent pas moins des combinaisons infinies quand une main habile les dirige.

Ce genre si ancien et si national fut cultivé par quel-

---

1. M. Magnin suppose avec vraisemblance que certains rôles des Atellanes étaient écrits en osque ou en volsque, tandis que d'autres l'étaient en latin. Voyez *Origines du théâtre moderne*, page 314 et suivantes.

ques hommes d'un talent incontestable. Flaminio Scala, qui le premier livra de pareilles esquisses à l'impression en 1611, et laissa environ cinquante *scenarii* de ce genre, mit dans ses inventions beaucoup de fécondité et d'esprit.

Le public italien était si passionné pour ces masques immuables et pour ces *lazzi* fortuits de la comédie populaire, que les acteurs furent plus d'une fois obligés, pour lui plaire, de réduire en *scenarii* des comédies régulières, déjà entièrement écrites, et d'y introduire Arlequin et Polichinelle, Pantalon et Scaramouche, avec leur fantaisie bouffonne et leurs quolibets improvisés. Telle fut sur le sol italien la vitalité de ce genre de farce, que les deux comiques les plus originaux du dix-huitième siècle et les plus opposés l'un à l'autre en tout le reste, ne crurent pas pouvoir se dispenser d'y recourir : le spirituel Gozzi réserva dans ses brillantes féeries une place pour les masques de caractère et leurs boutades improvisées, tandis que de son côté Goldoni, l'habile et fécond imitateur de notre comédie classique, plaçait aussi les dessins de sa muse régulière dans l'ancien cadre des mascarades indigènes. Il enrégimenta dans sa troupe les vétérans de la *comédie de l'art*, Arlequin, Pantalon et consorts. Seulement au lieu de s'en rapporter à leur improvisation capricieuse, il écrivit leurs dialogues en même temps qu'il traçait pour eux des intrigues, et sut rajeunir par les ressources de son esprit des caractères connus depuis si longtemps qu'on aurait pu les croire absolument usés.

Cette vieille comédie populaire de l'Italie ne s'arrêta pas à notre frontière. En 1577 les comédiens italiens qu'on appelait *I Gelosi* jouèrent à Blois, pendant la tenue des États. De là, ils vinrent s'établir à Paris, où ils régnèrent pendant plus d'un siècle, favorisés par nos reines florentines, imités même d'abord et à peine supplantés ensuite par Molière.

Une autre création théâtrale particulière à l'Italie, c'est

le drame pastoral, genre intermédiaire entre la comédie et la tragédie, espèce d'églogue dialoguée, où le poète enchaîne par une intrigue intéressante les peintures les plus gracieuses de la campagne et les mœurs conventionnelles des bergers de l'âge d'or. C'est en Sicile que parut en 1529, sous la plume du poète Tansillo[1], le premier essai de pastorale dramatique ; comme s'il eût été réservé à la même contrée de faire naître deux fois à dix-huit siècles de distance le poème et peut-être même le drame pastoral[2]. L'*Aminte* du Tasse est le chef-d'œuvre du genre : et Guarini, dans son *Pastor fido* l'imita sans l'égaler. La musique qui accompagnait les chœurs de ces pièces et passait même quelquefois dans les scènes, donna bientôt naissance à un spectacle destiné à une grande célébrité. Ottavio Rinuccini[3] fut le premier qui dans sa pastorale de *Dafne* en 1594 et plus tard dans celle d'*Euridice*, donna à Florence le spectacle d'un véritable opéra avec l'indispensable complément du récitatif.

Le roman pastoral, qui avait occupé une place distinguée parmi les fictions en prose de l'antiquité, reprit une vogue nouvelle dans l'Italie du seizième siècle. L'*Ameto* de Boccace en avait été le premier essai : l'*Arcadie* de Sannazar[4] en fut comme une seconde épreuve. A peine peut-on toutefois donner le titre de roman à cette série d'églogues réunies par des récits en prose destinés seulement à en former le lien, et dans lesquels on ne trouve ni une action proprement dite, ni un dénouement. L'*Arcadie* n'est qu'un tableau où sont représentés des jeux et des occupa-

---

1. Né à Venosa en 1510, mort en 1568.
2. Quelques critiques pensent que la comédie sicilienne, créée, dit-on, par Épicharme à la cour de Hiéron Ier, tenait le milieu entre le drame satyrique et la comédie attique, et que la poésie bucolique en formait un des éléments.
3. Né à Florence, mort en 1621.
4. Né à Naples en 1458, mort en 1530.

tions de bergers, ou plutôt c'est un cadre idéal où l'auteur se plaît à placer ses sentiments et ses rêveries. Sa sensibilité procède plus de l'imagination que du cœur, mais son langage est remarquable par la grâce et l'harmonie. Ces qualités le rapprochent quelquefois de Virgile, près de la tombe duquel il devait mourir, comme pour placer sa gloire à l'ombre du grand poète. Le roman pastoral devait passer par l'Espagne entre les mains de Montemayor et de Gil Polo, avant d'exercer sur la France une longue et assez triste influence.

Un genre dont le règne fut moins étendu et surtout moins durable, mais qui mérite cependant d'être signalé, fut la satire badine, *giocosa*, à laquelle le plus original et le plus spirituel des poètes italiens, Berni a attaché son nom; là, sans autre but que son amusement, l'auteur se moque à la fois et du sujet qu'il traite et du lecteur auquel il s'adresse : vrai délire de l'imagination, la poésie bernesque ne respecte qu'une seule chose, l'élégance du style et la mélodie du rythme. Laurent de Medici dans ses *Capitoli*, ou petits chapitres, en donna le premier l'exemple, suivi bientôt par les poètes les plus distingués et quelquefois les plus graves de l'Italie, par le chanoine Berni, que nous venons de nommer, par Giovanni Mauro, par monsignor Della Casà, par Angelo Firenzuola, enfin par le licencieux et bizarre Pierre Arétin. Cette poésie trouva en France son écho, et vint se répéter avec plus de sens et moins d'élégance dans les satires de Régnier et dans les bouffonneries de Rabelais.

CHAPITRE IX

LA POÉSIE ÉPIQUE

L'épopée italienne de la Renaissance.
Prédécesseurs de l'Arioste et du Tasse. — Louis Pulci, Boiardo.

C'est surtout dans l'épopée que la poésie italienne du seizième siècle a déployé toute la puissance de son génie, et résolu d'une manière admirable le problème littéraire de la Renaissance, je veux dire l'union de l'inspiration moderne avec la beauté de l'art antique. La prépondérance de l'un ou de l'autre de ces deux éléments a divisé naturellement les poèmes italiens en deux genres : les épopées romanesques et les épopées héroïques; les unes se rangent sous la bannière de l'Arioste, les autres sous celle du Tasse : les premières ont recueilli les traditions du moyen âge; elles nous présentent avec une magnifique profusion les fameux exploits de Charlemagne et de Roland, les victoires des guerriers chrétiens sur les barbares qui ont envahi la France, et dans lesquels les souvenirs populaires ne trouvaient plus que des Sarrasins; les autres, tout en conservant la pensée religieuse et le caractère chevaleresque, prennent la forme majestueuse de l'épopée homérique : elles groupent leurs fictions autour d'une action simple et grande. Le plus célèbre de tous ces poèmes chante la guerre de Troie des temps modernes, la croisade.

Au moment où nous allons rendre hommage au génie de l'Italie, ne soyons pas injustes envers la France : commençons par constater que si nos voisins furent les premiers des modernes qui atteignirent la perfection de la forme dans le genre si difficile de l'épopée, du moins l'invention des sujets, la création des incidents et des caractères, en un mot toute la matière épique, leur avait été fournie par la France du moyen âge. « Nous avons des romans, dit avec raison Henry Estienne, qui pourroient être les bisaïeux, voire trisaïeux du plus ancien auteur qu'ils aient (les Italiens). » Il suffit en effet de jeter les yeux sur nos chansons de geste, sur la *Chanson de Rolland*, la *Chanson des Saxons*, les *Quatre fils Aymon*, *Ogier le Danois*, le *Chevalier au lion*, etc., pour reconnaître avec Giraldi que « cette sorte de poésie doit à la France son origine comme son nom ».

Le premier des ouvrages italiens où nous retrouvons les vestiges de nos traditions épiques, est un vieux roman en prose intitulé *I reali di Franza* (*Les princes de France*). C'est une compilation de nos chansons de geste, une nouvelle *Chronique de Turpin*. On y revoit Charlemagne et tous ses aïeux à partir du fils de Constantin, sa mère Berthe-au grand pied et déjà quelques-uns de ses preux paladins, le loyal duc de Naimes, l'invincible Roland et le traître Ganelon. D'autres ouvrages italiens nous présentent ces traditions organisées déjà sous leur forme poétique : *Buovo d'Antona* se rattache par son sujet au règne de Pepin. La *Spagna* célèbre en quarante chants la dernière expédition de Charlemagne et la défaite de Roncevaux; la *Regina d'Ancroja* a pour héros le fils naturel de Renaud de Montauban, l'un des quatre fils Aymon. Tous ces poèmes semblent avoir été composés au quatorzième siècle. Leur style rude et grossier a pourtant, par rapport à l'harmonie, un avantage sur celui de nos trouvères. Au lieu de l'interminable strophe monorime de nos français [1], les trouvères italiens emploient déjà l'octave, cette forme quelquefois un peu factice, un peu trop lyrique, mais extrêmement mélodieuse, dont on doit l'invention à Boc-

---

1. *Histoire de la littérature française*, chapitre VII, page 64.

cace, le perfectionnement à Politien et la consécration définitive à l'Arioste et au Tasse.

Les auteurs de ces poèmes ressemblaient fort à nos jongleurs : comme eux, allant de ville en ville, de château en château, ils chantaient eux-mêmes leurs vers, se mettaient personnellement en rapport avec leur auditoire, auquel ils adressaient leurs préambules et leurs adieux, sollicitaient en finissant la générosité de leurs hôtes par les invitations les plus directes et les moins équivoques. « Qu'il vous plaise, disaient-ils, par exemple, de mettre un peu la main à votre bourse et de me faire quelque présent; car nous voici à la fin du cinquième chant[1]. »

Pour captiver des auditeurs d'une imagination mobile, d'une sensibilité plus vive que profonde, il fallait avoir recours à la plus « prodigieuse variété, » au risque de « peindre un dauphin dans les forêts, un sanglier au milieu des flots »; il fallait faire marcher parallèlement plusieurs aventures différentes, briser habilement le fil d'un récit pour en faire désirer la suite, jeter à chaque instant sur la chaîne de l'action principale un piquant épisode; unir le plaisant au sérieux, le familier au sublime, descendre des peintures les plus magnifiques aux plus vulgaires allusions; mêler aux images lascives des réflexions pieuses et même des prières. Car le poète s'adressait au peuple, et à un peuple italien, c'est-à-dire à la fois ignorant et artiste, frivole et enthousiaste, dévot et licencieux. De ces conditions où naquit l'épopée romanesque, naquirent avec elles toutes ses lois.

Abandonnée aux instincts incultes du peuple et négligée par les hommes lettrés du quinzième siècle, l'épopée romanesque était sur la pente rapide où la poésie s'éloigne

---

1.   Ch'ora vi piaccia alquanto por la mano
    A vostra borsa, et farmi dono alquanto,
    Che qui ho già finito il quinto canto.
        La Spagna di Sostegno de 'Zanobi.

de plus en plus de l'idéal et cesse bientôt d'être un art, lorsque un des amis de la famille des Medici comprit qu'il fallait reverser sur l'art populaire quelque chose de l'élégance que faisaient renaître les études latines. Louis Pulci récitait à la manière des anciens rhapsodes, à la table de Laurent le Magnifique, le *Morgante Maggiore* (1488) composé pour Lucrèce sa mère. Marsile Ficin, Ange Politien, Pic de la Mirandole, c'est-à-dire les esprits les plus savants et les plus éclairés, écoutaient la lecture de ce poème.

Toutefois dans cette docte compagnie le poète se conforma strictement aux coutumes des chanteurs populaires. Même caprice dans la conduite de l'action, même prodigalité d'aventures, même mélange de prières et de bouffonneries, de noblesse et de naïveté. Tout est conçu et décrit comme le concevait, comme le comprenait le peuple : si le poète est souvent délicat et élégant, c'est que le peuple pour qui il chantait était celui de Florence, et que la renaissance des lettres se faisait déjà sentir dans son sein. Du reste, et ce fut peut-être le secret de la gloire littéraire de la Toscane, la société savante eut le bon goût d'y rester peuple. Laurent de Medici aimait les divertissements publics; lui-même composait des vers pour les mascarades du carnaval. Pulci suivit le même système : de là le caractère étrange de son poème, qui a été une énigme insoluble pour la plupart des critiques, les uns voulant y voir une œuvre sérieuse, les autres une épopée heroï-comique, comme la *Secchia rapita* de Tassoni[1], le *Lutrin* de Boileau ou la *Boucle de cheveux* (*the Rape of the lock*) de Pope. Le *Morgante Maggiore*[2] est tout simplement un récit populaire, tour à tour sublime et puéril, plein d'enchantements et de prodiges, de rois, de diables

---

1. Publiée en 1622, Paris, petit in-12.
2. Publié en 1481, in-fol.

et de chevaliers, de batailles et de duels. Les guerres y naissent les unes des autres ; des empires y sont conquis en un jour. A côté du géant Morgant est le géant Margutte, infidèle, mais bon vivant, qui fait rire tout le monde, héros, diables et lecteurs, et qui meurt enfin d'un accès de rire.

Comme ce poème est assez peu connu en France, et mérite pourtant de l'être, nous allons tracer une esquisse rapide du premier chant, qui, par ses qualités comme par ses défauts est l'un des plus caractéristiques.

Le poète commence par les premières lignes de l'Évangile de saint Jean : « Au commencement le Verbe était auprès de Dieu et Dieu était le Verbe, et le Verbe était Dieu. » Il rattache ces paroles à une invocation, dans laquelle il implore l'aide d'un ange pour raconter « une fameuse, antique et digne histoire. » Chaque chant du poème s'ouvre par une semblable prière, formulée quelquefois en latin ou à peu près, comme celle du chant IV : « *Gloria in excelsis Deo, e in terra pace.* »

Après ce que nous avons dit plus haut, il est inutile d'ajouter qu'il n'y a dans de pareils débuts aucune intention ironique. L'auteur se conforme à une habitude populaire, dont l'Arioste saura bientôt tirer ses charmants préambules[1].

La « fameuse », la « digne histoire », que Pulci nous raconte, est en effet une histoire bien « antique » pour nous autres Français, c'est celle des exploits de Roland, neveu de Charlemagne, qui s'exile de la cour de son oncle par suite de la jalousie du traître Ganelon. Mais à l'exem-

---

1. Un autre poète donna à l'Arioste l'exemple de substituer une digression poétique, par forme de prologue, aux invocations pieuses de Pulci et de ses prédécesseurs; ce fut Francesco Bello, dit l'Aveugle de Ferrare, dans son poème intitulé *Mambriano* (Ferrare, 1509, pet. in-4), œuvre du même genre, mais d'un moindre mérite que le *Morgante*.

ple des trouvères de France, Pulci discrédite ses devanciers et prétend

> Que cette histoire, avec tout son mérite,
> Fut mal apprise, encor plus mal écrite.

Roland irrité s'éloigne de Paris et arrive dans un lieu désert où il rencontre une abbaye, « située sur les confins des chrétiens et des païens. » Le monastère était dominé par une haute montagne, d'où trois géants faisaient pleuvoir d'énormes quartiers de rocs, ce qui, observe très judicieusement l'abbé,

> Trouble souvent nos dévotes prières.

Il ajoute :

> Nos saints aïeux, dans leur désert lointain,
> Ne faisaient pas *gratis* œuvres si belles.
> Ne croyez point que, du soir au matin,
> Tout un couvent vécut de sauterelles :
> Du ciel pleuvait la manne, c'est certain ;
> Il pleut ici, pour remplir nos écuelles,
> Les durs cailloux que jettent de ce mont
> Alabastro, Morgant et Passamont[1].

> Gli antichi padri nostri nel deserto
> Se le lor opre sante erano e giuste,
> Del ben servir da Dio n'avean buon merto :
> Ne creder, sol vivessin di locuste ;
> Piovea dal ciel la manna, questo è certo :
> Ma qui convien che spesso assagi e guste
> Sassi, che piovon di sopra quel monte,
> Che gettano Alabastro e Passamonte.

L'abbé parlait encore quand une énorme pierre vint, comme pour confirmer son récit, tomber aux pieds de Roland.

1. Nous avons cherché à reproduire scrupuleusement, avec le sens exact de l'auteur, l'allure de la strophe épique italienne qu'il emploie dans tout son ouvrage :

> Seigneur Baron, entrez au nom des cieux,
> La manne va tomber, dit le saint moine.
> Roland répond : Ces gens sont soucieux
> Que mon cheval ne mange plus d'avoine.
> Ils pourraient bien le guérir du mal d'yeux.
> Mais quels rochers ils lancent! saint Antoine!
> Hélas! reprend le bon père à son tour,
> Ils jetteront la montagne un beau jour.

Roland entreprend de délivrer le monastère de ce voisinage incommode : il se dirige vers la montagne, rencontre Passamont qui lui offre généreusement de le prendre à son service. Le paladin refuse cet emploi, et provoque le géant par deux épithètes peu courtoises (*can mastino*).

> Le géant court, terrible, à son armure,
> Quand il entend qu'on lui dit une injure.

Le neveu de Charlemagne l'attend patiemment sans bouger : Passamont revient avec sa fronde, lui lance sur la tête une de ces pierres qu'il lançait si bien, le laisse étourdi sur la place, et le croyant trépassé, rentre paisiblement chez lui.

> Le Passamont, cuidant qu'il étoit mort,
> Se dit : je vais déposer mon armure.

Mais ce n'est pas le compte de Roland, qui pendant cet *a parte* avait repris connaissance.

> Il cria fort : Géant, où vas-tu donc?
> Tu crois m'avoir écrasé la cervelle?
> Si tu n'as pas des ailes au talon,
> Tu ne pourras me fuir, chien d'infidèle!

Passamont revient, se baisse pour ramasser une autre pierre. Le comte, instruit par l'expérience, ne lui laisse pas le temps d'armer sa terrible fronde : d'un coup de *cortana* il fend le crâne du païen, qui en s'écroulant comme une ruine (*morto rovinava*),

> Dévotement, blasphéma Mahomet.

Alabastro, le second géant, eut le même sort que son frère ; comme lui il fut pourfendu, comme lui encore

> Il invoqua Mahomet en mourant.

Restait le troisième Curiace, qui se tenait coi dans son palais

> Fait de gazon, de branches et de terre.

Roland frappe poliment à la porte : Morgant ouvre, l'esprit encore tout plein d'un songe alarmant qu'il vient de faire. Un serpent l'avait assailli. En vain il invoquait Mahomet ; il s'était mis à implorer Jésus, qui l'avait délivré. Le héros chrétien profite de l'occasion, il apprend au géant

> Qu'il a laissé plus froids qu'un froid pilastre
> Ses deux jumeaux, Passamont, Alabastre.

Cette nouvelle donne à penser au troisième géant. Son rêve aidant, il se déclare disposé à quitter le mahométisme. Roland lui fait un beau sermon approprié à la circonstance, et le termine par ces mots :

> Baptise-toi : prends mon Dieu pour le tien.
> Morgant répond : Cela me va fort bien.

> Battezati al mio Dio di buon talento.
> Morgante gli rispose : Io son contento.

Il fait plus : il suit Roland, s'attache à lui en qualité d'écuyer. Le compatissant paladin console du mieux qu'il peut son néophyte pour les deux frères qu'il lui a tués. Il y réussit probablement au delà de son espérance :

> Un mot suffit au sage, dit Morgant :
> Tu me vois libre et tout prêt à te suivre.
> Quant à la mort de mes frères, Roland,
> Au bon plaisir du Seigneur je les livre.
> Tu dis qu'au ciel on en fait tout autant.
> Les morts sont morts; pour nous, songeons à vivre.
> A tous les deux, je vais couper les bras,
> Pour les porter aux saints moines là-bas.

Pas n'est besoin de dire que le père abbé reçoit avec ravissement les deux nouveaux amis.

> Ce néanmoins, quand il voit le géant,
> L'abbé d'abord se sent mal à son aise.

Mais Roland le réconforte en lui expliquant que Morgant est chrétien. Alors tout le couvent s'abandonne à la joie.

Le converti prouve aux moines sa sincérité en leur faisant agréer ses petits services ; il va leur chercher de l'eau et rapporte un tonneau plein sur l'une de ses épaules; l'autre est chargée de deux ou trois sangliers qu'il a tués en passant. Quand l'impatient Roland veut partir en quête d'aventures, Morgant s'arme d'un battant de cloche qu'il trouve dans le couvent, la cloche elle-même lui sert de casque ; ainsi pourvus, les deux paladins s'en vont bravement en guerre. Ils parcourent le monde, écrasant sur leur route les géants, les serpents, les tyrans, et mettant à bonne fin les aventures ordinaires de la chevalerie.

Le poète marche à leur suite pendant ses vingt-huit chants, sans chercher la plaisanterie, sans la fuir quand elle se rencontre; tour à tour sérieux et enjoué, comme les événements qu'il répète, comme le peuple auquel il s'adresse.

Le style de Pulci porte, comme ses conceptions, l'empreinte de la société qui l'environnait. Sa diction énergique a quelque chose de la sévérité des anciens temps ; ses vers remarquablement purs et coulants manquent toutefois de mélodie : ses phrases sont abruptes et décousues. Sa vigueur dégénère en rudesse, et une concision capricieuse, qui comme nous venons de le voir, n'exclut pas toujours la prolixité, l'empêche de donner à ses images poétiques leur juste développement [1].

Pulci eut la gloire de faire entrer l'épopée populaire dans le domaine de l'art : il ne put la conduire jusqu'à ses dernières limites. C'est à un autre poète qu'il était réservé de placer sur cette tête plébéienne l'auréole divine de la beauté.

Le Boiardo ne fut encore qu'un précurseur, mais un précurseur si habile et si heureux que l'Arioste voulut modestement continuer son œuvre, et recevoir de ses mains son action et ses personnages. Ce fut lui qui, dans son *Orlando innamorato*, fixa pour toujours les rôles de Roland, d'Angélique, d'Agramant, de Rodomont. Ce dernier nom nous rappelle une anecdote qui nous fournira l'occasion d'indiquer le caractère ainsi que la position sociale de Boiardo, et d'appuyer ce que nous avons déjà dit de l'adoption des idées et des amusements populaires par les classes élevées de la Toscane.

Matteo Maria Boiardo était riche, noble, comte de Scandiano. C'est des paysans de ses domaines qu'il emprunta les noms d'Agramant, de Sobrin, de Mandricard. Un jour que, se promenant à cheval dans ses domaines, il inventa par hasard le nom de Rodomont, enthousiasmé de cette précieuse découverte, il revint, dit-on, en toute hâte et fit sonner en signe de réjouissance toutes les cloches de

---

1. Ugo Foscolo, *Narrative and Romantic Poems of the Italians*, dans le 42e n° du *Quarterly Review*.

Scandiano. Il ne fut pas moins heureux dans le dessin des caractères : il n'a laissé à l'Arioste qu'à ennoblir ceux qu'il avait créés.

C'est Boiardo qui a enseigné à son successeur l'art de peupler son poëme de cette multitude de personnages doués chacun d'une figure distincte et individuelle ; et bien que ses caractères soient tracés avec moins de finesse, ils ont quelque chose de plus naturel et de plus touchant. Quand l'Arioste amène un acteur sur la scène, il a toujours une arrière-pensée pour les autres, et ne perd jamais de vue l'effet général du poëme. Boiardo est plus absorbé dans chacun de ses héros : il partage naïvement leurs joies et leurs chagrins ; il oublie momentanément tous les autres, il oublie jusqu'à ses lecteurs. C'est surtout lui-même qu'il cherche et réussit à amuser par ses fictions. Il est son propre public ; et quoiqu'il feigne d'adresser ses récits à un auditoire populaire, nous voyons toujours en lui le riche seigneur, écrivant à loisir dans son palais. Ce n'est plus, comme Pulci, un poëte plébéien, admis à titre précaire à la table des grands, et environné d'un cercle de critiques amis mais éclairés : c'est un noble comte qui condescend à ajouter aux plaisirs de ses hôtes, et qui joint la lecture de ses vers aux autres agréments de son splendide banquet.

Dans ses récits, il conserve un ton grave et un peu froid, qui est loin de valoir la naïve gaieté de Pulci. Romancier plutôt que poëte, Boiardo est doué d'une fécondité d'invention merveilleuse. Il multiplie et entrelace avec une incessante profusion les intrigues et les aventures : il déploie le premier dans ses descriptions toutes les richesses de la féerie, et toute la brillante déraison des fictions orientales. C'est lui qui en décrivant l'île de Falerine et de Morgane a créé le véritable modèle des îles d'Alcine et d'Armide. Les monstres, les géants, les enchantements se succèdent chez lui avec plus de prodigalité encore que chez ses prédécesseurs. Il sait plus habilement unir les traditions du cycle de la *Table ronde* à celles de nos Chansons de geste. Mais chez lui le caractère héroïque de la vieille épopée française disparaît de plus en plus sous les intrigues d'amour. Le fier Roland par exemple, mis à la poursuite d'Angélique, ne garde guère de son antique physionomie que son intrépide valeur. Le style enfin n'est pas dans ce poème à la hauteur de l'invention. Boiardo ne possède pas bien toutes les ressources de la langue : sa versification est dure et sans grâce ; sa diction, moins confuse que celle de Pulci, est plus incorrecte. Pulci a orné son poème des idiotismes du dialecte florentin ; Boiardo, qui vivait à Ferrare, a employé outre mesure les provincialismes de Lombardie qui ne sont ni expressifs ni gracieux [1]. D'ailleurs ce poète mourut avant de terminer son ouvrage. Il n'a donc pu mettre la dernière main à la partie même qui nous reste.

Un poète plein d'esprit et d'originalité, Francesco Berni, instruit par la lecture de l'Arioste, a refait le poème de Boiardo et a donné au *Roland amoureux* les deux choses dont il manquait le plus, la grâce et l'harmonie.

CHAPITRE X

CHEFS-D'OEUVRE DE L'ÉPOPÉE

Le Roland furieux de l'Arioste. — La *Jérusalem délivrée* du Tasse.

L'épopée populaire trouva sa dernière et sa plus brillante expression dans l'*Orlando furioso* de l'Arioste.

---

[1]. Ici encore nous avons eu pour guide l'habile critique, le poète célèbre que nous avons déjà cité, Ugo Foscolo.

Nous savons maintenant que ce poète ne créa point, comme on le croit vulgairement, le roman épique, pas plus qu'Homère n'inventa l'épopée grecque ; il eut une gloire différente mais non moindre : il vivifia des formes déjà inventées ; il fut le Prométhée, ou, comme dit le Tasse son illustre rival, le Dédale de l'épopée italienne : il anima les statues que les autres artistes s'étaient contentés de sculpter.

Né à Reggio en 1474, Lodovico Ariosto montra de bonne heure les plus heureuses dispositions pour la poésie. Encore enfant il composait une tragédie ; voué contre son gré à l'étude du droit, comme autrefois Pétrarque, comme plus tard le Tasse, il s'empressa de revenir aux lettres, sans toutefois s'y livrer si exclusivement qu'il renonçât entièrement aux travaux, aux devoirs de la vie active. Tour à tour ambassadeur, soldat, courtisan, gouverneur de province, il s'attacha à la maison d'Este, qui reconnut mal ses services et ses talents. On aime à voir ce grand poète, jaloux de son indépendance, dédaigner les disgrâces de la cour et souriant dans ses *satires* de l'ingratitude des princes qu'il avait immortalisés, savoir trouver le bonheur au sein d'une tranquille et studieuse solitude. Il mourut en 1533.

Jeune encore, Arioste avait conçu la pensée « de s'élever si haut dans le poème romanesque que personne après lui n'osât se flatter de l'égaler. » Le *Roland amoureux* faisait alors l'admiration de tous les esprits cultivés de l'Italie : Charlemagne et ses grands vassaux occupaient toutes les mémoires. C'était un avantage pour le poète qui, revenant à ce sujet, trouvait dans son génie le moyen d'être neuf dans une matière connue. Il était dispensé de toute laborieuse exposition ; il pouvait amuser ses lecteurs sans craindre de leur faire une fatigue d'un divertissement. Arioste, fidèle à la méthode populaire, ne craint pas de compliquer l'intrigue par le mélange d'une foule d'incidents que lui fournit sans relâche son imagination féconde. Il sait que son auditoire, exercé à ces sortes de combinaisons, suivra sans peine les ramifications diverses de toutes ces histoires. Le peuple d'Italie dans ses romans, comme celui d'Espagne au théâtre, comme aujourd'hui les Allemands dans leurs concerts, a une merveilleuse facilité à comprendre et à retenir les plus savants *imbroglio*. Il semble que l'art des modernes, différent en cela de l'art grec, aime à chercher l'unité dans la résultante d'une foule de moyens divers. C'est ainsi que l'architecture gothique a substitué la riche prodigalité de ses ornements à la simple et sévère beauté des monuments helléniques.

L'unité existe pourtant dans de pareilles œuvres; mais elle est moins simple et moins frappante. L'unité de l'action chez l'Arioste, c'est la création même des peuples du moyen âge, c'est la guerre de Charlemagne contre les barbares qu'il repousse définitivement du territoire de son empire. Sur cette chaîne historique viennent se croiser les trames les plus brillantes; d'abord les glorieux exploits de la féodalité, sous son nom poétique de chevalerie, personnifiée dans le plus illustre des paladins, le fameux Roland, immortel par sa défaite plus que les autres par toutes leurs prouesses; puis une foule innombrable, sans être confuse, de chevaliers, de princesses, d'enchanteurs, de châteaux, de talismans, de prodiges, c'est-à-dire toutes les forces, toutes les grâces, toutes les superstitions du moyen âge, aussi mêlées, aussi désordonnées, aussi vivantes, mais plus belles, plus saillantes, plus idéalisées que dans le monde réel.

Parmi toutes ces actions Arioste place au premier plan les destinées de la maison d'Este, représentées par Roger et Bradamante, ses fabuleux auteurs. Toutefois Roland est la figure de prédilection tant du poète que des lecteurs. Roland donne son nom au poème; l'épisode couvre l'intrigue, c'est là encore un trait de vérité en même temps qu'un moyen d'intérêt. Le paladin éclipse l'empereur; tout se fait au profit du pouvoir central, mais par les mains de la chevalerie.

C'est là le plan général, ou plutôt le squelette du poème, mais quelle richesse d'accessoires! C'est avec raison que Galilée le comparait à un « magnifique garde-meuble, à une galerie royale, ornée de cent statues antiques des plus célèbres sculpteurs et où brillent à chaque pas les cristaux, les vases précieux et les plus riches diamants. » Les palais fantastiques, les féeries, les anneaux merveilleux, les lances d'or toujours victorieuses, les chevaux ailés, l'ascension dans le globe de la lune, et d'autres fictions, extravagantes ailleurs, se présentent à nous chez l'Arioste comme les créations de la nature elle-même. L'intérêt est si vif, si entraînant, qu'il ne permet pas à la raison de se révolter. Les habitudes même les plus vicieuses de ce genre populaire, comme par exemple les suspensions qui brisent à chaque instant le fil du récit, augmentent la puissance que le poète exerce sur son lecteur. Ce sont les doux refus de sa muse capricieuse qui ne font qu'irriter plus vivement notre curiosité. Au moment où le récit d'une aventure se déroule devant nous comme un torrent, il tarit tout à coup, et nous entendons à sa place le murmure d'un autre ruisseau, dont nous avions à regret perdu la trace. Leurs flots se mêlent, puis se divisent de nouveau pour se précipiter dans des directions diverses, et laissent le lecteur en proie à une agréable perplexité : « ainsi le pêcheur ravi de la douce harmonie de mille instruments qui résonnent dans l'île de Circé, laisse tomber ses filets et prête l'oreille à ces accords. »

Stupefatto
Perde le reti il pescator, ed ode.

Arioste sûr de sa puissance, a créé plus de personnages,

plus d'intrigues, plus de batailles, plus de sortilèges qu'aucun de ses prédécesseurs. Plus qu'aucun autre aussi il a donné à ses créations les traits de la vérité. On sent qu'il vit à son aise dans ce monde extraordinaire qui n'a rien d'étrange pour lui. C'est là que son hippogriffe déploie librement ses ailes. La poésie n'y est plus restreinte par la froide pression de la réalité; l'auteur y trouve des ombrages plus frais, un beau et libre ciel. Il s'y établit avec autant de sécurité que notre La Fontaine dans son royaume des animaux; il nous y acclimate avec lui, nous y fait des amis, des intérêts. Et comment n'oublierions-nous pas que la fiction sert de base à ce monde fragile? N'y retrouvons-nous point la nature dans la vérité des passions, dans la beauté et la précision des peintures, dans la simplicité naïve des visages? Tous ces héros, malgré leur poétique grandeur sont si bien des hommes comme nous, qu'ils répandent quelque chose de leur réalité sur ce milieu fantastique et ne lui laissent du merveilleux que le charme. L'air qu'ils respirent est seulement plus léger; il ne pèse pas sur les âmes, comme le nôtre, pour les empêcher de s'épanouir.

Si nul poète n'avait jusqu'alors exprimé avec tant de succès les traditions populaires de l'Italie moderne, c'est que nul autre n'avait su s'approprier aussi bien les traditions de l'art antique. L'Arioste connaît et imite Homère, Virgile, Ovide, Valérius Flaccus, et une foule d'autres poètes de moindre valeur. Il les imite en grand maître, en s'appropriant leurs idées, leurs images, qu'il transforme et assimile à sa propre manière.

Plusieurs de ses inventions appartiennent aux classiques latins; son Olympie est placée dans la même situation qu'Ariane abandonnée dans une île déserte, qu'Andromède exposée à un monstre marin. La palette du poète italien est si riche et si variée qu'il ne craint pas de répéter le même incident et d'exposer ensuite Angélique au même monstre. Il se répète sans se copier, et paraît toujours neuf, même dans ses redites.

Ses comparaisons surtout sont justement célèbres : c'est là qu'il dérobe à l'antiquité ses traits les plus brillants. Tantôt il emprunte à Stace son admirable peinture de la lionne partagée entre sa fureur et sa tendresse pour ses petits ;

> Pareil à l'ours qu'un alpestre chasseur
> Ose assaillir dans sa grotte sauvage ;
> Sur ses petits, incertain dans son cœur,
> Il reste, il gronde et d'amour et de rage.
> La soif du sang, la native fureur
> Étend sa griffe, et l'excite au carnage ;
> Mais sur ses fils, tournant un œil plus doux,
> Il s'attendrit même dans son courroux.

> Come orsa che l'alpestre cacciatore
> Nella pietrosa tana assalita abbia,
> Sta sopra i figli con incerto core,
> E freme in suono di pietà e di rabbia.
> Ira l'invita, e natural furore
> A spiegar l'ungie, e a insanguinar le labbia ;
> Amor la intenerisce, e la ritira
> A riguardare ai figli in mezzo all' ira[1].

Stace avait dit au xe chant de sa Thébaïde :

> Ut lea quata sævo fetam pressere cubili
> Venantes Numidæ, natos erecta superstat,
> Mente sub incerta, torvum ac miserabile frendens.
> Illa quidem turbare globos et frangere morsu
> Tela queat, sed prolis amor crudelia vincit
> Pectora, et in media catulos circumspicit ira.

Il semble que l'Arioste eût, pour cette comparaison, un modèle plus rapproché de lui. Nous lisons dans les *Stances* de Politien (L. I. st. 39) :

> Qual tigre a cui della pietrosa tana
> Ha tolto il cacciator suoi cari figli,
> Rabbiosa il segue par la selva Ircana,
> Chè tosto crede insanguinar gli artigli.

1. *Orlando furioso*, chant XIX, stance 7.

Tantôt il prend à Catulle l'image charmante sous laquelle ce poète représente la virginité :

> La jeune vierge est semblable à la rose,
> Qui, le matin, sur son natal rameau,
> Dans un bosquet seule et calme repose
> Loin du pasteur et du bêlant troupeau ;
> Le doux zéphyr et l'aube jeune éclose,
> L'onde et la terre adorent son berceau ;
> Les jouvenceaux et leurs belles maîtresses
> De sa beauté veulent parer leurs tresses.

> La virginella e simile alla rosa
> Ch' in bel giardin, sulla nativa spina
> Mentre sola e sicura si riposa,
> Ne gregge ne pastor sele avvicina ;
> L'aura soave a l'alba rugiadosa
> L'acqua e la terra al suo favor s'inchina ;
> Giovani vaghi e donne innamorate
> Amano averne e seni e tempie ornate.

On lisait dans Catullle :

> Ut flos in septis secretus nascitur hortis,
> Ignotus pecori, nullo contusus aratro,
> Quem mulcent auræ, firmat sol, educat imber :
> Multi illam pueri, multæ optavere puellæ.

Souvent c'est à Virgile qu'il s'adresse : il imite ses comparaisons de l'Éridan débordé[1], du lion qui fuit en menaçant[2], beaucoup d'autres qu'il serait trop long d'énumérer. Quelquefois c'est une scène tout entière, un tableau complet qu'il enlève, mais avec l'adresse de Cacus, en dissimulant les traces du larcin. C'est ainsi que l'entreprise hardie de Rodomont, qui entre seul dans les murs de Paris assiégé, est imitée de l'assaut de Pyrrhus au palais de Priam, et de l'irruption de Turnus dans le camp des Troyens ; et si dans quelques parties la supériorité appartient au chantre

---

1. Chant XL, stance 31.
2. Chant XVIII, stance 22.

d'Énée, dans d'autres aussi, et surtout dans les vastes proportions de ce tableau terrible, l'avantage semble rester au chantre de Roland.

Ainsi s'accomplissait une première fois et avec le plus brillant succès l'union fraternelle de l'art moderne et de l'art antique. Celui-là, toutefois, gardait la suprématie; la poésie ancienne n'entrait dans le *Roland furieux* qu'à l'état d'élément et en subissant une heureuse absorption.

Un autre poète italien aborda bientôt après le même problème et lui donna une solution différente, mais non moins heureuse. Dans la *Jérusalem délivrée* l'art antique traça le plan, régla la forme et les limites de l'épopée ; l'inspiration religieuse et chevaleresque vint en animer et en vivifier tous les détails.

Dès le commencement du seizième siècle plusieurs poètes italiens avaient déjà tenté de créer l'épopée héroïque ; mais les précurseurs du Tasse furent moins heureux que ceux de l'Arioste. Sannazar, Vida, Bartolini avaient employé la langue latine, montrant assez, par ce seul choix, le caractère exclusivement antique de leur inspiration et la classe de lecteurs dont ils ambitionnaient le suffrage. Trissino, l'auteur de la Sophonisbe, sentit qu'une épopée nationale devait se faire entendre de toute la nation, et qu'une langue morte rend toujours mal les idées nées après elle. Il écrivit en italien son *Italie délivrée des Goths*. Cependant ce fut presque encore un ouvrage latin ou même grec. Trissino fit dans l'épopée ce qu'il fit sur la scène tragique, une copie, un calque des anciens. Il transporta dans son poème les descriptions, les petits détails, les expressions même de l'*Iliade*, et quelquefois des épisodes entiers. Il en a tout pris, dit Voltaire, excepté le génie.

Oliviero fut moins heureux ou moins habile encore dans son *Alamanna*, dont le sujet tout moderne (la victoire de Charles-Quint sur la ligue protestante de Smalcalde), répugnait davantage aux formes homériques. Alamanni, dans son *Avarchide* ou *Le siège de Bourges* (*Avaricum*), les employa d'une manière bizarre pour encadrer les noms d'Arthur, de Tristan et de Lancelot. Le contraste entre le sujet et le plan devient d'autant plus insupportable qu'Alamanni n'imite pas seulement Homère dans les détails, mais encore dans la conception générale et dans la contexture du poëme, dans les caractères qu'il donne à ses personnages et les discours qu'il leur fait prononcer.

Ces échecs du poëme héroïque ne découragèrent pas Torquato Tasso[1]. Fils d'un poëte distingué de l'école d'Arioste (Bernardo Tasso), il conçut dès sa jeunesse le noble projet de tenter une voie nouvelle. A dix-sept ans il avait fait un premier essai, le poëme épique intitulé *Rinaldo*. Comme Alamanni, il avait choisi des personnages romanesques, Charlemagne, Renaud fils d'Aymon, l'enchanteur Maugis, et avait tâché de plier leur indocile humeur au joug sévère d'Aristote. Averti par un demi-succès, il comprit que les fables de ces héros populaires avaient trouvé chez l'Arioste la seule forme qui leur convînt, et que c'était sur un autre terrain qu'il fallait tenter la conciliation de l'art antique et du génie moderne.

Deux ans après, il avait conçu l'idée de sa *Jérusalem délivrée*, fixé le nombre et choisi les noms des personnages, imaginé différents épisodes et déterminé leur place. Déjà même il avait écrit trois chants sur ce sujet; et plusieurs des octaves composées par le poëte de dix-neuf ans se retrouvent encore dans la rédaction définitive du grand poëme. En même temps il entreprenait de sérieuses études théoriques sur l'essence et les lois de l'épopée, et rédigeait trois traités où il examinait à fond cette matière.

Le sujet auquel s'était arrêté le jeune poëte semblait singulièrement propre au but qu'il se proposait. Si la

---

[1]. Né à Sorrente le 11 août 1544, mort à Rome le 25 avril 1595.

première croisade était le plus grand événement du moyen âge, elle avait en même temps une profonde analogie avec la guerre de Troie. L'histoire se copiait elle-même, et appelait la poésie à une imitation originale comme elle. De plus, les souvenirs de la guerre sainte venaient de recevoir des événements contemporains un nouvel intérêt. La pacification du reste de l'Europe n'avait guère laissé aux chrétiens d'autres ennemis que les Turcs. Une confédération s'était formée contre eux : ils furent battus à Lépante à l'époque même où le Tasse à peine âgé de vingt-deux ans commençait à s'occuper sérieusement de son poème. Reporter en Asie si non la croisade, au moins ses glorieux souvenirs, délivrer Jérusalem au moins dans ses vers, c'était flatter l'opinion publique du seizième siècle, c'était achever la victoire de Don Juan.

La fusion harmonieuse que semblait promettre le sujet, fut admirablement accomplie par le génie du poète. A considérer d'une manière sommaire le plan et la contexture de la *Jérusalem* on croit avoir sous les yeux l'Iliade. Même unité, même simplicité d'action, mêmes ressorts dans l'intrigue : une ville d'Asie, possédée par un roi barbare, est investie par l'Europe coalisée. La discorde éclate parmi les chefs assiégeants, les puissances surnaturelles prennent part à ces divisions. Un jeune héros, à qui la victoire est promise par le ciel, sort irrité de l'armée d'Europe, pour qui son absence est le signal de tous les malheurs. Enfin le ciel s'apaise, des messagers amis envoyés par le chef des alliés ramènent dans leur camp le jeune guerrier et avec lui l'espérance de la victoire.

Toutes les parties de la nouvelle épopée se coordonnent régulièrement dans un ensemble noble et majestueux : elle se présente à l'esprit comme un beau temple grec, dont un coup d'œil suffit pour embrasser l'unité.

Jusqu'ici la forme de la *Jérusalem délivrée* est donc ancienne, homérique.

Mais voici l'inspiration moderne qui va verser un sang nouveau dans les veines du veil Éson. Toute la variété des caractères de l'épopée romanesque, tout l'intérêt de ses incidents, toute la grâce de ses héroïnes, viennent orner et amollir la sévérité de l'épopée antique. Chez les Grecs, la vie intime n'existait pas ; le poète ne pouvait en tracer le tableau. Les héros de l'épopée étaient toujours rois ou citoyens ; leur demeure était la place publique ; leur famille, la patrie ; leur roman, l'histoire. La peinture d'une pareille société a quelque chose de l'expression franche et hardie d'un bas-relief : on y chercherait en vain les nuances délicates d'un tableau et le charme du clair-obscur. Le Tasse introduit dans son récit, au milieu des entreprises des peuples et des rois, les douces impressions de la vie intime, le sentiment religieux, l'amour des mœurs champêtres, surtout un autre amour plus ardent, plus passionné. Ses tendres et voluptueuses images nous suivent jusque sur les champs de bataille, et empruntent pour nous séduire jusqu'à l'armure des guerriers. Par quelle heureuse infidélité historique ses mahométanes s'échappent-elles du sérail pour venir se mêler aux combats ? Voici Armide, la double magicienne, qui porte dans ses yeux un charme plus puissant que tous les autres, et sait nous attendrir comme Didon, après nous avoir émerveillés comme Alcine. Voici la noble et fière Clorinde, aussi belle, aussi courageuse que la Camille virgilienne et bien plus pathétique dans son admirable mort. Ailleurs, c'est la tendre Herminie avec le charmant contraste de ses sentiments et de son appareil guerrier, faible et douce vierge que l'amour a chargée d'une pesante armure ; séduisante image de la muse épique du Tasse. Plus loin nous rencontrons Odoard et Gildippe, époux intrépides, assez unis pour ne pas se séparer même dans les combats, assez heureux pour mourir ensemble. Partout le poète révèle et excite une émotion profonde. Il est plus sérieusement tendre que l'Arioste : c'est un avantage que lui offrait le genre de son épopée, mais que son génie seul lui a permis de saisir.

Et quelle grandeur, quelle puissance dans la description des batailles ; plus contenu dans ses fictions, plus modéré que l'Arioste, il ne dépasse pas le but, mais l'atteint. Une chaleur soutenue et progressive, un enthousiasme belliqueux l'entraîne et nous ravit à sa suite à travers les combats. Si ce n'est point l'ardeur religieuse des croisés du douzième siècle, c'est le courage brillant d'un gentilhomme du seizième ; c'est cette bravoure qui faisait chanter au peuple de Ferrare :

> Colla penna e colla spada
> Nessun val quanto Torquato[1].

Le Tasse triomphe surtout dans la couleur. Il jette sur le dessin antique le luxe le plus riche de l'imagination, de la sensibilité, de l'esprit ; sensibilité un peu sensuelle comme celle de son époque, de son pays ; mais qui n'en convient que mieux à ses éclatantes peintures ; esprit qui n'a rien de piquant ni de railleur comme l'esprit français, mais qui n'est que l'auxiliaire de l'imagination et ne consiste qu'à multiplier, avec une coquetterie naïve, les combinaisons les plus brillantes des idées. Cet esprit italien se répand à l'aise dans les splendides octaves qui, sur le tissu du récit, se détachent comme des paillettes étincelantes. L'octave, dans ses six premiers vers sur deux rimes croisées, semble balancer noblement la pensée ou l'image pour la lancer avec force ou la laisser retomber avec grâce dans les deux derniers vers réunis par une seule rime[2]. Ces stances

---

1.   Avec la plume, avec l'épée,
        Torquato n'a point son égal.

2. Voir nos citations précédentes, pages 92 et 103.

ont par elles-mêmes l'air d'une série de madrigaux, ou de sonnets continus : elles appellent naturellement la recherche et offrent aux égarements du bel esprit la séduction d'une forme toute prête. Tasse n'a pas toujours résisté à cette tentation.

Il y a du « clinquant » au milieu de son « or ; » mais ce clinquant était un peu traditionnel en Italie : Le Tasse l'avait reçu de bonne foi de Pétrarque, sans en vérifier le titre. C'est surtout dans les paroles, dans les lamentations qu'il attribue à ses héroïnes et à ses guerriers, qu'éclate ce défaut. Le Tasse, malgré le *Torrismondo*, n'est pas poète tragique : il ne se transforme pas en ses personnages : il les voit du dehors, il éprouve ce qu'ils inspirent plutôt que ce qu'ils ressentent. Il se tient à la surface des objets, parce que la surface c'est la forme, c'est-à-dire la beauté. Il paraît épris de cette beauté extérieure qui séduit les yeux : il aime tout ce qui est éclat, fleurs et parfums, les fêtes, les femmes, les concetti. Il avoue lui-même, dans une de ses lettres qu'il n'a jamais pu supporter la solitude, « sa cruelle ennemie. » Un de ses plus grands tourments à l'hôpital de Ferrare, c'est la longueur de sa barbe et de ses cheveux, le désordre de ses habits. Le Tasse traversa ce monde comme enivré d'un vague idéal de jouissances qu'il espéra toujours réaliser ici-bas.

Ce fut la source de tous ses malheurs. Quand ses espérances défleurirent une à une, quand ce monde idéal auquel il croyait, sembla s'anéantir sous sa main ; quand l'amour, l'amitié, la considération des princes, quand cette éternelle fête de la vie qu'il s'était promise vint à s'évanouir, le poète retomba sur le sol aride du monde réel : le choc fut rude ; sa raison resta brisée, mais non son génie. Son imagination continua à créer, pendant que son âme achevait de souffrir : plusieurs de ses ouvrages ont été composés dans l'hôpital de Sainte-Anne. Noble cœur, généreuse mais enfantine nature, rassasiée d'images et de sensations, ivre de couleurs et d'harmonie ! ce qui manqua peut-être à son génie faillit aussi à son bonheur; il ne pénétra pas assez avant dans les hautes et sereines régions de la pensée, *sapientum templa serena*. Avide d'accueils et de sourires princiers, il fut trop fier pour se courber sous l'injustice de ses protecteurs, pas assez pour la mépriser.

CHAPITRE XI

PUBLICISTES ET HISTORIENS

Machiavel; Paruta; Guichardin. — Rapports des ambassadeurs de Venise.

Pendant que la poésie italienne prenait un si noble essor, la prose atteignait aussi à ses plus mâles qualités. Elle ne se bornait plus, comme au temps de Boccace, à exprimer dans une période harmonieuse les jeux de l'imagination, ni même, comme chez les Villani, à servir d'interprète à de naïves ou intéressantes chroniques ; elle donnait à l'Italie, ou plutôt à l'Europe, un penseur, un historien, un écrivain politique malheureusement trop fameux, dans la personne de Nicolas Machiavel.

La naissance, la profession et toute la vie de Machiavel devaient servir au développement de sa haute intelligence. Né à Florence en 1469, d'une noble et ancienne famille, nourri dès son enfance de la substance des lettres antiques, alors dans toute la sève de la Renaissance, il fut appelé à l'âge de vingt-neuf ans à des fonctions publiques, devint secrétaire du conseil des Dix, et pendant plus de quatorze ans qu'il conserva cet emploi, outre la correspondance intérieure et extérieure de la République, la rédaction des délibérations et arrêtés du Conseil, des traités faits avec les états et princes étrangers, il fut chargé de vingt-trois légations, sans compter de nombreuses missions à l'intérieur; il eut à traiter les affaires les plus délicates et les plus importantes pour la république de Florence. Sa correspondance diplomatique est un monument des plus curieux de l'état politique de l'Europe à cette époque et de la perspicacité profonde du ministre florentin.

La révolution monarchique de 1512 relégua Machiavel dans la vie privée et dans sa campagne de la Strada, c'est-à-dire dans le travail et la gloire littéraire. C'est là qu'il recueillit, dans ses loisirs forcés, les fruits d'une longue expérience de vie active. On comprend qu'un homme de talent, instruit tour à tour à cette double école des affaires et d'une retraite studieuse, dut avoir comme écrivain un avantage immense sur ceux de ses contemporains à qui manqua l'une de ces deux éducations.

Il en est une troisième dont Machiavel fut totalement privé et dont l'absence corrompit chez lui les deux autres, je veux dire la droiture de l'âme, l'amour de la justice et de l'honneur. La société politique où il vécut, l'immoralité profonde de l'opinion publique chez les Italiens de son époque expliquent, mais ne justifient pas, cette dépravation d'une grande intelligence. Adorateur du succès à tout prix, Machiavel ne voit que le but, et accepte indifféremment tous les moyens. Chez lui nul idéal élevé, nul généreux dévouement : le fait dans toute sa froideur, la réalité dans toute son inexorable sécheresse. Je ne dirai pas qu'il n'a point d'illusions : il est en proie à la plus déplorable de toutes, celle de ne croire à rien. Droit, vertu, humanité, sont pour lui des mots vides de sens : le triste monde du seizième siècle est le seul dont il comprenne la possibilité.

C'est un médecin qui ne voit autour de lui que des individus souffrants, et qui définit l'homme un être malade.

J'ai dit que le milieu où vivait Machiavel était profondément corrupteur. Il n'eut en effet qu'à jeter les yeux sur l'Europe contemporaine pour concevoir ses funestes erreurs. Il voyait en France Louis XI, en Angleterre Richard III, en Espagne Ferdinand le Catholique, en Italie Alexandre VI et son abominable fils ; le monde semblait n'échapper à la brutalité féodale du moyen âge que pour se lancer dans une carrière toute nouvelle de mauvaise foi et d'artifices. La politique naissante inaugurait son règne par la perfidie et la trahison. C'était la mise en scène du vieux poème français[1] : partout le renard détrônait le lion[2]. Machiavel, se laissa tromper par cet aspect du monde avec toute la facilité d'un esprit positif. Il fut le confident, l'admirateur, l'ami de l'infâme César Borgia, auprès duquel il avait été envoyé; il suivit d'un œil attentif ce profond politique ourdissant ses trames les plus monstrueuses, et, tout occupé de l'habileté de ses combinaisons, il en oublia la noirceur.

Il faut dire qu'en Italie l'opinion publique semblait coupable du même oubli. Tandis que les nations du Nord estimaient encore le courage personnel, sinon la loyauté politique, les Italiens du seizième siècle n'exigeaient, n'estimaient que la supérorité de l'intelligence. Pour eux, la ruse, la trahison, le mensonge n'avaient en soi rien de déshonorant pourvu qu'ils réussissent. Jamais on ne vit si déplorable divorce entre l'esprit et la conscience[3].

Nous devons donc considérer Machiavel non comme l'inventeur, mais comme le théoricien de la perfidie politique : le machiavélisme était antérieur à Machiavel. Il

---

1. Voyez *Hist. de la litt. française:* Roman du Renard, p. 130.
2. C'est l'expression de Machiavel. Voyez plus loin, p.
3. Voir la belle étude de Macaulay sur Machiavel, *Critical and historical essays.* tome Ier, page 61 (éd. de Leipzig).

arriva dans cette science détestable ce qui arrive dans tous les arts : on commença par la pratique; le secrétaire florentin ne fit qu'en rédiger les lois. Mais à Dieu ne plaise que nous donnions cette explication pour une excuse! Les mauvaises actions passent et sont flétries par l'histoire; les mauvaises doctrines demeurent : elles offrent une excuse à la conscience perverse et un encouragement aux crimes futurs.

Les motifs qui présidèrent à la composition du *Prince* aggravent encore la culpabilité de l'auteur : d'un écrit blâmable ils font une bassesse. Privé par la restauration des Medici, en 1512, des fonctions qu'il avait exercées pendant quatorze ans auprès du gouvernement républicain, Machiavel ne put supporter la pauvreté et l'inaction. Il conçut le projet de gagner les bonnes grâces de l'usurpateur qui venait d'acheter à l'encan de l'empereur la souveraineté de Florence, et de composer à son usage un livre où il lui indiquerait tous les procédés de la tyrannie [1]. Ce honteux calcul n'eut aucun succès. Laurent de Medici laissa mourir dans l'obscurité, en 1519, l'ancien secrétaire de la république, sans récompenser son travail et sans se soucier de ses services.

Ce livre est le plus impudent aveu qu'un homme ait jamais fait de l'indifférence morale. L'auteur y considère le pouvoir comme un but et examine froidement tous les moyens qui peuvent l'assurer : cruautés, parjures, hypocrisie, peu lui importent : il n'exclut rien d'utile, pas même la probité. Il est vrai qu'il ne la rencontre pas souvent sur sa route ; car, malgré sa profondeur si vantée, Machiavel n'est pas encore assez habile : il ne voit pas que la vertu, si elle pouvait jamais être un calcul, serait le

---

[1]. Ce motif est mis hors de doute par une lettre de Machiavel à Francesco Vettori, du 10 décembre 1513, publiée pour la première fois par Ridolfi, à Milan, en 1810. *Opere di Niccolo Machiavelli*, t. XI, p. 113 (ed. *Italia*. 1826). Cette lettre est citée par Ginguené, t. VIII, p. 35.

meilleur de tous, et qu'à tout prendre le fripon n'est qu'une dupe. Il est vrai qu'il ne conseille nulle part à son prince d'être un tyran : il se contente de lui montrer scientifiquement comment il faut l'être, pour l'être sans danger.

Extrayons, pour justifier notre indignation d'honnête homme, quelques uns des préceptes qu'ose donner ce professeur de politique, cet *homme de génie* si goûté au seizième siècle et qui ne laisse pas d'avoir encore aujourd'hui des apologistes et des disciples.

Les devoirs du *prince* varient selon les circonstances qui l'ont amené au pouvoir.
Si l'on s'est emparé d'un État qui était soumis à un autre prince et qu'il n'existe pas une antipathie nationale, il suffit pour y régner paisiblement, *d'éteindre totalement la race de l'ancien souverain*, et ensuite de ne pas altérer les lois et de ne pas augmenter les impôts [1].
Si c'est d'un État libre et autonome qu'on s'est emparé, le premier moyen à employer pour en rester maître est de le ruiner et de le détruire. Quiconque devient maître d'une ville accoutumée à jouir de sa liberté et ne la détruit pas, doit s'attendre à être détruit par elle [2].
Une remarque à faire, c'est qu'il faut gagner les hommes par des caresses ou les exterminer [3].
Un prince nouveau parvient le plus souvent au pouvoir par des crimes [4].

Cette route royale est scrupuleusement tracée par Machiavel. Les modèles qu'il propose en ce genre sont de premier choix. C'est avant tous César Borgia, qui, entre autres actions abominables, réunit, sous prétexte de réconciliation et de concorde, des princes dont il convoite les États et les fait arrêter et étrangler; c'est, en remontant aux anciens, Agathocle, préteur de Syracuse, qui convoque un matin le peuple et le sénat, fait massacrer par ses soldats tous

---

1. Chapitre III.
2. Chapitre V.
3. « *Si ha a notare che gli uomini si debbono vezzeggiare o spegnere.* » Chapitre III.
4. *Di quelli che per scelleratezze sono pervenuti al principato.* Chapitre VIII.

les sénateurs et les particuliers les plus riches, s'empare de la souveraineté et en jouit sans obstacle et sans trouble ; c'est, pour en revenir aux modernes, Oliveretto, qui fait égorger, dans un repas, son oncle qui l'avait élevé et les autres principaux citoyens de Fermo, sa patrie, s'en déclare le prince, et se maintient au pouvoir en immolant tous ceux qui peuvent lui faire ombrage.

Mais il ne suffit pas au nouveau prince d'être cruel, il faut qu'il le soit habilement. La cruauté est bien employée, si toutefois, ajoute l'auteur, on peut dire *bien* de ce qui est mal[1], quand on ne l'exerce qu'une seule fois, par la nécessité de pourvoir à sa sûreté, qu'ensuite on n'y revient pas, et qu'on la fait tourner, autant que possible, à l'utilité des sujets. Les cruautés mal employées sont celles qui commencent par être peu de chose, mais qui s'accroissent avec le temps, au lieu de s'éteindre. Les princes qui suivront la première de ces deux méthodes pourront, *avec l'aide de Dieu et des hommes*[2], trouver, comme Agathocle, quelque remède à leur position ; il est impossible aux autres de se maintenir.

Un prince nouveau ne peut guère éviter le reproche de cruauté. César Borgia *passa pour être cruel*; mais enfin cette cruauté avait réformé, réuni, pacifié la Romagne, et l'avait rendue fidèle. Un prince ne doit donc pas se mettre en peine du reproche de cruauté pour réduire ses sujets à l'union et à la fidélité. En faisant un petit nombre d'exemples, il sera plus humain que ceux qui, par trop d'humanité, laissent arriver des désordres d'où naissent des meurtres et des brigandages ; car ces excès offensent l'État tout entier, et les exécutions commandées par le prince ne blessent que des particuliers[3].

Le dix-huitième chapitre contient l'aveu le plus franc et le plus déhonté de la politique que la postérité a justement stigmatisée du nom de Machiavel. Il a pour titre : *De quelle manière les princes doivent tenir leur parole.*

Vous devez savoir, dit l'auteur, qu'il y a deux façons de combattre, l'une avec les lois, l'autre avec la force. La première est propre à l'homme, la seconde aux bêtes ; mais parce que souvent la première ne

---

1. Hypocrite précaution de Machiavel, jetée dans son texte comme une défense contre les ataques possibles des honnêtes gens.
2. Étonnez-vous qu'il y ait des athées, quand il se trouve des hommes qui osent mêler le nom adorable de Dieu à de pareilles horreurs !
3. Chap. XVII. Voyez dans Guinguené, *Hist. litt. d'Italie*, t. VIII, p. 99, la réfutation de ce misérable sophisme.

suffît pas, il convient de recourir à la seconde. Ainsi est-il nécessaire à un prince de savoir bien user de la bête et de l'homme... Un prince étant donc obligé de savoir bien user de la bête, doit choisir pour modèle le renard et le lion. Le lion ne se défend pas des filets; le renard ne se défend pas des loups. Ceux qui s'en tiennent au rôle du lion n'y entendent rien.

C'est pourquoi un seigneur prudent ne doit pas tenir sa parole quand cette fidélité tournerait à son préjudice, et quand les occasions qui l'ont engagé à promettre n'existent plus. Si les hommes étaient tous bons, ce précepte ne le serait pas; mais, comme ils sont méchants et ne te garderaient pas leur parole, tu ne dois pas non plus leur garder la tienne. Et jamais un prince ne manquera de raisons légitimes pour colorer son manque de foi. Celui qui sait le mieux jouer le rôle du renard est celui qui réussit le mieux; mais il faut savoir bien colorer ce caractère, et être habile à simuler et à dissimuler. Les hommes sont si simples, ils obéissent si bien aux nécessités présentes, que celui qui trompe trouvera toujours qui se laisse tromper.

Il est difficile d'exprimer dans un meilleur style de plus détestables maximes. L'historien Macaulay, très favorable du reste au caractère de Machiavel, ne peut s'empêcher de les flétrir par un énergique aveu. « Cet étalage de perversité, qui se montre nue et sans honte, écrit-il, cette froide, judicieuse, savante atrocité semblent appartenir à un démon plutôt qu'au plus dépravé des hommes. Des principes que le scélérat le plus endurci laisserait à peine entrevoir à ses plus fidèles complices et ne s'avouerait à lui-même qu'en les palliant d'un sophisme, sont professés ici sans la moindre circonlocution, et établis comme des axiomes fondamentaux de toute science politique[1]. »

Le livre du *Prince* contient heureusement des parties où le talent de l'écrivain et la perspicacité de l'homme d'État ne méritent que des éloges. « La partie saine du livre, dit très bien Ginguené, ouvrage d'un genre profond, admirable surtout pour le temps où il fut écrit, est un résultat substantiel de lectures bien digérées et d'observations aussi fines que justes sur les hommes et sur les événements. »

On y trouve entre autres une grande vue qui appartient

---

[1]. *Critical and historical Essays*, Tome I, page 62 (Leipzig).

à Machiavel et qui suffirait peut-être pour lui assurer la reconnaissance de sa patrie. Il condamne énergiquement l'emploi des troupes mercenaires : une milice nationale est la seule qu'il approuve et recommande. Cette idée si naturelle et si évidente par elle-même, était tellement contraire aux opinions et aux intérêts particuliers de l'Italie, que l'auteur, non content de la prouver ici comme une opinion nouvelle, jugea nécessaire d'y insister encore avec plus de force dans son *Traité de l'art de la guerre*.

Enfin, le vingt-quatrième et dernier chapitre est une chaleureuse exhortation adressée aux Medici pour les déterminer à se faire les chefs et les promoteurs de l'indépendance de l'Italie. Rien de plus patriotique, de plus éloquent et en même temps de plus éloigné de toute déclamation que ces nobles pages. En les lisant, on serait presque tenté d'amnistier le livre qu'elles terminent. Nous regrettons de n'en pouvoir citer que les dernières lignes.

Il ne faut donc point laisser passer cette occasion; afin que l'Italie, après un temps si long, voie enfin apparaître son rédempteur. Je ne puis exprimer avec quel amour il serait reçu dans toutes ces provinces qui ont souffert des invasions étrangères, avec quelle soif de vengeance, quelle foi obstinée, que de tendresse, que de larmes! Quelles portes ne s'ouvriraient devant lui? Quels peuples lui refuseraient l'obéissance? Quelle jalousie s'opposerait à lui? A chacun est odieuse la domination des barbares. Que votre illustre maison embrasse donc cette entreprise avec l'ardeur et l'espoir qui accompagne les entreprises justes[1], afin que, sous son drapeau, cette patrie en soit ennoblie, et que sous ses auspices se vérifie la parole de Pétrarque :

> La vertu contre la fureur
> Prendra le fer: courte sera l'étreinte;
> Nous vaincrons : l'antique valeur,
> Aux cœurs italiens, n'est pas encore éteinte.

> Virtù contra furore
> Prenderà l'arme, a fia il combatter corto;
> Che l'antico valore
> Nell'italici cor non è ancor morto.

[1]. Voilà donc l'avocat de la ruse et du succès à tout prix qui invoque à son tour *la justice!* Il est bon quelquefois d'être opprimé.

Les *Discours sur la première décade de Tite-Live*, auxquels Machiavel travaillait en même temps, sont un ouvrage non moins remarquable que *le Prince*, sous le rapport du talent, et moins inexcusable, au point de vue de la morale. Devançant Montesquieu de deux siècles, il étudie avec hardiesse les causes de la grandeur de Rome. Le mérite de son livre c'est d'éclairer l'antiquité et les temps modernes par de continuels rapprochements, de demander à l'histoire ancienne une expérience utile et pratique pour les affaires de son temps. Ici encore Machiavel est l'adorateur du succès à tout prix. Serviteur également dévoué de toutes les causes, il aime les intrigues politiques pour elles-mêmes, et comme un jeu savant digne d'exercer sa haute intelligence. Il donne aux conspirateurs des conseils analogues à ceux que dans *le Prince* il prodiguait aux tyrans. Indifférent plutôt qu'hostile à la morale, il s'applique à aiguiser des armes, sans s'occuper de la main qui doit les manier.

La correspondance politique de Machiavel, *Legazioni e Commissioni*, publiée pour la première fois en 1767, a une haute valeur historique. C'est principalement dans le cabinet des princes que s'agitaient alors les destinées de l'Italie : la diplomatie commençait donc à jouer un grand rôle et à exiger de ses agents une remarquable habileté. Machiavel était l'homme de ces circonstances. Ses lettres prouvent qu'il fut à la hauteur de sa tâche : elles contiennent les détails les plus intéressants. Par elles nous apprenons à connaître les hommes qui, pendant vingt années remplies d'événements, ont décidé du destin de l'Europe. Admis à leurs entretiens secrets, nous devenons les témoins privilégiés de leurs intrigues, de leurs défauts ; nous voyons même leurs physionomies et leurs gestes familiers. Ici c'est la faiblesse violente et la ruse transparente de Louis XII ; plus loin la nullité bruyante de Maximilien, tourmenté par un impuissant désir de renommée, téméraire et timide, frivole et obstiné, toujours pressé d'agir, toujours agissant trop tard. C'est la fière et hautaine énergie qui relève les bizarreries de Jules II; c'est la politesse et la grâce hypocrite qui masquent l'insatiable ambition ou l'implacable haine de César Borgia : toutes choses que la grande histoire ignore ou dédaigne et que nous fait toucher du doigt la correspondance de l'envoyé florentin [1].

Lui-même a composé une véritable histoire et l'a écrite avec un admirable talent, l'*Histoire de Florence*. Ici, entraîné par le fil de la narration, il trouve rarement l'occasion de dévoiler son déplorable système. Il n'est plus qu'historien, et il est l'un des plus parfaits. Son livre premier suffirait seul pour lui assigner un rang à part, puisqu'il n'avait point de modèle. C'est un vaste tableau de l'Italie depuis les irruptions des peuples du Nord jusqu'au commencement du quinzième siècle. Jamais un si grand nombre d'époques et d'événements n'avaient été rangés dans un plus bel ordre; jamais on n'avait fait un choix plus judicieux entre les faits qu'on pouvait omettre et ceux dont il fallait conserver le souvenir. Le style de toute cette histoire est ferme, concis et naturel, tel que celui des grands écrivains qui paraissent n'avoir point songé à leur style. Machiavel, comme historien de Florence, eut bientôt des imitateurs, mais il est resté sans rival.

Toutefois, cette composition est plus remarquable comme œuvre d'art que comme document positif. « Il ne paraît pas qu'elle ait coûté à son auteur beaucoup de travail et de recherches. On ne peut nier qu'elle ne soit inexacte; mais en même temps elle est élégante, animée, pittoresque au delà de toute autre histoire écrite dans la langue italienne. On reçoit de cette lecture une impression plus vive et plus fidèle du caractère et des mœurs nationales de l'Italie qu'on n'en devrait à des récits véridiques. Ce livre

---

[1]. Macaulay, *Essays; Machiavelli*.

appartient plutôt à la littérature des anciens qu'à celle des modernes. Elle est dans le genre, non pas de Davila et de Clarendon, mais d'Hérodote et de Tacite. Les histoires classiques peuvent, pour ainsi dire, être définies des romans fondés sur des faits. Le récit en est strictement vrai, sans doute, dans ses points principaux; mais les mille petits incidents qui rehaussent l'intérêt, les mots, les gestes, les regards, tous ces détails sont évidemment fournis par l'imagination de l'auteur. La manière des historiens modernes est différente. Ils nous donnent un récit plus exact; mais on peut douter si le lecteur en recueille de plus exactes notions. Les anciens perdent quelque chose du côté de l'exactitude, mais ils gagnent beaucoup par rapport à l'effet. Ils négligent les lignes secondaires, mais les grands traits caractéristiques sont pour jamais imprimés dans l'esprit. »

Une autre composition historique de Machiavel a obtenu du public une attention plus grande peut-être qu'elle ne le méritait. « La *Vie de Castruccio Castracani* aurait pu en effet offrir un intérêt puissant. Ce prince de Lucques, fidèlement dépeint, aurait été pour nous le type de ces chefs italiens qui, comme Pisistrate et Gélon, obtinrent un pouvoir tacitement accordé par la faveur publique, sans être fondé sur la loi ou la prescription. Un tel ouvrage nous aurait fait connaître la vraie nature de ces souverainetés si singulières et si méconnues que les Grecs appelaient « tyrannies », et qui, légèrement modifiées par le système féodal, apparurent de nouveau dans les républiques de Lombardie et de Toscane. Mais ce petit ouvrage de Machiavel n'est nullement une histoire : il n'a aucune prétention à la véracité. C'est une bagatelle peu heureuse. Elle n'est guère plus authentique que la nouvelle de *Belphégor*, et elle est bien moins amusante[1] »

---

1. Macaulay, *Machiavelli*, page 107.

Rappelons, en terminant cet aperçu rapide des œuvres de Machiavel, que ce diplomate, ce publiciste, cet historien de premier ordre fut en même temps l'un des premiers et des plus excellents poètes comiques et satiriques du seizième siècle. Parmi ses quatre comédies, sa *Mandragore*, témoignage de l'immoralité contemporaine, est restée une des œuvres capitales du théâtre italien. « Cette pièce, dit le critique que nous avons déjà plusieurs fois cité, est supérieure aux meilleures de Goldoni, et n'est surpassée que par les meilleures de Molière. »

L'apparition de Machiavel signale un fait nouveau dans l'histoire des lettres, l'invasion de la pensée littéraire dans le domaine de la politique. L'Italie dépassait ainsi du premier pas le grand mouvement de la réforme qui allait éclater en Allemagne. Elle annonçait, dès le seizième siècle, le dix-huitième siècle de la France. L'influence immédiate de cet écrivain fut déplorable comme ses doctrines, il devint le précepteur de tous les despotismes, le prétexte de toutes les perfidies. Sa mémoire en a été punie par l'infamie proverbiale justement attachée à son nom. Son véritable mérite est d'avoir demandé à la lecture des anciens autre chose que ce qu'y cherchaient ses contemporains, autre chose que des formes de langage ou des détails de mœurs; c'est d'avoir fait de l'étude un supplément de l'expérience, une source de sagesse pratique. S'il interpréta mal les faits, du moins il enseigna à les interroger ; sa gloire n'est pas dans la justesse des conclusions qu'il en a tirées, mais dans l'audace d'esprit qui le porta à tirer des conclusions. Il ouvrait ainsi la route à nos publicistes du seizième siècle, à Bodin, Hottmann, Languet, La Boétie ; il fut le premier des prédécesseurs de Montesquieu.

Le nom de Machiavel appelle sous notre plume celui de Paruta, noble Vénitien (1540-1598), auteur de deux ouvrages remarquables de théorie politique : la *Perfection de la vie politique* et les *Discours politiques sur divers faits illustres et mémorables*. Ce publiciste ou plutôt cet homme d'État, vivant à une époque où la mauvaise foi ultramontaine était célèbre, et où le crime semblait la marque distinctive de la supériorité, osa donner pour fondement à la politique les principes inviolables de la morale, et mérita d'être appelé de son vivant l'Aristide vénitien. L'hommage qu'il rend à la vertu a d'autant plus de prix que Paruta n'est point un philosophe spéculatif, étranger au monde et aux affaires. Initié dès son enfance aux plus graves négociations, membre de cette aristocratie souveraine qui présidait aux destinées d'une république, il écrit avec toute l'autorité d'un homme qui sait et peut agir. Trop zélé toutefois pour l'honneur de sa patrie, cette excusable partialité altère souvent la vérité de ses opinions; on sent qu'il plaide au lieu de juger. Une autre cause a privé son nom de la gloire qu'il eût méritée, c'est que ce publiciste ne fut pas un écrivain. Il lui manqua la perfection de la forme, qui fait seule vivre les ouvrages d'un pareil genre. Constatons que notre Montesquieu, qui n'avait guère coutume d'avouer ses emprunts, paraît en avoir fait quelques-uns à Paruta, qu'il n'a jamais nommé, et les *Discours politiques* semblent n'avoir pas été sans influence sur la *Grandeur et décadence des Romains*.

Ainsi que Machiavel, Paruta fut aussi un historien. Il fait partie de cette honorable école d'annalistes vénitiens qui partagent surtout avec les écrivains de Florence la gloire d'avoir raconté l'Italie à elle-même. En 1487, Sabellico avait commencé cette série d'estimables travaux; en 1515 le gouvernement vénitien, qui avait approuvé et récompensé son histoire, résolut d'avoir toujours parmi les patriciens un historiographe officiel. Navagero, Bembo, Barbaro, Contarini, continuèrent Sabellico et furent surpassés par leur successeur Paruta. Celui-ci écrivit l'histoire de Venise de 1513 à 1551, et trois livres sur la guerre de Chypre de 1570 à 1572. Ce travail, dit Tiraboschi, est d'un rare mérite. La fidélité et l'exactitude du récit, la gravité d'un style non pas élégant mais plein de majesté et de force, enfin les réflexions justes et profondes de l'historien philosophe assurent à son ouvrage un rang distingué parmi les meilleurs que l'Italie ait produits. Il a sur beaucoup d'autres ce rare avantage de rattacher habilement aux événements particuliers de Venise, l'exposé des affaires communes de toute l'Italie, sans que cette multiplicité introduise la confusion dans l'ensemble.

Venise a produit encore une classe d'écrivains politiques bien précieuse pour l'histoire, et tout à fait unique dans son genre, je veux parler de ses ambassadeurs. D'après une loi établie en 1268, chaque envoyé, à la fin de sa mission, faisait au Sénat un rapport sur les événements qui avaient eu lieu sous ses yeux pendant sa légation : il devait y joindre ses remarques et ses impressions personnelles. Sa relation était écrite et, une fois lue, déposée dans les archives de la république, où elle demeurait secrète, sans que les membres du Sénat eux-mêmes pussent de nouveau en prendre lecture.

On conçoit quelle valeur historique peuvent avoir des documents de ce genre. Venise était alors une cité unique par sa richesse, sa puissance et la sagesse politique de son gouvernement. Tandis que les autres parties de l'Italie dissipaient leurs forces en petites principautés et en démocraties impuissantes, Venise concentrait les siennes entre les mains d'une étroite oligarchie. Le peuple perdait le droit d'élire ses doges ; un petit nombre de familles se faisaient du pouvoir un patrimoine, tiraient de leur sein les six cents sénateurs, et des sénateurs le Conseil des Dix, âme de la république, force fatale et impitoyable dans ses décrets. Au prix de cette tyrannie collective, Venise achetait une politique immuable, une richesse jusqu'alors inconnue et cinq siècles d'incomparable puissance.

L'aristocratie vénitienne, pleine de sens pratique, accoutumée à voir et à juger les hommes, choisissait pour ses ambassadeurs l'élite de ses hommes d'État. Ceux-ci durent consigner dans leurs rapports, destinés à une seule lecture et ensuite à un long repos, de graves et judicieuses remarques, sans phrases, sans recherche d'effet, dignes du Sénat qui les écoutait et de leurs descendants qui devaient les retrouver.

Tel est en effet le caractère des Rapports des ambassadeurs vénitiens. « C'est, dit l'éloquent professeur Settembrini, l'âme de Venise qui, par les yeux de ses envoyés, regarde le monde, scrute les secrets les plus cachés des princes, pénètre dans leurs appartements et jusque dans leurs cœurs, juge sans aucune passion et les hommes et les choses. De chaque nation ils décrivent le sol, le caractère, le gouvernement, les projets, les arts, les productions, les revenus, les dépenses, le commerce, les forces militaires, et jusqu'aux particularités les plus minutieuses de la statistique. De sorte que bien des détails étaient mieux connus à Venise que dans le pays même, où le regard froid et pénétrant du Vénitien avait seul pu les découvrir et les apprécier. La grande complication des questions politiques et religieuses du seizième siècle, au milieu de laquelle se détachent les imposantes figures de Charles-Quint, de François Ier, de Catherine de Medici, de Philippe II, d'Henri VIII, de Marie, d'Élisabeth, avec leurs ministres, leurs courtisans, leurs ténébreuses intrigues, les ambitions démesurées des papes, les ruses des princes italiens, tout est vu clairement par l'ambassadeur vénitien, qui dans le Sénat, portes closes, sans colère et sans faveur, dans le seul but d'éclairer les sénateurs ses collègues, rapporte tout ce qu'il a vu, entendu, observé. C'est le plus riche trésor de la sagesse politique des Italiens, et nulle nation au monde n'en possède un semblable [1]. »

---

[1] « Quelques-uns de ces rapports tirés peut-être des archives parti-

Nous ne terminerons pas ce chapitre sans mentionner encore un écrivain connu et estimé en France, le florentin Francesco Guicciardini [1]. Son *Histoire d'Italie* embrasse les événements pleins d'intérêt qui eurent lieu de l'an 1494 à l'an 1534. Si l'histoire n'exigeait de celui qui l'écrit qu'une haute raison, éclairée par l'expérience et la pratique des affaires, qu'une grande connaissance des hommes qu'elle nous présente, une attention scrupuleuse à découvrir et à dévoiler les causes des faits, un jugement sain pour en tirer les réflexions morales et politiques, Guicciardini mériterait le titre de grand historien : comme Paruta, il manque de ce qui fait vivre un ouvrage, c'est-à-dire de ce qui le fait lire. Son style est d'une prolixité fatigante. Ses interminables périodes, ses détails surabondants, ses discours sans vérité comme sans vraisemblance, font de la lecture de son histoire une fatigue que peu de gens ont le courage de s'imposer. Le professeur Rosini, de Pise, a

culières de certaines familles, furent publiés, mais mutilés et incomplets, et se trouvent dans le *Trésor politique*, imprimé à Cologne en 1589. D'autres furent publiés ensuite séparément dans divers ouvrages. Lorsque Napoléon Ier détruisit la république de Venise, il fit transporter à Paris la totalité de ses archives. En 1815, ces manuscrits furent rendus au gouvernement autrichien, qui choisit et transporta à Vienne tout ce qu'il lui convint de garder et renvoya le reste à Venise. C'est dans ces manuscrits, déposés à Vienne et à Venise, que Léopold Ranke trouva des documents précieux pour son *Histoire des princes et des peuples de l'Europe méridionale* au seizième et au dix-septième siècle.
« Cibrario le premier publia, en 1830, trois rapports sur la Savoie. Après lui Tommaseo, chargé d'une mission de M. Guizot, publiait, en 1833, à Paris, un recueil des rapports relatifs à la France pendant le quinzième siècle. Enfin, en 1839, une société formée par Gino Capponi confiait à Eugenio Alberi la publication d'un recueil complet des Rapports vénitiens du seizième siècle, divisée en trois séries : rapports sur les États de l'Europe, rapports sur l'Italie, rapports sur l'Asie et l'Afrique. Ce recueil forme quinze volumes. Après cette publication faite à Florence, une autre a été commencée à Venise, par Niccolo Barozzi et Guillaume Berchet : elle continue le recueil pendant le dix-septième siècle et jusqu'aux dernières années de la république. » Settembrini, *Lezioni di letteratura italiana*, Napoli, 1868.

1. Né en 1482, mort en 1540.

corrigé d'une façon fort aisée, mais non moins utile, l'ouvrage de l'historien florentin : il en a publié une édition abrégée[1].

CHAPITRE XII

L'ÉLOQUENCE

Prédicateurs populaires : François d'Assise ; Rose de Viterbe ; Jean de Vicence ; Savonarole.

Dans les travaux du publiciste et de l'historien, l'éloquence n'entre jamais qu'à titre d'accessoire : elle se déploie avec toute sa puissance dans la parole du prédicateur, surtout quand les circonstances politiques et les mœurs de son pays et de son temps en font un tribun populaire. C'est à ce titre que nous devons jeter un coup d'œil en arrière sur des hommes que l'histoire littéraire a trop négligés, et qui n'en sont pas moins les véritables orateurs de l'Italie du treizième au seizième siècle : je veux parler des moines prêcheurs. « Dans toutes les chaires, dans tous les carrefours, au pied de tous les rochers, aux abords de tous les villages, sur les places publiques de toutes les villes d'Italie, ils firent retentir ces deux grands mots de concorde et de liberté qu'on ne prononça jamais en vain. Aujourd'hui que l'imprimerie a ôté à la voix humaine une partie de son empire, nous ne pouvons que

---

1. La meilleure édition de l'œuvre complète est celle de Fribourg : *Della istoria d'Italia di Fr. Guicciardini*, libri XX, 1775, 4 vol. in-4°, réimprimée en 1803, 10 vol. in-8. — La traduction par Favre de l'histoire de Guichardin fait partie du *Panthéon littéraire*, où elle est précédée d'une notice biographique de Buchon, Paris, 1838, gr. in-8.

difficilement nous faire une idée de l'influence qu'exercèrent par la magistrature de la parole ces amis ardents de la concorde italienne, ces défenseurs de l'indépendance des peuples. Cependant qu'on se représente la vaste influence de la presse quotidienne en Europe depuis soixante ans, qu'on y ajoute celle du livre, moins largement répandue, mais plus profonde et plus durable, qu'on les multiplie toutes deux par la puissance qui a toujours appartenu et appartiendra toujours à ceux qui parlent au nom du Christ, et l'on pourra imaginer, dans certaines limites, le rôle gigantesque de ces moines mendiants, vrais journalistes de l'époque, publicistes sacrés, tribuns religieux... Le fils spirituel de saint François, l'orateur populaire arrivait en face de l'Hôtel de Ville, avec la corde traînante de sa robe de bure ; il sonnait lui-même du cor : aussitôt la foule se précipitait, puis le silence succédait à l'agitation[1] ; » on écoutait l'homme de Dieu, l'homme du peuple.

« J'ai vu, dit un étudiant de Bologne, témoin oculaire des faits qu'il rapporte, j'ai vu, le jour de l'Assomption de la mère de Dieu, saint François prêcher sur la place, devant le petit palais, où presque toute la ville était réunie. Il parla successivement des anges, des hommes, des démons ; il fit connaître les natures spirituelles avec tant d'exactitude et d'éloquence que les lettrés qui l'écoutaient étaient surpris d'un tel discours dans un homme si simple. Du reste il ne suivit pas la méthode ordinaire des prédicateurs : son discours était plutôt une harangue comme en font les orateurs populaires. Il ne parla, comme conclusion dernière que de l'extinction des haines et de l'urgence de conclure des traités de paix et des pactes d'union. Son vêtement était sale et en lambeaux, sa per-

---

1. F. Morin. *Saint François d'Assise et les Franciscains*. Nous empruntons à cet excellent petit livre la plupart des détails qui terminent notre chapitre.

sonne chétive, son visage pâle; mais Dieu donnait une puissance inouïe à ses paroles. Il convertit même des nobles, dont la fureur sans bornes et la cruauté sans frein avaient ensanglanté le pays, et parmi lesquels beaucoup se réconcilièrent. L'amour et la vénération pour le saint étaient universels : hommes, femmes, tous se précipitaient en foule devant ses pas, et bienheureux se trouvaient ceux qui pouvaient seulement toucher le bas de sa robe. »

Ces pauvres moines ne furent pas de faibles adversaires pour les empereurs allemands et la tyrannie féodale. Quand le féroce Etzelin (Eccellino) imposait à Padoue et à Vérone le joug de son épouvantable cruauté, pendant que tous tremblaient devant cet homme qui faisait périr des innocents au milieu des tortures et décapitait ensuite leurs cadavres, saint Antoine de Padoue alla le trouver dans son palais, au milieu de ses soldats et lui cria : « Je vois peser sur ta tête, tyran sans pitié, chien enragé, je vois peser sur ta tête l'effroyable sentence de Dieu. Quand seras-tu donc las de répandre le sang des innocents? » Puis il lui reprocha les dilapidations, les assassinats qu'il faisait commettre par ses satellites, le joug intolérable dont il avait accablé des peuples libres d'Italie. Le tyran écoutait, atterré et pâlissant, cette harangue vengeresse. Il lui semblait voir, comme il le dit lui-même, dans les yeux du tribun franciscain, un rayon de la majesté divine. Antoine, à la stupéfaction de tous les assistants, sortit sain et sauf du palais.

Les femmes, les enfants mêmes, saisis du zèle chrétien et patriotique qu'avait allumé saint François, se faisaient quelquefois aussi tribuns et apôtres. L'histoire a conservé le souvenir d'une jeune fille de neuf ans, Rose de Viterbe, qui parcourait les rues de sa ville en soulevant le peuple contre Frédéric II. Trois ans plus tard l'enfant, comprise dans un arrêt d'exil, mourait au milieu des pleurs de l'Italie; et longtemps après sa mort les peuples de Viterbe et de Poggio venaient en pèlerinage déposer des roses blanches sur le tombeau du tribun virginal.

Les orateurs populaires ne combattaient pas moins énergiquement l'anarchie que l'oppression. A l'époque de la naissance de saint François, un homme de Pise avait parcouru les rues d'Assise en criant : *La paix et le bien ! le bien et la paix!* Des incidents pareils n'étaient pas rares dans les villes d'Italie. Pétrarque ne faisait que leur donner une forme poétique, quand il terminait ainsi une de ses plus belles *canzoni* :

Io vo gridando : Pace! pace! pace!

Le dominicain Jean de Vicence s'en allait criant parmi la multitude : « O mes frères, que la paix règne parmi vous ; car la paix c'est la justice ; la paix c'est la liberté, la liberté tranquille. »

Il fit plus, il réunit un jour dans une immense plaine, sur les bords de l'Adige, les populations de toute la Lombardie, qui, dociles à son appel, venaient abjurer leurs haines et leurs dissensions. Honorable tentative, glorieux triomphe de l'éloquence et de l'enthousiasme religieux, dont l'histoire littéraire doit consacrer le souvenir, lors même que les résultats en furent aussi éphémères que merveilleux !

L'audacieuse parole des orateurs populaires ne ménageait pas plus les vices du haut clergé que la tyrannie des grands.

L'évêque de ce temps-ci, s'écriait l'un d'eux, est semblable à Balaam, assis sur son ânesse, et qui ne voyait pas l'ange qu'apercevait l'animal. Qu'est-ce à dire? Balaam représente celui qui rompt les liens de la fraternité, qui trouble le peuple, qui opprime et dévore les petits. C'est ce que fait l'évêque sans sagesse, lorsque, par sa folie, il jette le trouble parmi les nations, et que, par son avarice, il dévore leur substance. Il ne voit pas, celui-là, l'ange de Dieu. Mais le peuple simple, dont la foi est droite et les actions pures, voit l'ange du grand conseil ; il connaît, il aime le Fils de Dieu.

Dans une autre occasion, il flétrissait.

Ces spéculateurs de l'Église, ces aveugles privés de la vue et de la science, qui ne connaissent point de mesure et crient toujours : « Apporte, apporte. »

Et se tournant vers eux avec un courage égal à son éloquence :

Voilà ce que vous êtes aujourd'hui, s'écriait-il ; mais, demain, une éternité de souffrances vous enveloppera de toutes parts.

Cette verve plébéienne, ce courant d'éloquence si peu connu, si peu observé au-dessous de la brillante et tranquille surface de la littérature écrite, coula sans interruption jusqu'à l'asservissement des cités de l'Italie. Il s'étendit sur le reste de l'Europe, et en particulier sur la France, où les ordres mendiants, milice errante du catholicisme, portèrent avec leur besace et leur froc une prédication populaire, audacieuse et quelquefois burlesque. Menot et Maillard étaient des franciscains, disciples de l'ombrien François d'Assise ; le napolitain Barleta, leur contemporain, appartenait à l'ordre de Saint-Dominique. Ses sermons, mélange bizarre d'éloquence et de trivialités, n'obtinrent pas moins de succès en France qu'en Italie. *Qui nescit* BARLETARE, disait un proverbe du temps, *nescit prædicare*[1].

On nous pardonnera de citer dans une histoire littéraire un fragment des sermons de Barleta devenu célèbre sous la plume de notre La Fontaine ; ce n'est rien moins

---

1. Ses sermons : Brixiæ, 1497, petit in-4° goth., et 1502, in-8° goth., n'eurent pas moins de vingt éditions.

que la fable des *Animaux malades de la peste*. Cet apologue se retrouve aussi, avec des variantes de détail, dans un des sermons du moine français, Menot. Nous ne sommes pas tenu à être plus grave que deux prédicateurs.

Le lion, roi des animaux, tint un chapitre où furent convoqués tous ses suppôts. Le chat vint confesser sa coulpe. « Père, je dis ma coulpe, parce que j'ai souvent péché dans la marmite de ma maîtresse. » Le lion répondit : « Tu as bien fait : il n'y a là aucun mal. » Vint le chien. « Père, j'ai croqué un morceau du dîner de mon maître et quelquefois le rôt que portait un valet; mais j'ai fait pénitence, car j'ai reçu force coups de pied. » Le lion répondit : « Cela suffit. » Une poule survint : « Monseigneur, dit-elle, j'ai souvent grappillé dans le jardin, et ma maîtresse criait : « Va-t'en au diable! » Mais, j'ai fait pénitence : elle m'a presque tordu le cou. » Maître loup arriva : « O père, s'écria-t-il, j'ai mangé l'âne d'un pauvre; mais, en vérité, j'avais grand'faim. » Le lion répartit : « Cela t'est naturel, et un philosophe païen a dit : Dans les actes naturels, il n'y a ni mérite ni démérite pour nous. » Enfin l'âne se présenta : « O père, j'ai souvent mangé un peu de foin quand la charrette entrait dans le cloître. » « Qu'on le frappe, s'exclama le lion, » et tous se mirent à le battre. Et quelqu'un dit : « Quel juge inique! le loup est justifié après de grands péchés, et pour des peccadilles le pauvre âne est battu à mort. »

Nous nous garderons bien de louer sans réserves cette familiarité audacieuse du sermon, ce mélange de sérieux et de bouffonnerie, si nouveau dans la chaire chrétienne. « Sans doute ces brusques contrastes de ton et de langage, ce mélange même de malice et de terreur religieuse, de licence et de sévérité donnaient prise à l'orateur sur son grossier auditoire, et le burlesque même avait, si l'on veut, son éloquence. Cependant de telles libertés n'en ravalaient pas moins le grave et austère génie de l'éloquence religieuse[1]. » De pareils sermons sont le commentaire le plus exact du poème de Pulci.

Il nous reste à nommer le dernier et le plus fameux de ces orateurs moitié apôtres, moitié tribuns, l'idole et la

---

1. P. Jacquinet, *Les prédicateurs du dix-septième siècle avant Bossuet*. Paris, 1863, in-8°, page 29.

victime du peuple de Florence, l'infortuné défenseur de son orageuse liberté, l'adversaire le plus redoutable des Medici, le dominicain Savonarole.

C'est à l'histoire politique de raconter ses projets de théocratie, les luttes des *Frateschi*, ses partisans, contre les libertins (*Arrabiati, Compagnacci*), son inutile alliance avec Charles VIII, son triomphe éphémère lors de l'expulsion de Pierre de Medici, la chute de sa popularité et son cruel supplice. L'histoire littéraire peut signaler en lui le dernier champion du moyen âge, qui dans son zèle fougueux frappait de la même malédiction les essais de gouvernements nouveaux et les arts de la Renaissance. Elle peut le montrer sur la place publique de Florence déterminant les concitoyens à brûler leurs poèmes profanes, leurs peintures voluptueuses et leurs instruments de musique, livrant des éditions entières de Boccace et de Pulci aux flammes qui allaient bientôt le consumer lui-même. Elle doit surtout faire entendre quelques-unes des paroles entraînantes, recueillies par ses auditeurs, et où l'on devine encore, sous une lave éteinte, les ardentes passions qui font à la fois l'éloquence et le fanatisme.

Peuple florentin, s'écriait-il un jour, je dis aux méchants : Tu sais qu'il y a un proverbe qui dit : *Propter peccata veniunt adversa*, c'est-à-dire que ce sont les péchés qui amènent l'adversité. Va, lis. Quand le peuple hébreu faisait bien, et qu'il était ami de Dieu, il réussissait toujours. Au contraire, quand il mettait la main aux crimes, Dieu apprêtait le fléau. Florence, qu'as-tu fait? qu'as-tu commis? où en es-tu avec Dieu? Veux-tu que je te le dise? hélas!. il est comble, le sac; ta malice est montée jusqu'au faîte. Oui, Florence, il est plein : attends, attends un grand fléau. Seigneur, tu m'es témoin qu'avec mes frères je me suis efforcé, par mes prières, de soutenir ce trop-plein et cette ruine : mais cela ne se peut plus. Nous avons prié le Seigneur qu'au moins il change ce fléau en une peste. L'avons-nous, oui ou non, obtenu? tu t'en apercevras.

Il y a plus d'âme encore et de pathétique dans la fin du sermon qu'il prononça la veille du troisième dimanche du carême (1489). Après avoir prié Dieu de convertir les pécheurs endurcis, l'orateur conclut en ces mots :

> Je n'en puis plus : les forces me manquent. Ne dors plus, ô Seigneur, sur cette croix ; exauce ces prières et *respice in faciem Christi tui*. O Vierge glorieuse, et vous, saints,... priez pour nous le Seigneur qu'il ne tarde plus à nous exaucer. Je ne dis pas, Seigneur, que tu nous exauces pour nos mérites, mais pour ta bonté, pour l'amour de ton fils. Aie compassion de tes brebis. Ne les vois-tu pas toutes ici affligées, toutes persécutées. Ne les aimes-tu pas, mon Seigneur? N'es-tu pas venu t'incarner pour elles? N'es-tu pas mort pour elles sur la croix? Si je ne suis pas bon pour un tel résultat, pour une telle œuvre, ôte-moi du milieu d'elles, Seigneur, enlève-moi la vie. Mais, que t'ont fait tes brebis? Elles n'ont rien fait. C'est moi qui suis le pécheur. Mais n'aie point égard, Seigneur, à mes péchés, songe à ta bonté, à ton cœur, à tes entrailles, et fais-nous éprouver à tous ta miséricorde.

Malgré ces éloquentes prières, l'antique Florence du quatorzième siècle ne devait pas renaître. Dieu avait condamné ces municipalités du moyen âge, ces turbulentes et étroites républiques, qui de tout le génie et de toute l'activité des citoyens n'avaient su faire ni la sécurité publique, ni le progrès des institutions[1]. Toujours factieuses, toujours divisées, elles étaient convaincues d'impuissance à produire ces larges associations, vers lesquelles s'acheminaient d'un effort commun toutes les nations de l'Europe. Au douzième et au treizième siècle, elles avaient été un progrès sur l'Europe féodale : au seizième, elles devaient succomber au milieu des grandes unités monarchiques.

---

1. Guizot, *Histoire de la civilisation en Europe*, leçon X.

CHAPITRE XIII

INFLUENCE DE L'ITALIE SUR LA FRANCE

Éducation italienne de la France. — Décadence et résurrection de l'Italie.

La primauté littéraire de l'Italie finit avec le seizième siècle. Il en est des peuples comme des hommes : quand ils ont à exprimer une pensée neuve et féconde, on les écoute, on les admire; ont-ils accompli leur mission, quelque temps qu'il leur reste à vivre, ils ne font plus que se répéter eux-mêmes ou imiter les autres. Leur parole peut encore être ingénieuse et brillante, mais elle n'a plus cette puissance qui commande l'attention et domine les âmes. Nulle nation n'eut dans les arts un rôle littéraire plus glorieux que l'Italie, elle réunit à la fin du moyen âge les deux grands fleuves qui forment la civilisation moderne : le catholicisme et l'antiquité. Cela fait, elle se reposa dans sa gloire : pareille aux coureurs des jeux antiques, elle passa à d'autres mains l'inextinguible flambeau.

Le 2 septembre 1494, Charles VIII passait le mont Genèvre avec la fleur de la noblesse française, « gaillarde compagnie, mais de peu d'obéissance », dit Comines. Le roi faisait le *voyage d'Italie*, pour conquérir *son* royaume de Naples; les jeunes seigneurs qui chevauchaient à ses côtés ne rêvaient que les richesses et les voluptés de la belle Italie; il semble qu'un instinct secret poussât ces derniers barbares vers l'éternelle proie des invasions. Les Italiens s'éveillèrent à demi au milieu du beau songe où les arts les berçaient depuis un siècle. Les musiciens et les poètes suspendirent un instant leurs douces *canzoni*, leurs langoureux sonnets. On ne parlait que de prodiges sinistres, d'apparitions, de naissances monstrueuses; les astrologues annonçaient des malheurs comparables à ceux des grandes invasions de l'empire romain. Les Français et surtout les Suisses, leurs auxiliaires, ne justifiaient que trop ces appréhensions. Ce n'étaient plus les batailles des condottieri, innocents tournois où il arrivait quelquefois qu'il n'y eut pas un mort, pas un blessé[1]. A la première rencontre avec les soldats d'outre-monts, les Napolitains avaient perdu, dit Guicciardin effrayé, « plus de cent hommes, tant dans le combat que dans la fuite ». La bataille décisive de Fornovo, où les Français perdirent deux cents hommes, en coûta aux Italiens trois mille cinq cents.

Les chefs-d'œuvre de l'Italie, les collections précieuses eurent encore plus à souffrir du passage de nos rudes chevaliers, et, il faut le dire, de la cupidité de la populace italienne, qui pillait à leur suite. Florence, où ils entrèrent sans coup férir, vit ravager les trésors des arts rassemblés dans le palais des Medici; les sculptures antiques, les vases, les camées, qu'avaient réunis avec tant de soin pendant un demi-siècle Laurent et ses ancêtres, furent dissipés ou détruits en un jour. Cette perte, que déplorent éloquemment les chroniqueurs italiens[2], est constatée aussi avec une gothique naïveté par notre Comines. Il se remémore avec étonnement tant de « beaux pots d'agate, et tant de beaux camaïeux bien taillés que merveille, et bien trois mille médailles d'or et d'argent, bien la pesanteur de quarante livres; et croit qu'il n'y avait point autant de belles médailles en Italie. Ce qu'il (Pierre de Me-

---

1. Comme dans le combat qui eut lieu, le 8 mai 1486, entre les troupes d'Innocent VIII et celles de Ferdinand, roi de Naples. Ammirato, *Istorie fiorentine*, livre XXV, page 174.
2. Bernardo Ruccellaï, *de Bello italico*, page 52.

dici) perdit ce jour en la cité valait cent mille écus et plus. Le peuple pilla tout[1]. »

Mais, tout en détruisant, les Français admirèrent. Ce fut pour eux une première initiation aux arts et à l'élégance. Charles VIII écrivait à son beau-frère, Pierre de Bourbon :

> Vous ne pourriez croire les beaux jardins que j'ai en cette ville ; car, ma foi ! il semble qu'il n'y manque qu'Adam et Ève pour en faire un paradis terrestre... Et avec ce, j'ai trouvé en ce pays des meilleurs peintres... Et ne sont les planchers de Bauxe, de Lyon et d'autres lieux de France en rien approchant de beauté et richesse ceux d'ici ; pourquoi je m'en fournirai et les mènerai avec moi, pour en faire à Amboise.

Charles tint parole. Au commencement de 1498, Comines nous le montre établi au château d'Amboise, entouré « de plusieurs ouvriers excellents, comme tailleurs (sculpteurs) et peintres qu'il avait amenés de Naples. »

Le voyage de Louis XII « dans sa bonne ville de Milan », en 1499, fut plus fructueux encore. Le nouveau roi était accompagné de son féal Georges d'Amboise, qui se fit le protecteur des arts. Grâce à ce grand ministre, l'architecture française prit un nouvel essor. Au gothique fleuri de notre quinzième siècle s'associa un autre système d'ornements, celui des arabesques, qui, renouvelé de l'antique et fécondé par l'imagination italienne, recevait alors sa consécration de la main charmante de Raphaël. Le château de Gaillon fut le premier modèle d'un art nouveau. Le goût du Nord et celui du Midi unirent dans un merveilleux ensemble les dais festonnés, les niches sculptées, les aiguilles et les dentelles de pierre. La fantaisie noble et gracieuse éclata dans nos monuments : le ciseau de nos sculpteurs semblait vouloir traduire Pulci et l'Arioste[2].

---

1. Comines, l. XII, ch. IX. Le sire d'Argentan, on le voit, apprécie les œuvres d'art comme pourrait le faire un huissier-priseur.
2. Voyez l'*Histoire de France* de M. Henri Martin, tome VIII, pages 474 et suivantes.

François Ier ne protégea pas seulement les arts, il les comprit, il les aima. Le roi-chevalier avait reçu une éducation tout italienne sous Quinziano Stoa, qui devint plus tard recteur de l'Université. Ce fut aussi un Italien, le Génois Théocrène (Tagliacarne), qu'il donna pour précepteur à ses enfants. Sous son règne s'élevèrent ces châteaux de la Renaissance qui venaient remplacer sur notre sol les forteresses féodales. C'est alors que Pierre Nepveu bâtit au fond des bois de la Sologne la charmante merveille de Chambord, dernière création de l'architecture nationale, stimulée, mais non encore envahie, par le goût italien. Bientôt les maîtres d'Italie vinrent changer l'aspect de la France. Léonard de Vinci, André del Sarto, Sébastien Serlio, « Maître Roux » (Rosso), le Primatice, l'un des plus brillants élèves de l'école de Raphaël, érigèrent à Fontainebleau le trophée splendide, mais un peu confus des arts de l'Italie.

La littérature, cet art de l'intelligence, eut enfin son tour dans l'imitation des œuvres de l'Italie. François Ier s'attacha par ses bienfaits les Lascaris, les Scaliger, les Alciat, les Sadolet. Ce fut peut-être à Milan, lorsqu'il fonda en 1520 l'université de Lascaris, qu'il conçut l'idée du Collège de France[1], et quatre Italiens furent appelés à Paris pour professer dans cet établissement vraiment national.

La poésie et la prose vulgaires cédèrent peu à peu à l'entraînement général. Clément Marot, ce poète si français, cet ingénieux héritier de nos malins trouvères, se mit à traduire des visions et des sonnets de Pétrarque; il connut et vanta la *Fiammetta* de Boccace; et retira du commerce des Italiens une harmonie, une netteté de langage, une élégance de formes, tout à fait inconnues à ses prédécesseurs.

---

1. Note de J. Lascaris, mss. Béthune, vol. 8638, f° 52, citée par M. Rathery : *Influence de l'Italie sur les lettres françaises*, page 66.

Sa protectrice, son amie, Marguerite de Valois, sœur de François Ier, fut encore plus redevable aux auteurs italiens. Dans son *Heptaméron* elle imite Boccace et les autres nouvellistes, comme ils avaient imité nos anciens fabliaux. Elle avoue hautement dans son prologue et son admiration pour eux et le désir de leur ressembler[1].

> Je crois, dit-elle, qu'il n'y a personne de vous qui n'ait lu les *Nouvelles* de Boccace, nouvellement traduites en français. Le roi très chrétien François Ier du nom, Mgr le Dauphin, Mme la Dauphine et Mme Marguerite en ont fait tant de cas que, si Boccace eût pu les entendre, les louanges que ces illustres personnes lui donnaient auraient dû le ressusciter. Je suis témoin que les deux dames que je viens de nommer et plusieurs autres personnes de la cour résolurent d'imiter Boccace, si ce n'est en une chose, qui est de n'écrire rien qui ne soit véritable.

On sait que François Ier composa lui-même une épitaphe pour la tombe de Laure : aux éloges qu'il y donne à Pétrarque, et surtout à la précision recherchée du style, aux antithèses coquettes, aux *concetti* d'un goût plus que douteux, on reconnaît un disciple de l'Italie.

> En petit bien compris, vous pouvez voir
> Ce qui comprend beaucoup par renommée :
> Plume, labeur, la langue et le devoir
> Furent vaincus par l'amant de l'aimée.
> O gentille âme étant tant estimée,
> Qui te pourra louer qu'en se taisant ?
> Car la parole est toujours réprimée
> Quand le sujet surmonte le disant.

On conçoit d'après le caractère de ce prince qu'il cherchait plutôt dans les auteurs italiens l'élégance que la grandeur. La poésie n'était guère à ses yeux qu'un enchantement de plus, et qu'un royal plaisir. Tous les arts en approchant de son trône prenaient une tendance sen-

---

1. Voyez la comparaison des *Nouvelles de la reine de Navarre* et du *Decamerone* de Boccace, dans notre *Histoire de la littérature française*, p. 323 et 324.

suelle et voluptueuse, à laquelle la poésie ne pouvait échapper. Quand le poète Alamanni, exilé florentin, essaya de lui lire la grande épopée de Dante, le roi l'interrompit en s'écriant : « Que je n'entende jamais parler de ce ridicule auteur ! » Il est vrai que le lecteur en était arrivé à un passage injurieux pour le chef des Capétiens ; l'orgueil du roi pouvait n'être pas moins blessé que le goût du critique.

Ce fut surtout sous le fils et les petits-fils de François Ier que l'influence italienne exerça en France tout son pouvoir. Grâce à la présence d'une reine italienne, des seigneurs et des dames de sa cour, des hommes de guerre qui avaient combattu delà les Alpes, ou qui voulaient paraître y avoir été, tout le monde imita systématiquement le langage, les habitudes, les modes de la Toscane ou de Rome. « Pour quarante ou cinquante Italiens qu'on voyait autrefois à la cour, disait Henri Estienne, maintenant on y voit une petite Italie. » Du Bellay constatait aussi cette invasion.

> Marcher d'un grave pas et d'un grave sourci,
> Et d'un grave souris à chacun faire fête,
> Balancer tous ses mots, répondre de la tête
> avec un *Messer non*, ou bien un *Messer si* ;
>
> Entremêler souvent un petit *e cosi*,
> Et d'un *son servitor* contrefaire l'honnête,
> Et comme si l'on eût sa part en la conquête,
> Discourir sur Florence et sur Naples aussi ;
>
> Seigneuriser chacun d'un baisement de main,
> Et suivant la façon d'un courtisan romain,
> Cacher la pauvreté d'une brave apparence ;
>
> Voilà de cette cour la plus brave vertu,
> Dont souvent mal monté, mal sain et mal vêtu,
> Sans barbe et sans argent, on s'en retourne en France.

Remarquons que c'est dans un sonnet que Du Bellay reconnaît l'influence qu'il critique : c'est dire qu'il la subissait en la raillant.

Lui-même en avait été l'un des plus ardents apôtres, lorsque dans son fameux manifeste, où il levait si hardiment le drapeau de l'école de Ronsard, il recommandait aux poètes de sonner ces beaux sonnets de savante et agréable invention italienne; de choisir à la façon de l'Arioste quelqu'un de ces beaux vieux romans français, pour en faire renaître au monde une admirable *Iliade* ou une laborieuse *Énéide*. Joignant l'exemple au conseil, il avait composé les *Antiquités de Rome*, les *Regrets*, le *Songe*, dans un style « qui se ressent, dit Colletet[1], du doux air du Tibre ». Dans une de ses odes il trouvait de nobles accents, peu communs alors à la lyre française, pour célébrer la gloire des auteurs italiens.

>Quel siècle éteindra ta mémoire,
>O Boccace, et quels durs hivers
>Pourront jamais sécher la gloire,
>Pétrarque, de tes lauriers verts?
>Qui verra la vôtre muette,
>Dante et Bembe, à l'esprit humain?
>Qui fera taire la musette
>Du berger néapolitain?

Amis et ennemis, disciples de Ronsard ou de Marot, les deux Écoles qui divisaient alors la poésie française s'unissaient dans l'admiration et dans l'imitation des Italiens. Mellin de Saint-Gelais, l'anacréontique prélat, qui reprochait au chef de la Pléiade de *pindariser* et de *pétrarchiser*, avait traduit la *Sophonisbe* de Trissino, plusieurs fragments de l'Arioste, et composé avant Du Bellay des sonnets et des madrigaux.

Si Desportes et Bertaud furent « plus retenus » que Ronsard, ce n'est pas dans l'imitation des poètes ultramontains.

---

1. Vie inédite de Du Bellay, citée par M. Rathery : *De l'influence de l'Italie sur les lettres françaises*. Nous avons, dans ce chapitre, emprunté de nombreuses citations à son intéressant ouvrage.

Le premier avait longtemps demeuré à Rome. Toutes les délicatesses, toutes les recherches du style des sonnets lui était devenues familières. On signalait ses nombreux plagiats dans un écrit intitulé : *Rencontre des muses de France et d'Italie.* « Pourquoi l'auteur n'est-il pas venu me trouver? dit Desportes, je lui en aurais indiqué bien davantage. » L'évêque Bertaud, sans être sorti de France, fut un disciple encore plus malheureusement docile de l'école des *concetti* : il devint l'un des plus célèbres parmi les poètes des « ruelles ».

L'Italie du seizième siècle brillait surtout par ses poètes; ce fut donc principalement sur notre poésie que dut s'exercer son influence. Toutefois nos prosateurs sont loin d'y rester étrangers. Les deux plus célèbres de cette époque, Amyot et Montaigne, en portent les traces les plus frappantes. C'était la mode et le bel air au temps d'Amyot, dit Paul-Louis Courier, de parler italien en français. Sa phrase, ajoute-t-il, est toujours italienne[1]. Quant à Montaigne, il suffit d'ouvrir ses *Essais* pour rencontrer, soit dans son style, soit dans ses nombreuses citations, la preuve d'une connaissance approfondie des auteurs italiens. Il écrivait même dans leur langue avec aisance, sinon avec pureté : une partie de son *Voyage* est rédigée dans cet idiome.

La présence de plusieurs Italiens des plus illustres augmenta en France ce goût et ce besoin de l'imitation. Nous avons déjà entrevu auprès de François Ier Louis Alamanni[2] qui chanta deux sujets français, empruntés au *cycle d'Artur* (*Giron le Courtois* et *l'Avarchide*), et écrivit le poème didactique le plus élégant que possède l'Italie,

---

1. Courier en cite de nombreuses preuves dans ses notes sur les *Pastorales* de Longus.
2. Lodovico Alamanni, né à Florence en 1495, mort à Amboise en 1556. *La coltivazione*, Parigi, Roberto Stefano, 1546, pet. in-4°; *Gyrone il Cortese*, Parigi, 1548, in-4°; *L'Avarchide*, Firenze, 1570, in-4°.

La coltivazione (l'agriculture). Ce fut à la cour de Henri II que Bernardo Tasso composa une partie de son *Amadis*; son fils, l'immortel Torquato, travaillait à la *Jérusalem* sur les routes et dans les hôtelleries de France. Accueilli par la Pléiade de Ronsard, reçu à la cour de Catherine de Medici, il put, dit un écrivain, y trouver le modèle des enchantements d'Armide. Et pourtant, faut-il l'avouer? « Torquato a eu besoin d'un écu, dit Balzac, et l'a demandé par aumône à une dame de connaissance. Il rapporta en Italie l'habillement qu'il avait apporté en France, après y avoir fait un an de séjour. »

Le dernier grand connétable de Chypre, le vénitien Antonio Davila, dépossédé par les Turcs en 1570, trouva un accueil bienveillant à la cour de Catherine et de Henri III. Dans sa reconnaissance il donna leurs noms réunis à son dixième fils Errico Caterino Davila, qui devint page à leur cour, puis brave capitaine de Henri IV, et fut l'un de nos meilleurs historiens de l'époque. Il partit de France aussi pauvre qu'il y était venu; mais il emportait avec lui les matériaux de l'œuvre qui a illustré son nom, l'histoire de nos guerres de religion, dont une partie s'était passée sous ses yeux, et dont il avait connu les principaux acteurs[1].

Une autre reine du sang des Medici, Marie, femme de Henri IV, faisait un accueil plus généreux à un Italien qui le méritait beaucoup moins. Le maréchal d'Ancre avait appelé en France le célèbre Marini, l'auteur de l'*Adone*, de la *Sampogna* (chalumeau)[2], des *Baci* et de bien d'autres poèmes, le grand corrupteur du goût italien, celui qui entraîna définitivement les poètes du dix-septième siècle dans un style précieux et maniéré, et dans tous les abus du bel esprit.

---

1. Né en 1576, mort en 1631 : *Storia delle guerre civili di Francia*. Venise, 1630, in-4°.

2. C'est le nom qu'il a donné à un recueil d'*Idylles* et de poésies soi-disant pastorales. Gianbattista Marini, né en 1569, est mort en 1625.

A peine arrivé à Paris, *le* « cavalier Marin » fut le favori de la cour et l'idole de l'hôtel de Rambouillet. Ogier de Gombauld, futur auteur d'*Amarante*, et le jeune Saint-Amant, qui n'avait pas encore « poursuivi Moïse au travers des déserts », se constituèrent ses admirateurs, ses élèves. Malherbe eut l'honneur de le voir et de lui déplaire. Malherbe heureusement était déjà vieux : il toussait, crachait beaucoup et admirait peu : Marini disait de lui qu'il n'avait jamais vu « un homme si humide et un poète si sec. »

Tel n'était pas le tempérament du poète napolitain. « C'était un feu follet courant à travers bois et jetant çà et là des lueurs étranges : le mouvement en était capricieux, mais rapide. On était à la fois ébloui par des images inattendues, et entraîné par une fluidité harmonieuse... Tenait-il une idée, si petite qu'elle fût, c'était pour lui un diamant qu'il ne se lassait pas de tailler. Le feu des *concetti* devait jaillir de toutes les facettes. Son *Adonis* a une apparence de verve qui séduit au premier abord ; la phrase poétique se déroule bien et les détails, quoique toujours recherchés, sont souvent ingénieux ; mais il n'y a ni invention dans le plan, ni goût dans l'ordonnance. L'effet, voilà l'unique point de mire de Marini, et le moyen qu'il emploie pour l'atteindre ne varie pas, c'est la surprise... Il a imprimé profondément la trace de ses talons rouges dans notre littérature de boudoir. Nostradamus des almanachs galants, il vivait hier encore sous les traits de Desmoutiers et de Boufflers, après avoir inspiré la muse légère des Benserade, des Voiture, des Dorat, des Bernis, les pinceaux élégants de Mignard, et vermillonné jusqu'à la plume du rigide Fréron[1]. »

Malherbe lui-même n'avait pas toujours été vieux. Avant

---

1. A. de Puibusque, *Histoire comparée des littératures espagnole et française*, tome II, page 39.

de se proclamer le tyran des mots et des syllabes, il avait brûlé un encens très suspect aux pieds des muses italiennes : sur sa conscience littéraire pesait certaine traduction des *Larmes de saint Pierre*, de Tansillo, où le poète normand s'était montré plus italien que son modèle :

> C'est alors que ses cris en tonnerres éclatent ;
> Ses soupirs se font vents qui les chênes combattent ;
> Et ses pleurs, qui tantôt descendaient mollement,
> Ressemblent au torrent qui, des hautes montagnes,
> Ravageant et noyant les voisines campagnes,
> Veut que tout l'univers ne soit qu'un élément.

Après l'emphase et l'affectation vint le « burlesque effronté », autre variété du mauvais goût. Scarron, D'Assoucy, Saint-Amant, le rapportèrent d'Italie, et le gâtèrent en chemin.

C'est ainsi que, par une transition assez douce, l'influence d'abord bienfaisante de la littérature italienne devient avec le temps une funeste contagion. De l'élégance à la recherche, de la grâce à la manière, les nuances sont parfois délicates. Mais les lettres françaises retrempées par de mâles génies, vivifiées par les études antiques et par les hautes pensées de notre grand siècle, échappèrent à la corruption qui les avait atteintes, et si dans Sévigné, dans Molière, dans La Fontaine, on reconnaît encore les lecteurs assidus des écrivains de l'Italie, la pureté de leur goût, la solidité de leurs pensées, l'originalité toute française de leur esprit, en firent des disciples bien supérieurs à leurs maîtres.

En effet, alors même que la littérature française s'élançait vers ses plus belles destinées, alors que, sous l'autorité absolue mais nationale et intelligente des Richelieu et des Louis XIV, elle mûrissait à son tour ses fruits de Renaissance, l'Italie, tombée sous la domination ou sous l'influence des fils de Charles-Quint, traînait à travers le dix-septième siècle une littérature sans inspiration, sans pensée, sans autre audace que celle du mauvais goût. L'invention, repoussée du domaine des choses, s'attacha avec violence à celui des mots; n'osant remuer des idées, on tourmenta la langue. L'école de Marini poursuivit son burlesque triomphe[1]. Partout on remarquait l'absence d'inspiration, le vide de la pensée, l'orgueil prétentieux de la phrase. Un prédicateur, parlant du repentir de Magdeleine, osait dire qu'elle « baignait les pieds du Sauveur avec des soleils » (ses yeux), « et qu'elle les séchait avec des flots » (sa chevelure).

Les académies littéraires, ce fléau indigène de l'Italie, favorisèrent religieusement les progrès de la décadence. Le dix-septième siècle fut l'âge d'or de ces pédantesques réunions : en 1720 on en comptait cinquante et une. Rien qu'en lisant leurs noms, il est difficile de croire qu'elles-mêmes se prissent au sérieux. Nous ne parlerons pas de la fameuse académie du *Son* (*la Crusca*), établie à Florence en 1582; malgré le mauvais goût de son titre, elle donna au moins à l'Italie le premier dictionnaire classique des langues modernes; mais peut-on ne pas sourire en trouvant à Bologne les *Gelés;* à Viterbe, les *Ardents;* à Rome, les *Arcades* et les *Ravivés;* les *Étourdis* (*Intronati*) à

---

[1]. L'un de ses disciples, Achillini, exhortait *les feux à suer* pour *préparer le métal :*

Sudate, ò Fuochi, a preparar metallo.

Il écrivait, sous prétexte de madrigal, ce ridicule tissu de *concetti* :

Col fior di fiori in mano
Il mio Lesbin rimiro;
Al fior respiro, al pastorel sospiro.
Il fior sospira odori,
Lesbin respira ardori :
L'odor del uno odoro,
L'ardor del l'altro adoro,
E odorando e adorando io sento
D'al odor, d'al ardor, ghiaccia e tormento.

Sienne, les *Incultes* à Orvieto, les *Obtus* à Spolète? Ces académiciens rivaux semblaient faire de leurs dénominations ou des épigrammes ou des antithèses. Ceux de Ravenne s'appellent les *Gens d'accord* (*Concordi*); ceux de Modène les *Gens brouillés* (*Dissonanti*). Nous rencontrons à Salerne les *Tracassiers* (*Irrequieti*); à Rimini, les *Gens à leur aise* (*Agiati*); à Ferrare, les *Intrépides;* les *Timides* à Mantoue. Ceux de Reggio veulent se distinguer de la foule de leurs confrères et se nomment les *Muets*; ceux de Raguse veulent s'y confondre et prennent le titre des *Oisifs* (*Oziosi*); enfin ceux de Brà, désespérant de trouver un nom, prennent le parti de s'en passer, et se désignent par le titre d'académiciens *Sans nom* (*Innominati*).

Leurs œuvres valaient leurs titres. De frivoles discussions, qui devenaient quelquefois des haines sanglantes, absorbaient l'activité de leurs membres. Toute l'Italie lettrée fut mise en émoi, parce que Marini dans un de ses sonnets avait interverti l'ordre des travaux d'Hercule. L'*Arcadie*, fondée à Rome en 1690 pour arrêter le torrent du mauvais goût, ne fit que lui creuser un nouveau lit. A la recherche elle substitua la fadeur; aux témérités de la métaphore, les platitudes du lieu commun. Les sujets qu'aimait à traiter l'école des *Arcades*, à la tête desquels brillait l'intarissable et sonore Frugoni[1], étaient renfermés dans un cercle assez restreint, et presque toujours futiles ou vulgaires, pleins de niaiseries ou d'adulation : un mariage, une prise de voile, la naissance de l'enfant d'un prince ou d'un seigneur, l'élection d'un cardinal, d'un évêque ou même d'un curé, un enterrement, un amour la plupart du temps supposé, telles sont les matières qu'aimait à traiter « leur muse ». S'agissait-il d'un mariage, le poète conjurait l'hyménée d'apprêter les « chaînes » qui devaient lier les deux cœurs, et prédisait à

---

1. Né en 1692, mort en 1768.

cette union une postérité d'Hercules et d'Achilles. Une jeune fille entrait-elle au couvent, son Pindare s'empressait de la canoniser : il montrait d'un côté l'époux divin qui du haut des cieux lui présentait la main, de l'autre Cupidon désappointé qui brisait de colère ses flèches et son carquois d'or. La Bible et la mythologie étaient confondues dans un absurde mélange : la poésie n'était plus qu'un bruit mesuré, une combinaison de paroles également dénuées de passion et de pensée[1].

Au milieu de ces puérilités qui se prolongèrent pendant plus d'un demi-siècle, les Italiens font grand bruit de quelques exceptions honorables. Elles-mêmes témoignent souvent de la décadence générale. Des poètes ingénieux écrivent des épopées satiriques et burlesques : ils se moquent audacieusement de gens morts depuis cinq cents ans, ou même des dieux du paganisme, comme Tassoni, dans son *Seau enlevé (Secchia rapita)*, et Bracciolini, dans sa *Moquerie des dieux (Scherno degli dei)*. Un autre, Chiabrera, épuise son talent à faire passer dans l'ode italienne le style et la mythologie de Pindare. Comme notre Lebrun, mieux que lui toutefois, il enveloppe une pensée des plus minces dans les splendides ornements qui ne sont pas nés avec elle. Il imite aussi Anacréon, comme fit Lebrun, mais avec plus de grâce, sinon de naturel.

Cependant, comme pour attester que ce qui manquait alors aux poètes de la péninsule, c'était bien moins le talent que l'inspiration, l'un d'eux, le Florentin Filicaja[2], rencontra un jour quelques admirables strophes. Ce fut à l'occasion du siège de Vienne si glorieusement délivrée par Sobieski. Le poète composa sur ce sujet quatre pièces, dont les deux premières renferment de grandes beautés[3].

---

1. Maffei, *Storia della letteratura italiana* t. IV, p. 17. — Baretti. *Frusta letteraria*, XIX. — Torti, *Sermone sulla Poesia*, c. I.
2. Né en 1642, mort en 1707.
3. *Sopra l'assedio di Vienna.* — *Per la liberazione di Vienna.* — A

Même dans ces *canzoni* célèbres on sent encore que l'expression est empruntée. C'est David, c'est Moïse, c'est Horace qui est le poète : Filicaja, comme Jean-Baptiste Rousseau, répète leurs idées et leurs images. Dès que son modèle l'abandonne, l'artiste toscan essaye de combler le vide de l'inspiration par le fracas des paroles. Rien de personnel et d'ému dans les deux dernières de ses odes : c'est un tissu brillant d'hyperboles connues, une habile mosaïque d'éblouissantes métaphores, de formes lyriques admises et consacrées. Il y a encore là plus de rhétorique que de poésie.

La décadence littéraire de l'Italie au dix-septième siècle est donc un fait incontestable, avoué aujourd'hui par ses défenseurs et ses représentants les plus illustres. Quelle cause doit-on assigner à cette maladie générale de l'intelligence d'un peuple ? L'excès même de l'intelligence ; la prédominance funeste d'une aptitude, estimée seule, cultivée seule, dans l'atrophie de toutes les autres. L'Italie nous donne ici, au moment où nous nous séparons d'elle, une dernière leçon, et peut-être la plus importante de toutes. Ce peuple naturellement dominateur, ayant perdu la domination par les armes, voulut, comme jadis la Grèce vaincue, s'assurer une autre puissance; il retourna le conseil de Virgile :

> Excudent alii spirantia mollius æra...
> Tu regere imperio populos, Romane, memento :
> Hæ tibi erunt artes[1]...

Les Italiens modernes cherchèrent une suprématie nouvelle dans la religion, dans la science, dans les arts, et

---

Giovanni Sobieski, re di Polonia. — *A Carlo V, duca di Lorena.* — Contrairement à notre opinion, la plupart des critiques contemporains donnèrent la palme à la troisième. Ce jugement lui-même est un « signe du temps ».

1. Virgile, *Énéide*, VI, 846-850.

méprisèrent les armes. L'héroïsme militaire, chose sérieuse et admirée des autres peuples, fut pour les Italiens un sujet de risée. Ils dédaignèrent même la morale, le sentiment du devoir, la vertu. Fiers de précéder l'Europe dans la route de l'intelligence, ils eurent dans l'intelligence une foi exclusive; « mais l'intelligence n'est pas l'homme tout entier : quand on la cultive seule, elle produit à la fois ses bons et ses mauvais fruits. Les prêtres, les hommes d'État, les écrivains, les artistes, en un mot les Italiens du seizième siècle, sont tout intelligence, dépourvus d'affections nobles, de sentiments religieux, et, qui pis est, de morale. Ils voient, mais ne sentent pas les maux de leur patrie; ils voient, mais n'abhorrent pas la corruption religieuse; bien plus, ils la considèrent comme une splendeur. Aussi font-ils des œuvres brillantes par l'esprit, mais sans émotion. Ce siècle est une lumière sans chaleur, une lumière qui naît de la pensée, non un feu qui embrase l'âme [1]. » De là trois effets étonnants dans leur réunion : l'asservissement de la nation, la corruption de l'Église, et l'éclat momentané des arts. Mais cet éclat, que rien ne pouvait plus soutenir, s'éclipsa bientôt lui-même. Le beau, comme dit Platon, n'est que le rayonnement du vrai ; le sublime, comme dit Longin, n'est que le son d'une grande âme.

En attendant que de nouvelles idées, que de nouvelles mœurs pussent rendre l'originalité aux œuvres littéraires, ce fut vers la science que se tournèrent la plupart des grands esprits du dix-septième siècle. La pensée, exclue du domaine de la politique et de la philosophie, se réfugia dans le sein de la nature et des vérités qui la régissent. Les grands noms de Galilée, de Torricelli, de Cassini, plus tard ceux de Galvani et de Volta, montrent que l'Italie

---

1. Luigi Settembrini, *Lezioni di letteratura Italiana dettate nell'università di Napoli*, 1868, volume II, page 3.

n'avait fait que changer de gloire. Les savantes académies des *Lyncei* à Rome (1603), *del Cimento* à Florence (1657), contrastent honorablement avec la puérilité de leurs sœurs littéraires, et devancent les académies des sciences de Londres (1660) et de Paris (1666). Bientôt les études historiques produisent d'immenses travaux: Muratori et Scipion Maffei rivalisent d'érudition avec nos savants bénédictins de France; tandis qu'un professeur obscur de Naples, Jean-Baptiste Vico découvre dans l'histoire une *Science nouvelle* et mérite d'être appelé le Dante de la philosophie.

Avec le dix-huitième siècle, une ère nouvelle s'ouvrit à la littérature italienne. L'étude des langues étrangères, le spectacle des grandeurs littéraires de la France, avaient excité au delà des monts une généreuse pudeur; Racine fit naître Métastase, Molière produisit Goldoni. C'est encore la France que regarde Alfieri, quand il s'efforce de réagir contre elle, et compose ses austères et sèches tragédies, harangues de tribun plutôt qu'œuvres de poète. Il y a dans l'éternel monologue de cet éloquent déclamateur quelque chose de la morgue hautaine et amère de Jean-Jacques. Gozzi introduit sur le théâtre de Venise la fantaisie allemande. Cesarotti retrempe la poésie italienne aux sources fraîches et sauvages que Macpherson vient d'ouvrir avec son Ossian, et traduit en même temps l'*Iliade* et les tragédies de Voltaire, *Mahomet, la Mort de César, Sémiramis*. Le souffle de la philosophie française a franchi la cime des Alpes, les souverains eux-mêmes en ont ressenti l'influence. La maison d'Espagne ne pèse plus sur la Lombardie; Milan, Mantoue, Pavie, se relèvent sous Marie-Thérèse et Joseph II; Parme et Plaisance obéissent à des Bourbons. Les princes de Lorraine font connaître à la Toscane un gouvernement doux et éclairé, et le Saint-Siège lui-même reçoit l'ennemi, le destructeur des jésuites, le pape Clément XIV. Beccaria publie, sous les auspices du sage Léopold, son célèbre ouvrage *Des délits et des peines* (1764); les encyclopédistes, la société du baron d'Holbach, l'invitent et l'accueillent avec transport. Morellet traduit, Voltaire commente, d'Alembert exalte « l'immortel petit livre. » Filangieri porte sur toute la législation l'esprit d'examen que Beccaria avait concentré sur les lois criminelles, et mérite d'être appelé le Montesquieu de l'Italie. On sent que la Péninsule est entraînée dans le mouvement général de l'Europe.

La poésie éprouva l'heureux effet du réveil des âmes. On se prit à relire, à admirer les mâles *terzine* de Dante : sous ses auspices une nouvelle génération quitta avec mépris les ridicules traditions des Marinistes et des Arcades. A la tête de cette réaction marchèrent Cesarotti, Parini, Alfieri et Monti. Plus près de nous encore brillent Manzoni et le touchant Silvio Pellico [1] immortalisé moins par ses tragédies (*Francesca da Rimini*, *Adelghise*) que par ses malheurs, par sa pieuse résignation et par l'admirable livre qui en est le tableau et le fruit, *Le mie prigioni*; enfin le grand et désolé poète, « sombre amant de la mort », le pessimiste Giacomo Leopardi (1798-1837). L'histoire littéraire de l'Italie doit une juste attention à ces noms plus ou moins célèbres : l'écrivain qui, comme nous, renferme dans un cadre des plus étroits la carte générale de la littérature de l'Europe, peut et doit peut-être se contenter de les citer. L'Italie contemporaine reçoit l'impulsion et ne la donne pas. Dans le système universel de la littérature, elle n'est encore qu'un brillant satellite.

---

1. Né à Saluces en 1789, mort à Turin le 31 janvier 1854.

LITTÉRATURES MÉRIDIONALES

L'ESPAGNE

CHAPITRE PREMIER

PEUPLES ET LANGUES DE L'ESPAGNE

Populations primitives. — Culture littéraire des Ommiades. — Influence des Arabes sur les chrétiens. — Caractère de la langue castillane.

La littérature française du seizième siècle avait gagné à l'école de l'Italie l'élégance et la grâce : avant d'atteindre à la perfection de formes que lui réservait le siècle de Louis XIV, elle devait recevoir un tribut nouveau. Le souffle héroïque de l'Espagne vint l'enivrer un instant; son imagination se colora d'un rayon plus brillant et plus chaud. On eût dit qu'à travers les Pyrénées arrivait jusqu'à elle un reflet du ciel de l'Orient[1]. Charmée de cette appa-

---

[1] « Si nous considérons la littérature espagnole comme nous révélant en quelque sorte la littérature orientale, comme nous acheminant à concevoir un esprit et un goût si différents des nôtres, elle en aura à nos yeux bien plus d'intérêt; alors nous nous trouverons heureux de pouvoir respirer, dans une langue apparentée à la nôtre, les parfums de l'Orient et l'encens de l'Arabie; de voir dans un miroir fidèle ces palais de Bagdad, ce luxe des califes, qui rendirent au monde vieilli son imagination engourdie, et de comprendre, par un peuple d'Europe, cette brillante poésie asiatique qui créa tant de merveilles. » Sismondi, *Littérature du midi de l'Europe*, tome IV, page 259.

rition splendide elle en resta quelque temps éblouie. Son goût s'égara d'abord à la suite de ces beautés peu sévères ; mais bientôt rendue à elle-même par cet instinct de bon sens qui est le fond de son génie, elle revint, plus riche et non moins sage, au grand chemin de la tradition antique.

Pour bien comprendre quel fut ce goût espagnol qui s'imposa à la France pendant la première moitié du dix-septième siècle, nous allons l'étudier en lui-même et avec quelques détails.

Parmi toutes les nations de l'Europe, l'Espagne avait conservé la physionomie la plus caractérisée, la personnalité la plus puissante. Formée primitivement par des races indomptables, elle lutta un siècle et demi contre les armées romaines ; mais nul peuple n'adopta et n'enrichit si vite la langue et la poésie des vainqueurs. Originale dans sa docilité, fière et dominatrice dans sa servitude, elle imprima le cachet de son génie national sur la littérature latine. La Rome de Néron fut tout espagnole : Lucain et les Sénèque y portèrent cette grandeur un peu emphatique et étrange que Cicéron avait déjà observée chez leurs compatriotes les poètes de Cordoue[1]. L'invasion des barbares, en brisant la centralisation romaine, fortifia l'élément primitif : l'héroïsme des Goths s'unit à la rude fierté des Cantabres. Les Arabes rendirent à ce peuple un double service : ils en furent les ennemis et les civilisateurs. D'abord ils développèrent l'énergie du ressort national et religieux, en forçant l'Espagne à se replier sur elle-même pour les repousser violemment de son sein ; puis, les haines religieuses venant à s'amortir, les Maures communiquèrent aux chrétiens leurs arts, leur poésie, leur imagination brillante et passionnée. Le reflux

---

1. Cordubæ nati poetæ, pingue quiddam sonantes atque peregrinum. *Pro Archia*, 26.

de l'invasion musulmane laissa un engrais fécond sur ce sol généreux [1].

Nous ne pouvons qu'entrevoir d'une manière bien imparfaite, à travers de rares et maigres extraits, cette riche végétation de littérature orientale qui couvrit tout le midi de l'Espagne depuis le huitième jusqu'au dix-septième siècle.

Le palais d'Hescham, le deuxième Ommiade, n'était qu'une vaste bibliothèque, dont le catalogue, très incomplet, mentionnait plus de quarante-quatre mille volumes. Passionné pour les arts et les sciences, ce prince avait des agents en Syrie, en Égypte, en Perse, chargés d'acheter pour son compte tous les livres précieux qu'ils pourraient trouver. D'après le recensement fait sous son règne, l'Espagne arabe contenait six villes capitales, quatre-vingts villes très peuplées et trois cents de troisième ordre. La ville de Cordoue possédait soixante mosquées, cinquante hôpitaux, quatre-vingts écoles publiques et deux cent mille maisons. L'industrie et le commerce étaient dans la situation la plus florissante : les impôts produisaient un revenu énorme; des mines d'or et d'argent habilement exploitées, la pêche du corail, les perles de Tarragone, répandaient la richesse dans tout le pays. Cette prospérité réagit sur la culture intellectuelle : sous les successeurs d'Hescham, les études littéraires, la poésie, l'histoire, prirent de nouveaux développements. L'auteur d'un dictionnaire biographique du treizième siècle a compté douze cents historiens, chaque spécialité ayant son histoire [2]. La bibliothèque de l'Escurial contient encore dix-huit cent cinq manuscrits arabes, faible reste d'une collection bien plus considérable qui a péri dans l'incendie de 1672. Grammaire, poésie, éloquence,

---

1. C'est surtout après la conquête de Grenade que la couleur orientale prédomine dans la poésie castillane, dans les *romances*.
2. *Analyse des leçons Fauriel*, 5ᵉ article.

philologie, politique, médecine, philosophie, histoire naturelle, droit, théologie, géographie, histoire, toutes les branches de la science et des lettres s'y trouvent représentées. On cite vingt-deux manuscrits de poètes, dont la plupart sont nés et ont vécu en Espagne. Encore ce chiffre est-il loin de donner une idée de tous les auteurs de cette classe, de ceux même dont les ouvrages subsistent : un grand nombre de volumes contiennent les œuvres de plusieurs poètes; et d'autres, fourvoyés à la suite de compositions d'un autre genre, ne figurent point dans le catalogue [1]. Quelques-uns de ces poètes de la péninsule acquirent, même en Orient une grande célébrité, et un critique de Damas cite vingt-neuf de leurs lyriques comme des modèles du genre [2]. Mais la plus grande partie des compositions poétiques des Arabes d'Espagne semble appartenir au genre didactique. La morale, la religion, les sciences, la grammaire même, sont les sujets qu'affectionnent ces poèmes, fidèles images du caractère grave et subtil de la nation, fruit tardif d'une civilisation déjà raffinée et vieillie.

Les chrétiens du centre et du midi de la Péninsule, devenus sujets des Mores après la bataille de Xérès (711), se laissèrent gagner peu à peu par la civilisation plus élégante des conquérants. Ils restèrent attachés à leur religion, dont l'exercice fut respecté par la tolérance des musulmans, mais ils oublièrent si complètement leur langue, qu'un écrivain du neuvième siècle déclare que sur mille hommes à peine en eût-on trouvé un seul qui pût écrire une lettre dans cet idiome, tandis que rien n'était plus commun parmi eux que d'être en état

---

1. Michael Casari, appelé de Rome à Madrid en 1748 par Ferdinand VI, jeta le premier rayon de lumière sur ces trésors enfouis, et commença, en 1760, la publication du catalogue, sous le titre de : *Bibliotheca Arabico-Hispanica Escurialiensis*, etc.

2. Mohamed ben Assaker, mort l'an 571 de l'hégire (1193). Dieze, *Anmerkungen and ie Geschichte der spanischen Dichtkunst von Velasquez*.

d'écrire élégamment soit en prose, soit en vers arabes[1].

Lorsqu'en 1055 Alphonse VI s'empara de Tolède, les chrétiens qu'il y trouva ne parlaient que la langue de leurs maîtres. A Cordoue, à Séville, reconquises en 1236 et 1248 par saint Ferdinand, dans toute l'Andalousie, les Espagnols ne comprenaient pas d'autre langage; on fut obligé de traduire pour eux en arabe les saintes Écritures[2]. D'autres parlaient et comprenaient les deux langues : ils avaient pour ainsi dire deux patries. Mariana rapporte que dans le onzième siècle, au siège de Calcanassor, un pauvre pêcheur chantait alternativement en arabe et en langue vulgaire une complainte sur le sort de cette malheureuse ville : le même air s'appliquait tour à tour aux diverses paroles. Un fait analogue se reproduit, pour ainsi dire, sous nos yeux : on trouve à l'Escurial plusieurs curieux manuscrits composés en espagnol, mais écrits en caractères arabes. Le plus remarquable de tous est un poème du quatorzième siècle sur *Joseph*; il présente cette particularité, qu'au lieu des traditions bibliques l'auteur a suivi dans son récit la version plus courte et moins intéressante du onzième chapitre du Coran. On ne peut guère douter que le poète ne fût un More resté en Aragon après la conquête chrétienne, et qui possédait également l'arabe, le castillan et même le provençal[3].

---

[1]. Le style barbare dans lequel Alvaro de Cordoue exprime cette assertion, est une garantie de sa véracité. « Ità ut omni Christi collegio vix inveniatur unus in millenio hominum numero qui salutatorias fratri possit rationabiliter dirigere litteras : et reperitur absque numero multiplex turba quæ eruditè chaldaicas verborum explicet pompas, ità ut metrice eruditiori ab ipsis gentibus carmine et sublimiori pulchritudine finales clausulas unius litteræ coarctatione decorent. » *Indiculus luminosus*, inséré par le P. Henrique Flores dans son *España sagrada*, tome XI, page 274.

[2]. On appela ces chrétiens Mozarabes (*Musta'rab*), c'est-à-dire imitateurs du langage et des mœurs arabes, comme l'explique D. Pascual de Gayangos.

[3]. On peut voir sur ce curieux ouvrage les détails donnés par Ticknor, dans son savant et consciencieux ouvrage *History of spanish lite*

La guerre de huit siècles par laquelle les chrétiens reconquirent le territoire de leurs pères ne fut pas toujours poussée avec la même vigueur. Les *chevaliers arabes*, « hidalgos quoique musulmans », visitaient les cours d'Aragon et de Castille. Les luttes entre les deux peuples, surtout au quinzième siècle, ressemblèrent quelquefois à des tournois plutôt qu'à de véritables combats. Souvent sous les murs de Grenade, après une de ces fêtes splendides où les Maures déployaient tout le luxe des arts, on voyait paraître sur la *vega* (plaine), les chevaliers castillans, leurs courtois adversaires, qui, pour couronner la journée, venaient briser une lance et disputer le prix de la valeur. Comment les rudes fils des Goths, dont les yeux n'avaient contemplé, dans leurs montagnes des Asturies et de Léon, que les lourdes tourelles et les murailles massives d'un château féodal, n'eussent-ils pas admiré la délicate et somptueuse architecture des palais de Séville, de Tolède, de Grenade? Comment leur imagination aurait-elle résisté aux séductions de ce langage hardi, hautement coloré de l'Orient, qui semblait l'expression naturelle d'un climat presque africain?

Dès l'époque la plus reculée, des alliances, des mariages, des études communes favorisèrent les influences réciproques. Un roi de Castille (Alphonse VI) épousa la fille du roi maure de Séville. Le Cid Campéador, le héros de son règne, commanda contre les chrétiens les troupes du roi mahométan de Sarragosse. Alphonse X emprunta aux musulmans ses vastes connaissances, comme l'avait fait deux siècles auparavant le docte Gerbert (Silvestre II), disciple des Arabes de Séville et de Cordoue. Enfin, après la chute du royaume de Grenade, les Morisques disséminés

---

rature, New-York, 1849, t. I, p. 94 et suivantes. Le texte même se trouve au tome III, p. 432 et suivantes. L'ouvrage de Ticknor a été traduit en français par M. Magnabal (3 vol. in-8° Paris, Hachette).

en Espagne conservèrent, sous leur douteuse conversion, les mœurs, le langage et les arts de leurs pères. Nul doute que malgré les antipathies de religion, les chrétiens, rapprochés sans cesse des Arabes par la guerre, par la paix, par la sujétion, par la victoire, ne subissent jusqu'à un certain point l'ascendant de leurs idées et de leur littérature.

Pendant que la langue des Mores occupait le midi et le centre de l'Espagne, les chrétiens et leurs idiomes se partageaient le nord. Un auteur du dixième siècle, Luitprand, nous dit que vers l'année 728 il y avait dix langues dans la Péninsule. Si nous mettons de côté l'arabe, que nous venons de reconnaître, le basque dont nous n'avons pas à nous occuper ici [1], l'hébreu, le grec et le chaldaïque, parlés en Espagne par des individus isolés et non par des peuples, les autres idiomes locaux pourront se réduire à trois langues, placées parallèlement sur la carte, se déroulant du nord au midi par bandes verticales et s'enfonçant chez les Mores avec les progrès de la conquête : à l'ouest le galicien ou portugais, à l'est le catalan ou provençal, au centre le castillan, auquel on a réservé le titre d'espagnol.

Nous n'avons à parler ni du portugais, qui n'exerça aucune influence immédiate sur notre littérature, ni du catalan, qui ne fut que l'écho de nos troubadours. Nous devons toute notre attention au dialecte que le temps a fait prévaloir, et que consacrèrent des œuvres prises chez nous pour modèles.

L'espagnol eut pour élément principal, comme les autres langues néo-latines, le latin corrompu qu'on parlait dans la province aux derniers siècles de l'empire. Mais ici

---

1. Nous en avons dit un mot dans notre *Histoire de la littérature française*.

l'influence germanique est à peine sensible : les Wisigoths, déjà romanisés adoptèrent en grande partie le vocabulaire latin, auquel ils imposèrent par ignorance la construction analytique des langues modernes [1]. Les chrétiens, confinés dans la Biscaye et les Asturies, après la bataille de Xérès, joignirent à leur langage quelques éléments basques ou ibériens. Mêlés à ces sauvages peuplades restées inaccessibles aux invasions des Romains et des Goths, réduits à toutes les privations d'une vie rude et grossière, ils tombèrent eux-mêmes dans un état presque sauvage, où leur langue se corrompit davantage encore [2]. Ramenés par la victoire dans les contrées possédées par leurs pères, ils y trouvèrent, chez les Mozarabes leurs frères et chez les Mores leurs ennemis, une civilisation plus avancée, à laquelle ils firent nécessairement quelques emprunts. De ces origines diverses résulta un langage dont on a exprimé ainsi la composition d'une manière approximative. Sur dix parties qui constituent aujourd'hui le castillan, six appartiendraient au latin, une au grec et aux rites de l'Église, une au germain, une à l'arabe, la dixième serait formée des importations modernes du français, de l'italien, de l'allemand, etc. L'auteur de cette analyse semble avoir négligé à tort les éléments empruntés au basque [3].

---

1. Marina cite de nombreux exemples de cette corruption du latin en Espagne. Nous nous contentons de rapporter les suivants, qui donnent une idée de tous les autres : « *Fratres orate pro nos. — Sedeat segregatus a corpus et sanguis Domini.* (*Mémoires de l'Académie royale d'histoire*, IV, 22.)

2. Les relations arabes, d'autant plus dignes de foi qu'elles sont contemporaines, nous décrivent l'état misérable des chrétiens du nord au huitième siècle. « Ils vivent comme des bêtes, ne lavent jamais leurs corps ni leurs habits, ne changent point de vêtements et les portent jusqu'à ce qu'ils tombent en lambeaux, etc. » Conde, *Historia de la dominacion de los Arabes en España*, II, 18.

3. Larramendi et Humboldt réclament contre cette omission du savant Sarmiento.

La langue castillane dut aux circonstances où elle se développa un caractère qui la distingue de la plupart des idiomes modernes : elle fut et resta longtemps essentiellement populaire même dans sa noblesse. Elle ne connut pas les dédains aristocratiques d'un langage de cour : tous les mots furent nobles, comme tous les Espagnols. « La langue du grand seigneur et du paysan est la même, dit Chateaubriand ; le salut, le même ; les compliments, les habitudes, les usages sont les mêmes. » Augustin Thierry constate le même fait et en signale la cause : « resserrés dans un coin de terre devenu pour eux toute la patrie, dit-il, Goths et Romains, vainqueurs et vaincus, étrangers et indigènes, maîtres et esclaves, tous unis dans le même malheur, oublièrent leurs vieilles haines, leur vieil éloignement, leurs vieilles distinctions : il n'y eut plus qu'un état, qu'une loi, qu'un langage : tous furent égaux dans l'exil. »

Quoique sorti de la même souche que l'Italien, l'Espagnol modifié comme le caractère de la nation, par toutes ces circonstances, présente un aspect différent. « Il est, dit avec raison Sismondi, plus sonore, plus accentué, plus aspiré, a quelque chose de plus digne, de plus ferme, de plus imposant. D'autre part cette langue, moins maniée encore que l'italien par des philosophes et des orateurs, a acquis moins de souplesse et de précision : dans sa grandeur elle n'est pas toujours claire, et sa pompe n'est pas sans enflure. Malgré ces différences, les deux langues peuvent encore se reconnaître pour sœurs, et le passage de l'une à l'autre est facile. »

CHAPITRE II

POÉSIE POPULAIRE DE L'ESPAGNE

Poèmes héroïques et romances. — Le Cid. — Poèmes monastiques.

La ressemblance des langues n'est pas le seul trait de parenté que portent les nations issues de l'empire romain : leurs littératures offrent dans leurs développements respectifs une frappante analogie. Mais ce n'est plus dans la communauté d'origine qu'il en faut chercher la cause. Nous l'avons déjà constaté, en nous occupant de l'Italie : au moyen âge tous les peuples de l'Europe vivent de la même vie. Outre que la ressemblance de leurs idiomes rend l'imitation plus facile, l'unité du culte et de la foi, la vaste hiérarchie du clergé, dépositaire de tous les restes de la science, sa langue, son éducation partout les mêmes, établissent, au moins à la surface des mœurs et des littératures, une apparente uniformité. Mais au fond les germes nationaux subsistent, prêts à percer la couche étrangère qui les cache. C'est ce qui arriva en Espagne. Nous y voyons la littérature produire comme en France, comme partout, d'abord des poèmes héroïques, de longues épopées monorimes, puis des poèmes dévots, des vers allégoriques, d'érudites abstractions, des chants d'amour, comme chez nos Provençaux, des fabliaux même, comme chez nos trouvères ; enfin des récits en prose, de précieuses chroniques ; mais déjà toutes ces productions ont un cachet particulier qui les distingue ; déjà éclate dans ces œuvres primitives le double caractère de la nation espagnole, l'héroïque fierté du soldat et l'ascétisme passionné du moine.

C'est au milieu de la lutte à la fois religieuse et nationale par laquelle les Espagnols reconquirent leur patrie, c'est entre la paix de Sarragosse (1118), qui assura aux chrétiens la possession de l'Espagne orientale, et la grande victoire de Tolosa, qui porta un coup mortel à la domination arabe (1212), que retentissent, pour la première fois, les chants de la poésie castillane. Ces circonstances suffiraient pour en faire pressentir le caractère. « Terrible était la guerre contre les Maures, dit la chronique générale : les rois, les comtes, les nobles et tous les chevaliers qui mettaient l'honneur dans les armes, tenaient leurs chevaux dans les chambres où ils dormaient avec leurs femmes, afin que, dès qu'ils entendraient le cri de guerre, ils pussent trouver, sous leur main, leurs chevaux et leurs armes ».

Au milieu de cette vie tourmentée par toutes les agitations d'une guerre perpétuelle, les guerriers espagnols ne dédaignaient pas les chants de leurs trouvères; mais ces chants devaient en quelque sorte continuer, même dans les intervalles de repos, les émotions du combat. « Que les jongleurs (*juglares*), dit le code d'Alphonse X, ne répètent devant eux d'autres chants que ceux de *gestes* guerrières. » Dès l'an 1147, nous entendons parler de chansons populaires sur les exploits du Cid[1]. Saint Ferdinand « aimait, nous dit encore son fils, à voir autour de lui des hommes qui sussent faire et chanter des poèmes (*trobar*), et des jongleurs pour jouer des instruments, il y prenait grand plaisir, et savait distinguer leur mérite ».

L'histoire nous le montre en effet, à la prise de Séville

---

1. Nous lisons dans un poème latin rimé, fait par un témoin du siège d'Alméria (1147).

Ipse Rodericus, Mio Cid sæpe vocatus,
De quo cantatur, quod ab hostibus haud superatus, etc.

(1248), se faisant suivre par deux trouvères qu'il récompense royalement. Dès lors ces chanteurs épiques se succèdent sans interruption et leur trace reparaît de loin en loin, dans les chroniques, jusqu'à ce que, confondus avec les chanteurs de romances, ils s'effacent sous l'éclat de l'élégante littérature empruntée aux troubadours et à l'Italie.

Il est probable que le plus ancien monument qui nous reste de la poésie espagnole est *Le poëme du Cid*, grave et simple récit en longues strophes assonantes[1], analogue à nos chansons de geste. Composé vraisemblablement vers le milieu du douzième siècle[2], il offre dans la raideur de la narration, dans l'irrégularité du mètre, dans la forme même des mots, les traces les plus évidentes de l'enfance de la poésie castillane. La langue s'y détache à peine du latin, et en conserve encore les sons originaires[3]. Moins sûr de lui-même que notre alexandrin français, le vers du *Cid* chancelle sur ses quatorze syllabes : tantôt il s'arrête avant le terme, tantôt il s'élance au delà; c'est le bégaiement de la versification; mais c'est déjà l'accent viril de l'héroïsme. Tout l'art du poëte est dans le naturel; mais ce naturel a quelque chose du sentiment élevé qui inspira

---

1. L'assonance espagnole, *asonante*, est une rime d'un genre particulier. Elle consiste à répéter, à la fin des deux vers qui la doivent contenir, la même voyelle accentuée, suivie, si elle n'est pas finale, par la même voyelle sans accent, et à ne tenir aucun compte des consonnes qui les accompagnent, par exemple. *feroz* et *furor*, *casa* et *abarca*, forment des assonances.
2. Le seul manuscrit ancien du poème du Cid est de l'an 1207 ou 1307. L'ouvrage lui-même semble avoir été composé vers 1140 ou 1200. Ticknor a cité, dans une note substantielle, les différentes opinions des littérateurs espagnols relatives à cette question. *History of spanish literature*, tome 1er, page 12.
Publié pour la première fois en 1779, par Sanchez, dans le 1er volume de ses *Poesias castellanas anteriores al siglo* XV réimprimées à Paris par M. Ochoa en 1842, il a paru encore dans la *Bibliotheca castellana, portugues y proenzal* de l'allemand Schubert, en 1804.
3. Par exemple *muerte* et *fuerte* assonent avec *carrion, amor, sol,* ce qui prouve qu'on prononçait encore *morte, forte*.

notre *Chanson de Roland*. Le récit est sans prétention littéraire, mais tout plein d'une majesté imposante. Il ne nous montre pas les grands hommes qu'il met en scène : il les laisse voir, et nous frappe d'autant plus de leur image qu'il ne se propose pas de les peindre. Le chanteur n'a pas conscience de ce que nous admirons en lui, il n'est pas frappé de ce qui nous étonne, il ne suppose point que les mœurs de ses personnages soient différentes de celles des lecteurs, et la naïveté de la représentation, en suppléant au talent du poète, produit un effet bien plus puissant.

Les événements racontés par cette chanson de geste[1] sont postérieurs à ceux qui font la matière du *Cid* de Corneille. Don Rodrigue est déjà vieux et célèbre par ses victoires. Exilé par Alphonse son ingrat souverain, il s'éloigne de son château de Bivar, vers lequel il tourne ses yeux mouillés de larmes. C'est par cette scène d'une naïveté saisissante que débute ce qui nous reste du poème.

> Cependant de ses yeux tant fortement pleurant,
> Mon Cid tournait la tête, s'arrêtait, regardant.
> Il vit les portes ouvertes, les huis sans ferrement,
> Les perches vides, sans fourrure et vêtement,
> Sans faucons, sans autours au plumage muant.
> Alors gémit mon Cid, plein d'un grand pensement.
> Ainsi parla mon Cid bien et mesurément :
> « Grâces à toi, seigneur père, au haut firmament,
> « Ce mal m'ont infligé mes ennemis méchants. »

Le héros s'éloigne, suivi de quelques fidèles vassaux; il arrive à la ville de Burgos.

> Mon Cid Ruy-Dias entra dans Burgos la cité;
> De soixante bannières, il marchait escorté.

---

1. Voir sur les chansons de geste notre *Histoire de la littérature française*, chapitres VII et VIII. Nos lecteurs remarqueront dans la traduction que nous donnons ici et qui reproduit mot à mot l'original, toutes les allures de la strophe monorime de nos trouvères.

> Pour le voir, hommes, femmes sortaient de tous côtés.
> A toutes les fenêtres, les bourgeois sont postés.
> Tous pleurent de leurs yeux, tant ils sont attristés.
> Tous disent, de leur bouche la même vérité :
> Mon Dieu ! si bon vassal aurait bien mérité
> D'obtenir en partage seigneur plein de bonté.
> Chacun d'eux voudrait bien, mais n'ose l'inviter ;
> Car le roi don Alphonse est très fort irrité.
> Ce soir même à Burgos un message apporté
> Par une grande troupe, et fortement scellé,
> Défend d'offrir au Cid un asile abrité ;
> Quiconque le ferait saura pour vérité
> Qu'il perdra tous ses biens et les yeux de son chef,
> Et son corps et son âme par dessus le marché.
> Grand deuil avaient ces gens, fils de la chrétienté,
> Se cachaient de mon Cid, et n'osaient lui parler.

L'exilé va droit à sa maison, ôte un pied de l'étrier, frappe à la porte. Alors paraît une petite fille de neuf ans qui lui fait part de la défense du roi et rentre aussitôt toute tremblante. Don Rodrigue, privé de ses terres par la colère du roi, s'en va en conquérir de nouvelles sur les Mores.

Si, dans les scènes naïves, le poète du Cid est d'une simplicité touchante, il trouve dans la description des combats l'enthousiasme guerrier qu'on devait attendre de cette époque héroïque. Écoutons le récit d'une sortie faite par les chrétiens assiégés dans la ville mahométane d'Alcocer. Les portes s'ouvrent, les chevaliers s'élancent à la suite de Rodrigue ; les avant-postes des Mores se rejettent sur le gros de l'armée et y portent l'effroi. On s'arme, on se range en bataille.

Sous le bruit des tambours la terre a tremblé[1] ; le bouillant Bermuez, le porte-enseigne du Cid, court, malgré sa défense, jeter le drapeau dans un gros d'ennemis.

> Les Mores le reçoivent, pour l'enseigne gagner,
> Lui donnent de grands coups, sans le pouvoir percer,
> Dit le Campeador : « Pour Dieu ! le secourez ! »

---

1. Ante roydo de atamores la tierra queria quebrar.

Embrassant leurs écus devant eux, les guerriers
Baissent leurs fortes lances de leurs pennons ornées,
Penchent sur les arçons leurs têtes inclinées.
Et vont férir les Mores, d'un courage acharné.
A grands cris les appelle l'homme en un beau jour né[1] :
« Frappez-les, chevaliers, par sainte charité,
« Je suis Ruy Diaz, le Cid Campeador; frappez ! »
Tous fondent sur la troupe où combat Bermuez,
Trois cents lances sont là, toutes enguidonnées,
Chacune occit un More au premier assembler;
Et chacune, au retour, autant en a tué,
Vous auriez vu les glaives se baisser, se lever,
Tant d'épais boucliers se briser, se percer,
Tant de fortes cuirasses, sous le fer se fausser,
Tant de pennons si blancs, rougir de sang versé,
Tant de bons destriers, bondir sans cavaliers.

C'est la franchise, l'élan, le rythme et même le style des chants épiques de nos trouvères : on croirait lire une strophe de *Roland* ou de l'épopée féodale des *Loherains*.

La partie la plus remarquable du poème, tant pour l'intérêt dramatique que pour la peinture des mœurs, est la dernière, où le Cid réconcilié avec Alphonse, à qui il a fait hommage de ses nouvelles conquêtes, poursuit, devant les cortès réunies à Tolède, les infants de Carion, traîtres époux de ses filles. L'assemblée est nombreuse et agitée. Les deux partis rivaux s'y menacent; les juges sont désignés : le roi lui-même préside. Le Campeador a été offensé d'une manière sanglante dans ses plus chères affections : ses filles ont été cruellement frappées et abandonnées dans un lieu désert. Néanmoins il contient sa colère et avec une astuce digne des temps héroïques, il se borne d'abord à redemander ses deux bonnes épées *Colada* et *Tizon*, qu'il a données à ceux qui furent ses gendres. L'assemblée lui octroie sa demande : les défendeurs eux-mêmes y consentent. Puis le Cid réclame la riche dot qu'il a faite à ses filles. Nouvel assentiment des juges; résignation nouvelle

---

1. *El que en buen ora nasco;* périphrase ordinaire pour désigner le Cid.

des infants qui s'exécutent séance tenante, mais cette fois à regret. Alors enfin le père outragé aborde sa véritable demande. Il exige de la justice du roi et des cortès qu'on lui permette le combat en champ clos contre ces *chiens de traîtres* qui ont tiré ses filles de Valence, où elles étaient honorées, les ont frappées des sangles et des courroies de leurs chevaux, et exposées dans un bois désert aux bêtes féroces et aux oiseaux de proie. Les défis, les réponses, les insultes, les répliques forment de cette scène un des tableaux les plus animés et les plus curieux. Garcias, partisan des infants, reproche au Cid d'avoir laissé croître sa barbe blanche pour exciter l'intérêt ou la terreur. Rodrigue prend sa barbe à la main et répond :

> Grâce à Dieu, qui le ciel et la terre régit,
> Certe ma barbe est longue et croît à mon plaisir.
> Eh bien, comte, à ma barbe qu'avez-vous à redire?
> Si depuis ma naissance il me plaît la nourrir?
> Jamais un fils de femme n'osa me la saisir;
> Ni More ni chrétien, n'en montra le désir,
> Comme au fort de Cabra, il vous advint jadis;
> Moi, quand je pris Cabra, par la barbe vous pris,
> Il ne fut point d'enfant qui n'en prit sa pincée;
> Celle que j'arrachai n'est encor repoussée.

Le roi et les cortès ordonnent le combat. Cette lutte est solennelle pour le poète comme pour ses héros; il y déploie toute sa vigueur, toutes les ressources descriptives de sa jeune langue. Pas n'est besoin de dire que la victoire appartient aux champions du Cid. Ses adversaires vaincus confessent leur traîtrise. Ses filles, demandées en mariage par des fils de rois, montent dans un rang plus illustre, et augmentent la gloire de *celui qui naquit dans une bonne heure.*

Ainsi se termine ce poème, dont le mérite principal est d'avoir créé, ou du moins saisi au berceau de la nation, le type impérissable de l'héroïsme castillan. Le Cid c'est l'Espagne elle-même avec son indomptable courage, son noble orgueil, son dévouement à son honneur, à ses rois, à sa religion. En effet la nation tout entière, comme son héros, passa sa jeunesse dans un éternel combat contre les Mores, dans une victoire de huit cents ans. Peuple grand et magnanime jusque dans ses misères, jusque dans ses opprobres ! C'est en le couvrant de la gloire de leurs conquêtes que Charles-Quint, que Philippe II, lui font accepter leur tyrannie : c'est en servant le sentiment national que le fanatisme y devient populaire : l'Inquisition n'est qu'une forme de son aveugle patriotisme. Le Castillan est catholique par point d'honneur : la croix est son drapeau. Le more, le juif, l'hérétique, c'est le vaincu, c'est l'étranger, c'est l'ennemi. Aussi le grand nom du Cid fut-il toujours l'inspiration principale de sa poésie. Depuis le poète anonyme dont nous parlons jusqu'à Guillen de Castro et à Diamante, l'un le modèle, l'autre le copiste du *Cid* de Corneille, cette gloire nationale ne cesse jamais de recevoir son poétique tribut. Quand les poètes se taisent, et peut-être même avant qu'ils parlent, le peuple se fait poète pour la chanter ; une longue suite de romances populaires, retentissent dans tous les âges, sur tous les points de la Castille, immense et universel concert qui semble le chant de la terre elle-même, toujours nouveau, toujours inépuisable.

Ce n'est qu'au seizième siècle que les Espagnols ont songé à recueillir et à publier l'admirable et unique monument de leur poésie qu'on appelle les *romances*[1] :

---

1. Le plus ancien *Cancionero general*, ou recueil de poésies où se trouvent des *romances*, fut publié par Fernando del Castillo en 1511 ; mais il ne renferme que peu de pièces antérieures au quinzième siècle. La vraie collection des romances anciennes parut pour la première fois en 1550, sous le titre de *Silva de varios romances*. Le recueil le plus complet et le mieux distribué a été publié à Paris en 1838, par E. de Ochoa. Quant au *Romancero* du Cid, édité pour la première fois en 1612, il a eu de nombreuses réimpressions. Il a été traduit et publié en

Mais ce nom même est un indice de leur antiquité. Comme celui de *romans*, que nos aïeux donnèrent aux récits épiques composés en langue vulgaire, il assigne pour date aux premiers poèmes qui le reçurent, l'époque où toute œuvre littéraire et savante s'écrivait encore en latin. Les romances sont pour l'Espagne ce que les chansons de geste ont été pour la France. Il est curieux de voir nos voisins d'outre-monts, après avoir reçu de nos trouvères ou de nos troubadours la forme épique française, dont le vieux *Poème du Cid* porte si évidemment l'empreinte, la changer tout à coup pour une forme nouvelle, due à une autre influence, à un autre génie. Le grand vers de quatorze syllabes perd soudain toute faveur. On ne le trouve plus que dans des poèmes religieux ou savants, tels que *Le livre d'Apollonius, prince de Tyr*, le poème d'*Alexandre*, les *Miracles de la Vierge* : il reste à l'usage exclusif des moines et des clercs, gens de tradition, dont la première patrie est l'Europe catholique du moyen âge, et par conséquent, la France. Même dans leurs ouvrages, le déclin de la forme des chansons de geste se révèle promptement. A la longue strophe monorime, ils substituent bien vite le quatrain, monorime aussi, et s'applaudissent de cette innovation[1] ; ou bien ils adoptent les petits vers rimés de notre seconde saison poétique, ceux de nos romans de la Table ronde et de nos fabliaux. Les chantres populaires, les auteurs anonymes des *romances*, choisissent un mètre particulier, qui n'a rien de commun avec le rythme français. C'est une longue suite de vers de huit syllabes dont les impairs sont sans rimes, et dont les pairs se terminent par la même assonance. Or cette

France par M. Anthony Renal. Une autre traduction sans texte a été donnée par M. Damas-Hinard en 1844, en 2 vol. in-12.

[1]. . . . . Estudiar querria
Componer un romance de *nueva maestria*.

orme, devenue si fréquente et si nationale chez les Castillans, est, s'il faut en croire le savant Conde, une fidèle imitation du mètre narratif et lyrique des Arabes; et on la retrouve dans leurs poèmes composés non seulement avant leur arrivée en Espagne, mais même antérieurement au siècle du Prophète[1]. Un petit détail historique, que nous avons déjà rapporté, nous fait assister, en quelque sorte, à cette transmission entre les Arabes et les Espagnols; le pêcheur de Calcanassor et sa complainte en deux langues, chantée sur le même air, nous montrent les deux poésies assujetties sans doute aux mêmes lois métriques ainsi qu'aux mêmes inflexions musicales.

Les chantres castillans ne s'écartèrent pas moins de la trace des trouvères français dans le choix des sujets que dans celui du rythme. Ils ne connaissent ni le roi *Arthur*, ni le *Saint-Graal*, ni les chevaliers de la *Table ronde*, si fameux dans toute l'Europe[2]. Seule, la gloire de Charlemagne a pu, comme ses armes, franchir les Pyrénées. Encore les auteurs des *romances* n'accueillent le héros français que pour le vaincre à Roncevaux et lui tuer son neveu Roland.

Ici encore nous voyons la *romance* se détacher par degrés de la chanson de geste; l'Espagne, de la France. Les pièces castillanes qui ont pour sujet le cycle carlovingien sont quelquefois d'une remarquable longueur. L'une d'elles n'a pas moins de treize cents vers : et il faut observer que

---

1. Conde, *Dominacion de los Arabes*. I. *Prologo*, p. xviii et p. 169. — Cet auteur s'exprime d'une manière plus décisive encore dans un ouvrage manuscrit cité par Ticknor : « Dans la versification de nos anciennes *romances* et de nos *seguidillas*, nous avons emprunté aux Arabes le *type exact* de leurs vers. — Dès l'enfance de notre poésie, nous avons eu des vers composés suivant le rythme usité par les Arabes avant l'époque du Coran. »

2. Les *romances* ne parlent d'Amadis, de Lancelot du Lac, de Tristan de Léonnais que très rarement, et seulement après que les romans en prose, remplis de leurs aventures, les ont rendues familières à tous.

les plus développées sont généralement les meilleures. Souvent la même assonnance se prolonge pendant une grande partie du poème, et produit, comme dans les œuvres de nos trouvères, l'harmonie grave et solennelle d'un récitatif bien soutenu. Souvent aussi on rencontre dans les collections de *romances* une particularité que Fauriel a remarquée dans nos chansons épiques : c'est que le même fait se trouve reproduit avec de légers changements dans diverses ballades, qui semblent autant d'imitations du même original. On devinerait, à les entendre, ce que des documents positifs nous apprennent, que les plus anciens de ces poèmes ont été recueillis de la bouche du peuple et fixés par l'écriture longtemps après leur composition.

En effet, les *romances* sont la tradition vivante de l'Espagne, la mémoire commune de cette poétique nation : c'est le livre de tous, composé ou plutôt improvisé par tous. Nées dans les vallées de la Sierra Morena, ou sur les bords de la Turia et du Guadalquivir, elles sont chantées encore par les muletiers espagnols comme aux jours de Cervantès, où Don Quichotte les entendit sur la route du Toboso; elles retentissent aujourd'hui dans les rues de Séville, comme alors dans l'hôtellerie solitaire de Montesinos, et vivront probablement aussi longtemps, que la nation qui les a créées conservera son caractère et son indépendance [1].

La matière qu'elles embrassent est des plus vastes. La vie héroïque de l'Espagne s'y reproduit tout entière. Un petit nombre nous parlent de la période des Romains et de celle des Goths : mais à partir du roi Roderic et de l'invasion des Maures elles deviennent nombreuses et riches de détails. Aucun peuple ne possède un pareil trésor de poésie historique. D'abord, apparaît le contemporain de Charlemagne, Bernard del Carpio, né des amours du comte

---

1. Tiknor's *History*, tome I, page 155.

de Saldaña et d'une sœur d'Alphonse le Chaste. Le roi, irrité de la faute de l'Infante, l'enferme dans un monastère, jette le comte dans un cachot et élève l'enfant comme son propre fils. La bravoure du jeune chevalier, sa douleur quand il apprend la captivité de son père, ses prières pour en obtenir la délivrance, ses exploits pour la mériter, la trahison du roi qui ne lui rend que le cadavre de son père, le désespoir et la rébellion de Bernard, forment le sujet d'environ quarante *romances*, dont plusieurs sont pleines d'intérêt et de pathétique.

Le cycle suivant n'en contient guère que vingt : il nous entretient de Fernan Gonzalez, autre nom célèbre en Espagne, brave chef qui au dixième siècle reprit aux Maures la Castille et en fut le premier comte souverain. Viennent ensuite les sept enfants de Lara : leurs aventures sont la matière d'environ trente *romances* dont quelques-unes figurent parmi les plus belles du recueil. Livrés par la trahison de leur oncle entre les mains des Maures et massacrés tous les sept, ces chevaliers trouvent un vengeur dans la personne de leur huitième frère, le jeune et glorieux Mudarra.

Mais la plus populaire de toutes ces renommées, le nom le plus cher aux chanteurs espagnols, c'est Ruy Diaz de Bivar, le *Cid*. On pourrait aisément compter cent soixante *romances* composées à sa gloire. C'est un cycle complet, une biographie poétique qui poursuit le héros dans toutes les circonstances de sa vie. Quelques-unes sont fort anciennes, et portent, plus que toutes les autres compositions du recueil, l'empreinte profonde du génie espagnol. Elles ont en outre, pour nous Français, un intérêt particulier : elles nous présentent, sous la forme naïve d'une composition des premiers âges, le premier germe d'un des chefs-d'œuvre de notre grand siècle. Nous allons donc céder au plaisir d'en transcrire ici quelques fragments. Voici la première et sauvage esquisse de la fameuse scène où Don

Diègue confie à son fils et son affront et sa vengeance :
« *Rodrigue, as-tu du cœur ?* »

Diègue Laïnez pensait
A l'affront fait à sa race
Déjà noble, riche, antique
Avant Ignace et Abarque ;
Et voyant que lui manquaient
Les forces pour la vengeance,
Parce que pour son grand âge,
Lui-même il ne peut la prendre,
Il est au lit sans sommeil
A table sans appétit ;
Il n'ose lever les yeux
Ni sortir de sa demeure,
Ni parler à ses amis,
Dont au contraire il s'éloigne,
Craignant de les offenser
Par le souffle de sa honte.
Étant ainsi combattu
De sentiments honorables
Il fit une expérience
Dont la fin fut favorable.
Il fit appeler ses fils,
Et sans dire une parole,
Leur serra, à l'un, à l'autre,
Leurs nobles et tendres mains....
Et l'honneur prêtant des forces,
En dépit des cheveux blancs,
Au sang glacé de ses veines,
Il les serra de manière
Qu'ils dirent : « Seigneur, assez !
« Que veux-tu ? dans quel dessein ?
Lâche-nous, car tu nous tues. »
Mais quand il vint à Rodrigue,
N'ayant déjà plus d'espoir....
L'infançon, les yeux en flamme,
Et tel qu'un tigre en fureur,
Plein de colère et d'audace,
Lui dit à l'instant ces mots :
« Lâchez, père, à la male heure !
« A la male heure, lâchez !
« Si vous n'étiez pas mon père,
« Vous me payeriez cet affront,
« Et moi-même, de mes mains,
« J'arracherais vos entrailles,

« En me servant de mes doigts
« Au lieu de poignard ou dague. »
Le vieillard, pleurant de joie,
Lui répond : « Fils de mon âme,
« Ta douleur chasse la mienne,
« Ton air indigné me plaît.
« Cette fureur, mon Rodrigue,
« Montre-la dans la rescousse
« De mon honneur qui n'est plus,
« Si ta main ne le regagne. »
Il lui conta son outrage,
Le bénit et puis l'arma
De l'épée avec laquelle
Rodrigue tua le comte,
Et commença ses exploits [1].

La rudesse héroïque des anciens âges n'est pas moins fortement empreinte dans la romance quatrième, où Rodrigue apporte à son vieux père, assis tristement à table, « la tête sanglante de son ennemi qu'il tient par les cheveux »; et la huitième, où Chimène met enfin un terme à ses poursuites, présente un tableau de mœurs des plus piquants.

De Rodrigue de Vibar [2]
Grand renom au loin courait;
Cinq rois il avait vaincus,
Maures de la Maurerie....
A Burgos était le roi
Que Fernand on appelait.
Notre Chimène Gomez,
Devant le bon roi paraît...
A ses pieds s'étant jetée,
Elle lui dit son projet :
« Mon père était don Gomez

---

1. Il faut, en lisant cette pièce, supposer à la fin de chaque second vers une assonance que nous n'avons pu concilier toujours avec l'exactitude extrême dont nous nous sommes fait une loi.
2. Ou Bivar : les Espagnols confondent presque, dans leur prononciation, le *b* avec le *v*; ils méritent la vieille épigramme d'Ausone contre les Gascons :

Felicem populum, vivere cui bibere est!

« Qui dans Gormaz commandait :
« Si Rodrigue l'a tué,
« En brave homme il se battait.
« Je vous demande une grâce;
» Me l'octroyez, s'il vous plaît :
« C'est ce même don Rodrigue
« Que pour mari je voudrais.
« Je me tiendrais bien casée,
« Et bien fière j'en serais.
« Je suis sûre que son bien
« Fera toujours des progrès,
« Qu'un jour il sera plus riche
« Qu'aucun parmi vos sujets.
« Seigneur, une telle grâce,
« A votre prou tournerait.
« Ce serait œuvre pieuse,
« Et je lui pardonnerais
« La mort que souffrit mon père,
« A cela s'il consentait. »
Au roi parut équitable
Ce que Chimène voulait.
Il écrivit à Rodrigue :
De venir il lui disait
A Plaisance, où fut le prince,
Et que l'affaire importait.
Rodrigue qui vit la lettre
Que le roi lui envoyait,
Chevaucha sur Babieça :
Trois cents guerriers le suivaient.
Tous ils étaient hidalgos,
Ceux que Rodrigue menait;
Tous avaient des armes neuves,
Et tous ses couleurs portaient...
Le roi vint à sa rencontre,
Car tendrement il l'aimait :
Et le roi dit à Rodrigue :
« Vous venez; c'est fort bien fait.
« Chimène, fille du comte,
« Pour mari vous demandait.
« Et le meurtre de son père,
« Elle vous pardonnerait:
« Consentez-y, je vous prie;
« Un grand plaisir j'en aurais.
« Je vous ferais bien des grâces,
« Des terres vous donnerais. »
Alors répondit Rodrigue :
« Roi seigneur, cela me plaît,
« Ainsi que toute autre affaire

« Où ta volonté serait. »
Le roi mercia Rodrigue ;
Le mariage fut fait.

C'est ainsi que le chant populaire accompagne tous les grands hommes, tous les grands faits de l'Espagne à travers les siècles, depuis les Romains et les Goths, jusqu'à la découverte de l'Amérique et la conquête du Pérou. Sans doute cette chronique chantée ne mérite pas toujours une confiance entière pour les événements qu'elle nous transmet. Mais les idées, les mœurs, la vie morale de la nation y sont reproduites plus fidèlement que dans toute autre histoire. En ce sens, Sancho-Pança a parfaitement raison : « Les *romances* sont trop vieilles pour mentir. »

Si le caractère de loyauté guerrière est profondément empreint dans le poème du *Cid* et dans les *romances*, un autre trait distinctif de la nation espagnole se manifeste dans les œuvres du plus ancien de ses poètes connus.

Gonzalo de Berceo, qui mourut vers 1268, a composé des poésies sacrées, de pieuses légendes, où se peignent tour à tour la naïve crédulité et la religion toute extérieure, toute matérielle de ses compatriotes. Gonzalo chante tantôt la vie du glorieux confesseur saint Dominique de Silos, et celle de saint Millan, né à Berceo comme lui ; tantôt les miracles et les douleurs de la Vierge, ou le sacrifice de la messe, ou le martyre de saint Laurent.

Ce poète contemple le monde d'un point de vue tout monacal ; sa pensée ne va guère plus loin que les murs de son cloître. Il en résulte un certain effet qui ne laisse pas d'être poétique. La nature se transforme pour ainsi dire à ses yeux : le merveilleux seul vit et s'anime : le jour qui éclaire ses poèmes semble passer par les vitraux coloriés de son église.

C'est une heureuse idée que de faire raconter la passion du Christ par sa glorieuse mère [1] et les paroles que lui prête l'écrivain ne sont pas toujours indignes de cette fiction [2]. Il est remarquable que, chez le poète espagnol, les auteurs du supplice infligé au Christ ce ne sont plus seulement les Juifs, mais aussi les Mores.

Le caractère national perce encore dans l'énergie un peu féroce où se complaît le poète, comme feront plus tard les peintres espagnols. Il affectionne les tourments et les martyres. Ses plus belles stances sont celles où il décrit le jugement dernier. Nous en traduisons quelques-unes.

> Dans le septième jour, sera presse mortelle,
> Les roches ébranlées auront combat entre elles;
> Elles se heurteront comme troupes cruelles
> Et resteront broyées menu comme du sel.
>
> Les hommes effrayés, pleins d'une angoisse amère,
> En voyant éclater ces signes de colère,
> Chercheront à se mettre en quelque étroit repaire
> Et diront aux montagnes : « Cachez-nous sous la terre..

---

1. Si l'épopée du *Cid* et les autres longs poèmes que nous avons déjà nommés laissaient quelques doutes sur l'influence qu'exerçaient alors les trouvères français en Espagne, le désir un peu jaloux d'imiter nos poètes se trahirait assez dans une strophe singulière de Gonzalo. Le poète introduit un moine qui prie la Vierge de raconter elle-même ses douleurs; il ajoute :

> Sabran maiores nuevas de la tu alabancia
> Que non renuncian todos los maestros de Francia.

« On saura plus de choses à ta louange que n'en racontent tous les chantres de la France ».

2. Elles le sont quelquefois. Par exemple : la Vierge, importunée par les supplications du saint moine, se décide à l'exaucer pour se débarrasser de lui :

> Disso santa Maria : pensemos de tornar :
> Non quiere esti monge darnos ningun vagar.

Sainte Marie dit : « Pensons à y aller : ce moine ne veut pas nous laisser tranquille. »

> Nul le douzième jour, n'osera contempler ;
> On verra dans le ciel grandes flammes voler ;
> On verra les étoiles, de leurs voûtes tomber
> Comme tombent l'hiver les feuilles du figuier.

Les deux inspirations, l'une guerrière, l'autre monacale, qui animent les premiers chants des poètes espagnols, ne sont pas répandues au hasard sur toute la partie chrétienne de la Presqu'île ; elles se circonscrivent l'une et l'autre dans des limites déterminées : elles ont leurs zones géographiques, comme les plantes. Vers la Catalogne, vers Valence, sur le territoire contesté entres les Maures et les chrétiens, retentissent les chants de guerre : à Calahorra, à Astorga, en deçà du bruit des armes, à l'ombre des couvents qui s'élèvent sur le sol reconquis et s'avancent avec la victoire, on voit naître les poèmes sur les sujets religieux ou classiques, et les imitations moins nationales de nos derniers trouvères. Enfin à la cour des rois et des princes d'Aragon et de Castille fleurissent les chants lyriques empruntés aux troubadours.

Ainsi un prêtre de Léon, Juan Lorenzo Segura, écrit vers la fin du XIIIe siècle un poème sur *Alexandre*, avec le cortège d'anachronismes qui accompagne partout ce héros de la légende. Les poèmes moraux et allégoriques détrônent, comme en France, les grandes chansons de geste. Nous rencontrons, au XIVe siècle, la célèbre *Danse des morts*, dont la terrible sarabande parcourt alors toute l'Europe. Un archiprêtre de Hita, Juan Ruiz, semble à la fois l'héritier de Rutebeuf et le devancier de Rabelais. Il écrivait en 1330 et 1350. Ses œuvres, bizarre mélange de dévotion et d'immoralité, sont composées de récits et d'anecdotes personnelles, mêlées de fictions et d'allégories. On y rencontre des fables et des contes, empruntés à nos fabliaux, entre autres le burlesque *Combat du Carnaval et du Carême*, associé de la manière la plus étrange aux aventures d'une certaine aïeule de *Mīcette*, que l'archiprêtre appelle audacieusement *Trotte-couvent*.

A l'imitation de nos trouvères Ruiz unit encore celle de nos troubadours : une portion de son récit est entrecoupé de chansons pastorales à la manière des Provençaux, et qu'il appelle Chants de la montagne, *Cantigas de la Serrana*.

Rabelais prenait soin de nous avertir « de ne pas juger trop légèrement, n'être, au dedans de son livre, traité, que moqueries, folâtreries et menteries joyeuses... La drogue dedans contenue, disait-il, est de bien autre valeur que ne promettait la boîte. » Et là dessus il nous rappelait l'exemple du chien, la bête du monde la plus philosophe, rencontrant quelque os médullaire, qu'il brise et suce pour en tirer la moelle. Don Ruiz a la même prétention pour son bizarre poème : « Gardez-vous, dit-il, de tenir ceci pour un livre frivole et menteur ; ne croyez pas qu'il ne parle que de bagatelles. De même que de beaux deniers se cachent en un cuir vil, ainsi une œuvre badine peut recéler beau savoir. La graine *axenus*, extérieurement plus noire que marmite, est à l'intérieur plus blanche que l'hermine : un vil roseau recèle le sucre ; sur une branche épineuse s'épanouit la noble fleur de la rose. »

Les roses de Don Ruiz sont loin d'être sans épines. On peut juger par le morceau suivant de l'aspérité et de l'audace de ses satires.

Grand est le pouvoir de l'argent : d'un fripon il fait un homme de bien, d'un malotru un homme d'importance. Il fait courir le boiteux, parler le muet. Le manchot est capable de trouver des mains pour palper de l'argent. D'un rustre, il fait un duc ; d'un ignorant, un sage.

Le mérite se mesure à la rondeur de la bourse. Où est l'argent, là est la noblesse : qui manque d'argent ne s'appartient pas à lui-même. Avec de l'argent vous trouverez consolations, joies, plaisirs : vous obtiendrez l'oraison du pape, vous achèterez le paradis, vous gagnerez le salut.

J'ai vu en cour de Rome, ce chef-lieu de la sainteté, que chacun s'inclinait fort bas devant l'argent. A lui les pompes, les honneurs.

Devant l'argent, chacun courbait son front comme devant la majesté souveraine.

L'argent changeait la vérité en mensonge, le mensonge en vérité Il créait abbés, prieurs, évêques et archevêques. A bien des ignares il donnait des dignités. L'argent tenait lieu d'examen : au pauvre, on objectait son ignorance....

L'argent est alcade, il est juge honoré, alguazil et procureur, avocat subtil et conseiller sévère. Il s'entend à remplir tous les offices. Tout ici-bas se fait par ou pour de l'argent. C'est le grand magicien qui transforme la face du monde.

La satire de l'archiprêtre n'est que plus piquante, lorsqu'elle prend la forme de l'anecdote.

Certain larron, voulant se mettre en sûreté du côté de la justice humaine, signe un pacte avec le diable, qui lui promet son assistance. Armé de cet appui, mons larron va droit chez un juif, et s'empare d'or à foison. Il est pris et mis aux fers. Aussitôt d'appeler son ami, l'auteur du mauvais conseil. « Me voici, répond le diable : n'aie pas peur, demeure tranquille. Tu ne mourras pas de ce coup. Quand tu seras conduit devant le tribunal, prends à part l'alcade, confère avec lui, et mettant la main dans ton sein, offre-lui ce que tu y trouveras. Je réponds de ton salut.

Quelques jours après, les prisonniers sont conduits devant le juge : notre voleur s'approche doucement de l'alcade, et mettant la main dans son sein, il en tire une coupe d'or d'une valeur inestimable et lui en fait présent. « Messieurs, dit aussitôt le juge, cet homme a été arrêté mal à propos ; je le tiens pour innocent. Prévôt, qu'on le mette sur-le-champ en liberté. »

Une fois hors de prison notre larron exerça longtemps sa coupable industrie. Mainte fois arrêté, il échappait toujours avec des présents. Mais le diable finit par se lasser, et un jour que le larron, étant pris, faisait appel à son méchant ami : « Pourquoi, lui dit le malin, m'appeler à tout propos ? Que crains-tu ? compte sur moi : use du même procédé : demain tu seras libre. »

Mons larron prend l'alcade à part, selon qu'il avait accoutumé, met la main dans son sein... et en tire un triste cadeau, une corde longue d'une aune qu'il présente à son juge. « A la potence ! crie aussitôt le digne magistrat. »

Ce ton moqueur et plaisant ne règne pas seul dans l'œuvre de l'archiprêtre de Hita. Quelquefois, comme dans ses vers sur la mort, son langage est solennel et même attendri. Ailleurs, comme dans ses hymnes à la Vierge, il respire le souffle le plus pur de la dévotion catholique. Cet incroyable mélange donne au livre de Don Ruiz un originalité bizarre, qui ne laisse pas de prouver, à défaut de goût, une grande souplesse de talent et de style.

CHAPITRE III

LITTÉRATURE DE COUR

Poésie imitée des troubadours français. — Préludes de la Renaissance.

La période d'érudition et d'allégorie, qui signale partout, au moyen âge, la fin de la poésie héroïque, fut pleine d'éclat en Espagne. Les poètes y furent presque tous rois et seigneurs. A la différence de nos barons du Nord, les princes de l'Espagne pensaient et disaient noblement que « le savoir n'émousse pas la pointe de la lance, et n'affaiblit point le bras qui manie l'épée du chevalier [1] ». Le roi Alphonse X donna le signal (1221-1284). Ce prince surnommé le Sage, c'est-à-dire le savant, écrivit un poème sur la pierre philosophale. Tandis qu'il traçait les

---

1. Expressions du marquis de Santillane dans l'*Introduction aux proverbes*, Anvers, 1552, page 150.

fameuses tables astronomiques surnommées *Alfonsines*, il faisait traduire la Bible en castillan et introduisait la langue castillane dans tous les actes judiciaires et dans les écritures publiques. Il commanda et probablement rédigea en partie lui-même la première des chroniques en prose dont nous parlerons tout à l'heure. Enfin continuant les travaux législatifs de saint Ferdinand, son père, il laissa dans le code qu'il appela d'abord *El Setenario*, et qu'on nomme aujourd'hui *Les sept parties* (*Las siete partidas*), un monument qui fait encore autorité dans les deux mondes.

Cet ouvrage n'est pas seulement une collection de lois, c'est encore une série de traités sur la législation, la religion, la morale. C'est une composition philosophique qui se propose de convaincre non moins que de commander. Le royal auteur nous rappelle parfois le législateur de Platon, parfois les *Capitulaires* où Charlemagne prêche à ses durs Germains la morale évangélique.

Le passage suivant nous donnera une idée du style et des opinions d'Alphonse X. A lire le portrait que le roi trace d'un tyran, on croit entendre un profond moraliste plus encore qu'un législateur.

Un tyran, c'est un maître cruel qui, par force, par ruse ou par trahison, s'est emparé du pouvoir dans un royaume ou un pays quel qu'il soit; et telle est la nature de ces hommes, qu'une fois devenus forts dans le pays, ils aiment mieux travailler à leur profit, quoiqu'au détriment du pays, qu'au profit de tous; car ils vivent dans une crainte continuelle de perdre leur pouvoir. Et pour accomplir leur projet librement, les sages d'autrefois ont dit qu'ils usent de leur puissance contre le peuple de trois manières. La première est qu'ils s'efforcent de maintenir leurs sujets dans l'ignorance et dans la crainte, parce qu'en cet état, ils n'auront pas l'audace de résister à leurs volontés; la seconde est qu'ils les empêchent d'être affectueux et unis entre eux, de sorte qu'ils n'aient point de confiance les uns pour les autres : car tant qu'ils vivront désunis, ils n'oseront parler contre leur maître, de peur que les autres ne leur gardent point foi et secret; et la troisième manière, c'est qu'ils tâchent de les appauvrir, et de les engager dans des entreprises considérables, qu'ils ne peuvent jamais finir, en sorte qu'ils aient tant de mal, qu'il ne leur vienne jamais à la pensée de rien projeter contre celui qui les gouverne. Surtout les tyrans ont toujours fait leurs efforts pour dépouiller les puissants et détruire les sages.. Ils confient leur conseil et a garde de leur personne à des étrangers qui les servent de bon gré, plutôt qu'à ceux du pays qui servent par contrainte. Nous pouvons dire de plus que bien qu'un homme ait obtenu la souveraineté dans un royaume par une des voies légitimes dont nous avons parlé dans les lois précédentes, cependant, s'il use mal de son pouvoir, par les moyens dont nous parlons dans cette loi, on peut encore l'appeler tyran; car il change sa domination légitime en illégitime, comme Aristote l'a dit dans le livre qui traite de la règle et du gouvernement des royaumes[1]. »

On admire davantage encore la mâle vigueur de ce style, quand on songe qu'Alphonse écrivait vingt ans seulement après Berceo, le plus ancien des poètes connus de l'Espagne, et que pendant les deux ou trois siècles suivants, on ne peut citer aucun ouvrage de prose qui surpasse en pureté ou en élévation les *Siete partidas* du royal écrivain.

Son neveu, Juan Manuel (1282-1347), brave chevalier, prince turbulent et avide du pouvoir, dont toute la vie fut une longue suite de victoires sur les Maures, de révoltes et d'intrigues à main armée, eut aussi l'ambition d'être un écrivain. De douze ouvrages qu'il avait composés, transcrits en un magnifique volume et légués avec une inquiète prévoyance au monastère de Peñafiel, un petit nombre se sont conservés jusqu'à nous, un seul avait été livré à l'impression jusqu'à ces dernières années : c'est aussi le plus remarquable au point de vue littéraire. *Le comte Lucanor*[2], tel est le titre que lui a donné l'auteur, est une série de quarante-neuf nouvelles ou apologues, racontés avec une naïveté un peu verbeuse, et réunis par une fiction des plus simples qui leur sert de lien ; cette collection

---

1. Partida II, titulo I, ley 10.
2. Le *comte Lucanor* a été traduit pour la première fois en français par M. A. de Puibusque. Les autres ouvrages de Juan Manuel qui viennent de revoir la lumière, grâce à M. Gayangos, sont : le *Livre de l'Infant*, conseils à son fils Fernand; le *Livre du chevalier et de l'écuyer*, et le *Livre des États*.

rappelle, sans les égaler, les contes orientaux des *Mille et une nuits*, et les spirituels récits de nos fabliaux[1]. Le Boccace de l'Espagne est loin de valoir son contemporain d'Italie.

Au reste le but de Juan Manuel était bien différent de celui du conteur florentin. Le *Decamerone* est le jeu d'un homme d'esprit, mais de mœurs peu sévères, qui songe à plaire plus qu'à instruire : *Le comte Lucanor* est l'ouvrage d'un homme d'État, qui, sous forme d'apologues, veut donner des leçons de sagesse pratique à une nation grave et sérieuse[2]. L'auteur suppose donc qu'un sage conseiller, qu'il nomme Patronio, consulté par son maître, le comte souverain Lucanor, lui fait à chaque question une prudente réponse, dont l'application trop directe est un peu adoucie par la fiction qui l'enveloppe.

Voici la traduction d'un de ces récits.

Le comte Lucanor s'entretenait un jour comme il suit avec Patronio, son conseiller : « Patronio, lui dit-il, vous savez bien que je ne suis plus très jeune, et vous n'ignorez pas que j'ai eu beaucoup de soucis et de peines dans ma vie : eh bien ! je vous avoue que je voudrais maintenant me donner du bon temps, chasser à loisir, sans plus me soucier de travaux ni de fatigues ; et, comme je sais que vous me donnerez toujours le meilleur conseil, dites-moi, je vous prie, ce qu'il vous semble que je dois faire.

— Seigneur comte, répondit Patronio, puisque vous demandez un avis raisonnable, je voudrais qu'il vous plût d'entendre ce que Fernand Gonzalez répondit un jour à Nuño Laïnez.

— Volontiers, dit le comte. »

Et Patronio poursuivit ainsi :

« Le comte Fernand Gonzalez était à Burgos, et il avait fait de grands efforts pour défendre sa terre ; une fois qu'il se trouvait un peu plus en repos, Nuño Laïnez lui dit qu'il serait à propos qu'il évitât désormais de

1. Les récents travaux de MM. Guyangos et Amador de los Rios en Espagne et de M. Baret en France (*Histoire de la littérature espagnole*, 1863), ont mis en lumière l'origine indienne des apologues de Juan Manuel et montré dans le *Panicha-Tantra* la source commune d'un grand nombre de contes du moyen âge.
2. Sismondi, *Littérature du midi de l'Europe*, tome III, page 210.

se mettre en si grande peine, lui conseillant de s'éjouir, et de laisser s'éjouir ses gens. — Autant qu'à homme du monde me plairait, répondit le comte, de me donner congé et liesse; mais Nuño Laínez savait bien qu'il avait guerre avec les Maures, avec les Léonais et ceux de Navarre. Si je songeais à mener grand'joie, mes ennemis se tourneraient bientôt contre moi. Si nous voulions aller à la chasse avec de bons faucons, chevaucher par tout le pays d'Arlanza sur de bonnes mules grasses, bien nous le pourrions faire, mais il arriverait ce que dit le proverbe : *L'homme mourut, et sa renommée avec lui.* Mais si nous voulons n'avoir nul souci de bien vivre, faire beaucoup pour nous défendre, et porter haut notre honneur, on dira de nous, après notre mort : *L'homme mourut, mais non sa renommée.* Puisqu'un jour nous devons passer de vie à trépas, bons ou mauvais, m'est avis qu'il ne serait pas bien que l'amour du repos nous empêchât d'agir de telle sorte qu'après notre mort survive à jamais la renommée de nos actions.

« Et vous, seigneur comte Lucanor, qui savez aussi qu'il vous faudra mourir, si vous écoutez mon conseil, l'amour du plaisir et du repos ne vous empêchera jamais de faire telles choses qui, après votre mort, fassent durer à jamais votre nom. »

Le comte goûta beaucoup ce conseil; il le suivit et s'en trouva bien. Don Juan Manuel, estimant aussi que la leçon était utile à retenir, la fit écrire dans ce livre, et composa des vers qui disent ceci :

« Bien peu dure la vie; si par la mollesse et le plaisir nous perdons bonne renommée, nous serons exposés à l'injure. »

On le voit, cet apologue est le contrepied de celui de Pyrrhus et Cinéas, dont Rabelais a fait Picrochole et Échéphron[1]. Juan Manuel a bien moins d'esprit, de verve et d'entrain que l'auteur de *Gargantua*; mais on s'aperçoit à la tendance héroïque de sa morale qu'il écrit dans un autre siècle et pour d'autres lecteurs.

C'est surtout pendant le règne de Juan II (1405-1454) que s'établit en Espagne le goût de la poésie brillante et légère à laquelle les troubadours ont attaché leur nom, et qui domine, vers la fin du moyen âge, dans toutes les cours de l'Europe. « Ce roi lui-même, dit son chroniqueur, aimait la musique, jouait des instruments, chantait et faisait des vers ». « Il lisait bien, dit son médecin Perez de Gusman, aimait les livres et les histoires, se plaisait à

---

1. Rabelais, livre I, chapitre XXXIII. — Boileau, épître I, vers 61.

entendre des vers ingénieux, et savait reconnaître ceux qui n'étaient pas bons. »

S'il eût possédé en effet ce dernier talent, il aurait eu de quoi l'exercer autour de lui. Rien de plus froidement recherché que la plupart des poésies faites pour amuser les loisirs du faible roi gouverné par son connétable. L'âme manque à ces vers comme l'énergie à ce règne. Ce ne sont que jeux d'esprit, que lieux communs d'amour, que frivoles combinaisons des ornements du langage. Le premier personnage du royaume, Henri, marquis de Villena, entreprit d'établir en Castille une académie du gai savoir. Il rédigea un art poétique (*Arte de Trobar*)[1], pour familiariser ses compatriotes avec la *science* des troubadours. Issu, par son père, de la famille royale d'Aragon, et par sa mère de celle de Castille, chef et protecteur de l'académie provençale de Barcelone, fondée directement par celle des jeux floraux de Toulouse, il semblait appelé par sa naissance à introduire chez les Castillans les jeux brillants de la gaie science. Son ami, son disciple, le marquis de Santillane (Iñigo Lopez de Mendoza), le premier historien de la poésie espagnole[2], en fut aussi le zélé promoteur. A l'imitation des Provençaux il joint celle des anciens auteurs toscans. Il introduit le sonnet en Espagne; il cite comme ses modèles Cavalcante, Guido d'Ascoli, Dante et surtout Pétrarque. Il emploie la vieille octave italienne usitée dans Boccace (*Filostrato*).

Cette première tentative de culture étrangère ne féconda point la poésie castillane. Les fruits qu'elle produisit diffè-

1. Il ne nous en reste qu'une maigre analyse avec quelques extraits qu'on trouve dans les *Origines de la lengua española* de Mayans y Siscar, tome II, page 321.

2. Sa lettre au connétable de Portugal, sur la poésie et les poètes espagnols ses prédécesseurs et ses contemporains, est un monument précieux pour l'histoire littéraire. On la trouve dans le premier volume de la collection de Sanchez: *Colleccion de poesias castellanas anteriores al seglo xv*, Madrid, 1729-1790, 4 *vol. in-*8.

rent peu de ceux que nous ont offerts nos troubadours de France. C'est la même subtilité, la même recherche dans les idées, souvent aussi la même élégance de forme. Rien de nouveau, d'original, de profondément senti dans toute cette poésie de palais. En vain se multiplient les poètes et les vers; en vain, à l'imitation du roi, les seigneurs espagnols forment autour d'eux de petites cours, où le bel esprit est une mode et le gai savoir un titre de faveur : la vraie poésie c'est l'émotion de l'âme; tout l'art du monde n'y saurait suppléer.

Un curieux recueil nous met à même d'apprécier facilement toute cette littérature. L'un des secrétaires particuliers de Juan II, Juan Alfonso de Baena, juif converti et fort lettré, fit vers 1449, pour amuser le roi et ses courtisans, une ample collection de toutes les pièces qu'on admirait le plus alors[1]. Son exemple fut suivi : divers recueils du même genre furent composés vers la même époque. Tous sont du même goût, tous nous présentent les mêmes poètes, et souvent les mêmes œuvres. Ce sont pour la plupart des vers d'amour, quelquefois ingénieux, presque toujours vagues et subtils. On en pourra juger par la *canción* suivante du poète Cartagena, l'une des plus remarquables en son genre, par ses qualités et par ses brillants défauts.

> Je naquis, ne sais pourquoi ;
> Car tel sort vint me poursuivre
> Que Mourir ne veut de moi,
> Et moi, je ne veux pas Vivre.

---

1. On peut lire une description très détaillée du *Cancionero de Baena* et du manuscrit qu'en possède la Bibliothèque nationale de Paris, dans l'*Histoire comparée des littératures espagnole et française*, par M. A. de Puibusque, Tome I, page 393.

Le *Cancionero general*, imprimé par Fernando de Castillo, parut pour la première fois en 1511 : huit éditions de cet ouvrage se succédèrent en moins de trente ans. Enfin, on en donna deux autres à Anvers, en 1557 et 1573.

Tant qu'aurai vie ici bas,
Je ferai juste querelle
A la Mort qui ne veut pas
De moi, qui pourtant veux d'elle.

Nulle fin à mon tourment;
Car si la Mort m'est ravie,
C'est qu'elle a vu clairement
Qu'elle était pour moi la Vie.

Non sé para qué nascí
Pues en tal estremo estó.
Que el Morir no quiere á mi,
Y el Vivir no quiero yo.

Todo el tiempo que viviere,
Teare muy justa querella
De la Muerte, pues no quiere
A mi, queriendo yo á ella.

Qu fin espero daquí,
Pues la Muerte me negó,
Pues que claramente vió
Qu'era Vida para mi.

Les plus nobles seigneurs de la cour de Juan II, le roi lui-même, son fils le prince Henri, plus tard Henri IV, le connétable Alvaro de Luna, les comtes de Haro, de Placencia, les ducs d'Alva, d'Albuquerque, de Medina Sidonia et d'autres non moins illustres se plaisaient à écrire de pareils vers. Ceux qui ne pouvaient en *trouver* eux-mêmes, en faisaient composer sous leur nom. C'était des chansons pour leurs dames, ou des énigmes en vers (*preguntas*) auxquelles on répondait dans le même langage, ou encore des devises chevaleresques (*invenciones*) composées chacune par celui qui devait la porter. Souvent la veille d'un tournoi, d'une de ces passes d'armes si fréquentes et si splendides sous Juan II et Henri IV, les comtes et barons tiraient au sort l'emblème qui devait orner leurs armes, et composaient en vers une exergue pour l'expliquer. L'un d'eux avait pour emblème une corde à puits garnie de ses deux seaux, et inscrivait pour devise :

> L'un est plein, c'est la souffrance :
> L'autre est vide, c'est l'espoir.

Un autre tirait pour emblème un papillon, et disait :

> Insecte au vol incertain,
> Tu péris sur la chandelle.
> Las! pareil est mon destin!
> Pris par l'éclat de ma belle,
> Mon cœur toujours trop fidèle
> Se brûle en s'approchant d'elle.

Au roi Juan le sort donnait pour emblème une grille de prison, et le roi poète *trouvait* les vers suivants :

> Prison et douleur profonde,
> Tout doit être supporté,
> Pour l'amour de la beauté
> La plus parfaite du monde.

Pour relever la fadeur de cette poésie de confiseurs, les poètes de cour ne trouvèrent rien de mieux que le pédantisme. Quelquefois leur subtilité rappelle les disputes de l'école, et les abstractions arides de nos moralités. Ils font dialoguer longuement le Sentiment et la Science, la Raison et la Pensée, l'Affliction et l'Espérance[1]. Pour déplorer la mort d'un noble seigneur (le marquis de Santillane), l'un d'eux[2] amène les sept vertus cardinales, qui prennent tour à tour la parole dans un poème de douze cents vers. S'ils admirent les poètes italiens, s'ils cherchent à les imiter, c'est dans l'érudition, dans l'allégorie qui attriste cer-

---

1. Poèmes du vicomte Altamira, de Diego Lopez de Haro, de Hernan Mexia, de Costana, dans le *Cancionero general* de Castillo.
2. Gomez Manrique, neveu du marquis.

taines parties de leurs ouvrages. Le marquis de Santillane lui-même reproduit dans diverses compositions[1] quelques idées de l'*Enfer* et du *Purgatoire* de Dante. Il lui emprunte jusqu'au titre de son poème immortel, en l'affaiblissant par un diminutif modeste, dans sa *Comedietta de Ponza*. On y voit figurer la Fortune en compagnie de trois reines espagnoles et du conteur Boccace, dont le nom seul révèle la préoccupation littéraire de l'auteur.

L'écrivain le plus célèbre de cette cour, Juan de Mena, espèce de poète-lauréat de l'époque, qui chante tous les évènements du règne, et dont le *Cancionero* recueille religieusement tous les vers, exprime en lui cette double tendance de la littérature espagnole placée entre le déclin du moyen âge français et l'aurore de la Renaissance italienne. D'un côté il écrit un long et ennuyeux poème de huit cents vers sur les sept péchés capitaux, mortelle allégorie qui a pour sujet la guerre entre la Raison et la Volonté de l'homme ; de l'autre il imite deux fois l'épopée dantesque, mais avec peu de goût. D'abord, qui le croirait? dans le voyage que l'auteur fait au Parnasse pour assister au couronnement de Santillane (*Coronation*), Mena trouve sur la route une forêt obscure, puis une région de douleur, où les crimes sont punis, et une contrée bienheureuse, demeure des gens de bien. Le *Labyrinthe*, un autre de ses poèmes, accuse d'une façon plus évidente encore l'intention d'imiter le grand poème toscan. Il s'agit encore d'une vision, d'une femme couronnée de fleurs, qui joue le rôle de Béatrice, mais qui, chez Mena, n'est que la Providence. Puis nous apercevons trois cercles du Destin figurant le Passé, le Présent et l'Avenir. L'action se passe comme celle du *Paradis*, dans les corps célestes : Mercure, Vénus, le Soleil, Mars, Jupiter, Saturne. Là se déroule l'histoire de l'Humanité, qui donne lieu quelque-

---

1. Sur la *mort de Villena; Couronnement de Jordi*.

fois à des épisodes dont l'inspiration est vraiment poétique, comme la mort du comte de Niebla, et celle de Lorenzo Davalos[1]. Mais quelques nobles élans, quelques effusions patriotiques ne rachètent pas chez « l'Ennius espagnol » la froideur d'une action que l'allégorie vient sans cesse amortir. Cette œuvre, composée de trois cents stances, est partagée en sept ordres (*ordenes*) en l'honneur des sept planètes. Le roi Juan, non moins ami des nombres symboliques, voulait que son poète ajoutât au *Labyrinthe* soixante-cinq strophes nouvelles, pour égaler ainsi le chiffre des jours de l'année. Le prince faisait tort aux années bissextiles.

Au milieu de cette littérature vouée presque tout entière à l'affectation et au pédantisme, on trouve de loin en loin de gracieuses idées, des fantaisies agréables; on y rencontre même un poème d'un véritable talent : nous voulons parler des couplets (*coplas*) du comte Jorge Manrique, sur la mort de son père. Sentiment vrai, imagination rêveuse, élégante versification, tout se réunit pour faire de ces quarante-deux stances un des monuments les plus précieux de la vieille poésie espagnole. Lope de Vega disait qu'elles méritent d'être écrites en lettres d'or. L'auteur y expose la rapidité de la vie, la dure nécessité de la mort, il regrette les nobles princes, les gracieuses dames qu'il a vues briller autrefois à la cour, et termine par l'éloge de son père, vertueux et intrépide chevalier qui, comme tant d'autres, ne vit plus que dans son souvenir. Un bon nombre des strophes de ce poème sembleraient aujourd'hui des lieux communs un peu usés; mais, au milieu d'une littérature pleine d'affectation, rien n'était plus nouveau qu'un langage à la fois élégant et simple, exprimant des idées justes et sérieuses. Voici la première de ces stances :

---

[1]. Orden de Marte, coplas 160... y 201...

Réveillez votre âme assoupie,
Ranimez votre esprit qui dort,
  Pour contempler
Comme à grands pas s'enfuit la vie,
Comme à pas muets vient la mort
  Nous accabler;

Comme le vain plaisir s'envole,
Comme dans notre cœur blasé
  Naît la douleur;
Comme à notre penser frivole,
Toujours le temps déjà passé
  Fut le meilleur [1].

Recuerde el alma adormida
Avive el seso y despierte
  Contemplando
Como se pasa la vida
Como se viene la muerte
  Tan callando;

Cuan presto se va el placer
Como despues de acordado
  Da dolor,
Como a nuestro parecer
Cualquiera tiempo pasado
  Fué mejor.

Les stances où Jorge Manrique se rappelle l'éclat d'une cour désormais éteinte, sont peut-être les meilleures de toutes. Dans l'original elles font souvenir sans trop de désavantage des vers de notre Villon sur les Dames du temps passé : « *Mais où sont les neiges d'antan* [2] ? »

Qu'est devenu Juan de Castille?
Les braves infants d'Aragon,
  Où donc sont-ils?
Où sont ces rois, noble famille,
De sang si fier, de cœur si bon,
  D'esprits subtils?

---

1. Ici, comme ailleurs, nous avons reproduit avec une fidélité servile non seulement tous les mots du texte, mais encore la coupe et l'entrelacement des vers. Nous espérons qu'on nous pardonnera cet arrangement un peu extraordinaire pour des oreilles françaises.

2. Voyez notre *Histoire de la littérature française*, p. 225.

Joutes, tournois, combats sans trêves,
Fourrures, manteaux éclatants,
　　Brillants cimiers,
Qu'étaient-ils, sinon de vains rêves,
Des fleurs que sème le printemps,
　　Sur les sentiers?

Où sont, hélas! ces belles dames?
Cheveux tressés, douces odeurs,
　　Longs vêtements?
Où sont les amoureuses flammes
Qui jadis dévoraient les cœurs
　　De leurs amants?

Adieu les chants, noble *science!*
Les luths qu'en un savant accord
　　Leurs doigts sonnaient :
Adieu les vers, adieu la danse,
Adieu les tissus brochés d'or
　　Qu'elles traînaient.

　　¿ Qué se hizo el rey Don Juan?
　　¿ Los infantes de Aragon
　　　　Qué se hicieron?
　　¿ Qué fué de tanto galan?
　　¿ Que fué de tanta invencion
　　　　Como trujeron?

　　¿ Las justas y los torneos
　　　　Paramentos, bordaduras
　　　　　　Y. cimieras
　　　　Fueron sino devaneos?
　　¿ Qué fueron sino verduras
　　　　De las eras?

　　¿ Qué se hicieron las damas
　　　　Sus tocados, sus vestidos
　　　　　　Sus olores?
　　¿ Qué se hicieron les llamas
　　　　De los fuegos incendidos
　　　　　　De amadores?

　　¿ Qué se hizo aquel trovar
　　　　Las musicas acordadas
　　　　　　Que tañian?
　　¿ Qué se hizo aquel dançar,
　　　　Aquellas ropas chapadas
　　　　　　Que trayan?

Au milieu des tâtonnements du talent et des erreurs du goût, l'Espagne s'éclairait peu à peu des premières lueurs de la Renaissance. L'université de Salamanque fondée en 1254 par Alphonse le Sage était à la vérité peu prospère, mais de nombreux étudiants espagnols allaient chercher la science en France et en Italie. L'un d'eux, Antonio de Lebrija, rapporta de Bologne le goût et l'exemple des solides études classiques, et contribua puissamment à les propager par son enseignement et ses ouvrages. Ximenès fonda en 1499 une nouvelle université à Alcala de Hénarès. Les princes, les reines même se laissèrent gagner à cette noble mode du savoir antique. La reine Isabelle lisait et traduisait les discours de Cicéron. Jeanne sa fille, qui fut mère de Charles-Quint, répondait sur-le-champ en latin aux harangues qui lui étaient adressées. La jeune noblesse se pressait aux leçons des maîtres italiens appelés par Isabelle. Quelques-uns d'entre eux, et des plus illustres par leur naissance, Don Gutierre de Tolède, fils du duc d'Albe, don Fernandez de Velasco, depuis connétable de Castille, don Alphonse Manrique, fils du comte de Paredès, ne dédaignèrent pas d'occuper eux-mêmes des chaires de grec et de latin aux universités de Salamanque et d'Alcala. Alors se multiplièrent les traductions des anciens : on put lire en castillan César, Appien, Plutarque, Plaute, Salluste, Justin, Apulée, Hérodien. C'est ainsi que l'Espagne préludait par des travaux d'une érudition modeste à l'épanouissement de son imagination et à l'âge de son génie poétique.

CHAPITRE IV

LES CHRONIQUES

Alphonse X. — Ayala. — Le *Passage honorable*. — Don Quichotte dans la vie réelle.

Il est un genre de composition où les courtisans et les princes espagnols de l'époque qui nous occupe obtinrent un succès plus constant que dans la poésie, je veux parler des chroniques. Ici la gravité du sujet et le contact des choses réelles ne permirent pas aux écrivains de s'abandonner à de vains jeux d'esprit. Les événements qu'ils racontaient introduisirent nécessairement dans leurs ouvrages le sentiment national qu'avait dédaigné la poésie de cour. Les chroniques s'inspirèrent des chansons de geste et les continuèrent.

Les chroniques espagnoles sont un des monuments les plus curieux que puisse offrir une littérature. Nul autre ne révèle mieux le passage que franchit toute nation en allant de la poésie à la prose, la transformation graduelle de l'épopée en histoire. Nulle part ailleurs les chroniques composées dans le langage vulgaire ne forment un tout si complet, si imposant. Du treizième siècle au seizième, d'Alphonse X à Charles-Quint, une suite non interrompue de récits naïfs et fidèles suivent pas à pas les luttes, les progrès, les agitations de ce grand et noble peuple. Ces récits eux-mêmes ont en quelque sorte leur croissance, comme lui: ils passent peu à peu du langage poétique des trouvères à la gravité simple des mémoires et enfin à l'éloquence étudiée des histoires antiques.

La première de toutes, en date comme en mérite, est l'œuvre d'une main royale que nous avons déjà appris à connaître. L'auteur des *Siete Partidas*, Alphonse X, fit recueillir diverses chroniques latines, composées par des évêques et des moines ; il s'inspira des chansons de geste que répétaient les jongleurs[1], et rédigea lui-même une histoire de l'Espagne depuis la création du monde jusqu'à la mort de saint Ferdinand son père (1252). Les premières parties de cette chronique, résumé aride de la Bible et de l'histoire romaine, offrent naturellement assez peu d'intérêt ; mais à la troisième, quand le narrateur sort avec Pélage des montagnes des Asturies, quand il nous dit les merveilleuses aventures de Bernard del Carpio, de Fernand Gonzalez, des sept infants de Lara, quand il nous fait voir les miracles accordés par les anges à Alphonse le Chaste, et saint Jacques combattant en personne contre les infidèles, un souffle vivant anime sa parole, on reconnaît le génie guerrier et religieux de l'Espagne.

La quatrième et dernière partie renferme les exploits du Cid, tels qu'ils sont contenus dans le vieux poème que nous avons analysé. Là nous prenons sur le fait ce que nous ne pouvons que conjecturer ailleurs, l'intime parenté de ce récit en prose et des chants populaires qui en ont précédé la composition. Les faits, les idées, les expressions sont souvent les mêmes : nous voyons le poème se faire histoire, le chant devenir écriture[2].

---

1. L'auteur cite lui-même, dans son prologue les chroniques de l'archevêque Rodrigue et de l'évêque de Tuy : il allègue, dans sa troisième partie, ch. x et xiii, l'autorité des *Cantares de gesta*.

2. Le lecteur en pourra juger en rapprochant du début en vers que nous avons cité plus haut quelques lignes d'une chronique en prose que nous allons traduire ici.

« Et lorsqu'il vit ses cours désertes et sans serviteurs, *les perches
« sans faucons* et les portes sans sièges pour rendre la justice, il se
« tourna vers l'orient, *s'agenouilla* et dit : Sainte Marie, mère, et autres
« saints, priez Dieu qu'il m'accorde de vaincre tous ces païens, et de

Après Alphonse X, la chronique se tait pendant deux règnes, comme pour avoir le temps de se bien séparer de la poésie. En effet elle reparaît sous Alphonse XI avec un caractère nouveau ; l'imagination du trouvère a fait place à la sécheresse de l'annaliste. Son récit est empreint d'une solennité raide et froide qui s'est privée du charme de la légende sans atteindre encore au mérite sérieux de l'histoire. La position personnelle du chroniqueur est désormais déterminée comme son style. L'auteur a une mission officielle : il est institué l'historien du roi : son livre est une fonction. Malheureusement le roi, en donnant le diplôme, n'a pu conférer le talent. Cette seconde chronique, dont l'auteur est inconnu et qui embrasse trois règnes (1252 — 1312), n'offre guère d'autre intérêt que celui des événements.

Avec Ayala[1] le progrès est manifeste. Une riche matière s'offrait à sa plume. Le règne de Pierre le Cruel, la lutte sanglante des deux frères, des rois détrônés, rétablis, renversés encore, la France et l'Angleterre, Duguesclin et le Prince Noir élargissant l'arène et prenant l'Espagne pour champ clos ; l'époque presque aussi agitée de Juan Ier, enfin le règne tranquille et prospère de Henri III, tels sont les sujets qu'embrassait la nouvelle chronique, et qui semblaient devoir porter avec eux quelque chose de la dignité de l'histoire. L'écrivain à qui ils échéaient en partage n'était pas indigne de les rédiger. D. Pedro Lopez de Ayala fut, dit son neveu, « un homme d'aimables qualités et de bonne conversation ; il eut une conscience délicate et craignit beaucoup Dieu. Il aima aussi l'instruction et s'adonna à la lecture des livres et des histoires... Ce fut lui qui fit connaître en Castille beaucoup d'ouvrages inconnus jusqu'alors, tels que Titus Livius,... la *Chute*

« gagner de quoi faire du bien à mes amis et à tous ceux qui voudront
« me suivre et me secourir. »

1. Né en 1332, mort en 1407. Sa chronique commence à l'année 1350, et va jusqu'à l'an 1396.

des princes (*De casibus Principum* de Boccace), les *Éthiques* de saint Grégoire, Isidore *de Summo bono*, Boèce, et l'*Histoire de Troie* (de Guido de Colonna). » Une circonstance non moins favorable, c'est qu'il prit lui-même une part active aux révolutions et aux faits politiques qu'il raconte. Cette combinaison de qualités diverses, cette union de la science d'un clerc et de l'expérience d'un homme d'État dut produire une chronique d'un genre nouveau, non moins différente de la sécheresse des annales de Sanche le Brave et de Ferdinand IV, que de la crédulité naïve et poétique d'Alphonse X. On s'aperçoit que l'auteur a lu et étudié Tite-Live ; il en imite quelquefois jusqu'aux dramatiques discours. En général son style est simple, grave et même sévère. Il n'exprime aucune émotion, mais il en fait naître. Il raconte froidement des crimes atroces, mais il les montre si fidèlement dans leurs détails, qu'on en conçoit toute l'atrocité. Quel drame plus frappant, par exemple, que la catastrophe de l'infortunée Blanche de Bourbon, la jeune et belle épouse que Pierre le Cruel délaissa deux jours après son mariage et sacrifia à sa passion pour Maria de Padilla! L'historien nous montre d'abord la reine mariée solennellement dans l'église de Tolède, et ensuite gémissant dans sa prison à Medina Sidonia ; il nous laisse voir le mécontentement des nobles, l'indignation de la famille et de la mère même du roi. Puis il nous conduit pas à pas, avec son impassible exactitude, à travers une longue série de meurtres et d'atrocités, jusqu'au dénouement fatal de cette sanglante tragédie, devant lequel D. Pedro a hésité pendant huit ans. Il y a dans cette longue succession de faits, dans ce patient et minutieux procès-verbal, une puissance de pathétique qu'aucune expression générale n'aurait pu atteindre. Ni la poésie ni l'éloquence ne peindraient le caractère cruel de ce prince avec une vérité plus terrible. Ici point de jugements, point de formules collectives : tout est détaillé, mis en scène : c'est la manière de Froissart ; à la naïveté un peu puérile du narrateur français tout occupé du spectacle extérieur des événements, se substitue chez le chroniqueur espagnol la sagacité pénétrante de l'homme d'État, qui découvre et révèle les passions et les projets des princes. Si Ayala raconte comme Froissart, il pense déjà comme Philippe de Comines[1].

Après lui la chronique continue à se transformer en histoire. Celle de Jean II, rédigée par Fernan Perez de Gusman, renferme un grand nombre de documents contemporains et authentiques, qui lui assurent, comme autorité historique, une grande supériorité sur les chroniques précédentes. Alonzo de Palencia, élevé en Italie par les Grecs de Constantinople, introduit dans le récit du règne agité de Henri IV un style qui vise à l'élégance antique et n'arrive le plus souvent qu'à l'emphase et au mauvais goût. Enfin Fernan del Pulgar, conseiller d'État et annaliste officiel des rois Ferdinand et Isabelle, sans être un bon historien, n'est plus un chroniqueur. Les divisions artificielles de son récit, ses réflexions, son style, les discours qu'il attribue à ses personnages, tout annonce que l'imitation plus ou moins intelligente des historiens classiques a remplacé pour jamais en Espagne la simple et candide exposition qui faisait le charme des chroniques du moyen âge.

Outre ces annales officielles, qui se succédaient comme les rois dont elles racontent la vie, la littérature espagnole de la même époque nous offre des récits épisodiques de quelques événements particuliers, qui, comme peintures de mœurs, ont peut-être encore plus d'intérêt. Nous n'en citerons qu'un seul exemple. En 1434, sous le règne

---

[1]. On a encore d'Ayala un poëme didactique, *Rimado de palacio*, espèce de traité sur les devoirs du prince et de ses conseillers, entremêlé de satires sur la cour et les diverses classes de la société.

de Juan II, eut lieu une passe d'armes accompagnée des circonstances les plus singulières, qui sembleraient ne pouvoir trouver place que dans les aventures du héros de Cervantes. Un seigneur de la cour, Don Suero de Quiñones, s'établit pendant trente jours à la tête du pont d'Orbigo, près de la ville de Léon, à l'époque où la route était le plus fréquentée par les chevaliers qui se rendaient en pèlerinage à Saint-Jacques de Compostelle. Le jeudi de chaque semaine, il portait au cou une chaîne de fer, en l'honneur de sa dame, et il avait fait vœu de ne la point quitter, avant d'avoir brisé contre tout venant un nombre déterminé de lances. Neuf champions ou mainteneurs partageaient avec le chevalier enchaîné l'honneur de garder le passage; et le roi protégeait de son autorité souveraine cette étrange provocation. Soixante-huit chevaliers y répondirent. Six cent vingt-sept assauts furent livrés pendant les trente jours; soixante-six lances volèrent en éclats: un chevalier aragonais fut tué, plusieurs furent blessés, entre autres Quiñones lui-même et huit de ses neuf compagnons. Delena, un des secrétaires du roi, rédigea sur le lieu même la première esquisse du récit de cette aventure, sous le titre du *Passage honorable* (*El passo honroso*). Elle fut depuis abrégée par Juan de Pineda et publiée sous le même titre en 1588, telle que nous l'avons aujourd'hui. On voit que si la chronique tendait une main vers l'histoire, elle semblait, grâce aux mœurs de l'époque, présenter l'autre au roman de chevalerie.

CHAPITRE V

L'ART ITALIEN EN ESPAGNE

L'innovation; Boscan, Garcilaso. — L'opposition nationale; Castillejo. La transaction; Mendoza.

Le seizième siècle fut pour la littérature espagnole ce que le règne de Louis XIV a été pour la nôtre, l'âge des œuvres classiques et d'une imitation originale. Mais l'élément étranger qu'alors s'assimila l'Espagne ne fut pas directement l'antiquité gréco-latine, ce fut l'Italie moderne. Son modèle était plus voisin, mais moins pur; plus facile à imiter, mais moins fécond en fortes et saines pensées. C'est le spectacle de cette union littéraire des deux péninsules, de cette fusion de deux arts d'origine diverse que nous allons nous donner dans ce chapitre.

L'époque de la Renaissance coïncida avec l'essor le plus glorieux de l'Espagne. Comme autrefois les Romains, les Espagnols avaient lutté cinq cents ans dans les limites de leur péninsule : un demi-siècle leur soumit la moitié du globe. Charles-Quint leur donna l'empire de l'ancien monde, Colomb leur en fit un nouveau. L'Océan se couvrit de leurs flottes, l'Europe trembla sous les pas de leur *formidable infanterie*. La Sicile, la Sardaigne, le Portugal, la Flandre, furent réunis à la couronne, l'Italie asservie, Rome saccagée, l'Angleterre menacée, la France envahie, la puissance ottomane engloutie dans les eaux de Lépante; et au milieu de l'Europe ébranlée l'Espagne, fière de ses conquêtes et riche en apparence de l'or transatlantique, put s'arrêter un instant comme pour reprendre haleine, et prêter l'oreille aux chants de ses poètes, à l'écho de sa gloire. Époque brillante, époque d'ivresse et d'orgueilleux aveuglement, où nul n'apercevait encore les causes de décadence qui travaillaient déjà les entrailles de la nation !

Les arts italiens furent un des butins de la conquête, ou plutôt, comme autrefois la Grèce, l'Italie *conquit* elle-même *ses farouches vainqueurs* ; elle leur imposa, par droit de supériorité littéraire, son goût, sa poésie, ses rythmes, et presque sa langue.

Cette assimilation se préparait depuis longtemps. Même à l'époque où absorbés dans leur lutte contre les Arabes, les Espagnols, enfermés dans leurs Pyrénées et leurs mers, restaient comme étrangers aux mouvements politiques de l'Europe, ces soldats de la croix n'avaient pu s'empêcher de tourner sans cesse les yeux vers le centre du catholicisme. La religion se confondait pour eux avec la patrie, et Rome entrevue de loin, à travers les illusions de leur foi, leur apparaissait comme la ville sainte, d'où descendaient les ordres et les bénédictions du ciel.

A l'influence religieuse, l'Italie ajoutait déjà celle d'une plus haute culture intellectuelle. Avant l'année 1300, quand l'Espagne n'avait encore que l'université peu fréquentée de Salamanque, l'Italie en possédait au moins cinq, dont quelques-unes, fameuses dans toute l'Europe, attiraient des étudiants des plus lointaines contrées. Les Espagnols qui désiraient s'instruire, allaient alors à Paris ou en Italie : en général c'est l'Italie qu'ils préféraient. Bologne, la plus ancienne et longtemps la plus distinguée de ses écoles, compta dès le treizième siècle des Espagnols parmi ses étudiants et ses professeurs. En 1360 un collège espagnol fut fondé à Bologne par le cardinal Carillo de Albornoz, archevêque de Tolède. Padoue, la plus célèbre université italienne après Bologne, nomma en 1260 un Espagnol pour recteur. Vicence, Verceil, Naples, Rome, furent dès lors pour les jeunes gens les plus distingués de l'Espagne des écoles recherchées et des sources indispensables d'instruction [1].

Le commerce multiplia les relations entre les deux péninsules. Barcelone, longtemps rivale de Pise et de Gênes, rapportait sur ses navires les idées et les mœurs italiennes, et les répandait du treizième au seizième siècle en Catalogne, en Aragon, en Castille. Bientôt la politique jeta l'Italie sous la main de l'Espagne, qui s'attacha à sa proie et ne la lâcha plus. Les vêpres siciliennes (1282) ouvrirent la Sicile aux Aragonais, et, par suite, à la monarchie espagnole. Naples tomba au quinzième siècle sous la domination d'Alphonse V d'Aragon (1441), et, au commencement du seizième (1503), la perfidie de Ferdinand le Catholique en fit une dépendance directe de la couronne d'Espagne. Pendant plus d'un siècle, une longue succession de vice-rois, environnés d'officiers, d'hommes de lettres, de poètes espagnols, vinrent y établir leur cour et polir au contact des vaincus leur esprit et leur langage. Des ambassades régulières unirent le Saint-Siège et le trône de Ferdinand le Catholique; le fils du poète Santillane, le père du poète Garcilaso, vinrent tour à tour à Rome représenter la monarchie d'Espagne. Charles-Quint dès son avènement fit de l'Italie son centre d'opérations et la première arène de sa rivalité avec François I**er**. En 1527 Rome elle-même fut conquise, et, trois ans plus tard, l'héritier de Ferdinand et d'Isabelle recevait solennellement, à Bologne, la couronne de roi des Lombards et des Romains, des mains du pape réconcilié. Grâce à ces relations multipliées, tout ce qu'il y avait de noble, d'ambitieux, d'intelligent en Espagne vint pendant plusieurs

---

1. Ticknor, *History of spanish literature*, 1, 347. Tiraboschi, *Storia della letteratura italiana*, IV, libro I, capitolo III.

siècles respirer tour à tour l'air parfumé et amollissant de l'Italie.

L'union des deux littératures déjà si semblables par leur langue et issues d'une même origine était donc depuis longtemps préparée; un hasard détermina l'assimilation. Parmi les courtisans de Charles-Quint se trouvait un noble catalan né à Barcelone dans les dernières années du quinzième siècle, Juan Boscan Almogaver. Il avait d'abord servi dans les armées espagnoles, puis voyagé dans diverses contrées, mêlant, comme la plupart de ses compatriotes, la culture des lettres à la vie active de l'homme de guerre. Il avait composé de nombreuses poésies en langue castillane, toutes dans le goût et le style du siècle précédent, toutes analogues à celle des anciens *Cancioneros*. Toutefois le castillan était pour le jeune Barcelonais un idiome étranger, et son oreille, accoutumée dès l'enfance aux sons de la langue catalane, presque identique avec celle des troubadours, devait être prédisposée à goûter la versification italienne. En 1526, il rencontra un jour à Grenade, à la cour de Charles-Quint, l'ambassadeur vénitien Navagiero. « La conversation, nous raconte Boscan lui-même, tomba sur quelques sujets relatifs aux lettres, particulièrement sur le génie et la variété des langues, et Navagiero me demanda pourquoi je n'essayais pas de familiariser la mienne avec le sonnet et quelques autres formes poétiques usitées en Italie[1] : il ne se contenta pas de jeter ce propos en passant; il m'engagea avec instance à entreprendre cette tâche. Je

---

1. Le rythme italien n'était pas précisément chose nouvelle dans la langue espagnole : on trouve des exemples de l'hendécasyllabe dans le *Comte Lucanor* de Don Juan Manuel, et le marquis de Santillane avait composé quelques sonnets italiens : mais ces tentatives étaient des boutades et non un système, des fantaisies individuelles, non une mode nationale. Pour réussir, il ne suffit pas qu'une innovation soit bonne, il faut qu'elle vienne à temps.

partis quelques jours après pour me rendre chez moi. Dans la longueur et la solitude du chemin, au milieu des choses diverses qui occupaient mon esprit, la question et les instances de Navagiero se représentèrent si souvent que je commençai à essayer ce genre de versification. J'éprouvai dans le commencement quelques difficultés à cause du grand art qu'elle exige et des particularités nombreuses qui la distinguent de la nôtre. Mais bientôt je crus m'apercevoir, peut-être par l'illusion naturelle de l'amour-propre, que mes efforts obtenaient quelque succès, et peu à peu j'apportai dans cet essai plus d'ardeur et d'attention[1]. »

Ce simple récit a une grande importance : il nous révèle, avec une rare précision de détails, l'origine de la révolution littéraire qui modifia si puissamment la poésie espagnole. Jusqu'alors elle s'était presque toujours renfermée dans le rythme des *redondillas*, petits vers de huit syllabes, généralement trochaïques, et admirablement propres à la ballade, à la romance, à tous les genres d'improvisation populaire, mais qui ne se déployaient pas avec assez de souplesse et d'ampleur pour embrasser de grands sujets. C'est dans cette forme que Boscan lui-même avait composé les pièces que renferme le premier livre de ses œuvres[2] et qu'il appelle lui-même *coblas españolas* (cou-

---

1. *Las obras de Boscan*, lib. II, *A la duquesa de Soma*.
2. Voici un exemple de cette espèce de vers. Il est tiré des premières poésies de Boscan. Nous en notons la quantité pour en mieux faire sentir l'allure : nous devons observer toutefois que les vers *redondillos* ne sont pas toujours aussi régulièrement trochaïques que ceux-ci. Huit syllabes avec une rime ou une assonance leur suffisaient à la rigueur.

El sĕntīr dĕ mī sĕntīdŏ,
Tán prŏfōndŏ hă năvĕgădŏ,
Qūe mĕ tiĕne yă ĕnglŏfădŏ,
Dōndĕ vīvŏ dĕspŏdīdŏ
De sălīr ni ă piĕ ni ă nădŏ.

Mar de Amor, lib.

plets à la manière des Espagnols). Le vers dactylique appelé d'*arte mayor* (d'art plus grand), mètre moitié dansant, moitié boiteux, dit Bouterwek, était généralement abandonné[1]. Quant à l'ancien alexandrin imité de nos chansons de geste, il n'avait jamais été populaire en Espagne, et, depuis les poèmes du moyen âge, il était complètement oublié. Les poètes sentaient confusément qu'il manquait une corde à leur lyre : Boscan satisfit à ce besoin en naturalisant l'hendécasyllabe italien[2], et à sa suite les mètres divers qui en sont le fractionnement. C'était saisir habilement la réforme par le principe : une fois que la poésie eut déchiré les langes d'un mètre trop étroit, elle put

---

1. La strophe suivante d'Alonzo de Carthagène peut donner une idée du vers d'*arte mayor*.

> Lă fuerçă děl fuĕgŏ que ălŭmbră, quĕ ciĕgă
> Mĭ cuĕrpŏ, mĭ ălmă, mĭ muĕrtĕ, mĭ vĭdă
> Dŏ ĕntră, dŏ hiĕrĕ, dŏ tŏcă, dŏ llĕgă,
> Mătă, ў nŏ muĕrŏ sŭ llămă ĕncĕndĭdă.

Le rythme dactylique ou anapestique était loin de se faire sentir aussi exactement dans tous les vers d'*arte mayor*. Souvent on se contentait de réunir onze ou douze syllabes, en laissant au hasard le soin d'en faire des dactyles.

2. L'hendécasyllabe (ou vers de onze syllabes) espagnol suivit les mêmes lois que l'italien. La marche en fut généralement ïambique, c'est-à-dire contraire à celle des *redondillas*. Ils furent assujettis aux *trois* ou aux *deux* accents toniques qui forment l'harmonie essentielle des vers de Pétrarque et du Tasse. En voici un exemple tiré de Garcilaso de la Vega. Nous indiquons les accents.

> Por ti el siléncio de la sélva umbrósa
> Por ti la esquividád y apartamiénto
> Del solitario mónte me agradáva
> Por ti la verde yérba, el fresco viénto,
> El blando lírio, y coloráda rósa
> Y dulce primavéra deseáva.
>
> Egloga I.

On voit que les accents tombent toujours, soit sur la quatrième la huitième et la dixième syllabe du vers, soit sur la sixième et la dixième, selon les règles de la versification italienne.

marcher librement dans les voies déjà ouvertes par l'Italie. Le sonnet, la cancion, l'octave (*ottava rima*), le tercet (*terzina*), le vers blanc (sans rime), offrirent aux poètes la plus riche variété de rythmes. La forme réagit sur la pensée : on imita la poésie italienne aussi bien que son mètre : on se proposa pour modèles Pétrarque, Bembo, Sannazar. Toutefois l'originalité du caractère espagnol marqua, même dès le début, toutes ces imitations. Boscan exclut de ses sonnets et de ses canzons une partie de la douceur italienne. Des couleurs plus fortes et plus tranchées dans la peinture des sentiments, des hyperboles exagérées et conformes au goût de ses lecteurs facilitèrent la transition. Quelquefois cet alliage donne aux stances du poëte espagnol une énergie qui manquait à ses modèles.

Citons comme exemple deux pièces célèbres, l'une de Pétrarque, l'autre de Boscan. Nous allons traduire littéralement l'une et l'autre : ce sera leur faire un tort égal, et la proportion n'en sera point altérée : *summa injuria, summum jus*. Voici le début de Pétrarque :

> Claires, fraîches et douces ondes, où celle qui me paraît seule digne du nom de femme a plongé ses membres délicats; heureux rameau dont il lui plut de se faire un appui; herbes et fleurs que sa robe élégante recouvrit de son sein pur comme celui des anges, air sacré et serein où l'amour ouvrit mon cœur d'un trait de ses beaux yeux; écoutez tous ensemble mes plaintifs et derniers accents.

Puis s'abandonnant avec tristesse aux tendres et suprêmes espérances de son amour, le poëte italien désire qu'on ensevelisse en ce lieu sa dépouille mortelle, afin qu'un jour celle qu'il aime vienne y voir « un peu de terre au milieu des rochers, et essuie ses yeux avec son beau voile. » Enfin ces idées de mort s'effacent devant une admirable image. Le poëte semble nous ouvrir, après cette perspective de la tombe, l'entrée au sein des délices du ciel : il ne fait pour cela que revenir au gracieux souvenir de Laure assise au bord du même ruisseau :

De ces rameaux (j'en garde le délicieux souvenir) tombait une pluie de fleurs qui descendait dans son sein. Elle était assise, humble au milieu de tant de gloire, et couverte de cet amoureux nuage. Des fleurs volaient sur les pans de sa robe, d'autres sur ses tresses blondes, qui ressemblaient à de l'or poli, garni de perles. Les unes jonchaient la terre, les autres flottaient sur l'onde ; d'autres, en voltigeant légèrement dans les airs, semblaient dire : Ici règne l'amour.

.... Et je disais en soupirant : Comment suis-je ici, et quand suis-je venu ? Je croyais être au ciel et non où j'étais en effet. De ce jour je me plais tant sur cette herbe fleurie, qu'ailleurs je ne puis goûter la paix.

Boscan substitue à cette suave et idéale peinture un tableau plus austère et des contours plus arrêtés. Si son imagination est moins brillante, sa tendresse a quelque chose de plus pénétrant, de plus passionné.

Clairs et frais ruisseaux qui courez doucement en suivant votre pente naturelle ; montagnes, abri de la tristesse, séjour éternel de la solitude et de l'effroi ; oiseaux dont les accents portent le calme dans les cœurs ; arbres aux verts rameaux dont le feuillage naît et meurt tour à tour aux divers changements des cieux, veuillez écouter mes chants tristes et douloureux, mes vers remplis d'amertune.

Le poète espagnol n'invoque pas la mort ; il se relève virilement sous le fardeau de la douleur :

Puisque le destin me sépare de celle dont je ne pouvais même penser à vivre éloigné, une seule idée me soutient, c'est qu'il n'est pas temps pour moi de succomber à la mort. Mon âme doit rester ferme : il serait honteux de mourir lâchement. Si je succombe à la douleur, tous blâmeront mon désespoir. Un noble amour dédaigne un trépas vil et déshonorant.

Comme Pétrarque, Boscan se réfugie aussi dans ses souvenirs, son imagination plus positive et non moins tendre lui retrace et lui fait deviner tous les actes de celle qu'il aime :

Je rapporte à elle toutes les heures et tous les moments, et je fixe le temps de chaque chose qu'elle peut faire. Je la vois, je l'entends, je pense ses pensées, je les devine. Mon cœur me dit, et je le crois : à présent elle est gaie, à présent elle est triste; elle sort, elle s'habille, elle dort, elle se réveille. Mon esprit et mon cœur se disputent à qui me la représentera le mieux.

Je rappelle à ma mémoire le lieu où je l'ai vue pour la première fois, le lieu où j'ai commencé à l'aimer, et je suis si fier de sentir à quel point je l'aime, que je ne sais si penser à elle n'est pas encore un plus grand plaisir que de la voir. Mon âme trouve des délices infinies dans cette contemplation, où je crois être auprès d'elle; mais revenant à moi, je m'afflige que mon illusion ne soit pas durable, et mon triste cœur ne demande d'autre plaisir que de pouvoir toujours se tromper ainsi.

Boscan, dans ses huit autres *cancions* et dans ses quatre-vingt-treize sonnets, imite Pétrarque et Bembo avec des différences analogues. Le reste de ses œuvres poétiques se compose d'une paraphrase en vers non rimés du poème de Musæus sur *Héro et Léandre*, de deux épîtres didactiques et un *capitolo* en *terzines* dantesques, enfin d'un poème semi-allégorique en *octaves* à la manière du Tasse et de l'Arioste. Partout il est fidèle aux formes italiennes, partout il cherche à les assortir au goût et aux habitudes de ses compatriotes.

C'est dans le même esprit qu'il traduisit librement l'ouvrage en prose de Baltazar Castiglione intitulé *Le courtisan*. Rien jusqu'alors dans la prose castillane n'avait été écrit avec une pureté plus classique.

Boscan n'est pas un grand poète : on ne peut l'être que par l'idée, l'image, le sentiment, et rien de cela ne dépasse chez lui le niveau d'une habileté ordinaire. C'est un esprit de l'ordre de Malherbe : l'histoire littéraire, sans exagérer son mérite, doit conserver avec reconnaissance son nom, qui s'attache à une importante évolution dans les formes de la poésie castillane.

Si Boscan en fut le premier moteur, un poète plus heureusement doué en assura le triomphe. Garcilaso de la Vega, né à Tolède en 1503, était d'une ancienne et illustre famille, fils de l'ambassadeur du même nom à la cour de Rome. Il se distingua de bonne heure dans la carrière des armes, fit preuve d'une éclatante bravoure à la défense de Vienne contre les Turcs, reçut deux blessures à Tunis sous les yeux de Charles-Quint, le suivit en Piémont et mourut bravement à trente-trois ans, sur la brèche d'une forteresse près de Fréjus. Cette vie active et guerrière laisserait difficilement pressentir le caractère des œuvres de Garcilaso, si la plupart des poètes espagnols de cette époque ne nous habituaient à un pareil contraste. Presque tous furent des hommes de guerre, presque tous ont chanté les douceurs de l'amour et les charmes de la vie champêtre. Il semble que leur imagination, fatiguée de la sanglante réalité des combats, cherche un refuge dans une région plus calme. Garcilaso avait encouragé Boscan dans son entreprise d'acclimatation poétique; lui-même parut se proposer de dégager et d'embellir la route ouverte par son ami. Il étudia avec ardeur Virgile, Pétrarque, Bembo et surtout Sannazar. Ses œuvres, qui forment un mince recueil publié après sa mort par la veuve de Boscan[1], ont un aspect italien qu'on ne peut méconnaître : mais à travers l'imitation se révèlent une inspiration touchante et un vrai talent personnel. Ses vers respirent la grâce et la mélancolie; une douce et constante harmonie en complète l'expression et achève par l'oreille la séduction du lecteur. Quant à sa diction, telle en est la pureté, l'exquise élégance, qu'on peut, disent les Espagnols, citer à peine un mot de ses poèmes qui ait vieilli et soit tombé aujourd'hui en désuétude.

Garcilaso réussit surtout à rendre les images et les impressions champêtres. Rien, dans la poésie pastorale

---

[1]. Elles se composent de trente-sept sonnets, cinq *canciones*, deux élégies, une épître en vers blancs, et trois pastorales qui, par leur étendue, forment à elles seules plus de la moitié du volume. Barcelona, 1543, petit in-4°, gothique.

des modernes, ne surpasse la grâce et le sentiment de sa première églogue (*Salicio y Nemoroso*). Ce genre si fade et si faux d'ordinaire s'anime et s'échauffe entre ses mains : on goûte, en lisant cette pièce, le charme de l'idéal, avec l'émotion irrésistible de la vérité. Essayons d'en citer un fragment ; mais en le citant dans une langue et sous une forme qui n'est pas la sienne, observons avec Sismondi « qu'une églogue a besoin de tous les ornements qui lui sont propres : si on la dépouille d'une seule des illusions dont elle est entourée, les défauts du genre, la fadeur et la monotonie en deviennent plus frappants, et la traduction est d'autant plus perfide pour le poëte, qu'en paraissant fidèle, elle met en évidence ce qu'il a de plus faible, et laisse évaporer son charme. »

Garcilaso a pris pour modèle de sa première églogue la huitième de Virgile. Deux bergers viennent pleurer tour à tour sur la perte de leurs maîtresses enlevées à l'un par l'infidélité, à l'autre par la mort. Le premier, Salicio, après avoir reproché à sa bergère absente sa dureté inflexible et le désespoir où elle le plonge, s'abandonne à la pensée mélancolique de son bonheur passé.

> C'est par toi que j'aimais le silence de la forêt ombreuse, par toi me plaisait la retraite écartée du mont solitaire : je désirais pour toi l'herbe verte, le vent frais, le lis éclatant de blancheur et la rose colorée et la douce saison du printemps. Ah! combien me trompait, combien était différent et d'une autre nature le sentiment qui se cachait dans ton perfide cœur! Bien clairement me l'annonçait de sa voix la sinistre corneille qui répétait mon malheur. Coulez sans contrainte, coulez, coulez, mes larmes!
>
> Que de fois dormant dans le bocage, un songe (infortuné! je le prenais pour une illusion) m'a averti de ma disgrâce! Je rêvais que dans les ardeurs de l'été j'allais abreuver mon troupeau dans le Tage et passer l'heure de midi sur ses bords. Mais à peine j'arrivais, je voyais les eaux se frayer une route inusitée et s'écouler loin de moi. Brûlé de soif, accablé des feux du jour, je suivais le cours infidèle de l'onde fugitive. Coulez sans contrainte, coulez, coulez, mes larmes!

Ces beaux lieux, qui lui sont encore si chers, il veut

par un dernier et touchant sacrifice les abandonner pour que sa bergère y revienne et en jouisse, si elle le veut, avec son trop heureux rival.

Eh bien ! ne reviens pas pour me secourir, mais ne quitte point pour cela les lieux que tu as tant aimés. Tu pourras y venir sans rien craindre de moi : je quitterai la terre où tu m'as quitté. Viens donc, si c'est là le seul motif qui te retienne. Vois, ici est ce pré d'une douce verdure, ici cette ombre épaisse, ici cette claire fontaine qui autrefois t'était chère, et à qui je me plains de toi en pleurant. Peut-être trouveras-tu ici, puisque je m'éloigne, celui qui a pu me ravir tout mon bien. Puisque je lui ai abandonné ce que j'aime, c'est peu de lui laisser aussi la place où j'ai aimé.

Le chant de Nemoroso a un caractère plus sombre et plus touchant encore : c'est la mort qui lui a enlevé celle qu'il aimait. Cette grande idée de la mort unie aux scènes champêtres produit le même effet que l'Arcadie du Poussin.

Le berger désolé s'adresse d'abord à ces eaux pures, à ces arbres, à ces prairies, témoins naguère de son bonheur :

O bonheur fragile que la mort a sitôt moissonné !

dans cette même vallée où il se désespère maintenant, il a vu son Élise reposer doucement à ses côtés.

Aujourd'hui, où sont ces yeux brillants, dont le regards, partout où ils s'attachaient, portaient mon âme suspendue à leurs mouvements ? Où est cette main délicate, pleine de charmes vainqueurs ; ces cheveux près desquels l'or était sans éclat et sans prix ?....
Qui m'aurait dit, ô mon Élise, ô ma vie, lorsque dans cette vallée, au souffle frais du vent, nous allions cueillant les tendres fleurs, que j'aurais à voir ce jour triste et solitaire, ce jour d'une longue séparation, qui devait mettre une fin amère à mes amours ?....

Cette plainte éternelle et toujours la même de l'humanité qui aime, qui meurt, qui souffre de la perte de ceux qu'elle a aimés, ce perpétuel et terrible lieu commun de la mort, trouve toujours de tristes sympathies prêtes à l'accueillir, quand il est exprimé avec la simplicité et la vérité de la nature.

L'églogue de Garcilaso se termine par une douce peinture, tout à fait dans le goût de Virgile.

> Nos bergers n'auraient pas mis de terme à leurs plaintes si l'aspect des nuages colorés de pourpre et d'or par le soleil couchant ne les avait avertis que le jour allait disparaître. Déjà on voyait les ombres descendre du flanc obscur de la montagne. Revenant à eux comme d'un songe, tandis que le soleil, dans sa fuite, ne laissait après lui qu'un faible reste de lumière, ils rappelèrent leurs troupeaux et se retirèrent pas à pas.

L'innovation de Boscan et de Garcilaso charma le public espagnol. Tout ce qui avait été en Italie, tout ce qui prétendait connaître et aimer la belle langue toscane, retrouva avec bonheur dans l'idiome maternel l'harmonie et la grâce qu'il avait admirées dans la poésie de l'autre péninsule. Savoir l'italien était une distinction, un privilège de noble ou de guerrier : goûter la poésie hispano-italienne fut une distinction plus facile, à laquelle la mode s'attacha promptement. Plusieurs poètes de talent, Hernando de Acuña, Gutierre de Cetina, Louis de Haro, s'empressèrent de suivre les traces de Garcilaso.

Toutefois la réforme ne passa point sans opposition : et ici l'opposition avait pour elle des raisons excellentes. L'Espagne devait-elle renier son passé et renoncer à son mâle génie? Pourquoi s'abaisser, par un vain amour de la forme, au goût frivole d'une nation abâtardie? Pourquoi redire Pétrarque et Sannazar quand on a chez soi le Cid, les Maures vaincus et toutes leurs héroïques ballades? Un homme d'esprit, Cristoval de Castillejo, secrétaire du prince Ferdinand d'Autriche qui devint empereur, se posa comme défenseur de la poésie nationale et comme adversaire des novateurs, des *pétrarquistes*, comme il les appelle dans un dialogue satirique, où il leur oppose les vieilles gloires du quinzième siècle, Juan de Mena, Jorge Manrique,

Cartagena, Torres Naharro. Il les raille eux et leur vers hendécasyllabe qui marche, dit-il, avec des pieds de plomb, et soutient qu'il n'y a rien de plus beau que le mètre sautillant des *redondillas*. Castillejo le maniait avec facilité, il savait en user d'une manière piquante ; mais il manquait d'élévation, de grandeur, de toutes les qualités vraiment poétiques qui seules auraient pu combattre avec succès les novateurs. Néanmoins son opposition ne fut pas inutile. Elle avertit les poètes futurs de la nécessité d'une transaction. Le goût italien continua de régner, mais les vieilles qualités du génie espagnol durent désormais s'associer à son triomphe.

Un contemporain de Garcilaso, Hurtado de Mendoza (1503-1575), tenta le premier de réaliser cette alliance : homme étonnant par l'étendue et la diversité de ses talents, plein de contrastes dans sa vie, dans ses goûts, dans ses œuvres, il semblait appelé à harmoniser les discordances. Le farouche gouverneur de Sienne, le dernier et le plus terrible oppresseur de l'esprit de liberté qui animait encore la Toscane, cet homme qui reçut et remplit la mission d'humilier le pape Paul III, qui fit haïr de toute l'Italie la domination de Charles-Quint, et qui, sans cesse exposé au poignard des assassins, ne régna que par les supplices, fut l'un des esprits les plus cultivés et les plus ingénieux de son siècle. Historien, romancier[1], orateur, homme d'État, homme de guerre, passionné pour la recherche des manuscrits de la Grèce, il fut en même temps un des poètes les plus sensés et les plus aimables de l'Espagne. Moins novateur que Boscan, moins gracieux que Garcilaso, il n'éleva pas la poésie castillane, il en élargit la base en l'étendant vers les genres sérieux, et parvint à obtenir place pour le raisonnement sur le trône un peu frêle que

---

1. Nous parlerons en son lieu de son histoire de la *Guerre de Grenade* et de son roman picaresque de *Lazarille de Tormes*.

l'imagination occupa trop souvent toute seule. Il employa l'hendécasyllabe italien, avec quelque dureté, il est vrai ; mais il n'abandonna pas les *redondillas*, qu'il polit et perfectionna. La seconde partie des œuvres de Mendoza, celle que les Espagnols estiment le plus, comprend ses poésies dans l'ancien genre national. Lors même qu'il écrit dans le mètre italien, ce ne sont pas les Italiens modernes qu'il imite, ce sont les anciens, c'est Horace, à qui il emprunte sans effort sa finesse et sa haute raison. C'est dans l'épître que Mendoza nous semble exceller. Toutes les siennes, à la réserve de deux, qui sont d'ennuyeuses complaintes d'amour, appartiennent au genre didactique ; toutes sont remplies d'une philosophie forte et cependant légère, précise et d'un style facile. Le mélange heureux de sentences, de portraits et de tableaux les sauve de la monotonie : la vérité d'un sentiment personnel leur donne un charme rare dans la poésie espagnole. Croirait-on que c'est le cruel proconsul de la Toscane qui écrit ce doux rêve de retraite et de bonheur domestique ?

> Tout mon désir est de retourner jouir du repos dans ma maison. C'est là que ma vie s'écoulera sans passion, loin du mécontentement et du trouble, servant le roi pour mon plaisir. Si sa clémence s'étend jusqu'à moi, s'il me donne de quoi vivre dans la médiocrité, j'en jouirai ; sinon je prendrai patience. Je mêlerai le repos à la paresse, mangeant sans soucis à mes heures, dormant un sommeil libre d'inquiétude. Cependant j'apprendrai que les enseignes victorieuses de la flotte d'Hespérie parcourent le Levant. Les enfants, les jeunes filles, les femmes, les prêtres, toute cette troupe timide écoutera pétrifiée d'étonnement. Un ambassadeur de haute naissance arrivera peut-être chez moi, fatigué du voyage, et contera ses longues courses. Il dessinera sa route avec le vin qu'il répandra sur la table[1] ; il racontera tous ses hauts faits et tiendra fort secret le but de sa visite.

Les Espagnols ne peuvent pardonner à Mendoza une certaine âpreté dans l'harmonie de ses vers : les étrangers,

---

1. Détail assez curieux des mœurs espagnoles du seizième siècle, suivi aussitôt d'un trait d'une vérité impérissable.

moins sensibles à ce défaut, aiment à retrouver quelque chose du caractère de l'auteur dans cette rudesse, sans laquelle on ne saurait expliquer un tel talent dans un tel homme.

CHAPITRE VI

POÉSIE LYRIQUE

Les grands lyriques espagnols : Herrera, Louis de Léon, sainte Thérèse.

Il est un genre où la nouvelle école hispano-italienne pouvait jouir de tous ses avantages et justifier son avènement, c'est la poésie lyrique; c'est-à-dire le libre élan de l'imagination et du sentiment, émus par un grand ou pathétique sujet. C'est là que la noblesse de son vers, l'ampleur et la majesté de ses strophes devaient trouver leur plus légitime, leur plus magnifique emploi. Le moment était favorable : la langue poétique de l'Espagne se trouvait en pleine et nouvelle possession de toutes ses forces. Elle n'avait pas encore fait entendre ces nobles accents que tout idiome humain répète à son tour, retracé ces splendides images de la nature, ces comparaisons, ces métaphores hardies, toutes ces formes choisies de la pensée que les rhéteurs ont desséchées et classées dans leur herbier; qui semblent des lieux communs à ceux qui les ont longtemps contemplées, et d'admirables découvertes à ceux qui les aperçoivent pour la première fois; pareilles à ces sentiments du cœur que tout homme éprouve et croit inventer en traversant l'âge heureux de la jeunesse.

L'organe le plus retentissant par lequel l'Espagne, à son tour, redit les grandes paroles de Pindare, d'Horace, des prophètes bibliques, fut un prêtre de Séville, dont l'histoire littéraire ne connaît guère que le nom, Fernando de Herrera[1]. Les Espagnols, non moins magnifiques que lui dans le langage de leur reconnaissance, lui ont décerné le titre de *divin*. Herrera le mériterait si, pour l'obtenir, il suffisait d'avoir une imagination avide de grands spectacles, une âme facilement enivrée d'images éclatantes, de splendides descriptions, de noble et entraînante harmonie. Il a le *os magna sonaturum* qu'exige Horace; il a la verve et l'exubérante fécondité de langage que ce poète admire dans Pindare :

> Fertur immensusque ruit profundo
> Pindarus ore.

Il ne faut point attendre du poète *divin* de l'Espagne ces émotions personnelles, ces créations originales du sentiment ou de la pensée qui, à nos yeux, sont la condition indispensable du génie. La poésie de Herrera n'a rien d'intime, rien de naïf : son imagination est purement littéraire; c'est l'écho de toutes les grandes voix, la tradition de tous les siècles, depuis David jusqu'à Claudien. Ses odes forment une trame éblouissante, où viennent briller sans disparate les plus belles images qu'ait jamais conçues la poésie antique : la tempête qui gronde, le lion qui rugit, le soleil qui s'éveille dans les nuages dorés de l'aurore, les fleurs qui sourient avec toute leur grâce et leur fraîcheur. C'est de lui que Pascal pourrait dire : si la foudre cessait de frapper les plus hautes montagnes, les poètes seraient réduits au silence. Mais cet appareil traditionnel de la poésie n'a chez Herrera rien de froid et de vulgaire : le poète est lui-même sous le charme, il est ému, enivré le premier de toute cette splendeur, et il la

---

1. Né en 1515, à Séville, où il est mort en 1595.

reproduit avec une complète bonne foi, dans une langue parfaite, dans une admirable versification.

L'Espagne, elle aussi, fut entraînée. Faites abstraction de vos souvenirs : supposez que tout cela soit inventé et dit pour la première fois : ne sera-ce pas réellement admirable? Or, pour les Espagnols du seizième siècle, c'était la première fois qu'ils contemplaient chez eux ce glorieux spectacle, qu'ils assistaient à cette fête de l'imagination et de l'oreille. Ces dominateurs de l'Europe, ces parvenus de la gloire voulaient qu'on leur apportât à domicile toutes les magnificences des arts, tout ce qu'avait ressuscité la Renaissance, tout ce que l'Italie domptée semblait avoir créé pour ses vainqueurs. Ils voulaient entendre dans leur jeune et belle langue les nobles mélodies de l'ode classique : Herrera satisfit à cette exigence nationale ; il fut le poète du lieu commun sublime.

Trois de ses *cancions* atteignent surtout ce but. La première, consacrée à la gloire de don Juan d'Autriche, vainqueur des Mores de l'Alpuxarra, est un brillant tableau mythologique. Elle nous transporte dans le palais de l'Olympe, au moment où, avec son foudre bruyant et la fureur de son bras impétueux, le puissant Jupiter vient de précipiter l'arrogant Encelade dans les profondes cavernes de l'Etna. La terre rebelle à son empire, désormais vaincue et brisée, s'apaise tout en grondant sous la sanglante épée de Mars.

Alors dans le ciel rasséréné, Apollon fait entendre sa lyre harmonieuse, Apollon à la blonde chevelure ornée d'une couronne d'or et de laurier.

La suave mélodie tenait attentive l'auguste assemblée des Dieux, et le ciel qui roulait avec une course rapide, s'arrêta dans un doux enchantement.

Le chantre céleste célèbre alors la victoire des dieux sur les titans, la terrible égide de Pallas, le trident de

Neptune et le courage d'Hercule. Mars surtout, Mars, le dieu de la Thrace, est l'objet de ses plus nobles louanges. Sous ses coups sont tombés Oromédon, Pélore et Mimas. Mais quelque glorieuse que soit la victoire, l'œil du dieu de Délos aperçoit dans l'avenir une autre gloire rivale qui, un jour, éclipsera la sienne. Le ciel accorde à l'Espagne un rejeton de l'invincible César, dont le bras arrêtera l'affreuse invasion des Turcs.

Le dieu décrit dans quelques strophes rapides la troupe menaçante des ennemis de l'Espagne qui s'avance de la cime escarpée des montagnes, et, pareille au nuage obscur, semble dérober la lumière du jour. « Elle s'élance par des bonds rapides : le tonnerre gronde sous ses pas, la haine et la vengeance marchent devant elle. Mais le *jeune homme d'Autriche* apparaît sur la redoutable montagne : la froide crainte glace les rebelles, et il abat la guerre impie par l'épouvante et la mort. »

Puis de poétiques comparaisons agrandissent encore la peinture : c'est une tempête aux bruits horribles (*horrisono*) qui brise le navire tremblant; c'est un trait flamboyant (*flamigero*) de la foudre qui déchire tout ce qu'il rencontre par un long sillon de feu.

Le motif du début est habilement ramené à la fin de l'ode. Si le titan Pélore avait eu un pareil auxiliaire, le dieu Mars eût été vaincu. Si les dieux de l'Olympe l'avaient eu pour défenseur, Jupiter n'eût pas chancelé sur son trône, il n'eût pas eu besoin de déployer son bras foudroyant.

Ainsi chantait la voix prophétique, et Jupiter applaudissait à ses chants, et l'Olympe s'agitait d'un murmure favorable, et Mars, devenu pensif, abaissait son front obscurci.

L'ode de Herrera sur la victoire de Lépante est d'un accent plus vrai et plus pénétrant. Cette fois la mythologie païenne a disparu au souffle de Jéhovah : nous allons entendre la voix révérée des prophètes.

Le modèle de cette seconde *cancion*, c'est le cantique de Moïse après le passage de la mer Rouge : « Je chanterai au Seigneur; car il s'est hautement élevé; il a jeté dans la mer le cheval et le cavalier. »

Le poète espagnol commence de la même façon :

Chantons au Seigneur qui, sur la plaine de la vaste mer, a vaincu le Thrace cruel. Toi, Dieu des batailles, tu es notre droite, notre salut et notre gloire. Tu as brisé les forces et le front audacieux de Pharaon, le féroce guerrier. Ses chefs d'élite ont couvert de leurs débris les abîmes de la mer; ils sont, comme la pierre, descendus jusqu'au fond. Ta colère les a soudain dévorés comme le feu dévore la paille sèche.

Puis il nous fait entendre les cris d'orgueilleux espoir du tyran avant la bataille, les insultes qu'il jette aux chrétiens et à leur dieu. Alors ce dieu se lève, il envoie contre les mécréants un jeune homme, un guerrier;

Et toi, ô Dieu, tu as livré, comme la poussière au vent furieux, ces impies fuyant par milliers devant un seul homme. Tel qu'un feu embrase les forêts et se répand sur leurs cimes épaisses, tel, dans ta colère et tes foudres, tu les as suivis et tu as couvert leur face de honte.

Enfin, le poète se recueille : la description se change en prière; mais dans la prière même grondent encore sourdement la malédiction et la vengeance :

Bénie soit ta grandeur, ô Seigneur! que les élus t'adorent : que tout ce qu'enveloppe le vaste ciel confesse ton nom, ô notre Dieu, notre appui : et que la tête condamnée du rebelle périsse dans les flammes dévorantes.

Tout cela est hébraïque sans doute, mais tout cela est espagnol aussi, jusqu'à cette invocation à la flamme qui doit dévorer les impies. Depuis longtemps, grâce au culte, le langage de Moïse, de David, était devenu la langue naturelle de l'âme chez cette nation de la foi. Qu'on pense un instant à l'effroi que la puissance et la férocité des Turcs inspiraient à toute la chrétienté du seizième siècle; qu'on se figure ce torrent de la conquête musulmane que rien n'avait encore arrêté; qu'on se rappelle Rhodes soumise, la Hongrie ravagée, l'Autriche humiliée, Chypre enlevée aux Vénitiens, les triomphes du Croissant ensanglantés par des cruautés inouïes, les garnisons massacrées malgré les capitulations, un héroïque gouverneur écorché vif en punition de son courage; et l'on comprendra combien il y avait de sincérité dans le cri de joie, de religieuse reconnaissance et de patriotique orgueil dont Herrera saluait la victoire du fils de Charles-Quint.

Il se surpassa encore dans un troisième chant lyrique, celui qui a pour sujet la défaite et la mort du roi de Portugal, don Sébastien, exterminé avec toute son armée en 1578 en Afrique, à Alcaçar-Kébir.

Ici ce n'est plus l'accent orgueilleux du triomphe, c'est une plainte douloureuse, mais pleine encore de majesté, et par cela même plus touchante et plus poétique. Jérémie a remplacé Moïse.

Qu'une voix de douleur, un chant de gémissement, l'esprit de crainte enveloppé de colère, soient le triste début consacré à la mémoire de ce jour fatal, abhorré, que pleure la malheureuse Lusitanie, dépouillée de sa valeur et tombée de sa gloire....

Hélas! ils ont passé, pleins de confiance dans leurs coursiers et dans la multitude de leurs chars, jusqu'en ton sein, Lybie déserte. Trompés par leur vigueur et leurs forces, ils n'ont pas élevé leur espérance vers le sommet de l'éternelle lumière; mais d'un orgueil certain ils se promettaient l'incertaine victoire.... Le saint d'Israël ouvrit sa main et les lâcha. Soudain tombèrent dans le précipice le char, le cheval et le cavalier....

Il est venu le jour de colère.... Les sables du désert se sont changés en lac de sang.... Sont-ce là les fameux et les forts, les belliqueux guerriers qui firent trembler la terre qu'enveloppe l'océan des Indes?... pareils au cèdre du Liban.... livré aujourd'hui à la cognée, et couvrant la montagne de ses débris épars....

Toutes ces images bibliques, que nous nous contentons d'indiquer, sont développées par le poète avec l'ampleur de son grave et sonore idiome : il semble qu'elles aient retrouvé leur véritable langue. Ce qui, chez nous, serait emphase ou déclamation, n'est que naturel en Espagne; les couleurs voyantes, les flottantes draperies conviennent seules à cette région ardente des horizons lumineux, à cette Afrique de l'Europe.

Herrera s'est distingué aussi dans des compositions plus légères. On vante beaucoup son *Ode au sommeil*. Cette pièce, un peu diffuse peut-être, un peu coquette dans ses atours mythologiques, est remarquable par la grâce et la douceur voluptueuse du langage. Il attachait un très grand prix à la forme du sonnet en général, et aux siens en particulier : la postérité n'a pas partagé cette prédilection; quelques-unes de ses élégies, écrites en *terza rima*, sont généralement plus estimées.

La critique reproche avec raison à Herrera d'avoir, dans la plupart de ses compositions, quelque chose de tendu et d'artificiel : sa doctrine avouée, telle qu'elle résulte du subtil, mais pédantesque commentaire dont il accompagne son édition de Garcilaso[1], c'est de rejeter de la haute poésie tous les mots qui donnent à la pensée un air commun et familier. C'est le dangereux conseil que, chez nous, Buffon donnait même aux écrivains en prose. Herrera portait jusque dans le choix des idées cet esprit d'exclusion dédaigneuse : il ne recherchait, il n'admettait que les choses éclatantes. C'est à nos yeux son principal défaut. Ses compatriotes lui reprochent encore d'avoir fait violence à la langue par des inversions insolites dans la construction et par des importations non moins étranges dans le vocabulaire; il fait des emprunts hardis au latin, à l'italien, même au grec : il y a du Ronsard dans ce Jean

---

1. *Obras de Garcilaso*, 1580, pages 75, 120, 126, 578, etc.

Baptiste Rousseau. Mais ce qui frappe et fatigue surtout le lecteur étranger, c'est l'absence de souplesse, de laisser-aller et de naturel. Herrera est toujours sur le trépied : je vois trop en lui l'artiste, c'est en vain que je cherche l'homme[1].

Je le trouve, au contraire, et avec un charme irrésistible, chez un de ses contemporains, plus vrai et par conséquent plus grand poète que Herrera, Louis Ponce de Léon (1527-1591). Sa vie, son caractère, son âme étaient une suave poésie, dont ses écrits laissent arriver jusqu'à nous quelques rayons. Issu d'une riche et noble famille, un attrait puissant l'entraîne loin du monde; il entre à l'âge de seize ans dans l'ordre de Saint-Augustin; mais sa douce et aimable piété n'avait aucun des traits repoussants de la dévotion monacale. Sa dévotion n'était qu'amour, méditation céleste, élancement continuel vers un monde meilleur. Au dehors, rien d'affecté : tout est modeste, régulier, ordinaire; devenu moine, Louis de Léon continue et termine ses études. Il lit et médite l'Écriture sainte, prend ses grades en théologie, devient et reste jusqu'à sa mort professeur à l'université de Salamanque.

Le malheur, la persécution, viennent éprouver cette âme comme pour l'ennoblir et l'épurer encore. Louis, dans ses pieuses études, a été frappé de la beauté poétique d'un livre de l'Écriture sainte, le *Cantique des cantiques*; il y a vu une ravissante idylle et il l'a traduit en secret. Un valet infidèle lui dérobe son manuscrit. L'Inquisition, excitée par les rivaux du professeur, s'arme de toutes ses sévérités. Traduire la Bible en Espagne et au siècle de

---

1. Herrera a publié lui-même, en 1582, un volume de ses poésies : son ami, le peintre Pacheco, en a publié, en 1619, une seconde édition augmentée : la troisième, et la plus complète, se trouve dans les 4ᵉ et 5ᵉ volumes des *Poesias castellanas* de Fernandez, 1808. On peut lire les plus belles pièces de ce poète dans le *Tesoro del Parnaso español* de Quintana.

Luther! Louis est jeté en prison : il passe cinq ans dans les cachots du Saint-Office; et n'en sort que brisé de corps et d'âme, malade, découragé, éteint.

On dit qu'en remontant dans sa chaire de Salamanque, que ses collègues de l'Université lui avaient pieusement réservée, Louis, après une si longue absence, environné d'un nombreux auditoire avide de recueillir, de la bouche du professeur réintégré, quelque allusion à ses malheurs immérités, commença sa leçon par ces simples paroles : « Nous avons dit dans notre dernière réunion... », comme si ces cinq années de souffrances n'avaient laissé aucune trace dans son âme incapable de haïr.

Les poésies de Louis de Léon sont toutes antérieures à son emprisonnement. Elles s'échappaient de sa plume insoucieuse, sans prétention, sans effort, presque comme une faute de jeunesse dont il devait s'excuser et se corriger[1]; il ne les recueillit que dans la dernière partie de sa vie, et pour faire plaisir à un de ses amis, lequel n'eut jamais l'idée de les publier. Ce ne fut que quarante ans après la mort du poète, que Quevedo les donna au public dans l'espoir d'arrêter les envahissements du mauvais goût.

Ces poèmes, si dédaignés de leur auteur, sont la plus belle production lyrique de l'Espagne. La majeure partie du recueil renferme des traductions et des imitations, soit de l'antiquité classique, soit de la Bible. La portion originale n'a guère qu'une centaine de pages, mais ces pages renferment plusieurs chefs-d'œuvre. « Je ne sais, dit M. Villemain[2], si la poésie des premiers chrétiens offrit émotion plus naïve, le lendemain des miracles et du martyre, que ne la ressent, après tant de siècles, le poète inspiré par sa foi. Jamais solitaire n'entrevit davantage le

---

1. Voir la notice justificative qui sert de préface à ses *Odes sacrées*.
2. Essai sur le génie de Pindare, page 495.

ciel. On croirait entendre la surprise et les vœux des apôtres dans cet hymne pour la fête de l'Ascension. »

Délaisses-tu donc, Saint Pasteur, ton troupeau dans cette vallée profonde, obscure, avec la solitude et les regrets! Et toi-même, brisant la barrière limpide des airs, t'en vas-tu vers l'immortel asile? Ceux qui naguère avaient le bon partage, et qui maintenant sont tristes et abattus, les fils de ton cœur, dépossédés de toi, où porteront-ils désormais leur amour?

Leurs yeux qui virent la beauté de ta face, que regarderont-ils encore qui ne leur soit ennui? Le disciple qui a entendu la douceur de ta voix, quel son ne lui semblera pas disgracieux et sourd?

La mer turbulente, qui lui donnera désormais un frein? Qui pourra calmer le courroux des vents déchaînés? Quand tu as disparu, quelle étoile polaire guidera la nef vers le port.

Ah! nuée trop envieuse de cette courte joie, pourquoi te presses-tu? Où t'envoles-tu? Quel trésor tu emportes! Combien pauvres et aveugles tu nous laisses ici-bas!

« Le même tour d'imagination, la même ferveur mystique animent d'autres chants de Louis de Léon, et en font le poète illuminé par la grâce divine, comme on l'a été de nos jours par la mélancolie et la satiété du cœur. Telle est cette méditation lyrique, la *Nuit sereine*, à don Oloarte :

Quand je contemple le ciel paré d'innombrables flambeaux, et que je ramène mes regards sur la terre enveloppée de la nuit et livrée au sommeil et à l'oubli;

L'amour et la tristesse réveillent en mon cœur une ardente inquiétude; des flots de larmes s'échappent de mes yeux, et je dis d'une voix plaintive :

O divine demeure! temple de lumière et de beauté, cette âme qui naquit pour ton sublime séjour, quelle malencontre la retient dans cette prison basse et obscure?...

Ah! levez les yeux vers la sphère éternelle; vous dédaignerez les aspects de cette vie menteuse et tout ce qu'elle craint et tout ce qu'elle espère.

Est-ce autre chose qu'un point fugitif, ce sol abject et misérable, comparé à la grande région où vit transformé sous une même splendeur ce qui est, ce qui sera et ce qui fut pour nous?...

Là règne la joie suprême, là domine la paix; là dans un saint asile respire l'amour divin entouré de gloire et de délices.

Là resplendit dans tout son éclat ce jour pur auquel jamais ne succède la nuit ; là fleurit l'éternel printemps :
O vertes campagnes, ô prés embellis d'une immortelle fraîcheur, secrètes vallées de mille biens remplies !

« La langue du poète, même pour redire ce bonheur céleste, ne saurait trouver que des images mortelles ; mais la passion dont il est inspiré est toute spirituelle et tout idéale. On peut nommer cette poésie le chant de l'amour pur. »

Louis de Léon n'appartient à l'école italienne de Garcilaso que par l'élégance et l'élévation de son langage. Presque toutes ses plus belles compositions sont des odes écrites dans les anciennes mesures castillanes. Il évite avec goût la longue stance de la *canzone*, et préfère les vieilles *quintillas* plus favorables à la précision.

Ses écrits en prose sont plus nombreux, et présentent encore un caractère poétique toujours bien venu en Espagne. Il composa dans sa prison un long et éloquent traité sur les *Noms du Christ* ; puis un autre, devenu plus populaire, sur la *Parfaite épouse*, espèce de direction spirituelle pour une jeune femme nouvellement mariée. Le pauvre captif commença aussi dans sa prison une exposition en deux volumes du livre de *Job*, qu'il devait trop bien sentir. On trouve dans tous ces ouvrages une humble foi, un vif enthousiasme et une éloquence riche, quoique souvent diffuse et trop fleurie. Louis de Léon est le Fénelon de l'Espagne.

Après lui nous ne pouvons passer sous silence un autre nom, que le sien rappelle, un autre écrivain inspiré du même enthousiasme, et dont Louis s'est fait lui-même l'éditeur[1]. Au fond d'un cloître d'Avila, une femme trouvait dans son âme des mouvements lyriques plus sincères

---

1. Les manuscrits laissés par sainte Thérèse ont été publiés après sa mort, en 1588, par Louis de Léon.

que ceux de Herrera, aussi tendres que ceux de Louis de León. « Suivez-la, disait ce dernier : elle a vu Dieu face à face, et maintenant elle vous le montre. » Thérèse de Cepeda, que l'Église a canonisée en 1622 sous le nom de sainte Thérèse, est vraiment un poète lyrique : son inspiration c'est l'amour, et comme Dieu seul en est l'objet, Thérèse, appuyée sur l'espérance et la foi, ouvre en souriant les régions célestes aux regards de l'homme ; elle en raconte les joies, elle en répand autour d'elle le calme et la sérénité ; ou si par moment elle songe aux rigueurs de la justice divine, la charité l'embrâse d'une tendresse si compatissante, qu'elle plaint tous les damnés et jusqu'au démon, plus malheureux encore que ses victimes : « L'infortuné, dit-elle, il ne saurait aimer! »

L'enthousiasme, l'extase de sainte Thérèse réalisent tout ce que les anciens nous apprennent du délire de l'inspiration :

Grand Dieu! s'écrie-t-elle, dans quel état se trouve l'âme quand elle s'épanouit dans votre sein! Elle est alors comme cette femme dont il est parlé dans l'Évangile qui appelait ses voisines pour se réjouir avec elles de ce qu'elle avait retrouvé la drachme perdue : elle voudrait posséder le don des langues pour avoir plus de moyens de vous louer, et elle dit mille extravagances, qui ne viennent toutes que du désir de vous plaire. Je connais une personne qui ne sait point faire de vers, et qui en a composé sur-le-champ, remplis de sentiments très vifs et très prononcés.... Ce n'était pas l'œuvre de son esprit, c'était une émanation de son cœur.

Voici l'un de ces poèmes, que Thérèse avoue avoir composés dans des circonstances qu'elle-même a si admirablement décrites.

A JÉSUS CRUCIFIÉ

Pour t'aimer, ô mon Dieu, ce qui touche mon âme,
Non, ce n'est pas le ciel que m'a promis la foi ;
Non, ce n'est pas l'enfer à la terrible flamme
Qui détourne mon cœur de transgresser ta loi.

C'est toi seul, ô mon Dieu, qui me touches, c'est toi,
C'est de te voir cloué sur ce gibet infâme;
Mon amour, c'est ton corps sanglant qui le réclame;
Mon amour est au Dieu qui souffre et meurt pour moi.

Que me font les trésors de ton pouvoir suprême?
Sans toi, tous tes présents n'ont point pour moi d'attraits.
Je te cherche toi seul; je t'aime pour toi-même.

S'il n'était point d'enfer, mon Dieu, je te craindrais;
Si le ciel n'était pas, mon Dieu, je t'aimerais,
Sans péril, sans espoir, comme aujourd'hui je t'aime.

    No me mueve, mi Dios, para quererte
    El cielo que me tienes prometido,

    Ni me mueve el infierno tan temido,
    Para dejar por eso de ofenderte.

    Tu me mueves, mi Dios, mueveme el verte
    Clavado en esa cruz y escarnecido;
    Mueveme ver tu cuerpo tan herido;
    Muevenme las angustias de tu muerte.

    Mueveme enfin tu amor de tal manera
    Que, aunque no hubiera cielo, yo te amara;
    Y, aunque no hubiera infierno, te temiera..

    No me tienes que dar porque te quiera,
    Porque, si cuanto espero no esperara,
    Lo mismo que te quiero te quisiera.

L'Inquisition, qui avait persécuté Louis de Léon, inquiéta sainte Thérèse. On peut pressentir, par le nom et le caractère de ces deux victimes, l'influence qu'exerça sur l'esprit public, en Espagne, cette redoutable institution. Nous constatons en passant ces deux faits, nous réservant d'apprécier plus tard la question générale à laquelle ils se rattachent[1].

Après les grands poètes que nous avons étudiés dans ce

---

1. Thérèse de Cepeda, ou Thérèse de Jésus, comme elle s'appela elle-même, née en 1525, morte en 1582, a laissé les ouvrages suivants : *Discours ou Relation de sa vie; Le chemin de la perfection; Le livre des fondations; Le château intérieur ou Les séjours*; enfin, les

chapitre et dans le précédent, la route était frayée : une foule d'écrivains élégants se précipitèrent sur leurs traces. Sous Philippe III fleurissent les deux Argensola, ces frères poètes, chefs de l'école classique, nommés un peu trop complaisamment par leurs compatriotes « les deux Horace espagnols [1] », Francisco de Rioja, Figueroa, Espinosa, Vicente Espinel, le pur et correct Jaureguy, le spirituel Quevedo, le voluptueux Villegas, imitateur, traducteur, et, s'il faut en croire les Espagnols, émule d'Anacréon, vingt autres enfin, dont la gloire s'efface dans l'éclat commun de ce siècle, et que la rapidité de cette esquisse ne nous permet pas d'examiner en détail.

Pensées d'amour de Dieu. A ces livres, dont les quatre premiers parurent de son vivant, il faut ajouter ses *Lettres* (*Las cartas*), qui furent recueillies et publiées après sa mort.

1. Le caractère et l'influence des deux Argensola, Lupercio et Bartholomée, ont été appréciés avec une finesse et une équité parfaites par M. Adolphe de Puibusque :

« Si la langue leur doit beaucoup, avait dit Quintana (*Tesoro del Parnaso español*, p. 17), pour le soin et la justesse avec lesquels ils écrivaient, la poésie est loin de leur avoir autant d'obligations. Aussi leur réputation semble-t-elle fondée plutôt sur une absence de défauts que sur une possession de qualités. »

« Cela pourrait être vrai, dit M. de Puibusque, si les Argensolas n'avaient eu que le mérite négatif d'échapper à certains défauts ; mais l'absence des défauts que l'on signale suppose les qualités contraires ; et ces qualités, qui ne sont rien moins que la correction, l'élégance, la pureté, la mesure, ont une valeur positive, absolue, universelle.... Ce qui paraît incontestable, c'est que les défauts qu'ils ont évités devaient être bien graves, puisqu'il y eut tant de mérite à s'y soustraire. N'est-ce donc pas alors une preuve manifeste de leur supériorité, qu'ils aient su faire autrement et mieux que tous les auteurs contemporains ? » (*Histoire comparée des littératures espagnole et française*, t. I, p. 266).

CHAPITRE VII

LE ROMAN

L'épopée et le roman chevaleresque en Espagne : L'Araucana; les Amadis.

Les *romances* populaires, que nous avons étudiées plus haut, sont la véritable épopée de l'Espagne : elle n'en a point d'autre. En vain des poètes oubliés aujourd'hui cherchèrent-ils à s'inspirer de la gloire contemporaine de Charles-Quint : les *Carlos famoso*, *Carlos victorioso* échouèrent tous également ; trente-six essais d'épopées castillanes sombrèrent dans le même naufrage. La grandeur des événements réels écrasait toute fiction : le poète glissait dans l'histoire. L'*Araucana* d'Alonso de Ercilla (1525-1595) doit quelque célébrité à la recommandation de Voltaire; mais cette œuvre qui contient de beaux passages n'en est pas plus pour cela un poème épique[1]. Le sujet a par lui-même peu d'importance : il s'agit de la soumission d'une petite province du Chili révoltée contre les Espagnols. Les chefs européens qui la combattent ont peu de célébrité, en sorte que le poète est nécessairement conduit à porter l'intérêt principal sur les caciques de cette région d'Arauca, défaut grave dans un poème

---

[1]. L'*Araucana* avait été traduite ou plutôt déplorablement abrégée par Gilibert de Merlhiac, Paris, 1824, in-8°. M. Hyacinthe Vinson, notre élève et surtout notre ami, a entrepris et mené à bonne fin pour la première fois en France la traduction de l'œuvre entière d'Ercilla qui n'embrasse pas moins, hélas! de 21,000 vers. Mais ce travail n'a été imprimé qu'en partie ; les huit premiers chants : Bordeaux, 1846, in-12 et les chants I et XXXVII, Pondichéry, 1856, gr. in-8°.

national. Enfin il ne connaît d'autre système de composition que la suite des événements. Engagé volontaire à l'âge de vingt et un ans, il prit part avec un remarquable courage à l'expédition qu'il raconte. Les soirs de marche ou de bataille, le jeune soldat, retiré dans sa tente, écrivait les incidents de la journée. Il résulte de ce procédé une grande vérité de couleur, beaucoup d'exactitude dans les descriptions, de chaleur dans les récits, mais une absence totale de composition et d'ensemble. C'étaient des matériaux pour un poëme, plutôt qu'un poëme véritable. Quinze chants furent écrits ainsi sur les lieux mêmes. A la fin l'auteur s'aperçut (c'est lui-même qui nous en informe naïvement) que le simple exposé des faits finirait par sembler monotone, et se souvenant que dans les poèmes d'Homère et de Virgile se trouvaient certains récits épisodiques, destinés à suspendre la narration principale et à varier l'intérêt, Ercilla se mit à composer aussi des *épisodes*. Il fit apparaître Bellone pour annoncer au poète la victoire de Saint-Quentin; il décrivit la caverne de l'enchanteur Fiton, où il eut le privilège d'assister en esprit à la bataille de Lépante; il imagina une dispute entre deux soldats au sujet de la reine Didon, ce qui lui donna lieu de défendre, en vrai chevalier, la vertu de cette reine contre les calomnies de Virgile. Citons encore le songe émouvant de la belle Guacolda (ch. XIII, st. 44-56) et le récit de Glauza, empreint de tant de mélancolie grave et tout à fait espagnole (ch. XXVIII, st. 4-41), ainsi que celui de Tegualda (ch. XX, st. 29-79, et ch. XXI, st. 1-12).

Malheureusement ces créations préméditées et mal cousues au récit ne se rattachent qu'avec effort au sujet principal de l'ouvrage. Ercilla ne le ranime guère quand il informe longuement le lecteur des événements de sa vie privée, ou quand il discute longuement les prétentions de Philippe II à la couronne de Portugal, et termine par des plaintes amères sur le malheur de sa condition, sur la ruine de ses espérances, annonçant le projet de consacrer le reste de ses jours à la pénitence et à la dévotion[1].

Il faut peu s'étonner de ne pas rencontrer d'épopée dans l'Espagne du seizième siècle. L'épopée véritable n'est jamais la pensée individuelle d'un seul homme; il faut qu'une nation l'ait faite avant qu'un poète l'écrive. Le peuple espagnol ne suivit point ses poètes dans la carrière de Virgile et du Tasse. Cette nation indocile à jamais au joug de l'étranger[2], n'adopta des importations littéraires du seizième siècle que ce qui était conforme à son propre génie. Quand les poètes lettrés voulurent donner des formes plus polies aux éléments épiques chantés par la voix populaire, elle n'en accepta que deux, le roman et le drame. L'épopée écrite lui parut toujours un non-sens: ou on la chante, et c'est la romance héroïque; ou on la lit, et c'est le roman; ou enfin on la regarde se dérouler sur un théâtre, et c'est le drame, la comédie. Cette dernière forme surtout fut éminemment nationale. Elle servait à merveille les goûts d'une race indolente et passionnée; on peut dire du peuple espagnol ce qu'un habile critique a écrit de sainte Thérèse: « Ses méditations se changent en visions. » Ce qu'il pense il le voit; son théâtre n'est qu'un roman en action. Le roman et la comédie furent donc les deux branches littéraires dans lesquelles monta toute la sève épique de l'Espagne; ces deux genres se développèrent avec une supériorité qui s'imposa bientôt à l'imitation française: il nous reste à les étudier ici.

La plus ancienne classe de romans espagnols furent les romans chevaleresques. Au quinzième siècle, à l'époque où l'esprit de la chevalerie disparaissait de toute l'Eu-

---

1. Baret, *Histoire de la littérature espagnole*, page 198.
2. *Cantabrum indoctum juga ferre nostra.*
            Horace.

rope, où la France avait épuisé ses grands cycles de Charlemagne et d'Arthur; où l'Italie se jouait avec leurs armures et foulait aux pieds leurs principes, au temps des Louis XI et des Borgia, des Pulci, des Comines et des Machiavel, le récit des aventures héroïques de nos chevaliers renaît tout à coup en Espagne et y produit une nouvelle et abondante moisson.

Le sol était favorable: l'Espagne, la contrée catholique et guerrière, qui finissait à peine de se délivrer du Croissant et qui avait trouvé chez elle une éternelle croisade, était plus jeune de deux siècles que l'Angleterre, que l'Italie, que la France: sous Charles-Quint tous les cœurs espagnols furent à François Ier captif. Le traître Bourbon demeura isolé comme un pestiféré. L'empereur ayant prié un des grands de l'héberger: « Je ne puis refuser, dit-il, ma maison à Votre Majesté; mais si le duc y entre, je la brûlerai le lendemain. » Un pays où l'on prononce de telles paroles est digne de rêver l'héroïsme: il peut encore se passionner pour les Tristan et les Lancelot.

Ce fut un de leurs pairs qui alla régner sur les imaginations castillanes: *Amadis de Gaule* fut le monarque de ce nouvel empire. Dès le milieu du quatorzième siècle (1360) nous trouvons en Espagne des témoignages qui prouvent qu'on y lisait déjà les aventures chevaleresques de Lancelot et d'Amadis. Vers la fin du même siècle le portugais Vasco de Lobeira les rédige dans sa langue; et environ cent ans après (vers 1465), sous Ferdinand et Isabelle, García Ordoñez de Montalvo en compose une version espagnole, la plus ancienne qui nous reste aujourd'hui[1].

Il est probable que Montalvo avait pris pour source et pour modèle quelqu'un de nos vieux romans français aujourd'hui perdu. Lui-même avoue qu'il travaille d'après

---

1. La première édition de l'*Amadis* de Montalvo est de 1519.

un original ancien : Herberay des Essarts, qui traduisit en français l'œuvre de Montalvo (1540), affirme en avoir « trouvé quelques restes dans un vieux livre écrit à la main en langage picard » ; Bernardo Tasso, père de Torquato, et auteur d'un poème italien sur *Amadis*, déclare formellement que le roman espagnol est un remaniement de quelque tradition bretonne, et il désigne Montalvo sous le titre d'arrangeur, *refabbricator*.

Des preuves intrinsèques viennent à l'appui de ces témoignages. Quelques-uns des principaux noms propres de l'*Amadis* semblent appartenir à l'idiome celtique ; *Lisuart* est le même que *Lych-Warc'h*, nom d'un barde breton du sixième siècle ; *Élisène*, mère d'Amadis, rappelle l'*Éliène sans per* (pair) du roman de *Lancelot* ; le pays de *Soreloys* et celui de *Norgalles* (Galles septentrionale) contigu au royaume de *Périon*, appartiennent également aux deux cycles. Le titre même du roman de Montalvo, *Amadis de Gaule*, indique l'origine, non pas française, mais galloise de la fiction. Les événements des deux premiers livres de l'Amadis ne sortent point de l'Irlande, de la Grande-Bretagne et de la Bretagne armoricaine, scène ordinaire des plus anciens romans de la *Table ronde*.

Il y a plus : Montalvo ne comprend pas toujours ce qu'il raconte ; donc il n'invente pas : il répète. Par exemple, il nous montre Amadis passant par mer des États de Périon à la cour de Lisuart qui se tenait à Windiliroses (Windsor), et il fait débarquer son héros à Bristoya (Bristol). C'est un point de débarquement singulièrement choisi, si Amadis se rend, comme le croit Montalvo, de France en Angleterre ! mais c'est au contraire le chemin le plus direct, si Périon régnait en Galles et non en France, et si Amadis devait aller du pays de Galles à Windsor. L'œuvre originale plaçait donc en Galles le royaume de Périon. Le roman espagnol a donc une origine celtique, comme les romans de la *Table ronde*.

Mais cette refonte espagnole ne fut nullement une copie : Montalvo disposa en maître de la matière qu'il empruntait, il mêla à la légende d'Amadis des souvenirs tirés de nos autres romans français, enfin il imprima à son imitation le caractère du pays et du peuple à qui elle était destinée[1].

Essayons de donner une idée de cette fiction qui eut le privilège de passionner tour à tour l'Espagne et la France, de provoquer un nombre formidable d'imitations, et d'exercer son influence jusque sur nos chefs-d'œuvre du dix-septième siècle.

Tous les romans de chevalerie se ressemblent un peu. L'esprit humain, malgré ses hautes prétentions à l'originalité, tourne dans un cercle assez étroit. Chaque siècle a ses modes littéraires ; chaque mode, ses lieux communs. Voici la grande route des romans chevaleresques. Un page, les plus beau des pages et de plus fils de roi, mais dont la naissance est inconnue, devient amoureux d'une princesse, la plus belle des princesses : il encourt quelque temps sa disgrâce ou celle de son père ; il s'éloigne et devient par ses exploits le vainqueur des vainqueurs de la terre. Les magiciens, les palais enchantés, les fées, les nains, les dragons échouent devant sa constance. Pendant ce temps sa princesse est enlevée par un rival ou par un ennemi. Enfin après dix ou douze volumes d'obstacles vaincus et de prodiges accomplis, le poète récompense ses héros ; il unit les deux amants et leur donne des enfants aussi beaux que le jour, dont on fera encore dix ou douze volumes.

Cette analyse générale est presque celle d'*Amadis*. Fils de Périon, roi de Gaule, et d'Elisène, princesse de la

---

[1]. On peut voir les preuves développées de toutes les assertions qui précèdent dans la thèse intéressante de M. Baret sur l'*Amadis de Gaule*, Paris, 1853, in-8°.

petite Bretagne, Amadis est né avant leur mariage. Il a pour frère puîné Galaor, qui ne jouit pas du même avantage. Amadis, exposé comme Moïse sur un berceau flottant, est élevé à la cour d'Écosse, où il s'éprend des charmes d'Oriane, fille du roi Lisuart, de laquelle il a bientôt un fils dans les conditions où il est né lui-même. Éloigné de la cour par une disgrâce, il fait mille exploits avec ou sans son frère Galaor ; il triomphe, grâce à la fée Urgande, des enchanteurs et des magiciens, arrache sa maîtresse aux ambassadeurs de l'empereur de Rome, Patin, qui l'avait obtenue pour épouse, et finit par l'épouser lui-même, après avoir sauvé la vie et la couronne à son beau-père.

Dans le long développement de ce thème. Le romancier espagnol connait et imite plusieurs fois les romans français de la *Table ronde*. Par exemple, le premier entretien d'Amadis avec Oriane est évidemment emprunté d'une scène semblable de *Lancelot*. Nous allons donner un extrait du modèle et de l'imitation.

Lancelot introduit près de la reine Genièvre, est contraint par ses habiles questions à lui avouer que c'est pour elle qu'il a récemment accompli tant de prouesses.

Et avant-hier, à l'assemblée, pourquoi fîtes-vous tant d'armes? — Et il commença à soupirer moult fort, et la reine le tient moult court, comme celle qui sait bien comme il lui va. — Dites-moi sûrement, et je ne vous en découvrirai: car je sais bien que pour aucune (quelque) dame ou damoiselle le fîtes-vous ; et me dites qui elle est, par la foi que vous me devez. — Ha! dame, fait-il, je vois bien qu'il me convient (faut) dire. Dame ce êtes-vous. — Je! fit-elle! Et dès quand me aimez-vous tant? — Dame, fait-il, dès le jour que je fus appelé chevalier... Vous me le fîtes faire, qui de moi fîtes votre ami, si votre bouche ne mentit. — Mon ami! fit-elle ; et comment? — Dame, fait-il, je m'en vins devant vous tout armé, quand je eus pris congé de mon Seigneur le roi; si vous commandai à Dieu, et dis que j'étais votre chevalier en tous lieux. Et je vous dis : Dame, à Dieu! Et vous dîtes : Allez à Dieu, bel ami. Ne onques puis du cœur ne me put ce mot issir (sortir). Ce fut ce mot qui prud'homme me fera; ne onques puis ne vins à si grand mischief (malheur) que de ce mot ne me souvint. Ce mot me a conforté en tous mes ennuis, ce mot me a de tous mes périls garanti ; ce mot me soûle (rassasie) en toutes mes faims ; ce mot me fait riche en toutes mes pauvretés. — Par foi ! dit la reine, ce mot fut en bonne heure dit, et béni soit Dieu, qui dire me le fit. Mais je ne le prenais pas à certes comme vous fîtes, et à maints chevaliers l'ai-je dit, là où je ne pensai onques fors du dire. Mais votre penser ne fut pas vilain, quand prud'homme vous a fait devenir. Et non pourtant la coutume est ore (maintenant) telle des chevaliers, qui font assez grand semblant à maintes dames de telles choses, dont guère ne leur est au cœur. — Et ce disait-elle, pour voir de combien elle le pourrait mettre en mésaise (malaise) ; car elle se doutait bien qu'il ne pensait qu'en elle ; mais elle se délitait (plaisait) fort en sa mésaise voir et écouter. Et il en fût si angoisseux, que à peu qu'il ne se pâmât.

Cette scène charmante de naïveté et de finesse est reproduite en traits un peu effacés, je le crains, par l'auteur espagnol d'*Amadis*. La voici dans la traduction très fidèle d'Herberay des Essarts.

Amadis n'étant encore âgé que de douze ans, « combien que, vu sa grandeur, il paraissait en avoir plus de quinze », désire passionnément être armé chevalier ; car « il disait en soi-même : si une fois je suis chevalier, je ferai telle chose que j'aurai bonne réputation en faveur de ma dame, ou je mourrai en la peine... Il prit la hardiesse de venir vers Oriane » pour qu'elle appuyât sa demande auprès de la reine ; là se mettant à genoux, il lui exposa son désir et ajouta :

Ma dame, je me sens de si peu de mérite envers vous, que je me répute indigne de vous rien requérir ; mais je me tiendrais trop heureux si j'avais moyen de vous obéir et qu'il vous plût me commander. — Comment, répondit-elle, avez-vous le cœur si bas et si peu d'estime de vous ? — Madame, en quelque sorte que ce soit, je n'ai aucunes forces, sinon celles que m'a laissées le grand désir que j'ai de vous servir. Car mon cœur est tout vôtre... — Mien, répondit Oriane, et depuis quand ? — Depuis qu'il vous plût, madame. — Et quand fut-ce qu'il me plût, dit-elle ? — De ce même temps que le roi votre père vous laissa en ce pays, s'il vous en souvient, et que la reine me présenta à vous, disant telle parole : Je vous donne ce damoisel pour vous servir, et de ce jour m'acceptâtes vôtre, et pour vôtre me suis depuis réputé, si que moi-même n'ai eu sur moi aucune puissance. — Certes, dit Oriane, vous prîtes cette parole à meilleure fin que pour l'heure elle ne s'entendait ; dont vous en sais très bon gré, et suis contente qu'il soit ainsi. A peine eut-elle proféré cette parole, que le damoisel se sentit si épris d'aise qu'il perdit le pouvoir de facilement aucune chose répondre. Ce que connaissant Oriane, n'en fit aucun semblant, seulement lui dit qu'elle allait voir la reine, pour faire ce dont il l'avait priée.

Nous pourrions citer encore, parmi les imitations de Montalvo, l'épisode du Beau-Ténébreux : c'est le nom sous lequel Amadis désespéré se retire dans l'ermitage de la Roche-pauvre. Ce passage, qui doit une grande célébrité à la parodie qu'en a faite Cervantes dans *Don Quichotte*, est calqué sur une aventure semblable de la première partie de *Tristan*.

Ces ressemblances entre l'*Amadis de Gaule* et nos romans de chevalerie, sont frappantes ; et, outre celles-ci, M. Baret en a indiqué plusieurs autres [1] ; mais il faut nous hâter, et signaler de préférence quelques traits qui, dans l'œuvre de Montalvo, appartiennent en propre à l'Espagne du quinzième siècle.

Ils consistent d'abord dans une certaine pureté relative de sentiments inconnue à ses modèles. L'héroïne à qui s'adressent les hommages d'Amadis n'est pas, comme dans la plupart des romans du moyen âge, une reine, liée par ses devoirs d'épouse, mais une jeune fille qu'il peut aimer sans crime, sinon sans faute. « On ne chantait guère en Espagne, dit M. Dozy, que l'amour dans le mariage... Ce fut précisément à cause de son caractère immoral que le cycle breton ne put s'y naturaliser. » Montalvo en imitant une fable armoricaine, l'assujettit aux convenances morales de son siècle et de son pays.

En second lieu, si l'*Amadis* espagnol n'a pas l'énergie de *Tristan* ni la finesse maligne du roman de *Lancelot*, il s'élève quelquefois à une noblesse de pensées qui n'est pas indigne de la patrie du Cid.

Abreuvé de dégoûts par le roi Lisuart Amadis prend la

---

1. De l'*Amadis de Gaule*, etc., p. 122

résolution de s'éloigner. Il demande et obtient d'Oriane une dernière entrevue, où il lui fait part de sa résolution.

> Entendez, ma dame, dit-il, que le roi votre père fit hier un propos à Agraies, Galvanes et moi, par lequel il nous a trop fait connaître le peu de bien qu'il nous veut. — Puis lui récita de mot à mot ainsi que le tout était advenu ; et comme à la fin le roi en se levant, de grand colère, leur dit que le monde était assez grand pour aller trouver ailleurs qui mieux les connût que lui. — Et à cette cause, ma dame, dit Amadis, il nous est force de faire ce qu'il nous a commandé ; autrement nous offenserions notre honneur, demeurant outre le gré de lui en son service ; vu qu'il présumerait que nous ne dûssions ailleurs rencontrer qui nous vousit (voulût) recevoir. — Ah ! Dieu ! répondit-elle, mon ami, que me dites-vous !

Mais après les premiers épanchements de sa douleur, elle reprend avec calme :

> Encore que votre partement soit la plus griève chose qui me pourrait advenir, je suis contente de me fortifier et d'obéir à la raison plus qu'aux délices et bien que j'ai par votre présence. Partant, mon ami, je veux ce qui vous plaît, pour tant que je suis assurée qu'en quelque part que vous tiriez, votre cœur, qui est mien, me demeurera... — Ma dame, dit Amadis, le bien que vous me faites est si grand que je ne l'estime moins que la rédemption de ma vie propre. Car vous savez que tout homme de vertu doit avoir son honneur en telle recommandation, qu'il le doit préférer à sa vie.

Il nous semble entendre un prélude du dialogue entre Rodrigue et Chimène. Ce n'est ni la situation, ni le talent de Corneille ; mais c'est déjà quelque chose de la fierté généreuse de son inspiration :

> Réduit à te déplaire ou souffrir un affront,
> Je me suis accusé de trop de violence ;
> Et ta beauté, sans doute, emportait la balance,
> Si je n'eusse opposé, contre tous les appas,
> Qu'un homme sans honneur ne te méritait pas,
> Qu'après m'avoir chéri quand je vivais sans blâme,
> Qui m'aima généreux, me haïrait infâme....
> — Ah ! Rodrigue, il est vrai : quoique ton ennemie,
> Je ne puis te blâmer d'avoir fui l'infamie,

> Et de quelque façon qu'éclatent mes douleurs,
> Je ne t'accuse point, je pleure mes malheurs.
> Je sais ce que l'honneur, après un tel outrage,
> Demandait à l'ardeur d'un généreux courage.
> Tu n'as fait le devoir que d'un homme de bien.

Autre exemple. Le roi Lisuart s'est engagé, en recevant une couronne et un manteau ornés de joyaux magnifiques, à les rendre au bout d'un temps déterminé, ou à rendre en échange ce qui lui sera demandé. Par la vertu d'un enchantement, ces objets précieux disparaissent; et à l'époque fixée, voici venir un messager qui somme le roi de tenir sa promesse. Et que lui demande-t-il? de livrer Oriane, sa propre fille. Lors chacun commença à murmurer contre le vieillard, et si le roi les eût voulu croire, il eût été refusé. Mais Lisuart eût mieux aimé mourir, tant il était loyal et bon prince. La reine se jette à ses pieds, « pleurant comme mère qui perd son enfant ». Le roi demeure inflexible, et, contenant sa douleur, « commande à chacun de ne pleurer, ni détourner ce qu'il avait promis, disant tout haut qu'il adviendra de sa fille ce qu'il plaira à Dieu; mais ma parole ne sera fausse, si je puis. Mais, ce disant, les grosses larmes lui tombaient des yeux ».

Il ne manque à cette scène, pour être des plus pathétiques, que d'être amenée par des circonstances moins romanesques et moins invraisemblables.

Terminons ces extraits de l'*Amadis* par une dernière citation.

Les armées d'Amadis et de Patin, empereur de Rome, sont en présence : une grande bataille va être livrée. Tout à coup un envoyé vient au camp de l'empereur réclamer un chevalier nommé Arquisil, autrefois vaincu par Amadis et laissé en liberté, mais à la condition qu'il reviendrait au premier appel de son vainqueur.

Sire, dit Arquisil, vous avez entendu la promesse que j'ai faite, à laquelle pour mourir je ne voudrais faire faute : par quoi je vous supplie très humblement que mon partement d'avec vous ne vous soit ennuyeux : car faisant autrement, vous auriez grand raison de ne me tenir jamais pour tel que je suis.

L'empereur, quoique affligé de perdre un si vaillant appui, consent au départ du loyal captif. Arrivé au camp d'Amadis, où on le reçoit avec une courtoisie extrême, Arquisil contemple avec inquiétude les préparatifs qui semblent promettre la victoire à ses ennemis et regrette plus encore d'être prisonnier. Alors il conçoit la pensée de faire un héroïque appel à la générosité du général.

S'il plaisait, dit-il, à monseigneur Amadis, usant de son accoutumée gentillesse et libéralité, me permettre que j'accompagnasse encore mon maître le jour de la bataille, il m'obligerait toute ma vie à être encore plus sien : car il ne me pourrait advenir plus grand malheur que de perdre tel honneur. — Arquisil, répond Amadis, encore que l'empereur votre maître soit trop léger à parler, et, sans grande occasion, glorieux et présomptueux, toutefois, ne me voulant venger de lui sur vous pour cette heure, je suis content vous remettre en liberté, pour être avec lui le jour de la bataille.

Nous ne voudrions pas surfaire le mérite de l'*Amadis de Gaule* : il nous faut donc constater, après ces citations, que la lenteur et la diffusion verbeuse du récit de Montalvo affadit les scènes les plus heureuses, que le retour perpétuel d'incidents trop pareils lasse la patience, et que l'invraisemblance puérile de la plupart de ces événements diminue l'émotion en éloignant toute apparence de vérité. Ce sont là les défauts essentiels des romans de chevalerie.

Ils étaient moins sentis par les contemporains. La longueur des loisirs, la rareté des livres, permettaient aux écrivains d'être impunément prolixes, et leurs imaginations les plus fantastiques trouvaient un accès facile chez des lecteurs naïfs encore et avides de merveilleux. Mariana, le fidèle historiographe de Charles-Quint, affirme, en 1545, qu'une partie de ses contemporains acceptaient les inventions des romans chevaleresques comme des récits véritables; et un autre chroniqueur, Castillo, nous dit gravement en 1587 que Philippe II, en épousant la reine Marie, avait formellement consenti à abandonner tous ses droits sur la couronne d'Angleterre au roi Arthur, s'il revenait les revendiquer.

L'œuvre de Montalvo offrait d'ailleurs une intrigue plus simple que beaucoup d'autres romans composés avant et après lui. Le style, nous l'avons vu, en était quelquefois naturel et touchant; les caractères nettement tracés, bien opposés entre eux, se développaient sans trop de confusion. Enfin son inspiration, ses idées, les mœurs, les usages, le monde qu'elle décrivait répondaient aux croyances, aux habitudes, aux regrets de l'Espagne. C'était le rêve d'idéal que la nation saluait de son dernier amour.

Le succès fut immense. Douze éditions se succédèrent en Espagne dans l'espace d'un demi-siècle. *Amadis* fut traduit dans toutes les langues de l'Europe. En France, François Ier rapporta de Madrid la mode et la passion de la chevalerie.

Toutes les conversations, toute la littérature du seizième et du dix-septième siècle sont pleines d'allusions, de citations, d'imitations d'*Amadis*. Les romans héroïques de La Calprenède et de Scudéry en portent la profonde empreinte, et la transmettent aux œuvres vraiment littéraires qui les détrônent. Enfin il faut remarquer comme un fait curieux que le grand adversaire du roman chevaleresque, Cervantes, qui dans *Don Quichotte* parodie souvent les aventures d'Amadis, comme toutes les inventions du même genre, excepte nominativement cet ouvrage de la proscription dont il frappe presque tous les autres, et le loue encore en le parodiant. Le premier livre qu'on tire des rayons du malheureux chevalier, lorsque le curé, le barbier et la gouvernante procèdent à l'épuration de sa bibliothèque est l'*Amadis de Gaule*.

Oh! dit le curé, il semble qu'il y ait en ceci du mystère; car j'ai ouï dire que c'est le premier livre de chevalerie qu'on ait imprimé en Espagne, et que tous les autres en sont sortis comme d'une source originelle. Ainsi, mon avis est qu'il soit condamné au feu sans rémission, comme l'apôtre d'une si pernicieuse secte. — Non, seigneur, dit le barbier; car j'ai ouï dire aussi que c'est le meilleur livre de ce genre qui existe; et, comme unique en son espèce, il mérite qu'on lui pardonne. — Cela est vrai, dit le curé, et pour le moment, on lui accorde la vie.

La popularité d'*Amadis* lui attira des imitateurs. Ce fut toute une dynastie. D'abord Montalvo lui-même écrivit les aventures d'*Esplandian*, fils de son premier héros. Bientôt parurent celles de *Florisando*, son neveu, puis *Lisuarte de Grèce*, fils d'Esplandian, et *Amadis de Grèce*, et *Florisel de Niquée*, etc. Aux Amadis succédèrent les Palmerin; *Palmerin de Oliva*, puis *Palmerin d'Angleterre*, le meilleur de ces romans après *Amadis de Gaule*. Vingt autres s'élancèrent dans la lice, *Belianis de Grèce*, *Olivante de Laura*, *Felixmarte d'Hircanie*, etc. Il ne serait pas difficile, dit Ticknor, quand on a mis à part les deux longues séries des *Amadis* et des *Palmerin*, de nommer encore environ quarante romans chevaleresques originaux, publiés en Espagne dans le cours du seizième siècle, sans compter les nombreuses traductions de romans étrangers. Dans cette production effrénée, les romanciers rivalisent d'exagération et de bizarrerie: les aventures deviennent toujours plus merveilleuses, plus impossibles; on ne tient plus aucun compte du naturel et du bon sens. C'est alors que le curé de *Don Quichotte* se fâche tout de bon.

Tenez, madame la gouvernante, ouvrez la fenêtre et jetez-les dans la cour, où nous allons en dresser un grand bûcher.

Et, comme les chevaliers errants, peu effrayés de cette menace, continuent à s'élancer intrépidement des rayons de la bibliothèque:

A la cour! à la cour! s'écrie l'inquisiteur littéraire : car plutôt que de ne pas brûler la reine Pintiquiniestre et le berger Darinel avec ses églogues et les raisonnements enchevêtrés et endiablés de l'auteur, je brûlerais avec eux le père qui m'a engendré, s'il prenait la figure de chevalier errant.

CHAPITRE VIII

LE ROMAN PASTORAL

La *Diane* de Montmayor. — Influence de cette œuvre en Angleterre et en France.

Les romans de chevalerie répondaient à l'instinct héroïque et guerrier de l'Espagne ; mais les contraires s'appellent, parce qu'ils se complètent. La vie guerrière produit le besoin et l'amour de la paix; au milieu du tumulte des armes, ou dans les froides magnificences d'une cour, l'homme se prend à rêver la douce vie des champs, et l'embellit dans sa pensée de tout le bonheur qui lui manque. D'ailleurs la réalité de la vie pastorale eut toujours en Espagne une extension plus grande que partout ailleurs. Dans les longues steppes du plateau central de la Castille, ou dans les sierras d'Aragon et de Valence, l'homme préfère le soin des troupeaux aux rudes labeurs de l'agriculture. Vous y rencontrez des bergers solitaires, la tête couverte du large *sombrero*, vêtus de leurs sayons de peaux de moutons, armés de leur longue houlette et environnés de leurs chiens féroces. Quoiqu'ils ne ressemblent guère aux bergers délicats et enrubannés de l'églogue, il y a là un point d'appui naturel pour l'imagination du poète.

L'imitation littéraire vint à l'appui de l'observation et la faussa souvent. Virgile était un des poètes dont le nom avait conservé le plus de gloire à travers les ténèbres du moyen âge ; ses ouvrages devinrent, dès l'aurore de la Renaissance, l'objet d'un culte et d'une imitation universels. Ses églogues forment une série de poèmes courts, faciles à copier, à comprendre ; et à l'époque où les livres étaient rares, elles furent sans doute la portion la plus populaire de ses œuvres.

Quand les Espagnols, à la suite de Boscan, s'éprirent de la poésie italienne, ils y trouvèrent des imitateurs, des copistes plus ou moins fidèles du grand poète des Bucoliques ; Boccace avait écrit l'*Ameto*, Sannazar avait composé l'*Arcadia*. C'était au fond l'églogue virgilienne ; c'étaient en outre de premiers essais, pour rattacher ensemble, par une fiction commune, les tableaux isolés dans Virgile. Il n'y avait qu'un pas à faire pour arriver à tout le développement du roman pastoral.

L'Espagne fut depuis la Renaissance la terre privilégiée de la pastorale. Nous avons vu Garcilaso donner à la littérature moderne la plus belle de ses églogues. Figueroa, Cantorál, Saa de Miranda, Balbuena, Barahona de Soto, Pedro de Padilla, Vicente Espinel, bien d'autres encore composèrent avec succès des poèmes bucoliques. Mais l'idylle simple et isolée ne suffit pas longtemps à ces imaginations avides des complications de l'intrigue. On voulut transporter dans les scènes champêtres quelque chose des merveilleuses aventures des romans de chevalerie. Pour lutter contre le roman, l'églogue se fit romanesque : les chevaliers quittèrent la lance pour la houlette.

L'auteur de cette création fut en Espagne un Portugais, George, dont on ignore le nom de famille[1]. Il naquit en 1520 dans la ville de Montemor, près de Coïmbre, et en

---

1. En Portugal, Bernardino Ribeyro avait écrit, vers 1500, une gracieuse pastorale en prose, qui obtint et mérita le plus grand succès. On la nomme *Menina e moça* (petite et jeune), d'après les mots par lesquels elle commence.

adopta le nom, auquel il donna lui-même une forme espagnole, Montemayor. Il fut d'abord soldat, comme la plupart des poètes bucoliques et élégiaques de l'Espagne; puis la beauté de sa voix le fit attacher à la chapelle de l'Infant qui devint Philippe II. Sa vie fut celle d'un cavalier, d'un homme de cour : il suivit le prince dans ses voyages, et fut tué, dit-on, en duel, dans une querelle de jalousie (1561). L'éducation de Montemayor avait été négligée : il n'entendait pas le latin et connaissait peu l'antiquité classique; il trouva son modèle dans Sannazar; son succès, dans son imagination et dans son cœur.

Une passion malheureuse fut l'occasion de sa célébrité : Épris d'une jeune Castillane dont il ne put obtenir la main, et qui fut mariée pendant son absence, il chercha à exprimer ses regrets dans une fiction à laquelle il donna le titre de *Diane*, et qui parut pour la première fois en 1542. Là, sous des noms de bergers, dans un cadre consacré par les poètes bucoliques, il racontait ses propres malheurs et laissait parler ses sentiments. D'autres aventures offraient des allusions intéressantes alors aux intrigues des amis de l'auteur ou des seigneurs les plus illustres. Tous les lecteurs reconnurent les personnages sous les masques : le duc d'Albe, au service duquel Montemayor avait passé une partie de sa jeunesse, figurait sous un déguisement dans cette galerie.

Ce moyen de succès tiré des allusions contemporaines était connu avant Montemayor, qui ne fut pas le dernier à l'employer. L'*Ameto* de Boccace, l'*Arcadie* de Sannazar renfermaient déjà des portraits; et lorsque en France Honoré d'Urfé prit la *Diane* pour modèle de son *Astrée*, il ne manqua pas de l'imiter dans ses travestissements comme dans tout le reste. Après d'Urfé, le roman chevaleresque de La Calprenède, de Scudéry et autres, suivit pas à pas la même route. C'est une idée qui paraît d'abord étrange que celle de masquer ainsi des événements réels sous une fiction pastorale. Elle est pourtant assez attrayante pour le romancier : elle semble lui promettre le double avantage de la vérité et de la poésie. Il n'a, pour plaire à ses lecteurs, qu'à copier trait pour trait leur image et la sienne ; puis, à l'aide de ses fictions pastorales, il place l'idéal dans l'encadrement, ce qui est plus aisé que de le mettre dans la peinture.

A dire vrai, le roman pastoral, cette complication de l'églogue, n'en était qu'une dégradation.

Il est agréable sans doute, du sein d'une civilisation corrompue, de donner un regard, une pensée aux rêves d'une vie simple et innocente. C'est ce qu'ont fait les Théocrite, les Virgile : leurs pastorales sont de *petits tableaux*, des *idylles*. La brièveté est une partie de leur charme. Quand on a une fois lu ces poèmes, on ne les oublie plus de sa vie. On se rappelle les scènes des *Bucoliques* comme ces rêves délicieux qu'on a faits quelquefois dans son enfance, et dont il reste une impression confuse et inexprimable de bonheur. Ce sont des images fugitives, des échos lointains d'un monde d'innocence et de paix. Ce sont souvent des riens, si vous voulez, mais de ces riens qui attendrissent. C'est une haie de saule où bourdonnent les abeilles, c'est le refrain monotone du bûcheron sur la colline, c'est un vieillard qui espère mourir en paix au milieu des ruisseaux qui l'ont vu naître ; et près de lui, par un touchant contraste, c'est un pauvre fugitif qui emmène son troupeau exilé comme lui. N'avez-vous pas pitié de sa chèvre chérie, qui, dans son pénible voyage, a laissé sur le rocher nu ses deux chevreaux nouveau-nés ? Pauvre Mélibée ! il ne pourra plus, couché au fond d'un antre vert, contempler de loin son troupeau suspendu à la roche buissonneuse !

Le roman pastoral détruit cette simplicité charmante sous prétexte de l'embellir. Ce ne sont plus que des intrigues croisées, des amours qui s'évitent et se poursuivent, de longues lamentations, des déguisements, des aventures multipliées, des sentiments de grandes dames sous des habits de bergères. Qu'on en juge par une esquisse rapide d'une petite portion de la *Diane* de Montemayor.

Le berger Sireno, qui représente l'auteur lui-même, revient dans sa patrie après une absence. Il y trouve Diane, sa bergère, mariée à un rival, et épanche longuement sa douleur. Un autre berger, également passionné pour la belle Diane, mais toujours dédaigné par l'infidèle, unit ses plaintes à celles du voyageur. Bientôt survient une autre bergère nommée Selvagia, qui n'a pas moins à se plaindre des rigueurs de l'amour, et qui raconte à loisir son histoire.

Entrons ici dans quelques détails, pour caractériser les singulières complications d'intrigues dans lesquelles Montemayor se plaît à embarrasser son action principale : Selvagia a rencontré dans une fête de Cérès une belle bergère avec qui elle s'est liée par une vive et soudaine amitié. La cérémonie religieuse terminée, la bergère inconnue avoue à Selvagia que sous un déguisement féminin elle est en réalité le berger Alanio; puis, tombant à genoux devant Selvagia, elle implore son pardon et exprime un ardent amour. Cependant cet aveu n'est qu'un mensonge : la suppliante n'est point le berger Alanio, mais la bergère Isménie, cousine et amante d'Alanio. Celui-ci, instruit du jeu cruel de sa maîtresse, prend la résolution d'en faire à son profit une réalité, et d'accepter l'amour que son nom et sa ressemblance ont fait naître chez Selvagia. Pour elle il abandonne Isménie, qui s'attache aussitôt à Montano. A la nouvelle de cet attachement, Alanio, par un caprice jaloux, revient à sa première affection. Montano, de son côté, quitte Isménie et s'éprend d'amour pour Selvagia. Mais cette évolution amoureuse n'est pas la dernière : Selvagia étant venue avec une de ses tantes résider sur les bords de l'Esla, apprend que, pendant son absence,

Montano est retourné aux pieds d'Isménie, et en a fait son épouse, tandis que la sœur d'Isménie a accordé sa main à Alanio.

On peut juger, par cet aperçu très sommaire, de la bizarrerie des combinaisons et de l'étrange imbroglio que présentent les épisodes de la *Diane*. Le public espagnol se plaît à ces enchevêtrements d'intrigues et les comprend sans peine. Le théâtre les lui présente sans cesse, et lui en fait une habitude et un plaisir.

Là n'est pas, on le pense bien, le vrai et durable mérite de la *Diane :* un sentiment profond, une tendresse sincère répand la chaleur et la vie dans cette romanesque fiction. Quelques-unes des poésies qui l'accompagnent sont réellement belles, surtout les pièces lyriques. La prose de Montemayor, moins pure que celle de Sannazar, est remarquable néanmoins par sa grâce et sa richesse ; s'il est difficile de lire l'ouvrage entier, on en parcourra toujours avec plaisir certaines parties.

La *Diane* eut un succès comparable à celui d'*Amadis*. Comme lui, elle eut de nombreux héritiers. En 1504, trois ans après la mort de l'auteur, Alonzo Perez en donna une continuation d'après le plan que Montemayor lui avait communiqué. Cette suite est faible et manque de passion et d'intérêt. Mais la même année, Gil Polo, professeur de grec à l'université de Valence, publia une autre continuation de la *Diane*, en six livres, dont l'invention, le style, les épisodes, les poésies, n'étaient pas indignes de l'ouvrage primitif, et furent accueillis du public avec une grande faveur. Ensuite on vit paraître successivement *Les dix livres de la Fortune et de l'Amour;* la *Phillis; La vérité pour les jaloux; Les nymphes de l'Henarès; Les bergers d'Ibérie;* puis *L'Arcadie* de Lope de Vega ; *L'âge d'or* de Bernard de Balbuena ; *La constante Amaryllis*, etc., tous ouvrages de la même classe que la *Diane*, tous romans pastoraux entremêlés de poésies.

Le grand écrivain dont nous allons parler dans le chapitre suivant, Cervantes, qui souvent, comme nous le verrons, se laisse entraîner par les modes littéraires de son temps, s'associa au cortège de *Diane :* il écrivit lui aussi un roman pastoral intitulé *Galatée* (Madrid, 1584).

Le triomphe du roman pastoral ne se renferma pas dans les limites de l'Espagne. L'Angleterre fut promptement subjuguée par cette pacifique *armada :* la cour d'Élisabeth fut toute pastorale et mythologique dans ses fêtes. La reine était accueillie au château de Kenilworth par des nymphes, par Sylvain, Cérès et Pomone. Philippe Sidney écrivait sa longue et transparente *Arcadie*. Shakespeare empruntait à la *Diane* de Montemayor l'intrigue de ses *Deux gentlemen de Vérone*. La France du dix-septième siècle fut saisie d'une véritable manie pastorale. Honoré d'Urfé, un vieux ligueur du Forez, retiré en Savoie après la ruine de son parti, dédia au roi Henri IV une imitation de la *Diane*, l'*Astrée*, qui jouit d'une immense popularité. Son influence s'étendit sur les livres, sur le théâtre : le grand monde ne rêva longtemps que moutons et bergeries. Huet, évêque d'Avranches, nous apprend qu'il se plaisait à lire l'*Astrée* avec ses sœurs, et que souvent ils étaient forcés de poser le livre pour laisser couler leurs larmes. La Rochefoucauld dans sa jeunesse passait l'après-midi avec Segrais chez Mme de La Fayette, occupés à lire et à étudier l'*Astrée*. Quelques-uns lui rendirent un culte plus bizarre. Le poète Vauquelin des Yveteaux s'enfermait seul dans son jardin du faubourg Saint-Jacques ; là, revêtu d'un habit de berger et la houlette en main, il conduisait le long des allées des troupeaux imaginaires. Mlle de Montpensier, *la grande Mademoiselle*, la fille de Gaston d'Orléans, qui faillit épouser Louis XIV, forma et rédigea le projet d'une Arcadie réelle de grands seigneurs. Les élus devaient se réunir dans une solitude champêtre avec des philosophes aimables, des docteurs savants, tous les livres nouveaux et un jeu de mail. On lira des vers, on en composera, on fera de la musique : les maîtres joueront du luth et du clavecin ; le violon est abandonné aux domestiques. Chacun aura sa maisonnette, celui-ci dans la vallée, celui-là sur la montagne. On se rendra visite à cheval, en calèche et en chaise roulante. « Je voudrais, ajoute la princesse, qu'on allât garder les troupeaux de moutons dans nos belles prairies, qu'on eût des houlettes et des capelines, qu'on dînât sur l'herbe verte, de mets rustiques et convenables aux bergers, et qu'on imitât quelquefois ce qu'on a lu dans l'*Astrée*. »

L'influence de la *Diane* traversa tout le dix-huitième siècle, grâce aux Fontenelle et aux Florian. Trianon eut ses laiteries et ses royales bergères. De fades bucoliques trouvèrent place sur le théâtre dans les jours les plus sanglants de la Révolution. Gessner avec ses idylles régna à côté de Robespierre et de Marat. Notre âge lui-même a ressuscité le roman pastoral, et un grand écrivain français contemporain, Georges Sand, lui a dû les meilleurs et les moins contestés de ses succès.

Cervantes semblait prévoir la popularité et les dangers de ce genre d'écrits dans lequel il avait trempé lui-même. Il les soumet, comme les romans chevaleresques, au tribunal redoutable du curé et du barbier de *Don Quichotte*.

> Que ferons-nous, dit le barbier, de tous ces petits livres qui restent ? — Ceux-ci, dit le curé, ne doivent pas être des livres de chevalerie, mais de poésie ; et, en ouvrant un, il vit que c'était la *Diane* de George Montemayor. Ceux-ci, continua-t-il, croyant que tous les autres étaient du même genre, ne méritent pas d'être brûlés comme les autres, parce qu'ils ne causent et ne causeront pas les mêmes désordres que les livres de chevalerie ; ce sont des livres d'agréable divertissement et qui n'offrent aucun danger. — Hélas ! seigneur, s'écria la nièce, vous pouvez bien les faire brûler comme les autres ; car, si mon oncle vient à guérir de sa folie chevaleresque, il ne serait pas étonnant que cette lecture lui donnât la fantaisie de se faire berger, et de courir les bois et les prairies, chantant et jouant du luth... — La jeune fille a raison, dit le curé, il

sera bon d'ôter à notre ami cette pierre d'achoppement. Et puisque nous avons commencé par la *Diane* de Montemayor, je suis d'avis qu'on ne la brûle pas, mais qu'on en retranche tout ce qui traite de la sage Félicie, de l'eau enchantée et presque tous les grands vers; qu'on lui laisse la prose, avec l'honneur d'être le premier de ces sortes d'ouvrages.

Lorsque, après avoir condamné au feu la continuation d'Alonzo Perez, le curé arrive à celle de Gil Polo, son jugement n'est pas moins juste au fond, quoique l'expression en soit trop louangeuse : « Gardons-la, dit-il, comme si elle était l'œuvre même d'Apollon. »

Mais le plus vrai et le plus piquant des jugements de Cervantes sur le roman pastoral se trouve dans son *Dialogue des chiens*, dans lequel Scipion, l'un de ces intelligents quadrupèdes, qui a exercé sa profession sous les ordres d'un véritable berger, exprime en ces termes son opinion sur les fictions des écrivains bucoliques :

De là je viens à comprendre, ce que j'imagine que tout le monde doit croire; c'est que tous ces livres sont autant de choses rimées et écrites pour l'amusement des oisifs, mais qu'elles ne contiennent pas un mot de vrai. Autrement, parmi mes bergers, il y aurait bien eu quelque reste, quelque vestige de cette vie bienheureuse, de ces prés fleuris, de ces vastes forêts, de ces monts sacrés, de ces beaux jardins, de ces clairs ruisseaux, de ces galanteries aussi fines qu'honnêtes, de ces évanouissements du berger par-ci, de la bergère par-là, du son de la musette à droite et des pipeaux à gauche.

Il y a déjà longtemps que nous citons Cervantes, il est temps de faire une connaissance plus intime avec ce sensé et spirituel moqueur.

CHAPITRE IX

LE ROMAN SATIRIQUE

Cervantes : *Don Quichotte* ; *Persilès et Sigismonde.*

Miguel de Cervantes Saavedra eut une vie aventureuse, un caractère enthousiaste et chevaleresque, bien différent de celui qu'on pourrait lui supposer en se rappelant vaguement la lecture de son principal ouvrage. Des rêves héroïques et une position précaire, le génie luttant contre la misère et obtenant la gloire sans atteindre à l'aisance, voilà l'abrégé de sa biographie.

Né en 1547 à Alcala de Hénarès, d'une famille noble et pauvre, Cervantes fait de bonnes études à Madrid, il acquiert ce luxe de l'intelligence, si lourd à porter quand il n'est pas soutenu par la fortune. Quelques essais poétiques le signalent au cardinal Acquaviva, légat *a latere* du pape Pie V, qui l'emmène à Rome comme son valet de chambre.

Bientôt se forme contre les Turcs, qui épouvantent l'Europe, la *Sainte Ligue* entre le pape, Venise et l'Espagne. Un armement formidable est mis sur pied et commandé par don Juan d'Autriche. Cervantes, comme beaucoup d'autres jeunes nobles sans fortune, se fait simple soldat ; il se distingue à la bataille de Lépante, où il perd la main gauche en combattant. A peine guéri, il continue à servir pendant cinq ans encore sans autre récompense que l'honneur de faire son devoir. A son retour en Espagne il est pris par un corsaire, et demeure cinq autres années esclave à Alger, servant successivement trois maîtres, au milieu des traitements les plus cruels et des dangers qui chaque jour menacent sa vie. Racheté à la fin par sa famille, qui épuise dans ce but ses dernières ressources, et par la charité publique qui complète sa rançon, il revient dans sa patrie trouver un second esclavage non moins cruel, la misère. Pour la fuir il s'engage de nouveau, malgré sa mutilation, est envoyé en Portugal pendant plusieurs années. Au milieu de cette vie agitée, il continue d'étudier, d'écrire : il se familiarise avec la littérature portugaise.

De retour en Espagne, il publie un ouvrage où l'influence des auteurs portugais est visible, la première partie de la *Galatea* (1584), roman pastoral de l'école de Ribeyro, de Montemayor et de Gil Polo. L'ouvrage, comme beaucoup d'autres de ce genre, resta inachevé. Cervantes l'avait commencé, dit-on, pour se concilier la faveur d'une jeune dame noble et pauvre comme lui. Il réussit, épousa doña Catalina de Salazar, et n'acheva point la *Galatée*.

Dès lors Cervantes, déjà chargé de sa sœur, qui s'était ruinée pour sa délivrance, et de deux autres parentes, eut à soutenir une famille de cinq personnes ; et ce fut à sa plume qu'il en demanda les moyens. Il écrivit d'abord des ouvrages dramatiques, composa, dit-il lui-même avec une négligence caractéristique, « vingt ou trente pièces, » qui furent reçues avec applaudissement. Mais le théâtre était alors une source avare ; Cervantes fut heureux d'aller chercher à Séville un mince emploi de collecteur de taxes qui pour quelque temps lui donnât du pain.

Toute la vie du grand homme s'usa dans de pareils soucis ; destitué, emprisonné deux fois sur des soupçons mal fondés, réduit au métier d'écrivain public et d'agent d'affaires, vivant en partie lui et les siens des travaux d'aiguille de sa femme et de ses parentes, frappant de nouveau sans succès à la porte du théâtre, où régnait un plus heureux rival, Lope de Vega, écrivant quelques nouvelles pour gagner un peu d'argent, Cervantes parvint ainsi à l'âge de soixante-huit ans, toujours indigent, toujours dédaigné. La gloire même qu'il atteignit par son immortel roman (1605 et 1615), ne changea pas matériellement sa condition. Il vécut et mourut pauvre[1]. Sa tombe même fut oubliée et perdue; et ce n'est qu'en 1835 que Madrid, avertie par l'admiration de l'Europe, lui éleva une statue.

Une anecdote, rapportée par le biographe Pellicer, nous fera voir clairement quelle était la position de Cervantes au milieu de ses contemporains, tant compatriotes qu'étrangers. C'est le censeur officiel de la seconde partie du Don Quichotte qui parle.

Le très illustre seigneur don Bernardo de Sandoval, cardinal archevêque de Tolède, étant allé rendre sa visite à l'ambassadeur français (le duc de Mayenne), quelques gentilshommes de la suite de l'ambassadeur, aussi courtois qu'instruits et amis des lettres, s'approchèrent de moi et d'autres ecclésiastiques attachés au cardinal mon seigneur. Ils s'informèrent des ouvrages d'imagination les plus recommandables parmi nous; et, comme je mentionnais celui dont la censure venait de m'être commise, aussitôt que j'eus prononcé le nom de Cervantes, ces chevaliers de s'écrier et de témoigner le grand cas que l'on faisait de ses écrits en France et dans les royaumes circonvoisins. Ils s'informèrent dans le plus grand détail de l'âge, de la profession, de la fortune et de la naissance de Cervantes. Je me vis contraint de leur répondre qu'il était vieux, ancien militaire, pauvre et gentilhomme.

Cette réponse surprit tellement l'un des seigneurs français, qu'il ne put s'empêcher de dire : « Eh quoi! l'Espagne ne fait pas la fortune d'un tel homme? Il mériterait d'être nourri aux frais du public. » Mais un autre seigneur prenant la parole : « Si, dit-il avec infiniment d'esprit, c'est par besoin que Cervantes écrit de si belles choses, Dieu veuille qu'il ne connaisse jamais l'aisance! Il restera pauvre, mais ses œuvres enrichiront l'univers entier[2].

L'Espagne, pour le malheur de sa littérature, goûta beaucoup trop cette doctrine *infiniment spirituelle*[3]. C'est

---

1. Madrid, 23 avril 1616. Le même jour à Stafford-sur-l'Avon mourait Shakespeare. Le 8 octobre 1876 une inscription lapidaire a été placée à Alcala de Henarès sur la maison où Cervantes était né le 8 octobre 1547.
2. Traduction de M. Baret.
3. Charles IX n'allait pas même si loin, quand il disait avec *infiniment d'esprit* aussi : « Je traite mes poètes comme mes chiens : je les nourris, mais sans les engraisser. »

d'après une amère expérience que Cervantes écrivait dans son *Adjunta al Parnaso* : « Chez le poète pauvre, la moitié de ses divins enfantements, de ses divines pensées, sont emportés par les soins qu'exige la recherche de l'ordinaire soutien de la vie. »

Au dix-huitième siècle, en France ou en Angleterre, la destinée de Cervantes en eût fait un, Rousseau ou un Chatterton : au seizième siècle, en Espagne, elle lui laissa toute la sérénité et tout l'enjouement de sa raison. Le brave hidalgo lutta en souriant, à Madrid comme à Lépante, et domina ses souffrances personnelles de toute la hauteur de sa calme pensée. Écoutez ce qu'il écrit, à la veille de sa mort, dans la préface de son roman de *Persilès et Sigismonde* :

Il arriva ensuite, cher lecteur, que deux de mes amis et moi venant d'Esquivias, lieu fameux pour mille raisons, et d'abord pour ses familles illustres, ensuite pour ses excellents vins, j'entendis derrière moi un homme qui fouettait sa monture de toutes ses forces, et paraissait avoir envie de nous atteindre. Bientôt il nous appela en nous priant de l'attendre. Nous l'attendîmes en effet, et nous vîmes arriver, sur un âne, un étudiant campagnard, tout vêtu de brun, avec des guêtres, des souliers ronds, une épée à grand fourreau, un rabat lissé attaché avec des rubans de fil. Il est vrai qu'il n'en avait que deux ; aussi son rabat se tournait souvent sur le côté, et il prenait beaucoup de peine à le redresser. Arrivé à nous, il nous dit : « Sans doute vos seigneuries vont chercher quelque office ou quelque prébende à la cour, auprès de Mgr de Tolède ou de Sa Majesté, si j'en juge d'après la célérité avec laquelle vous marchez ; car, sans mentir, mon âne avait jusqu'à présent la réputation d'être bon trotteur, et il n'a pu vous atteindre. » Un de mes compagnons lui répondit : « C'est le roussin du seigneur Miguel Cervantes qui en est cause : il a le pas très allongé. » A peine l'étudiant eut-il entendu le nom de Cervantes que, se jetant à bas de son âne, de sorte que sa valise et son portemanteau tombèrent à droite et à gauche, et que son rabat lui couvrit le visage, il s'élança sur moi, et, me saisissant par le bras gauche, il s'écria : « Oui, c'est bien lui, le fameux manchot, l'écrivain joyeux, le favori des Muses ! » Pour moi qui en si peu de temps l'entendis accumuler tant de louanges, je me crus par politesse obligé de lui répondre, et l'embrassant par le cou de manière à lui faire perdre tout à fait son rabat, je lui dis : « Je suis bien Cervantes, seigneur, mais non point le favori des Muses, ni aucune de ces belles choses que vous venez de dire. Reprenez cependant votre âne, et continuons en bonne conversation le peu de chemin que nous avons encore à faire. » Le bon étudiant fît ce que je lui demandais; nous retînmes un peu les rênes, et d'un pas plus modéré nous suivîmes notre chemin. En marchant nous parlâmes de mon infirmité, et le bon étudiant me désespéra en disant : « C'est une hydropisie, qui ne se guérirait pas avec toute l'eau de l'Océan, si on pouvait l'adoucir et la boire. Seigneur Cervantes, modérez votre boisson et n'oubliez pas de manger; car c'est ainsi que vous guérirez sans aucune autre médecine. — Beaucoup d'autres m'ont dit la même chose, répondis-je, mais il m'est aussi impossible de renoncer à boire à ma soif que si je n'étais venu au monde que pour cela. Ma vie approche de son terme, et à juger par la vitesse avec laquelle je sens battre mon pouls, au plus tard, il achèvera sa carrière dimanche, et moi j'achèverai de vivre. C'est dans un mauvais moment que votre seigneurie a commencé à me connaître, puisqu'il ne me reste pas même le temps de me montrer reconnaissant de l'obligeance que vous m'avez témoignée. » Notre conversation en était là lorsque nous arrivâmes au pont de Tolède. J'entrai par là, tandis qu'il suivait l'autre route du pont de Ségovie. Ce qu'on dira de ce qui m'arriva ensuite, la renommée en aura soin, mes amis auront envie de le dire, et moi plus grande envie de l'entendre. Je l'embrassai de nouveau, de nouveau il m'offrit ses services ; il piqua son âne, et me laissa aussi mal disposé qu'il l'était bien pour continuer son voyage. Cependant il avait fourni à ma plume un grand sujet de plaisanteries; mais tous les temps ne se ressemblent pas... Adieu la gaieté; adieu la plaisanterie; adieu, joyeux amis. Pour moi, je vais mourir, et je ne désire plus que de vous voir bientôt contents dans une autre vie[1].

J'ai transcrit ce récit un peu long, mais bien caractéristique. Il chemine, comme les voyageurs qui traversent sur leurs mules les *paraméras* déserts de la Castille, sans trop se presser, mais avec agrément et originalité. Nous y saisissons au vif l'homme et le style : gaieté naturelle, bonne humeur dans la mauvaise fortune, regard serein jeté sur le monde qui va disparaître, ciel pur du pays et du siècle, que l'approche même de la mort ne peut tout à fait assombrir. Comme peinture de mœurs et de caractères, cette dernière page de Cervantes n'est pas indigne des meilleurs passages du *Don Quichotte*.

La merveilleuse histoire de l'ingénieux hidalgo Don Quichotte de la Manche est l'œuvre capitale de Cervantes. Après avoir si longtemps déjà occupé nos lecteurs de la

---

1. Traduction de Sismondi.

littérature espagnole, ce n'est pas nous qui prétendrons avec Montesquieu que l'Espagne n'a qu'un seul bon livre, celui qui fait voir le ridicule de tous les autres. Nous pourrons dire au moins que ce livre est le plus original et peut-être le meilleur de tous. Nulle part ailleurs la satire n'a été plus créatrice; nulle part une invention plus heureuse ne s'allia avec une plus piquante raillerie.

Au moment où Cervantes publia la première partie du *Don Quichotte* (1605), il y avait vingt ans qu'il n'imprimait plus rien. Il avait cessé d'être homme de lettres pour se faire homme d'affaires, collecteur de taxes, écrivain public. Le spectacle mobile et varié de la vie à tous ses degrés, de tous les âges, de tous les caractères, de toutes les professions, avait passé sans relâche sous ses yeux et déposé dans son esprit un trésor d'observations qu'un homme de lettres n'aurait jamais devinées au fond de son cabinet. Souvent blessé au choc des événements, Cervantes n'en conservait ni haine ni misanthropie. Il jouissait du monde en spectateur, comme s'il n'y eut pas joué lui-même le plus douloureux des rôles.

En prenant la plume, l'auteur de *Don Quichotte* n'avait pas la complète conscience de la tâche qu'il allait remplir. Il ne se proposait (il le déclare formellement) que de ruiner l'influence pernicieuse alors des romans de chevalerie[1]. C'était déjà un but digne de sa haute raison. En effet le malheur de l'Espagne, comme nous le montrerons à la fin de cette esquisse de sa littérature, c'était de n'avoir offert à la sève de l'esprit national d'autre écoulement que la branche gourmande de la fantaisie pure. L'intelligence, effrayée du danger de toutes les applications sérieuses, avait fait divorce avec la pensée, pour se réfugier dans le domaine inoffensif de l'imagination et des jeux d'esprit

---

1. Non mira á mas que á deshacer la autoridad y cabida que en el mundo y en el vul tienen los libros de caballerias

puérils. Ce qu'avait été au moyen âge la littérature française en langue vulgaire, la littérature espagnole l'était encore au dix-septième siècle. L'Espagne est un éternel moyen âge. Les livres de chevalerie, les Amadis, les Esplandians, fomentaient ce penchant fatal : c'était un rêve enchanté, pendant lequel la raison dormait d'un long sommeil. Déjà des esprits d'élite s'étaient alarmés de cet excès. Louis de Grenade et Malon de Chaide s'en affligeaient au nom même de la religion ; Guevara, l'heureux et savant favori de Charles-Quint, constate en la blâmant cette épidémie du goût national. Les courtisans se faisaient peuple sous ce rapport. L'auteur du *Dialogue des langues*, déclare que les dix ans qu'il passa à la cour furent perdus à étudier Florisande, Lisuarte, le Chevalier de la croix et autres ouvrages de cette classe. Le bon sens public était engourdi par ces fades lectures : il n'était pas rare de trouver des lecteurs qui prenaient ces fables pour des histoires. Le danger devint si grand qu'en 1553 une loi défendit d'imprimer et de vendre ces livres dans les colonies d'Amérique, et qu'en 1555 les cortès demandèrent que cette prohibition fût étendue à l'Espagne, et même qu'on brûlât tous les exemplaires de ces ouvrages qui existaient alors dans le pays [1].

Cervantes fit plus et mieux que n'aurait pu faire ce vaste auto-da-fé. Don Quichotte se mit bravement en travers de la grande route où passait la foule des chevaliers errants, et tous s'arrêtèrent avec effroi devant le champion de Dulcinée du Toboso. Aucun roman de chevalerie ne fut composé après la publication du *Don Quichotte*, et ceux mêmes qui avaient joui jusqu'alors de la plus grande faveur cessèrent à peu près d'être réimprimés.

Pour obtenir ce triomphe, Cervantes a recours à un

---

[1]. Ce fut probablement l'abdication de Charles-Quint qui empêcha de donner suite à cette pétition.

moyen simple et original. Il représente dans une piquante peinture un gentilhomme de la Manche, plein d'honneur et d'enthousiasme castillan, à qui la lecture des romans de chevalerie a tellement tourné la tête qu'il les regarde comme des histoires véritables, en admire les héros et se détermine à les imiter.

Don Quichotte, c'est le nom qu'il se donne, quitte sa maison et ses amis pour courir le monde à la recherche des aventures. Monté sur son cheval maigre, qu'il appelle du nom sonore de Rossinante, couvert d'une vieille armure rouillée et coiffé d'un plat à barbe qu'il prend pour l'armet d'or de Mambrin, il marche pour redresser les torts, pour défendre et venger les opprimés.

Afin de compléter son équipement chevaleresque, il attache à sa suite en qualité d'écuyer un bon paysan du voisinage ignorant et crédule à l'excès, mais plein d'un gros bon sens exquis et d'une excellente nature, assez naïf pour suivre et admirer son maître, assez sensé pour mettre en relief par un piquant contraste toute sa déraison. Ce couple parfait sort du village natal, montés l'un sur une rosse, l'autre sur un âne. Les aventures qu'ils vont chercher se pressent sous leurs pas, grâce à l'imagination exaltée du chevalier; les auberges deviennent des châteaux; les moulins à vent, des géants ; les galériens, des captifs opprimés ; les deux héros reviennent à la maison battus, moulus et moqués.

Telle était la donnée première du *Don Quichotte* : Cervantes voulait faire une piquante parodie, et cette parodie suffisait en effet pour atteindre le but que nous avons signalé. Mais le génie, surtout chez les poètes, fait quelquefois plus qu'il ne se propose. Si le *Don Quichotte* n'était qu'une parodie, il serait mort avec les œuvres dont il se raillait, il eût été oublié après sa victoire ; et voilà qu'après trois siècles de triomphe le roman de Cervantes est plus populaire que jamais, connu de tout le monde, traduit dans toutes les langues et se multiplie encore chaque année par milliers d'exemplaires.

C'est que ce livre n'est pas seulement une satire, il est aussi un tableau de caractères éternellement vrais et vivants. Les personnages de Cervantes ne sont pas des esquisses de ridicules passagers, mais des types permanents de la nature morale. Si l'on veut bien comprendre cet ouvrage il faut se garder de s'en tenir aux cent premières pages : la pensée de Cervantes se développe et se fixe à mesure qu'il avance. Ce chevalier errant, qui semble ne devoir être d'abord qu'une parodie des Amadis, devient progressivement un individu réel et distinct. L'auteur s'attache à lui, il le connaît, il l'aime et le fait aimer. A côté de cette toquade pour la chevalerie errante, il lui donne une si fière et si généreuse nature, un tel sentiment d'honneur, un tel amour de ce qui est noble et grand, que nous partageons l'affection et quelquefois même l'admiration qu'il inspire à ceux qui l'environnent.

Il en est de même de Sancho Pança. Sa croissance pendant le cours de l'ouvrage est peut-être encore plus sensible. D'abord il n'est introduit que pour contraster avec son maître et faire ressortir d'une manière plus frappante les bizarreries du chevalier. Ce n'est guère qu'à la moitié de la première partie qu'il prononce un de ces proverbes qui deviennent plus tard le trait distinctif de son langage et de son esprit; et c'est seulement au début de la seconde partie, et même au moment où il est nommé gouverneur de Barataria, qu'il se développe tout entier avec cette nuance délicate de crédulité et de finesse qui forme son caractère.

Il y a donc dans le *Don Quichotte* (et c'est un des charmes secrets qui nous attachent à sa lecture) non seulement variété dans les aventures, mais progrès constant, quoique sans dissonances, dans l'épanouissement des personnages. La moquerie de Cervantes n'a rien de dur et de cru :

Comme le Misanthrope de Molière, le dernier des chevaliers errants n'a qu'un seul défaut d'esprit, et ce défaut s'unissant à toutes ses qualités les rend inutiles et nuisibles.

C'est là le grand et sérieux enseignement de ces deux ouvrages, c'est là ce qui constitue la supériorité des deux auteurs. La moquerie à outrance ne prouve rien, pas même du talent. Le vrai poète atteint finement le but sans le dépasser.

Les types créés par Cervantes sont tellement vrais et durables que les critiques modernes ont pu, sans trop d'invraisemblance, y trouver la personnification de deux facultés de l'esprit humain, l'imagination généreuse d'une part, et de l'autre le grossier et égoïste bon sens. L'auteur, selon Bouterwek, Sismondi, Baret, etc., aurait voulu représenter les deux tendances que nous portons tous en nous-mêmes, l'esprit de la poésie et celui de la prose. « Les hommes d'une âme élevée, dit Sismondi, se proposent dans la vie d'être les défenseurs des faibles, l'appui des opprimés, les champions de la justice et de l'innocence ; et, sans calculer leurs forces, ils s'exposent pour des ingrats, ils se sacrifient aux lois et aux principes d'un ordre imaginaire. »

Que telles soient les réflexions suggérées par *Don Quichotte*, nous le croyons facilement : c'est le propre de toute réalité de contenir le germe d'une généralisation. Mais que l'idée philosophique de Sismondi et des autres critiques ait été celle de l'auteur, c'est ce que nous avons peine à supposer. Le développement d'une pensée, comme morale dominante mais cachée d'un ouvrage de longue haleine, ne semble guère, dit avec raison H. Hallam, appartenir à l'Espagne du seizième siècle ; et ensuite le triste et sombre point de vue que suppose une telle pensée ne fut jamais celui de cette sereine et généreuse intelligence.

Le système raffiné des critiques modernes tombe d'ailleurs devant l'observation des faits. Sancho n'est-il qu'égoïsme, que grossièreté? Combien de traits de son histoire le présentent sous un aspect contraire! sa tendresse pour son âne, son dévouement à son maître, ses regrets quand il l'a offensé, ses raccommodements avec lui touchent en faisant sourire. Don Quichotte n'est-il qu'imagination, que folie? Il semble au contraire que Cervantes ait pris plaisir à loger dans la même tête, à côté d'une monomanie ridicule, tout ce qu'il avait lui-même de bon goût et de raison en littérature, en morale et en politique. Ces personnages sont trop complexes et trop vrais pour être des peintures d'abstractions. Cervantes ne fut point un faiseur de systèmes, il ne fut qu'un romancier de génie.

Nous nous bornons, sur le *Don Quichotte*, à ces observations générales. Toute analyse détaillée d'un ouvrage que tout le monde a lu ou veut lire serait au moins superflue. Il faut recourir au livre lui-même, si l'on veut jouir du tableau le plus curieux des mœurs, des idées, des sites même de l'Espagne, et contempler à loisir quelques-unes des images les plus vraies et les plus amusantes de la nature morale de l'homme.

Un des plus sévères et des plus dédaigneux critiques, le docteur Johnson, avait coutume de dire qu'il y avait peu de livres que le lecteur pût accompagner jusqu'à la dernière page, moins encore qu'il regrettât de ne pas voir se prolonger au delà. Il en citait trois qui seuls de tous les livres purement humains jouissent, disait-il, de cet heureux privilége: *Don Quichotte*, *Robinson Crusoé* et le *Pilgrim's progress*. Après les œuvres d'Homère, ajoutait Johnson, l'œuvre de Cervantes tient le premier rang parmi les livres amusants. Si nous considérons, en effet, que les autres ouvrages ne sont admirés que dans le pays qui les a produits, et là même peut-être par une classe spéciale de lecteurs, tandis que le *Don Quichotte* est une sorte de propriété commune, un classique universel, également en faveur à la cour et au village, également applaudi en France, en

Angleterre et en Espagne, admiré des savants, connu des ouvriers, goûté par tous les âges de la vie, depuis l'enfance jusqu'à la décrépitude, nous avouerons que le succès de Cervantes surpasse de beaucoup tous les succès des écrivains modernes.

A côté de la critique, Cervantes voulut placer le modèle. Il résolut de composer un roman sérieux, plus intéressant que tous les romans chevaleresques auxquels s'attachait la faveur du public. C'était à ses yeux son œuvre capitale. Il y travailla jusqu'au dernier jour de sa vie, et elle ne fut imprimée que l'année qui suivit sa mort. L'ouvrage que je médite, écrit-il dans l'épitre dédicatoire de la seconde partie du *Don Quichotte*, qui aura pour sujet « *Les travaux de Persilès et de Sigismonde*, sera le pire ou le meilleur de tous les livres publiés en notre langue, je veux parler des livres de délassement. » Grâce à ce dilemme, Cervantes peut avoir bien jugé; mais à coup sûr *Persilès* n'est pas le meilleur des romans espagnols. L'auteur y tombe dans plusieurs des défauts qu'il avait si plaisamment critiqués dans son chef-d'œuvre : accumulation d'événements bizarres, invraisemblables, inventions monstrueuses et repoussantes, ignorance des lieux et des hommes qu'il prétend décrire, tels sont les vices qui choquent à chaque page les rares lecteurs de cet ouvrage. Une qualité réelle qu'on y trouve ne suffit pas pour racheter tant de défauts, c'est l'inépuisable imagination qui multiplie sans cesse les plus incroyables aventures. Cervantes, comme beaucoup de grands écrivains, portait ici la peine d'une de ses fausses théories. Nous le verrons dans les *Nouvelles* mettre au premier rang de mérite l'invention de l'intrigue. *Persilès* excelle par l'invention et n'en est pas moins un fort mauvais ouvrage. Comme Cervantes a placé la scène de son récit dans des contrées qu'il ignore profondément, il n'a pas, comme dans ses *Nouvelles*, la ressource de peindre fidèlement les détails, pour contrebalancer la bizarrerie du plan.

CHAPITRE X

LE ROMAN PICARESQUE

Nouvelles instructives de Cervantes. — *Lazarille de Tormes, Marcos Obregon*. — Modèles de *Gil Blas*.

Dans l'intervalle qui sépare les publications des deux parties du *Don Quichotte*, en 1613, Cervantes fit paraître un recueil de douze contes qu'il appela *Nouvelles instructives* (*Novelas exemplares*). Deux récits du même genre avaient été déjà intercalés dans le *Don Quichotte*, sous forme d'épisodes. Quelques-uns même de ceux que contient le recueil paraissent avoir été composés avant ce grand ouvrage. Tous sont dignes à différents titres de l'attention de l'homme de goût et d'une mention dans l'histoire littéraire.

Le principal mérite que Cervantes lui-même prétend assigner à ses *Nouvelles* est celui de l'invention. Toutes celles qui, avant lui, circulaient en Espagne, étaient traduites ou imitées des littératures étrangères : « Celles-ci, dit-il, sont les miennes propres, non imitées ni volées à personne ; mon esprit les engendra, ma plume les mit au jour et elles grandissent dans les bras de la presse. »

L'éloge qu'un auteur fait de son œuvre indique au moins le but qu'il s'est proposé d'atteindre, l'idéal qu'il avait dans l'esprit. La création des sujets, l'originalité des incidents, le talent d'exciter et de satisfaire la curiosité, tel est pour Cervantes le mérite suprême du conteur.

Mais dans ses *Nouvelles instructives* il sacrifie trop à cette qualité, la première en effet que recherche l'art dans son enfance. Il s'inquiète peu de la vraisemblance des faits et de la vérité du langage ; les rencontres les plus étranges, les événements les plus improbables, sont bienvenus chez lui, pourvu qu'ils forment des combinaisons amusantes, qu'ils donnent lieu à des coups de théâtre émouvants. C'est le drame espagnol avec ses péripéties inattendues et bizarres. Les mères retrouvent après quinze ans au milieu d'une grande ville leurs enfants perdus ou enlevés : deux navires se rencontrent et se combattent en pleine mer : ils portent et réunissent deux amants longtemps séparés. Une caravane délivre quelques voyageurs que des brigands avaient attachés dans une forêt au pied des arbres ; libérateurs et victimes sont ensemble dans d'intimes relations, parents, amis ou rivaux. On conduit au corregidor un accusé qu'il va faire pendre : le magistrat reconnaît en lui ou son fils ou l'époux de sa fille. Ainsi marchent les événements de ce monde enchanté. Le hasard en est l'auteur principal ; il en forme et défait le nœud avec une trop visible et trop intelligente industrie.

Par bonheur l'imagination humaine ne peut se substituer entièrement à la réalité qu'elle dédaigne. Elle ne peut peindre ses caprices les plus étranges qu'avec les couleurs qu'elle a sous la main. A travers ces jeux effrénés de la fantaisie, où l'auteur des *Nouvelles* mettait toute sa gloire, perce une autre peinture bien plus intéressante pour nous. Ces contes sont comme un palimpseste, où, sous l'écriture assez indifférente du premier plan, apparaît à des yeux attentifs un texte plus précieux. Sans doute il est invraisemblable qu'un noble et riche gentilhomme se fasse bohémien par amour pour Preciosa ; mais la vie libre et aventureuse des bohémiens d'Espagne n'en est pas moins fidèlement saisie, pas moins intéressante pour le lecteur. Que deux grands personnages retrouvent leur fille et leurs deux fils domestiques dans une auberge de Séville, c'est à coup sûr un cas assez peu fréquent ; mais les habitudes des serviteurs d'auberge, leurs grossiers amusements entremêlés de poétiques inspirations, leurs rixes, leurs combats, la manière de voyager, les rapports de l'hôte avec les voyageurs décrits par l'auteur, n'en sont ni moins vrais ni moins curieux. Nous découvrons ainsi à travers ces fables l'image fidèle des mœurs, des coutumes, des opinions, de toute la vie morale et matérielle de l'Espagne à la fin du seizième siècle. Esprit guerrier mais indiscipliné des soldats; jeunes gentilshommes qui fuient l'étude pour l'armée, et s'échappent de Salamanque pour aller en Flandre ou en Italie; juges pauvres et vendus aux plus offrants, alguazils affiliés aux larrons, gitanos vivant dans toute la liberté sauvage d'une société barbare, tolérée et protégée par la société légale; voleurs dévots et superstitieux, exerçant régulièrement leur industrie dans la paix de leur conscience; prétention universelle à la noblesse du sang et à la dignité du langage; respect pour la puissance et la richesse; asservissement profond de la pensée; toute-puissance du saint-office, tremblement universel devant l'autorité cléricale, et, au fond du tableau, perspective lointaine du bûcher, voilà ce qui rend les *Nouvelles instructives* dignes pour nous du nom qu'elles portent, et en font un document plus précieux pour la postérité que les histoires de Mendoza et de Mariana.

Le style des *Nouvelles instructives* a été loué hautement par les critiques espagnols, qui les ont placées sous ce rapport au-dessus même du *Don Quichotte*. Il faut s'entendre sur le sens de cet éloge : s'il ne s'attache qu'à la diction, à la pureté grammaticale du langage, nous n'avons qu'à souscrire humblement à cette sentence; mais si l'on donne au mot *style* la signification plus élevée qu'il a aujourd'hui parmi nous, si l'on veut qu'il exprime la vérité du langage et la mise en relief de tous les accidents de la pensée, alors il faudra faire deux parts dans les *Nouvelles de Cervantes*. Toute la partie sérieuse, toute celle où l'auteur prétend exprimer des idées graves, des sentiments profonds ou tendres est généralement mauvaise. Ses acteurs parlent tous du même ton, et ce ton est celui d'une détestable rhétorique, à la fois emphatique et vulgaire. On sent que l'auteur cherchait à *bien dire* et dédaignait la simplicité du langage réel au nom d'une prétendue beauté de mode et de convention transmise par les livres. La partie comique au contraire est excellente : c'est la nature prise sur le fait, et devenue seulement plus vive et plus frappante dans la bouche du témoin ingénieux qui la raconte. Faisons comprendre cette différence par quelques citations.

Un amant dédaigné apprend que la jeune fille qu'il aime s'est rendue avec ses parents dans le jardin d'un gentilhomme dont elle veut épouser le fils. Il y court lui-même et arrive inattendu devant le couple heureux.

Leur vue me fit un tel effet, dit-il, que je perdis celle de mes yeux, et que je restai comme une statue sans voix, sans mouvement. Toutefois le dépit ne tarda pas à réveiller le sang du cœur, et le sang, la colère, et la colère, les mains et la langue; et si les mains furent enchaînées par le respect qui me semblait dû au divin visage que j'avais devant moi, la langue du moins rompit le silence et s'exprima de la sorte :

« Te voilà satisfaite, ô mortelle ennemie de mon repos, puisque tu as paisiblement devant les yeux l'objet qui condamne les miens à de continuelles et douloureuses larmes. Approche-toi, cruelle, approche-toi davantage et enlace ton lierre à ce tronc inutile qui t'appelle; peigne et boucle les cheveux de ce nouveau Ganymède, qui te sollicite nonchalamment... Et toi, ô jeune homme, qui t'imagines remporter sans peine et sans péril le prix plutôt dû à mes généreux désirs qu'à ton oisive fantaisie, pourquoi ne te lèves-tu pas de ce lit de fleurs où tu es couché, et ne viens-tu pas m'arracher une âme qui t'abhorre ?... Si Achille avait eu ton humeur débonnaire, certes Ulysse eût échoué dans son entreprise, bien qu'il eût montré à l'envi des armes luisantes et des cimeterres d'acier poli. Va-t'en, va-t'en; retourne jouer au milieu des femmes de ta mère, et prends-y soin de tes cheveux, ainsi que de ces mains plus promptes à dévider des écheveaux de soie qu'à tirer l'épée du fourreau[1]. »

1. On reconnaît ici le lettré maladroit, qui imite Horace à contretemps :

Nequidquam Veneris præsidi oferox
Pectes cæsariem... etc.

Peut-on rien voir de plus ridicule que cette mythologique provocation? A moins que ce ne soit la confession suivante faite par une jeune fille à son frère qu'elle ne voit pas et prend pour un inconnu.

> Ma mauvaise étoile ou ma pire inclination offrit à mes yeux le fils d'un de nos voisins plus riche et moins noble que mes parents... Il me vit une et bien des fois, d'une fenêtre qui se trouvait en face de la mienne. De là, à ce qu'il me semblait, il m'envoyait son âme par les yeux... Le regard fut l'intercesseur et le médiateur de la parole; la parole trouva moyen de déclarer son désir, et son désir, d'enflammer le mien en m'y faisant ajouter foi... Sur moi, pauvre malheureuse, qui ne m'étais jamais vue en semblable péril, chaque parole était un coup de canon qui faisait brèche dans la forteresse de mon honneur; chaque larme, un brandon qui embrâsait mon honnêteté; chaque soupir, un vent violent qui augmentait l'incendie...

On croit lire les débuts de Malherbe traduisant Tansillo. Ce jargon régnait alors comme une épidémie dans toute l'Europe, en Italie, en Angleterre, en Espagne. Il envahit la France, où il ne succomba que sous les efforts de Malherbe devenu lui-même, de Molière et enfin de Boileau. Cervantes ne l'inventait pas : le seul reproche qu'on puisse lui faire c'est d'avoir payé tribut à une mode ridicule.

Il rachète cette faute dans les parties plaisantes de sa narration. C'est là qu'on reconnaît l'auteur de *Don Quichotte*. Il faudrait citer tout entière la nouvelle de *Rinconete et Cortadillo*, ce curieux tableau de la Camorra de Séville.

> Pendant le trajet, Ricon dit à leur guide : « Votre seigneurie est-elle par hasard un voleur? — Oui, répondit l'autre, pour servir Dieu et les honnêtes gens. — C'est pour moi une chose nouvelle, dit Cortado, qu'il y ait des voleurs au monde pour servir Dieu et les honnêtes gens. — Quant à moi, reprit le portefaix, je ne me pique point de théologie. Ce que je sais, c'est que chacun dans son métier peut fort bien louer Dieu, surtout d'après l'ordre qu'on a donné Monopodio à tous ses filleuls... Il nous commande de prélever sur tout ce que nous volons quelque aumône pour l'huile de la lampe d'une très dévote image qui est dans cette ville.

Les faits répondent aux paroles. Dans la maison du chef se réunissent quatorze voleurs d'élite qui viennent chercher ses ordres.

> Derrière eux vint une vieille à longue jupe. Celle-ci, sans rien dire, entra dans la salle basse, et quand elle eut pris de l'eau bénite avec une grande dévotion, elle se mit à genoux devant l'image de la madone; puis au bout d'un long recueillement, après avoir d'abord baisé trois fois la terre et levé trois autres fois les bras et les yeux au ciel, elle se releva, jeta son aumône dans le petit panier et vint rejoindre les autres dans la cour.

La nouvelle intitulée *La bohémienne de Madrid* mérite aussi d'être distinguée pour le charme des descriptions et la vérité de quelques dialogues. L'auteur de *Notre-Dame de Paris* s'est sans doute inspiré de cette nouvelle. La Esmeralda est une copie épurée de Preciosa; et ce n'est pas sans apparence que M. Baret donne la préférence à l'original espagnol. Mais l'original ne possède ni Claude Frollo, ni Quasimodo, ni sa vivante cathédrale !

Mentionnons encore le *Dialogue des chiens*, revue curieuse, mais pas assez piquante, pas assez vive des conditions les plus humbles de la société espagnole. Deux chiens d'hôpital, doués pour une nuit de la parole, se racontent leurs aventures et peignent au naturel tous les maîtres qu'ils ont servis. Dans cet amusant colloque le caractère des interlocuteurs se dessine lui-même d'une façon comique. Scipion avec sa gravité morale, Berganza avec ses proverbes, avec son mélange de naïveté et de ruse, rappellent quelquefois l'un Don Quichotte, l'autre Sancho Pança.

On peut faire sur les nouvelles de Cervantes une remarque générale, qui explique la supériorité de la partie comique, non seulement chez lui, mais chez la plupart des romanciers espagnols : c'est que la satire, et même l'observation morale qui lui sert de base, ne s'attaque en Espagne qu'aux classes inférieures de la société; elle n'ose monter plus haut. Dès que le roman peint un personnage noble ou riche, il se jette dans l'emphase et dans la rhétorique, pour échapper au danger d'être vrai. Cervantes avait bien aperçu les ridicules de la classe supérieure. Plus d'une fois sans doute il avait eu bonne envie de les peindre, mais comme Berganza il se mordit prudemment la langue, et laissa passer sans trop de bruit ces « fils des plus riches bourgeois, gens frivoles, parés et beaux diseurs, dont la manière de vivre et de s'habiller, le caractère, les usages et les lois qu'ils gardent entre eux donneraient belle matière à discourir, si de bonnes raisons n'imposaient le silence. »

Repoussée loin de la société décente, la satire espagnole se rabattit avec bonheur sur les voleurs déguenillés.

O galopins de cuisine, sales, gras et luisants, s'écrie Cervantes dans sa nouvelle de l'*Illustre servante*; ô mendiants postiches, faux perclus, coupeurs de bourses du *Zocodover* à Tolède ou de la *Plaza mayor* à Madrid, aimables diseurs de patenôtres, portefaix de Séville, valets de rufflans et toute la troupe innombrable qu'enferme le nom de *picaros*, rendez les armes, baissez pavillon, et cessez de vous nommer *picaros* fieffés, si vous n'avez suivi deux années de cours dans l'académie de la pêche des thons. C'est là, c'est là, qu'est dans son centre le travail joint à la fainéantise; c'est là qu'est la saleté propre, la graisse ferme et rebondie, la faim toujours prête, l'estomac repu, le vice sans déguisement, le jeu continuel, les querelles à toute heure, les meurtres à toute minute, les farces à chaque pas, les danses comme à la noce, les chansons comme en estampe, la poésie sans aucun sujet. Là on chante, ici on jure; de ce côté on se querelle, de cet autre on joue et de tous on vole. Là campe la liberté et brille le travail; là bien des pères de haut parage viennent ou envoient chercher leurs fils et les y trouvent; et ceux-ci se désolent autant d'être arrachés à cette vie que si on les conduisait à la mort. Mais toute cette douceur que je viens de peindre a son amertume qui la trouble; c'est qu'on ne peut dormir d'un sommeil tranquille, sans crainte d'être transporté en un instant de Zahara en Berbérie. Tourmentés de cette appréhension, les pêcheurs se retirent la nuit dans quelques tours de la marine : ils ont des avant-postes et des sentinelles, et c'est sur la foi des yeux d'autrui qu'ils ferment les leurs. Ce qui n'empêche point que souvent avant-postes et sentinelles, patrons et travailleurs, barques et filets, avec toute la multitude de gens qui s'occupent au métier, n'aient vu le coucher du soleil en Espagne et le point du jour à Tétuan. »

Quelle verve et quel tableau! Comparez ce style à celui des tirades sentimentales que nous avons transcrites plus haut! Est-il possible qu'elles soient de la même main?

Deux choses ont égaré ce grand homme dans sa carrière d'écrivain : d'abord une théorie inexacte du but et des conditions de l'art de conter, ensuite la nécessité d'écrire pour le goût du public espagnol. « Celui qui vit en amusant, dit un de ses contemporains, doit nécessairement amuser pour vivre. » La pauvreté, l'obligation de gagner en écrivant la vie de sa nombreuse famille entraînèrent Cervantes plus loin encore que son jugement personnel dans la route du faux. Nous verrons une nouvelle preuve de cette opinion quand nous parlerons de ses pièces de théâtre.

La peinture des *picaros*, des filous de bas étage, est un genre tellement naturel à l'Espagne, qu'avant et après Cervantes elle a formé un genre de roman des plus originaux. Hurtado de Mendoza, l'homme d'Etat, le poète, le grand historien dont nous avons parlé, ouvrit jeune encore cette carrière nouvelle dans son *Lazarille de Tormes*. Le premier il décrivit avec une originalité puissante le vice inhérent au caractère castillan, cette misère fastueuse, cette orgueilleuse servilité, qui préfère hautement la dépendance et la pauvreté au travail. Une foule de romans ont été faits à l'imitation de *Lazarille de Tormes*. Matteo Aleman, officier du palais de Philippe II, écrivit *Gusman d'Alfarache*; Ubida l'allongea d'une suite, sous le titre de *Justine la truande* (*La picara Justina*); Quevedo fit le *Capitaine Pablos*; Louis de Guevara imagina le *Diable boiteux*, qu'a traduit et développé Lesage, et Vicente Espinel composa *Don Marcos Obregon*, qui eut l'honneur de servir de modèle au roman très supérieur de *Gil Blas*.

CHAPITRE XI

LE THÉATRE

Origines. — L'école classique. — La *Célestine*. — Les pièces de Cervantes.

Comme le roman, le drame atteignit en Espagne le plus haut degré d'originalité. Nul peuple, après les Grecs, n'eut un théâtre plus national, plus exempt d'influences étrangères, plus naïvement créé par les goûts, le caractère, les défauts mêmes des spectateurs. Née dans l'église, comme tous les théâtres modernes, issue des cérémonies du culte catholique, la comédie espagnole resta fidèle à son origine : quand elle sortit du temple, elle emmena avec elle les Mystères de l'Ancien et du Nouveau Testament, ainsi que les Miracles de la vie des saints. Les anciennes Moralités, dont les personnages étaient les abstractions des vertus et des vices, se conservèrent sous le titre d'*autos* (actes) et reçurent des poètes les plus illustres la consécration du talent. Enfin les sujets purement profanes ne furent pas moins nationaux : les Lope et les Calderon ne sont que les interprètes de la pensée universelle, les serviteurs glorieux de l'imagination populaire[1].

C'est cette union de l'art perfectionné de quelques hommes, avec l'inspiration de tous, qui forme le trait caractéristique du drame espagnol. Son histoire a elle-même

---

1. Les origines et les progrès de l'art dramatique en Espagne, sur lesquels nous ne pouvons nous arrêter ici, ont été développés avec une science et une sagacité merveilleuse par M. Schack, dans son Histoire du Théâtre espagnol : *Geschichte der dramatischen Literatur und Kunst in Spanien*, 2 vol. in-8°, Berlin, 1845.

quelque chose de dramatique; on y voit lutter, dans une confusion féconde, tous les éléments rivaux qui doivent produire le théâtre moderne ou périr dans sa victoire.

D'abord l'école érudite essaye de s'emparer de la scène, tentative souvent et toujours inutilement renouvelée! Dès le règne de Pierre le Cruel (1350), Pierre Gonzalez de Mendoza, un des ancêtres du marquis de Santillane, avait composé des comédies imitées de Plaute et de Térence, auxquelles il avait joint, comme passeports, des refrains (*villancicos y serranas*). Les poètes savants de la cour de Juan II, ne manquèrent pas d'ambitionner la gloire dramatique : ils tâchèrent d'implanter sur la scène espagnole leurs ingénieuses allégories. Santillane brille encore ici au premier rang. C'est à lui qu'appartient la plus ancienne peut-être de toutes les pièces espagnoles qui nous restent, la *Comedieta de Ponza*[1]. Les strophes connues sous le nom de *Mingo Rebulgo*, et dans lesquelles un poète de Tolède, probablement Rodrigue de Cota, cacha sous une espèce d'églogue la satire allégorique de la cour de Henri IV, n'ont guère de commun avec le drame que la forme. Le *Cancionero general*, renferme encore d'autres pièces dialoguées où la poésie polie, savante, officielle semblait vouloir s'essayer à la grande œuvre du drame.

Elle ne pouvait l'accomplir qu'en mettant l'élégance de ses formes au service de l'inspiration populaire. Ce fut la gloire de *Juan de la Encina*, qui plus tard fut prêtre et maître de chapelle du pape Léon X. « L'an 1492, dit le catalogue royal d'Espagne, les compagnies commencèrent à représenter publiquement les comédies de Juan de la Encina, poète plein de grâce, de gaieté et de verve. »

---

1. Inédite. La bibliothèque nationale de Paris en possède plusieurs manuscrits. Le plus correct est sous le n° 7824. — Voy. Martinez de la Rosa, *Obras literarias*, vol. II, et Schack, *op. cit.*, t. I, p. 129.

Augustin de Roxas[1] fait remarquer que la même année vit naître en Espagne la comédie et l'Inquisition. Un synchronisme plus heureux pour l'art dramatique, et que fait encore observer ce poète, c'est qu'à la même époque, Ferdinand et Isabelle achevaient de chasser les Mores de Grenade, que Colomb allait découvrir le Nouveau Monde et Gonzalve de Cordoue conquérir le royaume de Naples. Ces rapprochements ne sont point indifférents : ils expliquent l'enthousiasme religieux et patriotique qui animait alors la nation, et qui dut souvent se produire sur son théâtre. Quelque faibles que soient, comme œuvres dramatiques, les naïves pastorales d'Encina, on y trouve avec charme les sujets qu'affectionnait le peuple, la naissance du Christ, l'adoration des bergers, la sépulture du Sauveur, exprimés dans des vers d'une ravissante harmonie et s'enfermant sans effort dans des strophes artistement formées. A son exemple, et mieux que lui encore, le portugais Gil Vicente enrichit les mêmes tableaux des plus heureuses couleurs. Ainsi, dès sa naissance, le théâtre espagnol se parait déjà de cet éclat poétique qu'il devait déployer plus tard avec tant d'orgueil.

Mais à côté de cette école s'en élevait une toute différente : un sujet d'une réalité frappante mais vulgaire, des caractères révoltants d'immoralité, un dialogue quelquefois pédantesque et clérical, souvent rapide, plein de vie, une pensée toute prosaïque et la prose pour expression[2], la forme dramatique appliquée à toutes les parties de l'action, sans aucun mélange de récit, même pour les

---

1. *Viage entretenido de Agustin de Roxas*, Loa de la Comedia, transcrite à la fin du 1ᵉʳ vol de Schack, *op. cit.*
2. Exceptons toutefois de ce reproche une scène charmante et poétique même par les couplets qu'elle renferme, celle qui au xixᵉ acte, nous présente une entrevue nocturne de Calixte et de Mélibée dans le verger de cette jeune fille. Le sentiment de la nature uni à la fraîcheur de ces juvéniles amours rappelle la fameuse scène de Roméo sur le balcon

détails les plus rebelles à toute espèce de représentation, tels sont les traits distinctifs d'une œuvre célèbre dans l'histoire littéraire de l'Espagne, de la tragi-comédie intitulée *Celestina*. Cette pièce, publiée à Burgos, (en 1499, in-4°), ne fut pas faite pour le théâtre ; sa longueur seule eût suffi pour l'en exclure : elle ne renferme pas moins de vingt et un actes. Deux auteurs y ont successivement travaillé : c'est le *Roman de la rose* des Espagnols. Quelque original qu'ait paru ce travail, il n'était pas sans antécédents. On y reconnaît l'imitation évidente d'une pièce latine du moyen âge[1] attribuée à Ovide et déjà imitée par l'archiprêtre de Hita. La *Célestine* eut un immense retentissement non seulement en Espagne, mais en Italie, en Allemagne, en France : les éditions s'en multiplièrent rapidement, les imitations exagérèrent les défauts du modèle. Ici s'annonçait déjà cette autre tendance de la comédie espagnole à multiplier les incidents, à croiser habilement les fils nombreux d'une intrigue, à faire du drame enfin la représentation d'une nouvelle.

Ces deux éléments divers, la poésie d'Encina, la prose des auteurs de la *Célestine*, se combinèrent heureusement dans les pièces de Torres Naharro, qui, le premier, imprima à ses compositions le vrai caractère du théâtre espagnol. Chez lui, pour la première fois, le drame s'avance avec son allure fière et passionnée, au milieu des aventures nocturnes, des duels, des sérénades, et devient le vrai type des comédies dites de cape et d'épée. L'intrigue y est l'objet essentiel de la pièce : la peinture des caractères ne prend d'importance qu'autant qu'elle contribue à la marche de l'action. Les situations sont tout : l'effet

---

de Juliette. C'est presque la même situation, ce sont les mêmes émotions et presque les mêmes images chez les deux poètes, d'un mérite d'ailleurs si inégal.

1. *Pamphilus, de Documento amoris*.

moral n'est rien. La poésie serpente à longs flots à travers les replis sinueux de la fable, et la versification en est si soignée, qu'on y retrouve quelquefois les plus savantes combinaisons des *canzoni* de Pétrarque. Chose étrange, les premières comédies véritablement espagnoles ne furent point faites en Espagne. Naharro, après avoir été, comme Cervantes, captif à Alger, avait fixé son séjour en Italie. C'est à Naples que furent d'abord représentées ses pièces, et l'on ne peut affirmer avec certitude qu'elles l'aient été dans sa patrie. Cependant le recueil qu'on en publia à Naples en 1517, sous le titre de *Propaladia*, fut reçu en Espagne avec la plus grande faveur, et donna naissance à de nombreuses imitations.

Après ce premier élan, le drame espagnol s'arrête quelque temps. Le génie semble tarir à sa source ; ou plutôt il dérive dans d'autres directions. C'est l'époque des Boscan, des Garcilaso, des Herrera, des Mendoza, des Louis Ponce, de tous ces poèmes lyriques ou élégiaques, de tous ces essais épiques dont nous avons parlé. La nation était trop agitée par les grandes entreprises où l'entraînait l'ambition de Charles-Quint pour avoir le loisir de se contempler elle-même dans le miroir paisible du théâtre. Le drame était partout : pourquoi l'aller chercher sur la scène? De telles époques sont fécondes, mais seulement pour l'avenir. D'ailleurs pendant la vie toujours voyageuse de cet empereur étranger, environné d'Allemands et qui ne résida presque jamais en Espagne, il manquait aux jeux scéniques un centre où pussent affluer les rivalités du talent et les encouragements de l'opulence.

Le théâtre national était tombé dans une telle défaveur qu'en 1548, au mariage de l'infante Marie avec le grand-duc Maximilien, quand on voulut donner une représentation théâtrale à la cour, réunie à Valladolid, on joua en italien une pièce de l'Arioste. Au milieu de ces circonstances, un homme bien inférieur à Torres Naharro, et peu doué pour la poésie, mais excellent acteur, habile à saisir et à rendre la réalité, acquit une réputation peu justifiée par ses œuvres ; ce fut Lope de Rueda (1554-1567), batteur d'or de Séville, rendu célèbre par les éloges exagérés de Cervantes. Il passa aux yeux de ses contemporains pour avoir créé l'art dramatique : il n'avait fait que lui rendre quelque chose de son premier éclat.

Cependant en 1565 s'établit à Madrid une confrérie de *la Passion* qui obtint le privilège de louer des salles aux troupes d'acteurs ; bientôt après la confrérie de *Notre-Dame de la solitude* partagea cette faveur. Les théâtres de *la Cruz* et *del Principe* s'élevèrent. Le génie dramatique ne pouvait manquer de répondre à l'appel.

Quelle forme allait-il prendre ? Quel système devait s'emparer de ces splendides théâtres ? La question paraissait encore douteuse, c'était l'âge de la Renaissance. Un dominicain, Jérôme Bermudez, lança, sous le pseudonyme de Antonio de Silva, deux tragédies de forme antique, dont les aventures d'*Inez de Castro* furent le sujet. Un autre lettré, Pedro Simon de Abril, donna au théâtre une imitation du *Plutus* d'Aristophane, de la *Médée* d'Euripide, et de plusieurs comédies de Térence. D'un autre côté, avec plus de talent, Juan de la Cueva et Cristobal de Virues se jetèrent franchement dans le parti populaire. Malgré les inclinations évidentes du public, la balance semblait indécise : il fallait pour l'emporter l'apparition d'un homme de génie.

Cervantes sembla devoir donner la victoire au parti classique. Le bon sens, la haute raison de l'auteur de *Don Quichotte*, ne pouvait amnistier les écarts de l'imagination, fussent-ils même conformes au caractère national.

Les comédies, fait-il dire à son chanoine[1], tant les historiques que celles d'invention, sont des inepties évidentes, et n'ont ni pieds ni tête.

1. Dans le chapitre XLVIII de *Don Quichotte*.

Cependant la foule les écoute avec plaisir, elle les approuve et les tient pour bonnes quoiqu'elles soient si loin de l'être. — Seigneur chanoine, dit à son tour le curé, vous venez de toucher un sujet qui a réveillé en moi, contre les comédies d'à présent, une vieille rancune. La comédie, suivant Cicéron, doit être le miroir de la vie humaine, l'exemple des mœurs, l'image de la vérité, et celles qu'on représente aujourd'hui sont le miroir des extravagances, l'exemple des niaiseries, l'image de la débauche. Se peut-il une plus grande sottise par exemple que de nous montrer, à la première scène du premier acte, un enfant au maillot qui, dans le second acte, porte barbe au menton? N'est-il pas ridicule de voir un vieillard batailleur, un jeune homme poltron, un laquais rhétoricien, un page conseiller, un roi portefaix, une princesse fille de cuisine? Que vous dirai-je par rapport à la durée de la représentation? J'ai vu une comédie dont la première journée se passait en Europe, la seconde en Asie, la troisième se terminait en Afrique. Sans doute si elle avait eu quatre journées, la quatrième se serait achevée en Amérique. Ainsi l'action aurait été partagée entre les quatre parties du monde. Comment l'intelligence la plus commune concevra-t-elle que dans une action qui se passe du temps du roi Pépin ou de Charlemagne, le principal personnage soit l'empereur Héraclius, entre avec la croix dans Jérusalem et prenne possession du saint sépulcre, comme le fit Godefroy de Bouillon? Le plus grand mal, c'est que les ignorants disent qu'en cela gît la perfection, que le reste n'est qu'une recherche vaine.

Cervantes termine cette diatribe en s'écriant avec non moins d'indignation que le Misanthrope de Molière :

Tout cela sort du bon naturel et de la vérité, et nous fait regarder par les étrangers comme des barbares et des ignorants.

Mais Cervantes avait plutôt le génie de l'épopée que celui du théâtre. Sa carrière de poëte dramatique se divise en deux périodes séparées par vingt années de silence ou pour mieux dire de travaux différents. De la première, où il obéit à l'impulsion de son propre talent, il ne nous reste que deux pièces, imprimées seulement vers la fin du siècle dernier, la *Vie d'Alger* et la *Destruction de Numance*. La *Vie d'Alger*, que le poëte composa au sortir de sa captivité, est un tableau saisissant des souffrances qu'enduraient les esclaves chrétiens dans le bagne des pirates musulmans; mais cette pièce n'a guère d'un drame que le nom : les différents groupes entre lesquels se partage l'action sont à peine réunis par le lien fragile d'un intérêt commun. La *Destruction de Numance* est une œuvre d'un tout autre mérite. C'était une entreprise hardie que de mettre sur la scène un sujet entièrement épique, une tragédie dont le héros est tout un peuple. L'auteur s'y est rapproché de la grandeur et de la simplicité antiques. L'idée de la destinée y domine. Les acteurs visibles ne sont que les représentants d'un personnage idéal et sublime, la patrie. Bien plus, le poète, franchissant les limites du genre, où son inspiration épique se sentait à l'étroit, ose mettre en scène des êtres mythologiques et divins : l'Espagne, le fleuve Douro, la Guerre, la Maladie, la Faim, la Renommée. Rien n'est omis de ce qui peut exciter l'admiration, la terreur, la pitié ; le dévouement héroïque des assiégés, les cris déchirants des enfants affamés, le désespoir des mères, les sinistres présages des sacrifices, la résurrection magique d'un cadavre et ses lugubres prophéties, tous ces détails, joints à la catastrophe finale où un peuple tout entier s'ensevelit sous les débris fumants de sa ville, forment un tableau de l'effet le plus puissant. C'est quelque chose de la poésie d'Eschyle; c'est une épopée dramatique analogue aux *Sept chefs devant Thèbes*. Toutefois, il faut le dire, cet intérêt collectif n'est pas celui qu'on demande au théâtre : cette sympathie pour tout un peuple perd en énergie ce qu'elle gagne en majesté. Cette immobile beauté d'une cité qui meurt sous nos yeux répondait peu à l'attente des spectateurs castillans, qui voulaient avant tout du mouvement et de l'intrigue ; qui demandaient qu'on satisfît leur curiosité plutôt que leur admiration. Cervantes le sentit bien. Vingt ans après il reconnut, non pas qu'il s'était trompé, mais qu'il avait manqué la route du succès. Contraint par la pauvreté à composer pour vivre, il se jeta sans réserve dans tous les

défauts qu'il avait si spirituellement blâmés. « Il vaut
« mieux, s'écriait-il tristement, gagner à dîner avec le
« plus grand nombre qu'une bonne réputation avec les
« autres. » Ce nouveau calcul lui réussit moins encore. Ses
nouvelles pièces, refusées au théâtre, ne furent livrées par
lui à l'impression que pour subir de la part de la postérité
un jugement non moins sévère que celui des comédiens.

CHAPITRE XII

LOPE DE VEGA

Théorie dramatique de Lope de Vega.
Ses comédies de cape et d'épée.

Cependant avait apparu un jeune poète dont la merveilleuse facilité et les succès prodigieux ne contribuèrent pas peu à arracher Cervantes à son premier système. Lope de Vega (1562-1635) décida pour jamais du goût dramatique de ses compatriotes, en s'asservissant à leurs habitudes, à leurs opinions, à leurs préjugés nationaux, et monta, suivant l'expression de Cervantes, sur le trône de la comédie.

Sa vie réunit, comme ses œuvres, les péripéties et les contrastes les plus étranges. Enfant précoce, il fait des vers avant de savoir les écrire : à onze ou douze ans, il compose des comédies. Soldat à quinze ans, puis secrétaire de deux grands seigneurs, puis marié deux fois, mis en prison et exilé à la suite d'un duel, soldat une seconde fois aussi, père de deux enfants naturels, il se fait prêtre et familier de l'Inquisition à l'âge de quarante-sept ans, et se livre vers la fin de sa vie aux plus rigoureuses mortifications; tout cela sans discontinuer ses compositions théâtrales, dont les plus nombreuses et les meilleures prirent naissance depuis que l'auteur se fut consacré à l'Église.

Le caractère le plus étonnant du génie de Lope c'est son inépuisable fécondité. Il composa environ dix-huit cents pièces de théâtre [1], outre des poèmes épiques, didactiques, burlesques, des épîtres, des satires, des nouvelles, des pièces fugitives et une quantité innombrable de sonnets. La masse totale de ses écrits est évaluée à cent-trente-trois mille pages et à vingt et un millions de vers.

On comprend que la plupart de ces poèmes ne sont que de rapides ébauches. Dans aucun en particulier Lope n'atteint à une hauteur extraordinaire, ni à une grande profondeur; mais nul écrivain n'était plus fait pour séduire les imaginations castillanes. A ce public avide de combinaisons nouvelles, il fournissait des créations aussi rapides que ses désirs : c'était une lutte entre le poète et son public, et le poète en sortait vainqueur. Lui-même s'effrayait de ses succès et doutait de leur légitimité. Dans un de ses plus curieux ouvrages, le *Nouvel art dramatique*, il ressemble plutôt à un coupable qui excuse ses excès qu'à un législateur qui réprime ceux des autres. Il avoue que toutes ses comédies, à l'exception de six, pèchent gravement contre les règles de l'art. « Ce n'est pas que je les ignore, ajoute-t-il, mais quelqu'un qui les suivrait serait sûr de mourir sans gloire et sans profit. Quand je vois les monstruosités auxquelles accourent le vulgaire et les femmes, je me fais barbare à leur usage. J'écris des pièces pour le public, et puisqu'il les paye, il est juste, pour lui plaire, de lui parler la langue des sots. »

En faisant de pareils aveux, Lope n'avait pas, comme on

---

[1]. Quinze cents comédies et trois cents *autos* et intermèdes. De ses œuvres dramatiques, il nous reste tout au plus quatre cents comédies, dix-neuf *autos* et de trente à quarante intermèdes.

l'a dit depuis, l'intention de se moquer de ses censeurs, seulement il jugeait mal et son art et lui-même. Il accusait le goût du public, et c'est en le suivant qu'il avait grandi. Comme bien des artistes, il n'avait pas pleine conscience de sa supériorité : ses instincts allaient plus loin que son jugement. Il ne connaissait d'autre code poétique que celui d'Aristote ; et c'est à une législation toute différente qu'il obéissait à son insu.

Le drame de Lope est une nouvelle mise sur le théâtre, un roman devenu visible. Tout y est subordonné à l'intérêt de l'intrigue, à la satisfaction d'une incessante curiosité. Peinture des caractères, vraisemblance de la fiction et du langage, vérité historique et morale, chronologie, géographie, tout est négligé, compté pour rien, auprès de l'habile combinaison des événements qui frappent les yeux et occupent sans cesse l'esprit.

Sans doute, cet art, tout en superficie, dont le ressort principal est le hasard, dont les principaux acteurs sont les doubles portes, les noires mantilles, les masques, les cabinets, les duels, les chutes de cheval, est bien au-dessous de l'art profond de Molière, où l'homme apparaît seul dans toute sa force et fait lui-même sa destinée. Cependant, il faut une grande puissance d'imagination et une grande force de talent pour mener de front toutes ces intrigues, pour tenir sur les doigts tous ces fils délicats sans les brouiller jamais, pour tresser avec grâce ces incidents divers, pour faire contraster avec esprit leurs innombrables détails, pour peindre des figures avec la trame légère, comme les poètes anciens traçaient des caractères avec le burin de l'éloquence, enfin pour être la providence de tout ce monde théâtral, en disposant des événements qui le remplissent ; tandis que Shakspeare et Molière, par une transformation dramatique, en deviennent eux-mêmes les personnages. Ici les personnages ne sont que les humbles serviteurs de l'action, et n'ont aucune prétention à l'originalité. Ils sont les hommes d'affaires de leurs rôles. Toutes les femmes se ressemblent, comme dans nos vaudevilles; les hommes, en montant sur la scène, ont en quelque sorte à choisir un état connu, officiel : il faut qu'ils soient galants, ou jaloux, ou bravaches, ou bouffons, etc. Il y a des moules à personnages dans lesquels ils doivent nécessairement entrer. Cet art est bien celui des peuples méridionaux, chez lesquels l'individu a moins de valeur que le type général. Leurs sentiments sont communs à tous, comme leurs croyances.

Le penchant du peuple espagnol pour la comédie créée ou du moins fixée par Lope de Vega n'a rien qui doive nous surprendre. Cette comédie, c'était lui-même, c'était son œuvre ou plutôt sa vie. Les aventures romanesques étaient presque aussi fréquentes dans le monde que sur le théâtre. L'amour n'était pas moins une mode qu'une passion. Les sentiments, même véritables et profonds, s'enveloppaient volontiers dans de galantes intrigues. La nuit, les rues de Madrid ou de Séville étaient pleines de jeunes bacheliers qui, enveloppés de leurs manteaux, poursuivaient de mystérieuses rencontres, donnaient des sérénades à leurs dames, ou causaient à demi-voix auprès d'une jalousie. Sur les traces de l'amour marchaient la vengeance et l'honneur, et les scènes nocturnes finissaient souvent par du sang et des meurtres. Le peuple aimait à trouver dans les comédies la représentation de la vie du grand monde : on sait que le peuple espagnol est noble tout entier. Le théâtre suppléait pour lui aux insuffisances de la vie réelle : il rassasiait la faculté la plus exigeante de son âme, l'imagination. De là encore ce style brillant, ces métaphores éblouissantes, exagérées pour nous, cette prodigalité lyrique que les poètes espagnols épanchent sur leurs comédies. Le peuple, roi au théâtre, était aussi fier de voir ses auteurs dérouler pour lui les trésors de la poésie, que s'ils lui eussent ouvert les royales demeures d'Aranjuez.

« Il n'est pas douteux, dit Ticknor, que Lope n'ait dû au charme de sa versification la plus grande partie de son influence sur la masse du peuple. Rien n'est plus remarquable que sa variété. Aucun des mètres admis dans la langue ne lui échappe.... on y rencontre l'octave italienne, la *terza rima*, le sonnet. Toute cette variété n'avait pour objet que de plaire à la partie plus élégante et plus cultivée de son auditoire, entièrement éprise de tout ce qui était italien. Mais par-dessus tout, Lope s'attacha à la vieille mesure des romances nationales.... Son drame, plus narratif que celui de ses prédécesseurs, trouvait une expression naturelle dans le vers consacré aux vieux récits populaires. Le poëte alla plus loin : il plaça dans ses pièces un grand nombre d'anciennes romances. A certains moments, l'effet produit par l'introduction de ces souvenirs dut être très grand. Lorsque, dans son drame de *Santa Fé*, un des personnages récite avec une légère variante la romance si connue qui commence par ces mots :

> Santa Fé brille entourée
> De voiles et d'étendards ;
> Partout tentes empourprées,
> Partout or, soie et brocarts.

Ces paroles durent enlever l'auditoire comme le son de la trompette. »

On comprend combien la différence des temps et des habitudes d'esprit doit affaiblir aujourd'hui pour nous l'impression produite par un talent si complètement approprié à l'Espagne du dix-septième siècle. Essayons toutefois de donner une idée des œuvres dramatiques de Lope de Vega.

Nous pouvons les diviser en trois classes, d'après la nature de leurs sujets : les pièces d'intrigue ou de cape et d'épée, les pièces historiques et les drames religieux.

Les premières, les comédies de cape et d'épée, tirent leur

nom du costume que portait alors la société moyenne, le manteau et l'épée. Les personnages qui figuraient dans ces pièces, appartenant à ce que nous appellerions aujourd'hui la classe bourgeoise, en portaient le costume, comme ils en avaient les mœurs, les idées, les passions [1].

Parmi les pièces de ce genre nous rencontrons chez Lope de Vega *Le moulin* (*El molino*), esquisse rapide et assez mauvaise, d'un type de composition que Lope a souvent reproduit. Trente ou quarante des trois ou quatre cents pièces qui nous restent de son immense répertoire, sont faites sur la même donnée. Un cavalier et une dame sont forcés de quitter la cour par suite des persécutions d'un prince ou d'un roi, qui, la plupart du temps, est le rival du cavalier. Ils se réfugient au village, se cachent sous un déguisement rustique et, après bien des traverses, ils finissent par aborder au port du mariage.

Dans le *Moulin*, le cavalier persécuté est le comte Prospero ; sa bien-aimée est la duchesse Celia ; son rival, l'Infant, avec lequel il a, dès le premier acte, une violente explication, qui caractérise bien les mœurs à la fois chevaleresques et monarchiques de l'Espagne du dix-septième siècle, fierté et soumission ; le lion assujetti au mors.

— Un page m'a commandé de votre part de venir vous parler ici.
— Oui, comte, et je vous attendais irrité.
— Contre qui, monseigneur.
— Contre vous. Il y a longtemps que je ne trouve plus en vous ni la loyauté d'un vassal, ni le dévouement d'un ami.
— Celui-là vous a mal informé, qui vous a dit du mal de moi. Ce soupçon ne vient pas de vous, mais de l'homme qui est à votre côté, et vive le ciel....
— Quoiqu'il en soit, Prospero, à tort ou à raison, je suis jaloux,

---

1. Le tome II du théâtre espagnol dans la Collection des Chefs-d'œuvre des théâtres étrangers publiée par Ladvocat, Paris 1822-1823, 25 vol. in-8, contient quatre pièces de Lope de Vega; *La nécessité déporable, Le chien du jardinier, La perle de Séville* et *Le meilleur alcade est le Roi*.

et vous seul pouvez me rendre le repos; il faut que mes tourments finissent, ou c'en est fait de votre vie.

— Je ne regretterais pas de la perdre, si cela importait à votre service. Si vous l'ordonnez, je cesserai de lui parler et de la voir.

— Je veux m'assurer de vous d'une manière qui ne me laisse aucun doute.

— Que désirez-vous donc?

— Il faut, pour que je sois tranquille, que vous vous absentiez de la ville pendant un an. Retirez-vous heureusement dans vos terres. Vous n'êtes point riche, et le séjour de la cour vous occasionne trop de dépenses.... Éloignez-vous donc : changez l'épée dorée pour un bâton rustique, vous vous en trouverez bien : votre fortune grandira, et mes soupçons diminueront.

— Si vous me donniez des conseils par pure bienveillance pour moi, il se pourrait que je vous obéisse; mais puisque vous voulez gagner du temps à mon préjudice, je reconnais le piège qui doit me perdre en vous rassurant. Prince, vous avez tout pouvoir pour m'honorer, mais non pas pour m'exiler. Vous n'êtes pas encore roi. Contentez-vous que je m'engage à ne plus entretenir, à ne plus voir Célia.

— Ah! vous vous obstinez! Eh bien! je m'obstinerai pareillement. Votre folie m'ôte la raison. N'était-ce pas assez de vous témoigner mon désir et de vous pardonner le passé? Infâme! vil! homme mal né! traître, lâche et sans loi!

— Si vous n'étiez le fils du roi, je vous aurais déjà répondu, j'aurais châtié vos injures. Mais malheureusement vous n'êtes pas mon égal.

— Sur ma foi! je suis tenté de descendre à être votre égal, seulement pour voir ce que vous feriez.

— Essayez.

— Eh bien! dès ce moment je déclare que je ne suis plus Infant d'Espagne.... A cette heure, songez à me répondre bien ou mal.

— Vous n'êtes plus Infant?

— Non. Je suis un simple gentilhomme comme vous.

— Et vous dites que je suis un homme mal élevé, infâme, vil et traître.

— Et je le dirai encore mieux avec cette épée à la main.

— Et moi alors je dis que vous mentez! voilà mon gant.

— Insolent! en garde!

C'est par cette vive exposition que Lope nous initie à la rivalité sur laquelle se fonde toute l'intrigue. Le duel, interrompu par l'intervention des domestiques, fait place à une longue persécution. Le comte se réfugie parmi des meuniers, vassaux de la duchesse Célia sa maîtresse. Les idées naïves des villageois, leurs fines et piquantes réparties, le contraste du *cultisme* de la langue courtisanesque avec leur gros bon sens, cousin de celui de Sancho Pança, devaient offrir un charme inexprimable à un auditoire castillan. Dix incidents imprévus viennent se croiser sur cette trame primitive et y forment une intrigue peu vraisemblable, mais fort remuante. L'Infant, ne pouvant s'emparer de la personne du comte Prospero, fait courir le bruit de sa captivité et de sa mort. La duchesse Celia, désolée de cette nouvelle, vient demander justice au roi, qui, en la voyant, devient à son tour le rival de son fils et du comte. Le comte déguisé en garçon meunier vient trouver Celia et la rassure. L'Infant aussi prend le même déguisement et se fait présenter à elle par son rival. Enfin la princesse française Fleur-de-lys, la fiancée de l'Infant, arrive en Espagne, et sa beauté subjugue son futur mari. Il se désiste de ses prétentions sur Celia, que le roi lui-même marie avec Prospero sans les reconnaître, et croyant unir une fille du meunier avec le garçon du moulin.

Le chien du jardinier (*El perro del hortelano*) est une pièce du même genre. Une grande dame devient amoureuse de son secrétaire dès qu'elle le voit engagé dans une autre liaison. Par fierté elle ne veut pas l'épouser; par jalousie elle ne veut pas qu'il épouse la femme de chambre. Après maint incident, l'amour remporte la victoire et couronne l'heureux secrétaire, qui a joué dans la pièce un assez méprisable rôle, acceptant l'espérance des grandeurs quand la comtesse penche de son côté, et retournant à la pauvre suivante quand il se croit délaissé par la maîtresse. De jolis détails, une fine observation des petites faiblesses féminines, donnent à cette comédie un mérite réel.

Elle commence, comme beaucoup de pièces du même auteur, par une vive exposition, où rien n'est en récit, où tout se passe sous les yeux du spectateur. C'est la nuit; le château est en émoi : deux hommes masqués s'enfuient, tremblant d'être reconnus. La comtesse les poursuit en appelant ses gens, et s'indigne qu'on ait osé s'introduire ainsi nuitamment chez elle. Sa réputation de jeune et jolie veuve peut en souffrir cruellement. Elle a entrevu un manteau brodé d'or. Les domestiques saisissent, non le fugitif, mais le chapeau qu'il a jeté sur leur lampe en guise d'éteignoir. Quel est l'intrus? Pour qui venait-il? La sévère comtesse fait appeler toutes ses femmes et procède successivement à leur interrogatoire. « C'est une inquisition », dit l'une d'elles à voix basse.

— Écoute, Anarda.
— Madame?
— Quel est l'homme qui est sorti?
— Un homme?
— Oui, un homme vient de sortir de ce salon. Va, je connais tes manœuvres.... Qui l'a amené ici? Quelle est celle de vous qui s'entend avec lui?
— Ne craignez pas, madame, qu'aucune de nous eût une telle audace. Pouvez-vous penser qu'une de vos femmes se permît d'introduire un homme dans votre appartement, et pût se rendre coupable, envers vous, d'une telle trahison? Non, madame, vous n'y êtes pas.
— Écoute. Tu me donnes une idée. Ce sera pour quelqu'une de mes femmes que cet homme aurait osé pénétrer chez moi.
— Mon Dieu! madame, en vous voyant si irritée et si justement, je ne puis m'empêcher de vous dire toute la vérité, bien que je manque par là à l'amitié que j'ai pour Marcelle. Elle aime quelqu'un, et en est aimée. Mais qui est ce quelqu'un? Voilà ce que j'ignore.
— Tu as tort de le cacher. Puisque tu avoues le plus important, pourquoi taire le reste?
— Je suis femme, et, en cette qualité, je ne me laisserais pas presser beaucoup pour un secret qui n'est pas le mien. Qu'il vous suffise de savoir que ce cavalier est venu pour Marcelle; que cela ne doit pas vous inquiéter, et qu'il n'y a rien qui puisse compromettre l'honneur de la maison. Cette liaison ne fait que commencer.
— Quelle audace! Je vais avoir une belle réputation! Entrer ainsi dans la maison d'une personne qui n'est pas mariée! Ah! la malheureuse! Par la mémoire du comte, mon seigneur....
— Modérez-vous, madame, et permettez un seul mot. L'homme qui vient voir Marcelle n'est pas étranger à la maison, et il peut venir lui parler sans risquer de vous compromettre.
— C'est donc un homme à moi?
— Oui, madame.
— Et qui?
— Théodore.

— Mon secrétaire ?
— Je sais seulement qu'ils se sont parlé ; j'ignore le reste.

La lutte de la comtesse contre sa rivale et surtout contre son propre orgueil remplit la pièce de situations piquantes, jusqu'au moment où elle cesse enfin d'être le *chien du jardinier*, qui, « ne mangeant pas les légumes, ne souffre point que d'autres les mangent ».

CHAPITRE XIII

SUITE DE LOPE DE VEGA

Pièces historiques. — Pièces religieuses. — Actes sacramentaux.

Celles des pièces de Lope qui ont pour sujet des faits consacrés par l'histoire ne sont pas plus des tragédies que les précédentes. L'auteur accepte les données de la tradition et y laisse entrer avec plaisir les incidents et les rôles les plus familiers. Grâce aux changements continuels du lieu de la scène et au libre emploi du temps, le poète met tous les événements sous nos yeux : ses drames historiques sont, comme ceux de Shakspeare, des chroniques dialoguées : la légende y revit tout entière. A la lecture de ces faciles compositions, on plaint nos tragiques français condamnés à prendre tant de peine pour comprimer en un seul tour de soleil et en un seul péristyle une laborieuse et invraisemblable intrigue.

La découverte du Nouveau Monde par Christophe Colomb (*El Nuevo Mundo descubierto por Cristobal Colon*) peut être citée comme un des types de ce genre. Nous sommes tour à tour à Lisbonne, à Grenade, chez les Mores, à Santa Fe, chez Ferdinand le Catholique, au port de San-Lucar, en mer sur un navire, à San-Salvador au milieu des Indiens, à Haïti et enfin à Barcelone. Une foule de personnages prennent part à l'action, qui n'a pas la moindre prétention d'être une intrigue. Nous voyons successivement les grands d'Espagne et de Portugal qui dédaignent ou favorisent le grand chercheur, les rois qui l'éconduisent ou le protègent, les matelots qui le menacent et l'exaltent, les sauvages qui s'étonnent et se soumettent, la croix miraculeuse qui, dans un incident des plus poétiques, prend possession du Nouveau Monde. Des personnages fantastiques viennent même se mêler à ce monde réel, l'Imagination, la Religion chrétienne, l'Idolâtrie, apparaissent sur la scène ; le démon y joue aussi son rôle. Le poète ne refuse rien à la curiosité naïve et empressée d'un auditoire espagnol. Le plaisant et le gracieux y coudoient le sublime.

Fixons un instant nos yeux sur les Indiens groupés avec étonnement autour de la croix que les Espagnols viennent de planter.

Técué. — J'ai eu assez de courage pour m'approcher et les voir. Mais je tremble rien que d'y penser.

Tapirazu. — Qu'est-ce donc que tu as vu, Técué?

Técué. — Vous me voyez encore rempli de terreur, et je ne sais comment vous dire cela. Ces maisons, qui recélaient des hommes, les ont enfantés, et la terre, foulée par eux, s'est émue. Parmi eux, j'en ai vu un si grand, si grand, qu'il dépassait, je le jurerais, les pins qui sont là-haut sur la montagne. Il avait deux têtes, dont l'une à la moitié du corps.

Dulcan. — Cela est étrange. Que signifie ce prodige?

Técué. — Celle d'en haut m'a paru petite ; mais celle qui est au milieu du corps m'a épouvanté.

Dulcan. — Elle est grande?

Técué. — Elle est énorme : elle a les narines immenses et ouvertes, et elle est à demi cachée sous de longs cheveux, qui retombent de chaque côté. Toute la bouche est entourée d'écume. Elle a de longues oreilles dressées....

Dulcan. — Allons arracher ce bois (la croix) qui est planté là sans doute pour amener jusqu'ici leurs maisons.

Ils entourent la croix et vont la saisir lorsqu'on entend une décharge de mousqueterie. Les Indiens tombent à terre pleins d'effroi.

Dulcan. — Ah!

Técué. — Je me meurs.

Dulcan. — Dieu, ou qui que tu sois, aie pitié de nous. Frappons-nous la poitrine.

Tapirazu. — Bois saint et charmant, si tu es par aventure l'image d'un Dieu puissant irrité de notre outrage, pardonne, car voici que nous t'adorons.

Dulcan. — Nous voilà agenouillés devant ta majesté, ô bois plus beau et plus suave que l'odorant cinnamome; ô bois digne que le phénix te choisisse pour mourir et pour renaître ensuite plus brillant de ta flamme parfumée. Pardonne, pardonne notre erreur.

Técué. — Arbre maintenant dépouillé, si tu prends pitié de notre repentir, puisses-tu bientôt, s'il te plaît ainsi, te voir chargé de branches et de fruits.

Auté. — Plante chérie du soleil, ne tonne plus une autre fois, et puisse au printemps ta cime verdoyante s'élever jusqu'au ciel.

Dulcan (à Tacuana). — Adresse-lui, toi aussi, une prière, ô ma bien-aimée; car les prières d'une femme, surtout quand elle est belle, attendrissent même les rochers.

Tacuana. — Accorde-nous notre pardon, arbre sacré, et puisse de ton écorce couler une liqueur bienfaisante qui ait le privilège de guérir les blessures des hommes et de les ramener de la mort à la vie!

Le rôle de la croix de Guanahami (San-Salvador) n'est pas encore fini. Il s'achève au troisième acte et termine l'action au Nouveau Monde. Les sauvages, poussés par le démon en personne, attaquent les envahisseurs et, par une récidive violente, renversent la croix que les Espagnols ont plantée. Mais aussitôt on entend une musique mélodieuse: une autre croix sort miraculeusement de l'endroit même où s'élevait la première, et va peu à peu grandissant. Les Indiens reconnaissent le prodige et, pour cette fois, se soumettent définitivement aux chrétiens.

Dulcan. — Il n'en faut pas douter. La religion chrétienne est la seule véritable. Que celui qui dira le contraire meure.

On ne peut manquer de reconnaître tout ce qu'il y a de gracieux et d'élevé dans ces deux scènes, et combien elles devaient plaire aux imaginations poétiques et dévotes des spectateurs espagnols. Le dernier vers (*Quien dijere que no, muera!*) est d'une terrible couleur locale ; pour l'Espagne, il est vrai, et non pour l'Amérique sauvage.

Une tradition populaire, un fait relaté par quelque vieille chronique, fournit souvent à Lope la matière d'une comédie historique. Tel est le sujet de la *Fontaine aux brebis* (*Fuente ovejuna*). Le commandeur de Calatrava exerçait sur cette petite et honnête ville une avilissante tyrannie, séduisant ou enlevant de force les femmes et les filles. Les habitants se révoltent, tuent le commandeur et se donnent au roi de Castille. Le prince profite de la révolte, mais il veut la punir. Il envoie un juge pour découvrir et châtier les auteurs de la rébellion ; au milieu des tortures, tous n'ont qu'une seule réponse : Le coupable c'est la ville, « *Fuente ovejuna !* » Le roi, désarmé par cet héroïsme d'un peuple, fait grâce aux rebelles et prend la cité sous sa protection.

Il semble qu'il était difficile de trouver dans cette légende la matière suffisante d'un drame : Lope féconde sans peine les plus maigres données de l'histoire. Les intrigues du commandeur, les inquiétudes et les honnêtes amours des jeunes paysannes, les jalousies et les colères de leurs amoureux, la grave indignation des vieillards, viennent combler les vides de la chronique, et donnent aux faits un air de réalité qui touche et intéresse. Quant aux causes de la rébellion, à la peinture de l'odieuse conduite des chevaliers, il paraît que la délicatesse des spectateurs n'était nullement choquée de ce qui serait insupportable sur le plus libre de nos théâtres.

On en peut dire autant d'une autre pièce fort analogue à la précédente par le fait qui en fournit la matière. *Le meilleur alcade est le roi* (*El mejor alcalde el rey*) nous présente plus nettement encore la justice protectrice du monarque, brisant la tyrannie locale des petits despotes féodaux. Un jeune paysan, noble de race, comme tous les Espagnols, va épouser la jeune fille qu'il aime. Il sollicite la permission de son seigneur, lequel veut gracieusement honorer la noce de sa présence. Malheureusement le seigneur trouve la fiancée charmante et ordonne qu'on diffère la cérémonie. Suit un enlèvement, dont le jeune pâtre va demander justice au roi lui-même. Le prince, après avoir écrit inutilement un ordre à son vassal, vient en personne au village, mais trop tard pour prévenir le crime; il ne peut que le punir. Lope a traité un pareil sujet avec une intrépidité surprenante et sans même chercher à en sauver les détails les plus choquants. La pièce offre du reste un intérêt puissant, égayé, comme dans toutes les comédies de Lope[1], par les rôles comiques et les plaisanteries plus ou moins délicates du *gracioso* (bouffon).

Qu'on nous permette de donner un court échantillon de cet assaisonnement obligé des plus graves intrigues.

Dans son voyage à la cour, le jeune paysan Sanche s'est fait accompagner par le porcher Pélage. Tous deux se sont présentés ensemble devant le roi. Lorsque Sanche a obtenu la lettre royale et remercié convenablement le prince, Pélage trouve moyen de prendre la parole à son tour.

Le roi (à Sanche). — Es-tu venu à pied?

Sanche. — Non, Sire; Pélage et moi sommes venus avec nos chevaux.

Pélage. — Et nous les avons fait galoper comme le vent, et plus vite encore. Il est vrai que le mien a de mauvaises habitudes; il se laisse à peine monter, se roule sur le sable ou dans les ruisseaux, court comme un médisant, mange plus qu'un étudiant, et quand nous avons le malheur de passer devant une auberge, il faut qu'il entre ou qu'il s'arrête.

Le roi. — Tu m'as l'air d'un brave garçon.

Pélage. — Tel que je suis, j'ai quitté le pays pour vous voir.

Le roi. — As-tu quelque plainte à me porter?

Pélage. — Non, sire; à moins que ce ne soit de mon cheval.

---

1. Une seule exceptée, *L'étoile de Séville*.

LE ROI. — Désires-tu quelque chose ?
PÉLAGE. — Ma foi, si je voyais une cuisine dans les environs, je ne serais pas fâché d'y faire un tour.

Les *graciosos* espagnols sont tous un peu parents de Sancho Pança : leur esprit se compose de beaucoup de bon sens naïf, accompagné d'une dose égale de poltronnerie et de gourmandise. L'introduction régulière et en quelque sorte obligée de ce personnage est une des innovations de Lope. Cette espèce de *picaro* dramatique apporte dans les pièces les plus sérieuses un délassement, et souvent une parodie et une critique.

Il nous reste à parler de la troisième classe des drames de Lope de Vega, de ses comédies religieuses. Dès sa jeunesse, pendant son exil à Valence, Lope avait composé plusieurs pièces analogues à nos moralités du moyen âge, *Le salut de l'homme*, *Le voyage de l'âme*, *L'enfant prodigue*, *Le mariage de l'Ame et de l'Amour divin*[1]. Ces drames, assez bizarres dans leur structure et souvent peu délicats dans les sentiments qu'ils expriment, sont pourtant supérieurs, surtout par le style, aux mystères et allégories que jouaient, presque à la même époque, nos confréries et nos basoches. Plus tard, en pleine possession de sa renommée, le poëte fut contraint par les circonstances de revenir à ce genre de compositions. L'Église, alarmée à juste titre de la licence des comédies profanes et de l'influence immorale qu'elle ne pouvait manquer d'exercer sur l'esprit du peuple, attaqua violemment ce divertissement dangereux et, en 1598, obtint de Philippe II mourant une ordonnance qui l'interdit. Les théâtres ordinaires restèrent fermés pendant environ deux ans.

Lope trouva moyen d'obéir à la prohibition sans renon-

---

1. Ces quatre pièces sont enchâssées dans un roman de Lope, intitulé *El peregrino en su patria*. — Obras sueltas, 1776.

cer à son art : il revint aux drames religieux, contre lesquels l'Église d'Espagne, qui en avait représenté elle-même pendant plus de quatre siècles, ne pouvait élever aucune objection.

La première source qui s'ouvrait à lui était la Bible. Lope y puisa librement, et, avec une merveilleuse souplesse d'esprit, il en tira des pièces qu'on eût pu facilement prendre pour d'anciens mystères, sans le mérite poétique qui les en distinguait, et quelquefois pour de simples comédies d'intrigue, n'était l'élément religieux qui leur servait de passeport. C'est ainsi qu'il composa *La naissance du Christ*, *La création du monde et le premier péché de l'homme*, *L'histoire de Tobie*, *La belle Esther*, etc.

Les travaux de Jacob est une pièce de ce genre. Le sujet n'est pas autre que l'histoire biblique de Joseph. Le poète n'a eu qu'à suivre pas à pas l'écrivain sacré pour obtenir un drame plein d'intérêt. Depuis la tentative de séduction, à laquelle Joseph résiste si loyalement, jusqu'à l'arrivée en Égypte du vieux Jacob, accueilli par les embrassements de son fils qu'il croyait mort, toute la légende se déroule sans effort, et de continuels changements de scènes nous permettent d'en suivre tous les incidents. L'alliage profane que Lope a soin d'y ajouter, par exemple l'amour de Lida pour le jeune Benjamin, l'amour de Bato pour Lida qui le dédaigne, produisent des scènes fort agréables. De même que les auteurs de nos vieux mystères, Lope ne se gêne pas à l'égard de la couleur locale : il donne volontiers à ses personnages les mœurs et les idées des Castillans. Cet anachronisme, commode pour l'auteur, était agréable au public, qui n'eût rien compris aux recherches savantes d'un poète archéologue.

Les vies des saints fournirent à Lope de Vega une matière encore plus ductile. Elles se prêtaient plus complaisamment encore à toutes les transformations profanes.

Lope fit un grand nombre de drames qui reposent sur cette base : nous avons de lui des pièces sur les vies de saint François, de saint Pierre de Nolasco, de saint Thomas d'Aquin, de saint Julien, de saint Nicolas de Tolentino, de sainte Thérèse et de plusieurs autres. Il en composa trois sur le saint favori de sa propre cité, Isidore de Madrid.

Enfin une espèce de drames religieux, plus bizarres et plus populaires que les précédents, ouvrit au talent du poète une autre et très féconde carrière ; nous voulons parler des *actes sacramentaux* (*autos sacramentales*). Il n'y avait pas, en Espagne, de forme dramatique plus ancienne, et elle jeta dans les habitudes de la nation de si vigoureuses racines que l'autorité royale eut beaucoup de peine à la supprimer dans la seconde moitié du dix-huitième siècle. Au temps de Lope et dans le siècle suivant, ces actes atteignirent à l'apogée de leur succès. C'étaient des jeux scéniques, moitié pieux, moitié bouffons, qui se célébraient dans les rues et sur les places publiques à la suite de la procession de la Fête-Dieu. Les chars qui voituraient les acteurs faisaient partie du cortège sacré, et s'arrêtaient devant la cathédrale, ou devant le palais pour terminer joyeusement la fête.

Lope a écrit environ quatre cents pièces destinées à ces représentations : il ne nous en reste qu'une douzaine, qui furent imprimées « pour que les villes et les villages de la province pussent jouir des mêmes divertissements pieux que la capitale. »

Un *auto*, dans sa forme la plus complète, se composait de trois parties : le prologue (*loa*), l'intermède, et l'acte proprement dit. La *loa* était quelquefois dialoguée. Une des meilleures de Lope appartient à cette classe. Elle a pour sujet l'embarras d'un paysan venu à Madrid pour voir la fête même dont cet *auto* fait partie, et qui a perdu sa femme dans la foule. Mais juste au moment où il s'est entièrement consolé, et a satisfait sa conscience en prenant la résolution de faire réclamer deux ou trois fois sa femme par le crieur public, puis d'en prendre une autre pour compenser avantageusement cette heureuse perte, la femme perdue arrive, et décrit avec beaucoup de vivacité les merveilles de la procession qu'elle vient de voir et que les spectateurs viennent actuellement d'admirer.

L'intermède, qui suivait la *loa*, était une pure farce, une intrigue des plus légères, souvent satirique et parfois ingénieuse. Une des plus jolies bluettes de ce genre est l'intermède de Lope qui a pour titre *L'enlèvement d'Hélène* (*El robo de Helena*).

L'étudiant Paez est amoureux d'Hélène, fille d'un médecin fort avare. Pour célébrer la fête du docteur, il obtient de lui la permission de donner dans sa maison une petite comédie, *L'enlèvement d'Hélène*, où les deux amoureux jouent les principaux rôles. La parodie assez grossière des personnages classiques constitue le sel de la représentation. Pâris propose à Hélène de « décamper » par un navire qu'il a fait préparer ; Hélène, qui craint la mer, préfère voyager en voiture. Pâris consent à en louer une. Ils quittent alors la scène et même la maison du médecin, en ayant soin d'emporter ses doublons. Le docteur s'apercevant trop tard que sa fille s'est trop bien identifiée avec son rôle, poursuit les fugitifs jusque dans une hôtellerie, où se fait le dénouement et la réconciliation.

Après avoir ainsi acheté par deux préparations bouffonnes l'attention de son auditoire populaire, le poète était en droit de lui imposer la troisième et plus sérieuse partie de la représentation, l'*auto* lui-même. C'était d'ordinaire une sorte de moralité, de drame allégorique, où figuraient le Christ, l'Église, le démon, etc. Des anachronismes commis à dessein, des emprunts bizarres faits aux souvenirs des poèmes et des romans profanes, servaient d'assaisonnement à cette solide portion du festin. Un jour le prince des ténèbres place le géant Léviathan sur le Pont du Monde pour en défendre le passage à quiconque ne confessera pas sa suzeraineté. Adam et Ève qui, d'après la rubrique, doivent figurer « vêtus élégamment à la française », se présentent naturellement les premiers : ils se soumettent à la condition imposée et franchissent le pont. Moïse, David et Salomon en font autant. Mais à la fin le Chevalier de la croix, le céleste Amadis de Grèce, comme Lope le nomme, apparaît en personne, culbute Léviathan avec son prince, et conduit l'Ame de l'homme en triomphe à travers le fatal passage.

Pour comprendre de pareils spectacles, il faut nous reporter à l'histoire de notre moyen âge. Le moyen âge a duré en Espagne trois siècles de plus que chez nous ; mais avec cette compensation, si c'en est une, qu'il a profité des progrès que la forme littéraire avait accomplis pendant cet intervalle ; il a hérité de la Renaissance italienne, il a fleuri de toute la beauté d'un climat méridional, et grandi de toute la puissance espagnole sous Charles-Quint et Philippe II. Au lieu d'un moyen âge souffreteux et sordide, comme le nôtre, celui de l'Espagne a été magnifique et terrible, exterminant les Mores, les envahisseurs, brûlant juifs et hérétiques, dominateur en Europe, conquérant en Amérique, riche enfin d'une richesse fatale, qui devait amener bientôt la décadence et la misère.

Lope de Vega est l'une des plus heureuses expressions de cette passagère splendeur. Il en concentre et en reflète les plus brillants rayons. Il faut, pour l'apprécier équitablement, se faire de son temps et de son pays. Lope n'est pas un de ces poètes de tous les âges comme Shakspeare, comme Molière, comme Racine, qui reproduisent l'homme dans ses traits durables et permanents ; c'est un improvisateur qui, dans une foule d'esquisses rapides, saisit et rend les caprices de chaque jour, les grâces et les afféteries fugitives de la société qui l'entoure. Elle lui paya comptant son travail : une immense popularité, une faveur universelle à la cour des princes et dans la foule du peuple, rendit hommage à son génie facile ; mais le temps a détruit la perspective ; et aujourd'hui la postérité, les étrangers surtout, ont besoin d'un effort pour comprendre cette *merveille de la nature* [1], ce prodigieux talent, très supérieur à ses œuvres.

CHAPITRE XIV

ÉCOLE DE LOPE DE VEGA.

Tirso de Molina, *Don Juan*. — Guillen de Castro, *Le Cid*. Alarcon, *Le menteur*.

Comme tous les poètes célèbres, et plus que tous peut-être, Lope de Vega eut des imitateurs. Une foule d'auteurs dramatiques se groupèrent autour de lui, et cherchèrent à partager ses succès en copiant ses procédés. Madrid, résidence favorite de Charles-Quint et de ses successeurs, avait commencé dès 1560 à être regardée comme la véritable capitale de la monarchie. De Séville, de Valence, de toutes les provinces, les poètes dramatiques accoururent à Madrid, où ils formèrent une école plus nombreuse et à bien des égards plus remarquable que ne le fut dans les temps modernes aucun groupe de poètes. La comédie en Espagne se centralisa comme le pouvoir.

L'école de Lope a ceci de remarquable que plusieurs de ses disciples, sans avoir autant de génie naturel que le maître, laissèrent quelques pièces plus réellement belles,

---

1. *Monstruo de naturaleza*, comme l'appelait Cervantes.

et destinées à une plus longue célébrité ; soit que, moins pressés de produire, ils donnassent plus de temps au choix des sujets et au travail de la composition ; soit que, dans un art devenu une industrie, le procédé une fois connu acquière avec le temps plus d'efficacité et de puissance.

Montalvan[1], le plus fidèle et le plus dévoué des disciples de Lope, eut une facilité et une abondance presque aussi grandes que le maître. A l'âge de trente ans, il avait déjà composé trente-six comédies et douze actes sacramentaux. Dans sa courte carrière il imprima lui-même ou prépara pour l'impression une soixantaine de pièces. La popularité la plus flatteuse accueillit toutes ses œuvres : les libraires lui dérobaient son nom pour vendre à meilleur prix les comédies des autres. Un riche négociant du Pérou qui n'avait jamais vu ni connu personnellement Montalvan, lui fit une pension viagère, sans autre motif que son admiration pour ses écrits.

Un de ses drames, *Les amants de Teruel*, a joui d'une popularité constante : il a été toujours joué, toujours imprimé depuis sa première apparition. Il repose sur une tradition reçue dès le treizième siècle à Teruel, ville d'Aragon. Deux jeunes gens s'aimaient d'amour tendre. L'amant, trop pauvre pour obtenir la main de sa bien-aimée, sollicite du prétendu beau-père un délai de trois ans pour avancer sa fortune. Au moment de son retour, sa fiancée, trompée par la fausse nouvelle de sa mort, a consenti à épouser un rival. Le mariage est célébré, quand le voyageur, qui s'est couvert de gloire pendant son exil, arrive enfin pour mourir de désespoir ainsi que son amante détrompée trop tard. Montalvan a profité heureusement de tout ce qu'il y avait de touchant dans le sujet. Ce drame est un des plus pathétiques du théâtre espagnol.

---

1. Juan Perez de Montalvan, prêtre et familier de l'Inquisition, comme Lope de Vega, naquit à Madrid en 1602, et mourut en 1638.

Gabriel Tellez[1], qui, comme Lope de Vega et Montalvan, occupait un rang distingué dans l'Église, a composé, sous le pseudonyme de Tirso de Molina, au moins trois cents comédies, dont quatre-vingts environ ont été imprimées. La plus populaire de toutes, *Don Gil aux chausses vertes*, a le singulier mérite de porter au plus haut degré possible l'enchevêtrement de l'intrigue. Ce sont des travestissements, des méprises, des confusions sans fin, auxquels se trompent les personnages les plus intéressés à y voir clair, l'amant de la dame et son écuyer. On en vient à croire à la magie, à recourir à l'eau bénite, aux exorcismes. Peu d'étrangers, dit Ticknor, pas un peut-être, ne comprendra toute cette complication d'événements soit à la première lecture, soit à la première représentation : en Espagne le spectateur le plus vulgaire et le plus ignorant en saisit tous les fils à la première audition et n'éprouve que du plaisir à débrouiller cette inextricable intrigue.

Le même Tirso de Molina (ou Gabriel Tellez) a créé, sous le titre *Le railleur de Séville* (*El burlador de Sevilla*), le type depuis si célèbre de *Don Juan*, que Molière reproduisit dans son *Festin de Pierre*, et à qui Mozart et Byron assurèrent l'immortalité[2]. Tirso de Molina le premier présenta sur la scène ce caractère avec toute son originale intrépidité, formée d'une dépravation sans mélange, avide d'égoïstes plaisirs, et d'une moquerie imperturbable qui continue de railler même au milieu des terreurs d'un châtiment miraculeux. Ce type, devenu européen, est au fond parfaitement espagnol : c'est dans un pays de foi inébranlable et d'énergique passion que l'homme peut arriver à se révolter contre le surnaturel sans cesser d'y croire.

---

1. Né à Madrid, prêtre vers 1613, mourut vers 1648 au couvent de Soria, dont il était supérieur.

2. Lope de Vega avait le premier ébauché ce caractère dans une comédie intitulée : *C'est l'argent qui fait l'homme*.

Guillen de Castro[1] ne fut pas moins heureux que Gabriel Tellez. Parmi les vingt-sept ou vingt-huit comédies de sa composition qui ont été imprimées, se trouve celle qui éveilla le génie de Corneille et lui servit de modèle dans son premier chef-d'œuvre : *La jeunesse du Cid* (*Las mocedades del Cid*). Guillen lui-même avait trouvé le germe de son drame dans les romances populaires de l'Espagne. Nous avons cité textuellement (p. 174) quelques-unes de celles qu'il mit à profit. Il semble que les poètes castillans retrouvent une force nouvelle toutes les fois qu'ils touchent le sol natal des vieilles traditions. Mais ce que Guillen de Castro n'a dû qu'à son génie, ce que Corneille lui a emprunté presque exclusivement, c'est l'idée essentiellement poétique de mettre en lutte le devoir et l'amour, et de faire triompher le devoir au milieu de l'attendrissement et des larmes que coûte cet héroïque triomphe. Émouvoir profondément la foule, mais l'émouvoir en l'ennoblissant, en l'élevant aux plus sublimes sentiments que l'humanité puisse éprouver, tel est le secret qu'entrevit une fois Guillen de Castro, et que notre Corneille s'appropria si bien qu'il en fit la base glorieuse de tout son théâtre.

Écoutons le poète aragonais dans la scène de provocation.

— Comte !
— Qui es-tu ?
— A deux pas d'ici je te dirai qui je suis.
— Que me veux-tu ?
— Te parler. Ce vieillard qui nous regarde, le connais-tu ?
— Je le connais. Pourquoi cette demande ?
— Pourquoi ? parlons bas, écoute[2].
— Sais-tu qu'il fut l'honneur et le courage même ?

---

1. Né à Valence en 1580, il vécut longtemps à Madrid, ami et disciple de Lope de Vega, et mourut en 1630.
2. Cette recommandation, fort inutile chez Corneille, est au contraire pleine de convenance ici, où l'Infante et Chimène, assises au balcon du palais, les regardent et pourraient les entendre.

— Il le fut.
— Et que le sang qui brille dans mes yeux, que mon sang est le sien? Le sais-tu?
— Eh! tranchons ces vains discours; que m'importe de le savoir?
— Si nous nous éloignons d'ici, tu sauras combien il t'importe....

Le reste de la scène marche de ce pas jusqu'au châtiment du comte, d'Orgaz plus frappant et plus solennel encore dans le poëte espagnol, grâce à la présence de Chimène, fille du comte et à celle de l'Infante qui aime secrètement Rodrigue, placées toutes deux au balcon du palais.

Voyons maintenant l'entrevue des deux amants dans la maison de Chimène. Le défunt a reçu les derniers honneurs; il n'est pas, comme dans Corneille, gisant encore sous ce toit où Rodrigue se permet d'entrer. La terrible loi de *l'unité de temps* n'a pas condamné Guillen à une choquante inconvenance. Chimène se croyant seule avec sa confidente :

Elvire, dit-elle, c'est avec toi seule que je veux me reposer un peu. Je sens mon mal dans toute mon âme. Rodrigue a tué mon père.... Que ne dois-je pas souffrir en voyant...
— Achève.
— Que la moitié de ma vie a tué l'autre[1].
— Ne peux-tu te consoler?
— Comment me consolerais-je. Si je venge la moitié de ma vie, je perds celle qui me reste.
— Tu aimes encore Rodrigue? Songe qu'il tua ton père.
— Oui, et dans les fers où je le ferai jeter, il sera mon ennemi adoré.
— Tu le poursuivras?
— Sans doute. La mémoire de mon père l'ordonne à ma piété. Et ainsi je pleure, cherchant en vain à réparer la perte que j'ai faite pour jamais, en perdant encore ce que j'adore.
— Comment feras-tu pour réunir ta piété envers la victime et ton amour pour le meurtrier.
— J'ai du courage. Dussé-je mourir moi-même en le frappant, je le poursuivrai jusqu'à ce que je sois vengée.

1. Corneille a trop fidèlement traduit ce concepto alambiqué :

La moitié de ma vie a mis l'autre au tombeau.

Rodrigue paraît et tombe aux genoux de Chimène.

— Il vaut mieux que mon amour constant se rende à toi, et que tu aies la satisfaction de me tuer sans la peine de me poursuivre.

— Qu'as-tu osé? Qu'as-tu fait? Est-ce une ombre, une vision?

— Perce ce cœur qui toujours fut plein de ton image.

— Jésus! Rodrigue, Rodrigue en ma maison!

— Écoute-moi....

— Je me meurs.

— Lorsque tu m'auras écouté, tu me répondras avec ce fer. Ton père, le Comte glorieux, qui avait tant de raisons de l'être, porta sur les cheveux blancs de mon père une main injuste et téméraire. Et, quoique je me visse sans honneur, mon affection dans cette catastrophe inattendue agissait avec tant de force, que l'amour fit un instant hésiter ma vengeance. Dans ce malheur, mon injure et tes attraits luttaient ensemble dans mon cœur; et tu aurais vaincu, Chimène, si je n'avais dû penser que tu abhorrerais, devenu infâme, celui qui avait su te plaire parce qu'il avait de l'honneur. C'est avec cette pensée, sans doute digne de toi, que je plongeai mon fer sanglant dans le sein de ton père. Ainsi j'ai recouvré ma gloire; et maintenant, esclave de l'amour, je suis venu pour que tu n'appelles pas cruauté ce qui a été un devoir, pour que tu prennes vengeance, si la vengeance te plaît. Saisis ce fer, et pour montrer une valeur égale à la mienne, fais maintenant pour ton père ce que j'ai fait pour le mien.

— Rodrigue, Rodrigue! ah, malheureuse! Je l'avoue malgré la douleur qui me déchire, lorsque tu vengeas ton père, tu te conduisis en chevalier. Je ne t'accuse point de ce que je suis infortunée.... Mais va-t'en, va-t'en, Rodrigue! La manière dont je te poursuivrai disculpera mon honneur du crime de te chérir.... Je suis ton ennemie pour te poursuivre, et non pas pour te tuer. Pars, et en sortant, prends garde à n'être pas vu, pour ne pas ôter encore l'honneur à celle à qui tu as ôté la vie.

— Remplis mes justes désirs: frappe.

— Laisse-moi.

— Écoute: songe qu'en me laissant vivre, tu te venges plus cruellement qu'en me donnant la mort.

— C'est pour cela que je ne veux pas que tu meures.

— Cruelle! ainsi tu m'abhorres

— Je ne le puis; le destin m'entraîne.

— Quels sont tes projets contre moi?

— Quoique femme, pour ma gloire ma vengeance fera tout ce qu'elle pourra, mais je désirerai qu'elle soit impuissante.

— Ah! Chimène, qui l'eût dit?....

— Ah! Rodrigue, qui l'eût cru?....

— Que mon bonheur s'achevât.

— Que ma félicité s'évanouît. Mais, ô ciel! je crains qu'on ne te voie sortir.... Pars et laisse-moi pleurer.

— Je te laisse; je vais mourir.

On voit à quel point Corneille a suivi son modèle dans toute la partie essentielle, dans tout ce qui constituait le cœur même du drame : il est une autre portion où il l'a entièrement abandonné, c'est l'enveloppe extérieure et toute castillane, la libre expansion des événements, la couleur locale des accessoires, riches et brillants chez Guillen de Castro, sévères et à peine indiqués chez son imitateur. Contraint par les règles et les convenances françaises, Corneille a concentré l'action, l'a enlevée à la réalité vulgaire, pour la placer dans une sphère idéale, abstraite, supérieure à tout incident fortuit et presque à toute nationalité.

Donnons une idée de cet alliage espagnol, que Corneille a rejeté, et qui n'en est que plus curieux pour nous par son aspect étrange et pour ainsi dire par son goût de terroir.

Le drame de Guillen commence par une imposante cérémonie, où Rodrigue est armé chevalier en présence de toute la cour, de l'Infante et de Chimène. Le roi, prenant son épée sur l'autel, demande trois fois au jeune homme s'il veut être chevalier ; trois fois Rodrigue répond qu'il le veut. « Dieu vous fasse bon chevalier ! » ajoute le roi, et il lui ceint l'épée qu'il a illustrée lui-même dans cinq batailles. L'Infante lui chausse les éperons, Chimène est un peu jalouse, les courtisans murmurent contre tant de faveurs ; le jeune prince de Castille aspire au jour où il pourra devenir à son tour chevalier. La scène est pleine de brillants costumes, d'armes étincelantes, de panaches ondoyants. Nous sommes en plein moyen âge : la date de l'action est fortement marquée. C'est alors que va se tenir, devant nos yeux, le conseil où don Diègue est élu gouverneur du prince, où le comte outrage son compétiteur et le frappe en présence du roi et des grands. Combien l'insulte est plus terrible que chez le poëte français ! combien plus inévitable est la vengeance !

Une autre scène bien remarquable est celle où Diègue, cherchant un vengeur, sonde le courage de ses fils par une bizarre épreuve.

> Rodrigue, as-tu du cœur ?
> — Tout autre que mon père
> L'éprouverait sur l'heure.
> — Agréable colère....

a dit notre Corneille. Guillen trouvait ici dans les vieilles romances une tradition qu'on ne lui aurait pas permis d'écarter : il la reproduit fidèlement. Diègue appelle tour à tour et isolément ses trois fils, en commençant par l'aîné, le plus fort. Il feint une faiblesse et lui demande sa main pour s'appuyer : il serre énergiquement cette main, jusqu'à ce que le jeune homme crie et demande grâce. Diègue le repousse alors avec dédain : « Tu te troubles, tu pleures, lui dit-il, va ! tu n'es qu'une femme. » Même essai avec le second ; même résultat. Il passe alors à Rodrigue, qui, au lieu de se plaindre, s'irrite et menace :

> Mon père, lâchez donc ma main, lâchez ma main, à la male heure !
> Lâchez : si vous n'étiez mon père, je vous donnerais un soufflet.
> — Ce ne serait plus le premier.
> — Que dis-tu ?
> — Fils de mon âme, j'adore ce beau courroux...

L'admirable récit du combat contre les Mores, que Rodrigue fait au roi dans Corneille :

> Sous moi donc cette troupe s'avance
> Et porte sur son front une mâle assurance....
> Et le combat cessa faute de combattants.
> (*Cid*, acte IV, scène IV).

Ce récit de Corneille remplace dans le *Cid* français une scène de Guillen que notre théâtre ne pouvait accepter, mais que les Espagnols préfèrent à coup sûr à la narration la plus éloquente.

Le combat a lieu dans la coulisse; mais un petit berger, une espèce de *gracioso*, grimpé sur un rocher en vue du spectateur, en suit toutes les péripéties et nous communique dans son naïf langage les émotions qu'elles lui donnent à l'instant même.

— Bien! bien! vois-tu à présent la différence entre saint Jacques et Mahomet? Les belles blessures! prends celle-là, double chien; tu en as pour une compresse. Ça va bien. Par la morbleu, ils se battent joliment nos chrétiens. Ils tuent avec les mains; les chevaux, avec les pieds. Les fiers coups de lance! Pardi, je ne crois pas qu'il y ait de taureaux plus courageux. Ils vous pourfendent un More comme je partage un melon. Et celui-ci (Rodrigue) qui porte ce panache jaune, droit comme la crête d'un coq. Comme il en fait! Oh! il faut que je le regarde pour pouvoir le conter à notre curé. Par ma figue, j'écrase moins de fourmis d'un coup de pied, j'abats moins d'épis d'un coup de faucille, qu'il n'abat de têtes de Mores. Ah! le luron, il est déjà tout couvert du sang de cette canaille. Il fait des prodiges. Voilà mes moricauds qui fuient. Ah! chiens, vous courez. Allons, braves chevaliers chrétiens, suivez-les; tue! tue!....

Quel enthousiasme, quels éclats de rire et de colère devaient agiter alors l'auditoire! et avec quelle fureur le *patio* (parterre) devait répéter, comme un écho terrible : *mata, mata*; tue! tue!

Citons enfin une autre scène d'un grand dessin poétique, mais plus espagnole encore que les précédentes, plus répugnante au goût de notre théâtre et de nos spectateurs.

Rodrigue et ses deux écuyers traversent à cheval une *sierra* de la Galice; le petit berger qui l'a si bien admiré tout à l'heure, l'accompagne maintenant à pied. Ils s'arrêtent un instant pour se reposer en mangeant. Une voix plaintive sort à plusieurs reprises d'une fondrière voisine :

N'y a-t-il pas par ici quelque chrétien, quelque ami de Dieu?

C'est un lépreux qui demande qu'on lui tende la main, pour le tirer du fossé profond. Le berger n'a garde de le faire; les écuyers refusent aussi. Rodrigue lui présente la sienne; il baise celle du pauvre malade, le couvre de son manteau, partage avec lui sa collation, et mange au même plat, tandis que ses compagnons de voyage s'éloignent avec dégoût; le petit berger lui-même a perdu soudainement son héroïque appétit.

Mais après cet étrange repas, Rodrigue se sent surpris par un invincible sommeil. Reposez-vous, dit le lépreux, vous pouvez dormir sous ma garde. Le chevalier s'endort en effet, le lépreux souffle sur lui et s'éloigne.

Tout à coup Rodrigue se réveille :

Qui m'embrase? s'écrie-t-il. Qui me touche? Jésus! ciel! où est ce pauvre? Qu'est-il devenu? Un feu divin m'échauffe et pénètre lentement mon cœur.... Quelle odeur embaumée a laissée ici son haleine! Voici encore mon manteau. Je suivrai ses traces : ses pas sont empreints sur les rochers.

Le lépreux alors apparaît dans un nuage, revêtu d'une tunique blanche : c'est saint Lazare; il s'était voilé sous les apparences d'un pauvre pour éprouver la charité du chevalier chrétien. Il revient dans sa gloire louer ce nouvel héroïsme de Rodrigue et le récompenser par l'assurance des plus éclatantes victoires.

On voit par ces citations que la pièce de Guillen de Castro, conçue dans un système dramatique plus libre que le nôtre, destinée à un tout autre public, est à la fois pathétique et nationale, héroïque et castillane : c'est une plante complète, tige et racine; Corneille (il le fallait bien) n'en a cueilli que la fleur.

Si Guillen de Castro a suscité le génie tragique de Corneille, un autre auteur espagnol révéla au poète français la comédie de caractère. C'était chose rare alors, même en Espagne, où nous avons vu combien la création des types était subordonnée à la complication ingénieuse de l'intrigue. Toutefois, comme si toutes les gloires du théâtre devaient prendre leur germe dans cette heureuse littérature, un poète de l'école de Lope, Juan Ruiz de Alarcon[1] avait fait représenter quelques années avant *le Cid*, une comédie où, au milieu des incidents multiples qu'exigeait un public castillan, se développait de la façon la plus piquante le caractère du menteur. *La vérité devenue suspecte* (*La verdad sospechosa*) nous montre un jeune cavalier, dont toutes les brillantes qualités sont gâtées par l'habitude, par le goût invétéré du mensonge, s'embarrassant lui-même dans l'inextricable réseau de ses inventions, et arrivant à faire douter à la fin de la vérité même qu'il confesse. « Si cela est vrai, alors pourquoi le dit-il ? » semblent penser ceux qui l'entourent. Telle est la traduction française du titre espagnol de la pièce.

Corneille en imitant l'œuvre d'Alarcon, qu'il attribua d'abord par erreur à Lope de Vega[2], lui rend pleine et brillante justice. Il l'appelle « la merveille du théâtre, à laquelle il ne trouve rien de comparable en ce genre chez les anciens ni chez les modernes. »

Molière ajoute un glorieux témoignage à celui de son illustre compatriote : il avoue que s'il n'avait pas connu *Le menteur*, il n'aurait pas fait *L'étourdi*.

---

1. Né vers le commencement du dix-septième siècle, dans la province mexicaine de Tasco, venu en Europe vers 1621, Alarcon a publié deux volumes de comédies : l'un en 1628, l'autre en 1634. On ignore l'époque de sa mort.

2. Dans une préface, publiée en 1634, Alarcon réclame lui-même la propriété de cette comédie, ainsi que de quelques autres. Par un singulier jeu du hasard, dans cette revendication, il nomme, sans le savoir, son illustre imitateur français, quand il se plaint de voir quelques-unes de ses œuvres, et entre autres *La verdad sospechosa*, devenir les plumes d'*autres corneilles*. — *Aunque algunas han sido plumas de otras cornejas*.

Citons un des traits du modèle. Don Beltran vient reprocher à son fils la honteuse habitude du mensonge.

— Êtes-vous gentilhomme, Garcia ?
— Je me tiens pour votre fils.
— Et suffit-il que vous soyez mon fils pour être gentilhomme ?
— Mais je le pense, seigneur.
— Folle pensée ! se conduire en gentilhomme, c'est l'être. Quel a été le fondement des maisons nobles ? Les faits illustres de leurs premiers auteurs, sans regarder à leur naissance. Les exploits des hommes les plus humbles ont honoré leurs descendants. Agir bien ou mal agir, c'est être illustre ou être vil. N'est-ce pas vrai ?
— Que les exploits donnent la noblesse, je ne le nie pas ; mais ne niez point aussi que sans eux la donne également la naissance.
— Si celui-là peut gagner l'honneur qui ne l'eut pas en naissant, n'est-il pas certain que par une conduite contraire l'homme né avec honneur peut le perdre ?
— C'est vrai.
— Si donc vous faites des actions honteuses, bien que vous soyez mon fils vous cessez d'être gentilhomme. Dès que vos mœurs vous rendent infâme aux yeux du peuple, que sert l'écusson paternel ? Que servent d'illustres aïeux ? Quoi ! la renommée viendra dire à mes oreilles mêmes que Salamanque s'est étonnée de vos mensonges et de vos fourberies ! Quel gentilhomme ! quel néant ! Si c'est un affront pour un homme noble ou plébéien d'entendre dire qu'il ment, dites, quelle honte est le mensonge lui-même ? Avez-vous l'épée assez longue, avez-vous la poitrine assez dure pour croire que vous pourrez punir tout un peuple qui vous dit : tu mens, etc.

Le poète espagnol continue longtemps encore, et affaiblit cette admirable scène par l'abondance excessive et la fluidité de ses petits vers de huit syllabes. Corneille la saisit, la condense dans son vigoureux alexandrin et lui donne son impérissable forme.

Êtes-vous gentilhomme ? — Ah ! rencontre fâcheuse (*à part*).
(*Haut.*) Étant sorti de vous, la chose est peu douteuse.
— Croyez-vous qu'il suffit d'être sorti de moi ?
— Avec toute la France, aisément je le crois.
— Et ne savez-vous pas, avec toute la France,
D'où ce titre d'honneur a tiré sa naissance,
Et que la vertu seule a mis en ce haut rang
Ceux qui l'ont jusqu'à moi fait passer dans leur sang ?

— J'ignorerais un point que n'ignore personne,
Que la vertu l'acquiert comme le sang le donne.
— Où le sang a manqué si la vertu l'acquiert,
Où le sang l'a donné le vice aussi le perd.
Ce qui naît d'un moyen périt par son contraire ;
Tout ce que l'un a fait l'autre peut le défaire ;
Et, dans la lâcheté du vice où je te voi,
Tu n'es plus gentilhomme étant sorti de moi...
Qui se dit gentilhomme et ment comme tu fais
Il ment quand il le dit, et ne le fut jamais...
Est-il quelque faiblesse, est-il quelque action
Dont un cœur vraiment noble ait plus d'aversion,
Puisqu'un seul démenti lui porte une infamie
Qu'il ne peut effacer s'il n'expose sa vie [1] ?

C'est ainsi que Corneille frappe de son cachet les richesses qu'il emprunte. Mais la supériorité du style ne suffit pas pour contrebalancer le mérite de l'invention. Le grand homme lui-même l'entendait bien ainsi, lorsqu'il déclarait, dans son *Examen du Menteur*, qu'il donnerait les deux plus belles de ses pièces pour en avoir inventé le sujet.

CHAPITRE XV

CALDERON DE LA BARCA

Actes sacramentaux. — Pièces religieuses. — Drames héroïques.

Au-dessus de Lope de Vega, et de ses brillants disciples, s'élève le grand poète dramatique de l'Espagne, celui que ses compatriotes considèrent comme le roi du théâtre, que les étrangers connaissent comme le représentant le plus célèbre de la littérature castillane, et que plusieurs

---

1. *Le menteur*, acte V, scène III.

critiques allemands ont mis au-dessus de tous les auteurs dramatiques qui ont écrit dans aucune des langues modernes; nous avons nommé Calderon[1].

Sa vie ressemble en plusieurs points à celle de Lope. Enfant précoce comme son devancier, auteur dramatique à dix-neuf ans, il sert d'abord son pays comme soldat, s'engage à cinquante-deux ans dans le sacerdoce[2], n'en continue pas moins à travailler pour le théâtre, et meurt, après quatre-vingts ans, comblé de gloire, de richesses et des faveurs de la cour et du public.

Le contraste du caractère sacerdotal et des travaux dramatiques, qui nous choque aujourd'hui chez presque tous les auteurs espagnols, s'explique et s'atténue plus aisément encore chez Calderon que chez ses contemporains. Le catholicisme tout extérieur et tout formaliste de la péninsule, cette religion des yeux, de l'imagination, des sens, qui règle la croyance plus que la vie, et impose la foi plutôt que la morale, trouva en lui son expression la plus complète, la plus brillante et la plus exaltée. Calderon fut par excellence le poète catholique et chevaleresque de l'Espagne du dix-septième siècle.

Une époque de notre histoire peut nous donner l'idée de cette étrange association. Reportons-nous vers le milieu de notre moyen âge : supposez un chevalier contemporain de saint Louis, plein de foi, de valeur, de haine contre l'infidèle, d'admiration passionnée pour les dames : qu'il possède une grande culture d'esprit, une élégance de langage que le treizième siècle ne pouvait avoir, une richesse d'imagination et un enthousiasme lyrique que la France n'eut jamais; donnez-lui le génie dramatique, et jetez-le

---

1. Pedro Calderon de la Barca, né à Madrid le 17 janvier 1600, mort le 25 mai 1681.
2. On sait, par un document nouvellement découvert, que Calderon chanta sa première messe à Madrid, le 9 octobre 1651.

Antoine de Latour.

sur un théâtre déjà préparé par des devanciers tels que Lope de Vega; qu'il y fasse entendre sa voix dévote et mondaine, ascétique et passionnée ; qu'il prêche la foi catholique et l'honneur chevaleresque au milieu d'une foule ignorante et raffinée, irréfléchie et enthousiaste, pour qui la religion est une patrie, et qui s'attache d'autant plus ardemment à ses dogmes, qu'elle croit, moyennant certaines pratiques, pouvoir allier toutes les passions avec toutes les vertus, et vous aurez une idée du génie de Calderon et de sa domination sur les âmes de ses contemporains.

Parmi ses nombreuses compositions dramatiques[1], celles qu'il affectionnait le plus, celles qui sans doute lui conquirent la plus grande vogue populaire, furent ses drames religieux. Jamais il ne livra à la presse aucune comédie profane ; mais il fit imprimer lui-même ses *Actes sacramentaux*; il craignait que leur caractère sacré et leur pure orthodoxie ne fussent altérés par une publication subreptice et fautive.

Ses *autos* présentent, avec plus d'imagination et d'éclat, les mêmes caractères que ceux de Lope de Vega. Si l'on tient compte du prologue (*loa*) qui les précède, ils sont presque aussi longs que les comédies régulières. Ils ont pour sujets, comme les *autos* de ses devanciers, des allégories dévotes analogues à nos moralités. C'est *Le premier et le second Isaac, La vigne du Seigneur, Les épis de Ruth, Le divin Orphée, La première fleur du Carmel*. Tous sont remplis de personnages abstraits, tels que le Péché, la Mort, le Mahométisme, le Judaïsme, la Justice, la Charité. Presque tous renferment des passages d'une admirable poésie lyrique.

Mais les *autos* de Calderon sont loin de former la totalité

---

1. Nous avons aujourd'hui soixante-douze *autos* et cent dix-huit comédies qui appartiennent authentiquement à Calderon.

de ses pièces religieuses. Dans ses intrigues les plus profanes et les plus légères circule le souffle de l'Église. En outre treize ou quatorze de ses comédies ont pour sujet des légendes dévotes, *comedias devotas, comedias de santos.*

Parmi celles-ci la plus célèbre et l'une des plus caractéristiques est celle qui a pour titre *La dévotion à la croix.* Cette pièce a obtenu des éloges passionnés et de violentes attaques. G. Schlegel, au nom de son amour rétrospectif pour le moyen âge, l'a admirée et traduite. Sismondi l'a sévèrement condamnée au nom du goût moderne, du bon sens et de la morale. Tous deux avaient raison, comme l'établit fort bien Philarète Chasles, dans une excellente analyse [1] que nous empruntons en l'abrégeant.

Vous n'êtes plus en France : vous avez quitté le dix-neuvième siècle. A droite vous avez le couvent, à gauche, l'auto-da-fé, partout le crucifix. Vous pour qui vivre c'est douter, transformez-vous, essayez de croire : vous êtes Espagnol. Les sierras sauvages des Alpujarras ou les maisons jaunes de Madrid ont frappé vos yeux lorsqu'ils s'ouvraient au jour. Pour vous il n'a jamais existé de Voltaire. Voyez ce grand symbole ardent et ensanglanté qui plane sur l'Espagne, c'est la croix.

Si, vous détachant de la critique vulgaire, répudiant ses tristes formules, vous élevant à la contemplation des variations de la pensée humaine et de ses élans les plus insolites, vous savez vous métamorphoser pour comprendre, lisez, devenu fanatique, le drame fanatique de Calderon.

Dans une gorge de montagne, au sein d'une solitude âpre et sauvage, loin de tous les chemins fréquentés, au milieu des rocs jaunis par le soleil et de grands blocs de pierre superposés, aux arêtes aiguës, qui se dessinent du-

---

[1]. *Études sur l'Espagne,* pages 43 et suivantes.

rement à l'horizon, il y a une grande croix formée de deux débris de chêne que l'outil du charpentier n'a pas même équarris. C'est un de ces paysages aux couleurs tranchées, qui s'accordent avec toutes les pensées terribles et toutes les fureurs de l'âme; là doivent se réfugier les *bandoleros*, là des ennemis acharnés doivent commencer et finir un combat mortel.

N'allons pas plus loin, dit l'un d'eux. Tirez votre épée : vous êtes gentilhomme, sans doute; il faut vous battre.
— Très bien! et pour vous répondre avec le fer, il suffirait que vous m'eussiez conduit ici. Mais quelle est votre plainte? que voulez-vous de moi? J'ai besoin de le savoir avant de nous battre.
— Me plaindre! Oui, j'ai à me plaindre : c'est un outrage trop grand pour que je le dise. Ma voix s'y refuse; je voudrais le taire, je voudrais l'oublier, vous le redoublez en me le rappelant. Connaissez-vous ces lettres?
— Jetez-les à terre, je les ramasserai.
— Les voici... Eh bien! vous avez pâli; vous êtes troublé.
— Misérable, cent fois misérable quiconque fie ses secrets au papier.
— Vous connaissez ces lettres?
— Elles sont de moi toutes, je ne le nie pas.
— Eh bien! moi, je suis le fils de Lisardo Crucio, gentilhomme; vous étiez mon ami; vous avez séduit ma sœur Julia. Vous êtes pauvre et n'aurez jamais ma sœur. Demain, pour que la pureté de mon nom ne soit pas ternie, elle sera consacrée à Dieu; par volonté ou par force, elle sera religieuse. Quant à vous, rendez-moi raison. Que l'un de nous meure, et qu'il meure ici. Si c'est vous, ma sœur ne sera pas votre maîtresse : si c'est moi, je ne le verrai pas.
— Je vous ai écouté, je me suis contenu. Lisardo, modérez-vous de même et entendez ma réponse. Il faut que l'un ou l'autre tombe sur cette place. C'est bien; mais sachez quel personnage est devant vous : un homme qui ne craint rien, et qui se sent conduit par une main invisible. Ma vie s'est passée dans les prodiges. Répétez au monde ce que je vais vous dire, si vous me voyez mourir; et qu'un oubli éternel ne couvre pas ces étranges, ces grands et sublimes miracles. Je ne sais quel fut mon père; je ne l'ai jamais connu. On m'a dit que j'étais né au pied d'une croix, le ciel pour dais, une pierre pour berceau. Trois jours je pleurai, trois jours les bêtes féroces errèrent autour de moi sans toucher à l'enfant abandonné. Je ne mourrai pas de faim, car je suis né au pied de la croix. Un berger, errant dans les âpres solitudes de ces monts, à la recherche de sa brebis égarée, me recueillit par miséricorde. Son nom était Eusèbe : il m'appela Eusèbe de la Croix.

Suit la longue énumération des prodiges par lesquels la croix l'a constamment protégé, malgré ses désordres et ses vices. Eusèbe a échappé à l'incendie, au naufrage, au feu de l'ennemi, toujours par l'influence, par la protection évidente du signe sacré.

— Je suis mystérieusement prédestiné, Lisardo ; ne vous attaquez pas à moi. La mort ne voudra pas de moi, vous dis-je. Les murs d'un couvent ne protégeront pas votre sœur. Je suis prêt à vous satisfaire ; car apprenez que nul n'a des passions plus terribles, nul n'a plus soif de sang, nul n'est plus éloigné de craindre, que cet homme qui est devant vous, *Eusèbe de la Croix*.
— Eusèbe, que la langue se taise ; c'est au fer de parler.

Est-ce là poser assez fièrement ses acteurs ? Et quel effrayant mélange de sang, de foi, de cruautés ! Ce paysage, ces routes sombres, ces bandits, cette croix au milieu, ce duel à mort, cette main invisible d'un Dieu qui, pour quelque raison inconnue et profonde, guide et protège Eusèbe le meurtrier, homme de volupté et de sang, l'harmonie des idées, des faits, des passions et des caractères, tout est complet.

On conçoit l'indignation d'un moraliste contre de pareils tableaux : leur influence sur l'opinion d'un peuple est détestable. Un des personnages de la pièce en fait lui-même la remarque sous une forme plaisante :

Las devociones
Nunca faltan del todo á los ladrones[1].

Mais au point de vue de l'art, rien n'est plus frappant et plus magnifique. La fatalité d'Eschyle et de Sophocle était loin d'être aussi terrible. Séparons la question d'art de la question de philosophie. L'idolâtrie du symbole, voilà le texte de Calderon. Le sujet donné, il est impossible d'en

---

1. Un filet de dévotion
Ne manque jamais au larron.

presser plus énergiquement la dernière conséquence, de lui demander avec une force plus impérieuse l'émotion tragique qu'elle recèle.

Lisardo tombe, comme on le pressent, sous le fer de son ennemi; mais à la prière que le mourant lui fait *au nom de la croix* de ne pas le laisser expirer sans confession, Eusèbe le porte dans un monastère voisin et, en échange, reçoit de lui la promesse que lui-même avant de mourir recevra la même grâce. Puis le criminel prédestiné, débarrassé de Lisardo, poursuit Julia jusque dans le couvent qui la renferme; mais, au moment de la saisir, il recule en apercevant sur le sein de la jeune fille une croix de sang pareille à celle qu'il reçut lui-même à sa naissance. Eusèbe se fait capitaine de brigands; il vole et assassine les passants dans la sierra; mais il les enterre pieusement et place une croix sur leurs cadavres. Un prêtre passe: la balle du voleur s'est amortie contre un livre que le voyageur portait sur sa poitrine et dont il est l'auteur: c'est l'histoire des prodiges opérés par la croix. Eusèbe le laisse aller en lui demandant ce livre pour toute rançon. Enfin la justice des hommes poursuit et atteint le meurtrier: Eusèbe tombe frappé à mort dans son repaire; mais, avant d'expirer, il invoque un prêtre pour l'absoudre. Albert, l'auteur du livre de la croix, averti miraculeusement, arrive exprès de Rome.

Ici le poète, pour couronner son œuvre, a osé la plus extraordinaire et la plus émouvante des fictions. Le prêtre est arrivé trop tard: les soldats viennent d'enterrer le brigand: ils partent, en laissant à la garde de son corps un paysan nommé Gil, le *gracioso* de la pièce.

GIL : J'admire leur quiétude! Ils ont enterré là Eusèbe, et ils me laissent seul ici. Seigneur Eusebio, souvenez-vous, je vous en prie, que j'ai été autrefois votre ami. Mais qu'est-ce que cela? ou mon désir m'abuse, ou je vois venir de ce côté un millier de personnes. (*Arrive un voyageur.*)

Albert : J'arrive de Rome, et trompé par la nuit, je me suis égaré une seconde fois dans cette montagne. C'est ici l'endroit où Eusèbe me laissa la vie, et j'ai peur que ses soldats ne me fassent un mauvais parti.

Le Mort : Albert!

Albert : Quel est ce souffle de voix étrange qui, répétant mon nom, a frappé mes oreilles?

Le Mort : Albert!

Albert : On prononce encore mon nom. Il me semble que c'est de ce côté. Allons voir.

Gil : Dieu saint! C'est Eusèbe! Jamais peur n'égala la mienne.

Le Mort : Albert!

Albert : Le son vient de plus près. O voix qui frappes l'air avec tant d'insistance en répétant mon nom, qui es-tu?

Le Mort : Je suis Eusèbe. Approche, Albert, vers cet endroit où je suis enterré ; approche et soulève ces branchages ! ne crains rien.

Albert : Je ne crains pas.

Gil : Moi, si.

Albert, *en levant les rameaux* : Te voilà découvert : dis moi, au nom de Dieu, que me veux-tu?

Le Mort : C'est de sa part, Albert, que ma foi t'a appelé, pour qu'avant ma mort tu m'entendisses en confession. Il y a quelques moments déjà que j'avais dû mourir: mon âme est délivrée de mon cadavre, mais elle ne l'a pas encore quitté. Viens, Albert, que je te confesse mes péchés, plus nombreux que les sables de la mer, que les atomes du soleil.

Gil : Par Dieu! le voilà sur ses pieds, et pour qu'on puisse mieux le voir, le soleil dévoile ses rayons. Je vais le dire à tout le monde.

Pendant qu'une clarté progressive illumine lentement la pâle figure du mort, tous les personnages du drame accourent à la voix de la sentinelle effrayée.

Gil : Voici du monde de tous les côtés. Que tous apprennent par ma voix le plus admirable événement dont le monde fut jamais témoin. Eusèbe s'est levé de la fosse où on l'avait enterré, appelant un prêtre à haute voix. Mais pourquoi vous raconté-je ce que tous vous pouvez voir? Regardez avec quelle dévotion il se tient là-bas agenouillé.

Curcio : Aussitôt que le saint vieillard a fait le signe de l'absolution, Eusèbe est retombé mort à ses pieds.

Albert, *s'approchant* : Au milieu de ses grandeurs imposantes, que le monde apprenne par ma voix la plus étonnante des merveilles : Après la mort d'Eusèbe, le ciel a laissé en dépôt son esprit devant son cadavre jusqu'à ce qu'il se fût confessé; tant peut obtenir de Dieu la dévotion à la croix!

Le magicien prodigieux est une pièce du même genre, qui renferme des effets dramatiques presque aussi puissants. C'est une première esquisse de Faust; mais d'un Faust espagnol. Un jeune païen, Cypriano, tenté par le démon de la volupté, lui vend son âme pour une espérance coupable. Mais Justine, qu'il aime, est chrétienne : Satan ne peut la séduire. Il trompe Cypriano en lui livrant un vain fantôme, et quand la mantille qui semblait cacher sa bien-aimée tombe, le jeune homme n'embrasse qu'un squelette. Le drame se couronne par la sanctification et le martyre des deux amants. Les tentatives de séduction ont donné au poète l'occasion de déployer toute la richesse de sa poésie lyrique.

Le prince constant est une pièce à la fois religieuse et héroïque : c'est l'histoire de la captivité de l'infant de Portugal Don Sébastien, qui, Régulus chrétien, meurt esclave volontaire à Tanger, plutôt que de rendre aux infidèles la ville chrétienne de Ceuta. Ce drame, traduit en allemand par Schlegel, obtint le plus grand succès sur le théâtre de Weimar, où il fut représenté sous les auspices de Gœthe.

Il ne faudrait pas conclure de tout cela que Calderon ne soit qu'un prédicateur dramatique.

Dans ses drames non religieux, il s'abandonne sans scrupule à l'inspiration de tous les préjugés et de toutes les passions mondaines de son auditoire. L'amour, la jalousie, le point d'honneur, la vengeance, y sont glorifiés comme ils auraient pu l'être par le plus profane des poètes castillans. Il semble que Calderon, comme ses brigands, après s'être mis en règle avec la foi, ne connaît plus d'autre morale que celle de l'opinion. Le fait est qu'avant tout il est poète dramatique, et poète dramatique espagnol, qu'il veut à tout prix émouvoir son public et saisit le taureau par les cornes pour le dompter. C'est chez lui un instinct plutôt qu'un calcul, mais un instinct qui équivaut presque à une théorie : nourrir toujours et partout l'intérêt, exciter et satisfaire la curiosité; deviner et flatter la passion populaire, pour la dominer. Tous les grands poètes dramatiques subissent involontairement la même loi. Corneille, Molière, Shakspeare en ont fait autant; et si Calderon diffère de ces grands hommes, c'est que son public différait du leur. Cette remarque donne une nouvelle importance à l'étude de ses œuvres. Ce n'est pas le caprice d'un écrivain qu'on y étudie, c'est le génie d'un siècle et d'une nation.

Parmi les passions que Calderon développe de préférence, brille au premier rang *l'honneur,* tel que le concevaient ses contemporains, c'est-à-dire le sacrifice de l'homme et de ses plus chers intérêts à un idéal de générosité, de devoir, de grandeur d'âme, souvent injuste et criminel, toujours extraordinaire et exagéré. La fidélité au roi, à la parole donnée, fût-elle engagée à un ennemi, le dévouement à la personne aimée, la protection accordée au faible, au suppliant, aux femmes surtout, même inconnues, même coupables, la jalousie ardente, la vengeance qui poursuit à travers le sang et la mort une offense, un soupçon; l'orgueil du chef de famille, du mari, du père, du frère, qui prétend sauver dans sa maison, au prix d'un duel ou d'un meurtre, la sainteté des liens qu'il attaque sans scrupule chez les autres, tels sont les ressorts que Calderon met sans cesse en œuvre, et dont le jeu combiné, confondu, opposé et contrasté de mille manières, produit dans ses drames les effets les plus saisissants. « Chez lui, dit G. Schlegel, règne avant tout un sentiment brûlant et passionné qui ennoblit tout ce qui l'entoure, parce qu'il attache à tous les événements une affection de l'âme. L'honneur, l'amour, la jalousie sont ici les passions dominantes; leur jeu noble et hardi, forme le nœud de la pièce. L'honneur y est toujours un système idéal, qui peut, en descendant à des opinions de société, devenir l'arme de la vanité, mais qui sous tous les déguisements, laisse voir une âme élevée. Je ne saurais trouver une plus parfaite image de la délicatesse avec laquelle Calderon représente le sentiment de l'honneur que la tradition fabuleuse sur l'hermine, qui, dit-on, met tant de prix à la blancheur de sa fourrure que, plutôt que de la souiller, elle se livre elle-même à la mort, lorsqu'elle est poursuivie par les chasseurs ».

Expliquons ce jugement par un exemple. Un des drames les plus connus et les plus admirés de Calderon a pour titre *Le médecin de son honneur*, et nous reporte au règne de Pierre le Cruel. Le frère du roi, Henri de Transtamare, est épris d'une jeune fille, Mencia, qui, malgré les sollicitations de l'infant est donnée en mariage à Don Gutierre de Solis. Le prince continue à poursuivre de ses hommages celle qui ne doit plus être à lui. Une chute de cheval l'amène dans la maison de campagne qu'elle habite ; la complicité d'une suivante lui en ouvre une autre fois la porte pendant la nuit : un poignard, qu'il laisse tomber dans sa fuite, sert au mari jaloux d'indice et de pièce de conviction. Deux ou trois malentendus, des explications incomplètes, une lettre surprise et mal interprétée, confirment don Gutierre dans ses pensées de vengeance. La vraisemblance des incidents est peu nécessaire à Calderon : il lui suffit d'amener, par quelque moyen que ce soit, une situation terrible. Elle éclate : Gutierre, menacé dans son honneur et plein d'amour encore pour celle qu'il soupçonne d'être infidèle, prononce contre elle une sentence de mort. Il n'a point de certitude, point de preuves. L'honneur chez lui, comme chez tout castillan de Calderon, se contente, pour frapper et punir, d'une crainte, d'une possibilité, d'une ombre. Lui-même exprime cette délicatesse odieuse dans ces vers qui résument la poétique et immorale inspiration de tout ce théâtre.

—Dites-moi donc, pour concevoir tant de crainte, Gutierre, qu'avez-vous vu?

— Rien. Car les hommes comme moi ne voient point; il suffit qu'ils imaginent, qu'ils soupçonnent, qu'ils prévoient, qu'ils redoutent, qu'ils devinent, que.. je ne sais comment m'exprimer; car il n'y a pas de parole pour signifier une chose qui ne serait pas même un atome indivisible....

Gutierre écrit donc et laisse sur la table de sa femme un billet ainsi conçu :

L'amour t'adore, mais l'honneur ne peut te pardonner. L'un te tue et l'autre veut t'avertir. Tu n'as plus que deux heures à vivre : tu es chrétienne, sauve ton âme; car pour ta vie, il n'est plus temps.

Il sort, ferme les portes, éloigne les domestiques. Bientôt il revient avec un chirurgien qu'il amène de force les yeux bandés.

— Il est temps, lui dit-il, que tu entres dans ce cabinet; mais auparavant, écoute-moi : ce poignard percera ta poitrine si tu n'exécutes pas fidèlement ce que je vais t'ordonner. Ouvre cette porte. Que vois-tu dans cet appartement?
— C'est une image de la mort, un corps étendu sur un lit; deux torches sont à ses côtés et un crucifix est devant. Je ne saurais dire ce que c'est, car un voile couvre son visage.
— Eh bien! ce cadavre vivant que tu vois, c'est toi qui dois lui donner la mort.
— Qu'oses-tu ordonner?
— Que tu la saignes, que tu laisses couler son sang jusqu'à ce que ses forces l'abandonnent, que tu ne la quittes point jusqu'à ce que, par cette petite blessure, elle ait perdu tout son sang et qu'elle expire. Tu n'as rien à répondre : il est inutile d'implorer ma pitié; obéis si tu veux vivre.

Le chirurgien obéit à la peur : mais en sortant de cette maison funèbre, il applique sur le mur qui avoisine la porte sa main ensanglantée. Cet indice la fera reconnaître le lendemain à lui-même et au roi.

Sire, dit don Gutierre au monarque qui l'interroge, ceux qui exercent un office public ont coutume de placer au-dessus de leur porte un écusson à leurs armes. Mon office, à moi, c'est l'honneur; et c'est pourquoi j'ai mis au-dessus de ma porte ma main baignée dans le sang, parce que l'honneur, Sire, ne se lave qu'avec du sang.

Le roi même approuve cette sommaire justice. Il déclare qu'à des malheurs pareils il y a un remède.

— Lequel, sire?
— Le vôtre même, Gutierre.
— Et quel est-il?
— La saignée.

C'est le mot du poète et critique contemporain : Tue-la. M. Dumas fils répétait Calderon.

CHAPITRE XVI

SUITE DE CALDERON

Pièces d'intrigue. — Style de Calderon. — Représentations théâtrales. — Spectateurs.

Outre ses pièces religieuses et ses drames héroïques, Calderon a écrit, à l'exemple de ses prédécesseurs, un grand nombre de comédies d'intrigue (de capc et d'épée). Ce genre existait avant lui, mais il se le rendit propre. « Les qualités originales de son talent l'y préparaient admirablement; car doué moins d'invention, quoi qu'il en eût beaucoup, que d'une rare fécondité de combinaisons et d'un art merveilleux pour amener, embrouiller, serrer et dénouer une intrigue, s'il y avait un genre qui demandât l'intérêt des situations et l'émotion qui naît des péripéties ou des surprises de l'action, c'est dans ce genre que Calderon devait se déployer tout entier et mettre le mieux en lumière toutes les ressources de sa prodigieuse imagination.... Il y développe un art si consommé, il se jette dans tous les hasards de l'action la plus confuse avec une si charmante témérité, il s'y démène avec tant d'aisance, et, comme un hardi plongeur, il reparaît à la surface de l'eau avec tant de grâce et par où on l'attend le moins, qu'il était devenu proverbial de dire de ces aventures où le hasard vous jette, mais dont on se tire avec audace et bonheur : *lances de Calderon*[1]. »

Les comédies d'intrigue de Calderon, comme celles de Lope et des autres, ont pour base une ou deux suppositions assez peu vraisemblables, que le poète établit dès le début, et que son public admet avec complaisance, à la seule condition d'en tirer de l'amusement.

Par exemple, un jeune officier vient solliciter à Aranjuez. Un de ses amis, Félix, l'y trouve logé à l'hôtel et lui fait accepter l'hospitalité de sa maison d'Ocagna, à deux lieues de la cour, où il pourra se rendre aisément. Mais Félix a chez lui une sœur jeune et belle : il ne veut pas que l'officier la voie ; il la confine dans sa chambre, laquelle est séparée de celle du nouvel hôte par une porte cachée sous une tapisserie. Cette porte devient un des acteurs les plus indispensables de la pièce.

D'un autre côté, le même Félix aime une jeune fille, une amie de sa sœur, qui demeure dans une *maison à deux portes*[2] donnant sur deux rues différentes. Ces deux issues sont aussi l'indispensable machine du drame. La sœur de Félix, après avoir intrigué le jeune officier dans une de ses promenades, lui donne rendez-vous chez son amie, comme si c'était chez elle. Félix se rendant chez sa dame, y entrevoit, sans le reconnaître, un visiteur caché. Le père, le propriétaire de la maison à deux portes, s'alarme pour sa fille. Des soupçons, des jalousies, des quiproquos, des complications, des explications, des coups de théâtre sans

---

1. Antoine de Latour, *Étude sur Calderon*, en tête de son excellente traduction des *Œuvres dramatiques* de ce poète. Paris, 1871.

2. De là le titre de la comédie : *Casa con dos puertas mala es de guardar*. (*Maison à deux portes est difficile à garder*.)

nombre, naissent à chaque instant du jeu naturel de toutes ces intrigues. Ce sont des rubans de diverses couleurs qui se mêlent et se roulent en vingt nœuds éclatants; c'est un kaléidoscope que secoue la fantaisie du poète, et qui produit à chaque mouvement une combinaison inattendue.

Ailleurs, dans *L'esprit follet* (*La dama duende*), nous retrouvons presque les mêmes *trucs*, les mêmes suppositions; encore un jeune hôte logé chez un jeune frère; encore une jeune sœur, veuve cette fois et pourtant tenue à l'écart; encore une porte de communication entre les deux futurs époux, porte dissimulée cette fois, non par une tapisserie, mais par une armoire pleine de cristaux et néanmoins très mobile. Calderon sourit lui-même de toutes ses invraisemblances; ici, par exemple, la jeune veuve ne peut s'empêcher de dire à sa suivante :

C'est un cas étrange, qu'un homme arrivant à Madrid trouve, à peine débarqué, une dame qui le prie de protéger sa vie, un frère qui le blesse et un autre qui lui ouvre sa maison. C'est trop singulier, en vérité, et quoique ce ne soit pas impossible, j'ai besoin de le voir pour le croire.

Une autre fois, dans un sujet tiré de l'histoire de l'ancienne Rome, un bouffon commencera ainsi l'histoire qu'il va raconter :

Un moine... mais non, ce début ne vaut rien; car il n'y a pas encore de moines à Rome.

Ces licences dramatiques, ces invraisemblances dans le dessin général de la fable étaient sans doute acceptées avec indulgence et faveur. L'important était d'en tirer bon parti pour les effets comiques et les heureuses combinaisons.

Calderon n'y manque jamais. Ses intrigues sont toujours compliquées, étincelantes, pleines de surprises et d'effets. Outre l'intérêt général de curiosité et d'émotion, elles offrent de loin en loin d'ingénieux détails, des espiègleries de situation et de dialogue qui donnent de l'esprit au hasard. Par exemple, deux amants successivement jaloux l'un de l'autre, viennent alternativement se disculper, et jouent tour à tour le même rôle. Don Félix, accusé d'infidélité par Laura (*Maison à deux portes*, journée 1re, sc. x), essaie de se justifier.

> Jalouse ou mécontente, il faut pourtant que vous m'entendiez avant que je sorte d'ici.
> — Vous en irez-vous, si je vous écoute?
> — Oui.
> — Parlez donc et allez-vous-en.
> — Vous nier que j'aie aimé Nise....
> — Pouvez-vous vous justifier de cela?
> — Sans doute.
> (*A part.*) — Qu'Amour le veuille!
> — Écoutez-moi, je vous prie.
> — Et vous vous en irez?
> — Oui.
> — Parlez donc et allez-vous-en.

A la fin de l'acte suivant, c'est à Laura de se disculper : Félix a cru apercevoir un homme dans sa chambre.

> — Et si rien de cela n'était vrai? Si c'était tout le contraire?
> — Comment?
> — Écoutez-moi, vous le saurez.
> — Si je vous écoute, vous en irez-vous?
> — Oui.
> — Alors parlez.

Ils *parlent* l'un et l'autre, et naturellement tout s'explique, à la satisfaction des deux intéressés et à celle des spectateurs.

Mille détails de dialogue, achetés par l'invraisemblance de l'intrigue, ne semblent pas payés trop cher.

Don Manuel, se croyant en bonne fortune chez une grande dame, est introduit la nuit par l'armoire ci-dessus mentionnée, dans sa propre chambre. Il se heurte contre son propre valet, Cosme, occupé à se remémorer tous les tours diaboliques que les esprits follets lui ont déjà joué dans cette chambre ensorcelée.

Cosme (*tout tremblant*) : Qui va là? qui êtes-vous?
D. Manuel : Silence, qui que vous soyez, si vous ne voulez pas tâter de mon poignard.
Cosme : Je serai aussi muet qu'un parent pauvre dans la maison d'un parent riche.
D. Manuel, *à part* : C'est apparemment quelque domestique qui sera entré ici par hasard. Il faut que je lui demande où je suis. Dis-moi, quelle est cette maison? et son maître, qui est-il?
Cosme : Le maître et la maison appartiennent au diable, et puisse-t-il m'emporter. Ici demeure une femme qu'on appelle l'Esprit-Follet, et qui est un vrai démon sous les traits d'une femme.
D. Manuel : Et toi, qui es-tu?
Cosme : Un valet, un serviteur, un domestique, qui sans savoir ni pourquoi, ni comment, suis la proie de ces enchantements.
D. Manuel : Et qui est ton maître?
Cosme. Un fou, un impertinent, un niais, un imbécile, un pauvre diable qui se perd pour cette femme.
D. Manuel : Et il s'appelle?
Cosme : Don Manuel Enriquez.
D. Manuel. — Ah! tu es Cosme!

Il est un peu étonnant qu'il s'en soit douté si tard, mais l'effet comique est produit, et le juge est devenu indulgent : *Solventur risu tabulæ*.

Le rôle du *gracioso*, rustre ou valet poltron, gourmand, naïf et vulgairement spirituel, est chez Calderon ce que nous l'avons vu chez ses prédécesseurs. Il jette sa gaieté un peu grossière à travers toutes les intrigues, aiguise le piquant des situations comiques et adoucit les émotions trop poignantes du drame. Toujours assez semblable à lui-même, cet inévitable Sancho Pança était assuré d'un succès permanent.

L'un d'eux joue une fois à lui seul une jolie scène domestique. Son maître vient de lui faire cadeau d'un de ses propres habits; Calebace (c'est le nom du valet) l'en remercie à sa manière, en lui expliquant les prodigieux avantages d'un habit tout fait, par les ennuis inévitables qu'un tailleur inflige à ses *clients*[1].

— Seigneur maître, combien d'aunes d'étoffe me faut-il? — Sept trois quarts. — Quiñones me fait un habit avec six aunes et demie. — Qu'il le fasse; mais s'il y réussit, je consens à m'arracher la barbe. — Et combien de taffetas? — Huit aunes. — Mettons-en sept! — Pas une ligne de moins de sept et demie. — Et de rouennerie? — Quatre. — Oh! S'il en manque un doigt, je n'en puis venir à bout. — Pour la soie? — Deux onces, et trente de laine. — Le boucassin pour les bordures? — Une demi-aune. — La serpillière? — Autant. — Les boutons? — Trente douzaines? — Trente? — Vous pourrez les compter. Il y aura ensuite les rubans, les poches, le fil... Maintenant, allons chez monsieur, essayer tout cela. Veuillez joindre les pieds, seigneur, tenez la tête droite, tendez le bras. — Seigneur maître, vous faites de moi un polichinelle. — Que cette culotte sera gracieuse! Voyez; le pourpoint large des épaules, tombant sur le haut des bras, et arrondi à la ceinture. Nous avons oublié de compter la ratine pour les basques. — Mettez-la. — Volontiers. Ah! j'oubliais encore une chose, le bouracan. — Prenez-le sur ce vieux manteau. — Je vais le couper à l'instant. — Et quand aurai-je cela? — Demain à neuf heures. — Il est déjà une heure. Oh! combien ce tailleur se fait attendre... Seigneur maître, vous m'avez tenu chez moi toute la journée. — Je n'ai pas pu mieux faire : j'ai dû finir un jupon qui n'en finissait plus, tant il y fallait d'étoffe. — Ah! seigneur, que tout cela est sec! — Mouillez-le. — Ma culotte est étroite. — N'importe, c'est du drap, cela prête. — Ce pourpoint est trop large. — N'importe c'est du drap, cela se retire. — Ainsi le drap s'élargit ou se rétrécit à la volonté du tailleur. — Le manteau est bien court. — Il couvre plus de moitié de la jarretière. Aujourd'hui, on ne les porte plus longs. — Combien vous dois-je! — Peu de chose, autant dire rien : vingt réaux pour la culotte, vingt pour le pourpoint et ses manches, dix pour le manteau, trente pour les boutonnières... et enfin tant d'impertinences et pour ceci et pour cela. Bref, me donner un habit tout fait, c'est me donner un vrai bijou.

Une des choses qui jamais aussi ne manquaient de plaire aux spectateurs de Calderon, et qui aujourd'hui choquent notre goût, ce sont ces tirades lyriques où l'imagination effrénée se donne libre carrière et prodigue à pleines mains les fleurs, le soleil, les étoiles, le bel esprit. Il est pro-

---

1. Tel est le titre que nos tailleurs nous décernent aujourd'hui. Ces messieurs devraient pourtant savoir ce que c'est qu'un patron.

bable que le public applaudissait fort de pareils morceaux, et que les acteurs les exigeaient du poète comme des roulades d'éloquence où ils devaient briller. Ces passages caractérisent trop bien le théâtre espagnol, pour que nous n'en citions pas quelques exemples.

Un gentilhomme et son valet suivent, au sortir d'un jardin public, une jeune dame et sa duègne.

—Cavaliers, dit la dame, il vous faut retourner sur vos pas. Vous ne pouvez nous suivre plus loin. Car si vous vous proposez ainsi de savoir qui je suis, c'est vouloir que je ne revienne plus une autre fois. Si cette raison ne vous suffit pas, retournez sur vos pas, parce que je vous prie de le faire.

Le gentilhomme répond :

Le soleil, madame, obtiendrait difficilement que la fleur du tournesol ne suivît pas sa splendeur. L'étoile du nord, fixe et brillante lumière, voudrait en vain que l'aimant cessât de la regarder; et l'aimant demanderait inutilement que l'acier lui obéît et le quittât. Si votre éclat est le soleil, ma destinée est le tournesol; si votre volonté est l'étoile du nord, ma douleur est une pierre d'aimant; si votre rigueur est un aimant, mon ardeur opiniâtre est un acier. Comment donc pourrais-je m'arrêter, quand je vois partir mon soleil, mon étoile du nord, mon aimant, moi qui suis fleur, pierre et acier !

Molière n'inventait donc pas tout à fait le compliment de Thomas Diafoirus à Angélique. Chez Calderon toutefois, il y a un sourire sous le jeu d'esprit du cavalier : la dame le renvoie de la même sorte, à l'aide d'un galimatias ingénieux :

A votre fleur gracieuse et belle le jour fuyant donne un repos; de même à votre pierre mobile l'étoile polaire peut en accorder un. Si le jour et l'étoile s'absentent, excusez-moi de m'absenter. Dites à votre passion, fût-elle pierre, acier, tournesol, que pour le soleil il est nuit, et qu'il est jour pour l'étoile. Demeurez donc ici...

La comparaison d'une femme ou même d'un prince au soleil, est, sur l'ancien théâtre espagnol, une politesse reçue et en quelque sorte indispensable; c'est une espèce de bonjour, qu'il faut dire quand on a de l'éducation, et tourner ingénieusement, quand on a de l'esprit; on est presque grossier quand on l'omet. Ainsi dans « *La vie est un songe* », Astolfe, en Moscovite bien élevé, salue le prince polonais Sigismond par un compliment de ce genre :

Heureux mille fois le jour où vous vous montrez, ô prince, soleil de Pologne, et remplissez de splendeur et d'allégresse ces horizons embrasés d'une divine clarté; car vous sortez comme le soleil du sein des montagnes (Sigismond avait été nourri sur une montagne déserte). Levez-vous donc, et quoique si tard votre front se couronne du laurier resplendissant, qu'il le garde longues années[1].

A quoi le brusque et fantasque Sigismond, l'enfant du désert, se contente de répondre : « Dieu vous garde! ». Mais cette simple réplique est prise pour une offense par l'éloquent Astolfe.

Vous ne me connaissez pas encore; c'est là votre seule excuse pour m'honorer si peu. Je suis Astolfe, par ma naissance duc de Moscovie et votre cousin. Qu'il y ait donc entre nous égalité.

Sigismond lui-même, quoiqu'il n'ait pas étudié à Salamanque, trouvera à la première apparition d'une femme toutes les *agudezas* du « style cultivé » :

Écoute, femme, arrête-toi. Ne joins pas l'occident et l'orient en fuyant dès les premiers pas. Si tu réunis l'orient et l'occident, la lumière et l'ombre froide, tu seras indubitablement la syncope du jour.

Et quand Rosaura, voulant dissimuler, se donnera pour une suivante de l'infante *Estrella* (étoile),

---

1. Aujourd'hui encore, dans la plus prosaïque conversation, un Espagnol qui veut vous remercier dira : « Que Votre Seigneurie vive mille ans. »

Ne dis pas cela, s'écrie Sigismond; dis plutôt que tu es le soleil à la flamme duquel vit cette *étoile*; car c'est de tes rayons qu'elle reçoit sa splendeur. J'ai vu, dans le royaume des parfums, au milieu d'un escadron de fleurs, présider la divinité de la rose. Elle était leur impératrice, parce que c'était la plus belle. J'ai vu parmi les pierres fines le diamant préféré à toutes : il était leur empereur, parce qu'il était le plus brillant. Dans les cours splendides de la mobile république des étoiles, j'ai vu au premier rang l'astre du matin briller comme leur roi. Et dans les sphères parfaites, quand le soleil appelait à sa cour les planètes, je l'ai vu qui leur commandait, comme le plus grand oracle du jour. Comment donc, si parmi les fleurs, parmi les étoiles, les pierres fines, les signes, les planètes, ce sont les plus belles qu'on préfère, as-tu servi une femme d'une moindre beauté, toi qui étant plus belle, es soleil, astre du matin, étoile et rose!

On peut remarquer ici un procédé de style assez ordinaire à Calderon dans ces morceaux où l'imagination sans contrôle accumule les comparaisons les plus luxuriantes, en même temps que les moins nouvelles. Après en avoir développé à loisir un certain nombre, avec une abondance prolixe, il les résume toutes à la fin du couplet en quelques vers, dont la précision habile serre vivement la pensée jusqu'alors diffluente. Nous en avons déjà vu ci-dessus un premier exemple (page 331); nous allons en citer encore un autre d'un goût plus piquant et plus détestable encore.

Dans une scène avec sa dame, un cavalier se disculpe d'avoir porté une écharpe qu'une autre lui a donnée.

— Comment pouvez-vous me nier ce que je vois de mes yeux?
— En niant que vous le voyiez.
— N'avez-vous pas été dans la cour l'ombre de sa maison?
— Oui.
— L'aube ne vous a-t-elle pas trouvé comme une statue de sa terrasse?
— C'est vrai.
— Ne lui avez-vous pas écrit?
— Je ne nie pas lui avoir écrit.
— Cette écharpe ne lui appartient-elle pas?
— Elle lui a appartenu, je pense.
— Eh bien donc, qu'est-ce? si voir, si parler, si écrire, si porter son

écharpe au cou, si suivre, si veiller ce n'est pas aimer, je vous le demande, Henri, dites-moi comment tout cela s'appelle.

— Qu'un exemple vous réponde. L'astucieux chasseur, qui dans la rapidité du vol fait d'un atome de plume (d'un petit oiseau) le but fugitif du succès, ne vise pas l'endroit où est son gibier, remarquant que pour que le vent devienne son tributaire, il lui importe de tromper le vent. Quand le marin ingénieux sait imposer un joug et un frein à la mer emportée et farouche, monstre de la nature, ce n'est pas vers le port désiré qu'il dirige sa proue : il court des bordées sur les vagues, trompe leur colère et s'empare du port. Le capitaine qui cherche à gagner une forteresse sonne la charge contre une autre, et par le fracas de la guerre, il trompe le pays qui l'attendait, mal prévenu du danger. La mine qui dans les entrailles de la terre, en étreignait le centre, volcan superficiel, Mongibel inventé, ne produit pas son effet à l'endroit où dans son sein fécond elle cache d'immenses abîmes d'horreur ; parce que, trompant le feu lui-même, elle conçoit ici, elle enfante là-bas ; là-bas est la foudre, et ici le tonnerre. Eh bien, si mon amour est un chasseur dans les plaines du vent, un inconstant marin dans la mer des aventures, s'il est capitaine victorieux dans les guerres de sa jalousie, s'il est un feu irrésistible dans la mine de tant de cœurs, est-il étonnant que tant de sentiments affectueux soient trompés en moi ? Que cette écharpe en soit un témoignage. Car volcan, marin, capitaine et chasseur, dans le feu, l'eau, la terre et le vent, j'obtiens, je possède, je conquiers, je prends mine, gibier, triomphe et port.

Ces cliquetis d'esprit, ces feux d'artifice de la fantaisie ne viennent chez Calderon que quand la situation dramatique est assez détendue pour accorder au spectateur la liberté de s'y amuser. Ce sont des espèces de points d'orgue, où l'action se suspend, où le personnage fait place à l'acteur et le laisse déployer tout le luxe d'images dont le poète a bien voulu enrichir sa mémoire.

Calderon se moqua quelquefois lui-même de ces étranges métaphores, de ce style maniéré que lui imposait la coutume. Une spirituelle *prima donna* répond au cavalier qui l'a comparée à *l'aube au doux sourire*, à *l'aurore aux brillantes larmes*, au *soleil à la vive lumière*, etc :

Quoique je dusse vous remercier d'un discours si galant, je veux me plaindre, et avec raison, d'une si flatteuse offense. Nous ne sommes pas ici dans la *sphère dont les nobles faîtes fatiguent la colère du vent*, mais dans un modeste logis où l'exagération même de vos paroles vous rend suspect à mes yeux. Je ne suis pas l'*aube*, puisque au milieu d'un si vif contentement, le *sourire* me manque; ni l'*aurore*, puisque mes *larmes* ne vous montrent point ma douleur; je ne suis pas le *soleil*, puisque ma *lumière* ne dévoile pas la vérité que j'adore. J'ignore donc ce que je suis : tout ce que je sais, c'est que je ne suis ni l'aube, ni l'aurore, ni le soleil, car je n'éclaire, ni ne souris, ni ne pleure. Et ainsi, je vous prie de dire de moi, seigneur don Manuel, que je suis et fus une femme que vous seul pouviez obliger à faire ce que je fais ici.

« Le style et la versification de Calderon ont un mérite éminent, dit M. Ticknor, quoiqu'il y mêle parfois les défauts de son pays et de son siècle. Ses vers nous charment toujours par leur mélodie : toujours le poète s'abandonne à la riche variété de mètres que lui offraient la poésie espagnole et la poésie italienne : octaves, tercets, sonnets, silves, lires, les différentes formes de *redondillas*, les *romances* avec leurs *assonnances* et leurs *consonnances*. Il montre toujours une connaissance profonde du langage, qui s'élève parfois jusqu'au ton sublime du drame national, et qui d'autres fois, pour capter la faveur populaire, se laisse aller à des jeux de mots, à des plaisanteries tout à fait indignes de son génie.

« Calderon ne réalisa et n'essaya même pas de grands changements dans la forme du drame espagnol. Il ne modifia pas beaucoup celle que Lope de Vega avait établie et consacrée; mais il montra plus d'exactitude dans la combinaison des incidents, il disposa chacun des éléments avec plus d'habileté pour l'effet de la scène; il donna à l'ensemble une couleur nouvelle, et, à certains égards, une nouvelle physionomie. Son drame, plus poétique par le ton et par les tendances, respire moins cet air de réalité qu'on sent dans les pièces de son grand prédécesseur. Dans les parties les mieux réussies, et qui sont rarement répréhensibles par leur moralité, il semble que nous sommes comme transportés dans un autre monde plus magnifique, où la scène est illuminée par une splendeur inconnue et surnaturelle.... C'est en cela que triomphe

Calderon.... Quand il réussit, son succès n'a rien de vulgaire. Alors il ne met sous nos yeux que des modèles de beauté idéale, qu'un monde où ne peuvent entrer que les éléments les plus élevés du génie national. Là, le fervent mais grave enthousiasme du vieil héroïsme castillan, les chevaleresques aventures de l'honneur moderne, de l'honneur de cour, les généreux dévouements de fidélité individuelle, les sacrifices d'un amour plein de réserve, mais aussi plein de passion, qui, dans une société où il devait si rigoureusement échapper aux regards, était devenu une espèce de culte secret du cœur, tout semblait avoir trouvé sa place naturelle.... Alors il met devant nous le grandiose spectacle d'un drame idéalisé, reposant sur les éléments les plus purs et les plus nobles du caractère national espagnol, un drame qui, avec tous ses défauts incontestables, est assurément un des phénomènes les plus extraordinaires de la poésie moderne[1]. »

Nous ne pouvons quitter le théâtre espagnol sans dire quelques mots des conditions matérielles de la représentation, qui, mieux que nos commentaires, feront comprendre le mérite et les défauts nécessaires des auteurs dramatiques de l'Espagne.

A l'époque de Calderon, la scène espagnole ressemblait encore à celle qu'avaient connue à Paris, un siècle auparavant, Jodelle et Larrivey; une cour divisée en deux parties formait le parterre et la scène; les maisons à plusieurs étages qui entouraient la cour, étaient le balcon et les loges. Les représentations avaient lieu le jour et sans flambeaux. Une voyageuse française, Mme d'Aulnoy, qui visitait l'Espagne dans la seconde partie du dix-septième siècle, s'amusa beaucoup en racontant à ses amies que le soleil était fait de papier huilé, et qu'elle avait vu, dans une comédie, les diables grimper tranquillement aux

---

[1]. Ticknor, ouvrage cité, tome II, chapitre XXIV.

échelles pour sortir des régions infernales et prendre leurs places sur la scène. Quant au costume, il va sans dire qu'il était purement espagnol, comme au reste il était français en France. Coriolan était vêtu comme don Juan d'Autriche ; Aristote se présentait avec une perruque frisée et des souliers à boucles. Le diable était mis décemment comme un abbé castillan, à l'exception que ses bas étaient couleur de feu, et qu'il portait des cornes. On comprend que l'anachronisme de la mise en scène conduisait naturellement à l'anachronisme du style. Les poètes dédaignaient, un peu à tort peut-être, le cadre matériel de l'œuvre : Figueroa et Guevara regardaient comme indigne d'une inspiration poétique de faire dépendre le succès d'une pièce des moyens accessoires de la représentation.

La circonstance extérieure la plus décisive peut-être pour le caractère du drame, c'était la nature de l'auditoire. Au pied des différents étages des maisons qui enveloppaient la cour et constituaient les loges, devant les gradins réservés aux hommes du monde, et la *cazuela* où les femmes, strictement enfermées, se pressaient les unes contre les autres, s'étendait le parterre, le vrai tribunal qui décidait de la fortune de la pièce. Là, se rassemblaient en foule les artisans, les boutiquiers de la ville, tous portant la cape, l'épée et le poignard, tous s'appelant *caballeros*. Debout, à droite et à gauche, comme des soldats rangés en bataille, leur posture, leur rude maintien leur a fait donner le nom de mousquetaires, *mosqueteros*. C'est la plus formidable et la plus turbulente partie de l'auditoire. Pour un sou et demi par personne, ils ont acheté le droit de siffler la pièce qui leur déplaît, et ils en usent sans miséricorde. Un d'eux, cordonnier de son métier, exerçait en 1680 un empire souverain au parterre. Un poète, qui désirait s'assurer son suffrage, l'alla trouver avant la représentation et lui offrit cent réaux pour applaudir. Mais le *mosque-*

tero répondit fièrement : « On verra si la pièce est bonne. » Et la pièce fut sifflée.

Tel avait été le public de Lope de Vega, tel fut celui de Calderon. « Jamais, dit Philarète Chasles, on n'aurait fait adopter à de tels spectateurs un drame d'imitation savante, un théâtre latin, une contrefaçon même excellente d'Eschyle, un reflet pédantesque ou heureux de Térence ou de Sophocle. Ils demandaient du plaisir avant tout. La distraction qu'ils venaient chercher et qu'ils payaient quelques *maravédis* s'envolait comme la fumée de leurs cigares. Personne ne songeait aux règles, à la pureté de la forme, aux modèles que les anciens avaient pu laisser. On s'embarrassait médiocrement des préceptes de la moralité sévère. Le drame est un éternel séducteur qui flatte souvent les rois et toujours le public. Tuer un homme, *matar á un hombre* est le mot qui se reproduit le plus fréquemment dans les pièces du théâtre espagnol. La *vengeance* est fort honorée : le *point d'honneur* est divinisé. On respecte toujours Dieu et la Trinité ; mais on estime surtout la Vierge et les saints. Ce que l'on adore avant tout, c'est le symbole : un signe de croix fait revivre les morts. L'homicide qui se réfugie sous une croix de grand chemin échappe à la loi qui va le frapper. Les brigands sont honorés pourvu qu'ils prient ; les jeunes femmes sont hardies et coquettes, les serviteurs sont insolents, et le parterre ne se tient pas de joie, quant un flot de proverbes burlesques, banale littérature de ceux qui n'en connaissent pas d'autres, sort de la bouche d'un valet. »

Ajoutons pourtant, comme correctif et comme contraste, que ce même parterre, qui porte la cape et l'épée, même quand il dîne d'un oignon cru, qui se dit et se croit noble, étant « vieux chrétien et fils des Goths », exige de ses dramaturges la profusion de la plus éclatante poésie. Il faut, pour obtenir ses applaudissements, posséder toutes les richesses de la langue, toute l'harmonie de la versification castillane, toutes les combinaisons les plus ingénieuses de l'intrigue.

« Formé d'éléments semblables, dit le critique que nous avons déjà cité, un drame conserve une grande valeur historique, quelle que soit d'ailleurs sa valeur littéraire. Il révèle les sentiments les plus profonds d'une nation tout entière. On apprend en l'étudiant comment cette nation a vécu et comment elle est morte ; quelles excuses elle trouvait pour pallier ses vices, quelles vertus elle avait adoptées, de quels prétextes elle parait ses mauvais penchants, quel genre de flatterie elle exigeait et sous quels rapports elle s'estimait elle-même[1]. »

CHAPITRE XVII

DÉCADENCE DE L'ESPAGNE.

Conséquences de l'absolutisme royal et de l'Inquisition.
Vide des formes littéraires. — Le gongorisme.

Pendant que Calderon et ses brillants disciples, ses rivaux quelquefois de succès et de mérite, Moreto, Rojas, Zarate, vingt autres qu'il serait aisé de nommer, jetaient sur le théâtre espagnol, un éclat incomparable, la puissance du pays, le caractère national, la littérature elle-même, qui en est l'expression, subissaient une progressive et rapide décadence. Nous venons de faire, dans les précédents chapitres, ce que faisait l'Espagne elle-même : nous avons livré notre imagination, notre pensée tout entière, à ces charmeurs séduisants qui faisaient profession de l'égarer

---

1. Philarète Chasles, *Études sur l'Espagne*, page 130.

au milieu de leurs ingénieux mensonges, de bercer son sommeil de leurs douces et mélodieuses paroles. A la fin l'Espagne se réveilla et se vit avec découragement telle qu'elle était, vaincue, pauvre, asservie, épuisée.

Depuis longtemps le ver rongeur lui travaillait les entrailles. Charles-Quint, ce Napoléon du seizième siècle, avait versé l'Espagne sur l'Europe et écrasé par sa guerre des *communeros* tous les restes de liberté politique épargnés par le cardinal Ximenes. Philippe II semblait agrandir encore la monarchie : il effrayait l'Angleterre et la France, annexait le Portugal et les îles Philippines ; mais il commençait à perdre les Pays-Bas, signait avec Henri IV le traité de Vervins, laissait le commerce et l'industrie ruinés par ses expéditions militaires, l'Espagne peuplée de moines et de soldats, orgueilleux mendiants, dédaigneux du travail : l'or d'Amérique contribuait à éblouir la nation et à lui cacher sa réelle misère. Philippe III, plus docile encore à l'influence cléricale, chassait six cent mille descendants des Mores, ouvriers, artisans, agriculteurs, les plus habiles, les plus laborieux du royaume : il préludait en grand à la faute de Louis XIV révoquant l'édit de Nantes et chassant les protestants de France.

La chute s'accélère sous l'insouciant Philippe IV. La Catalogne se révolte, le Roussillon est cédé à la France, la Jamaïque à l'Angleterre, le Portugal se détache de la monarchie espagnole. Cependant les impôts augmentent, les monnaies sont altérées, la dette publique est frauduleusement réduite. Des villages, des villes entières restent dépeuplées. Séville perd les trois quarts de ses habitants, Tolède un tiers, Ségovie, Médina del Campo davantage encore : tout le pays s'appauvrit, s'épuise ; alors s'étend de plus en plus le désert, le *despoblado*, que le voyageur rencontre encore si souvent aujourd'hui.

Le règne de Charles II est marqué de tous côtés par des dilapidations et des ruines : pas une des grandes forteresses du royaume n'est en état de repousser une attaque. Les arsenaux sont vides; l'art de la construction navale est presque oublié et perdu; les revenus publics, perçus par anticipation, ne suffisent plus aux besoins ordinaires du gouvernement, parfois même au décorum de la table royale. Les ambassadeurs étrangers rougissent pour l'Espagne de la honteuse misère de sa cour. Il n'y a pas d'exemple dans l'histoire moderne d'une nation tombée en si peu de temps de la puissance de Charles-Quint à la débilité de Charles II.

Quelle était la cause de cette décadence? Une terrible et inévitable nécessité. Les choses humaines ne sont pas le jouet du hasard : une nation tombe, comme tombe la pierre à qui manque son plan d'appui. Il est des lois pour la vie des peuples, comme pour celle des individus. L'homme qui cesse de respirer et de se nourrir, meurt inévitablement : la nation qui cesse de travailler, de cultiver le sol, de produire, d'acheter et de vendre, de recevoir en échange de ses impôts l'ordre et la sécurité, de s'instruire, de penser, de comprendre et d'appliquer sans relâche à elle-même les conditions de la vie sociale, meurt aussi... ou se transforme. Le devoir d'un gouvernement quel qu'il soit, est d'exciter cette vie normale de la nation, ou du moins de ne pas l'entraver.

Or l'Espagne du dix-septième siècle était nécessairement vouée à un gouvernement incapable. La constitution politique se résumait dans l'adoration de la personne royale[1]. Un homme seul, quelquefois un enfant, faible,

---

[1]. « On proclame dans la chaire les devoirs de l'homme à l'égard des deux majestés (Dieu et le Roi), et un étranger ne peut s'empêcher d'être surpris quand il entend dire à un Espagnol qu'il espère que Sa Majesté voudra bien lui accorder vie et santé pour quelques années de plus. » (Lettre de Doblado, citée par Ticknor, 2me période, chapitre XL.) Un conseiller de Philippe II, effrayé de cette idolâtrie monarchique, disait à Antonio Perez, secrétaire du Conseil d'État : « Seigneur Antonio, je crains beaucoup, si les hommes ne se modèrent pas, et s'ils conti-

ignorant, corrompu, mal élevé, enivré de flatteries et de plaisirs, aveuglé par la superstition, était, par le seul fait de sa naissance, le maître, le souverain absolu d'un empire sur lequel le soleil ne se couchait pas. Il ne connaissait rien de ces lois inexorables qui dominent les trônes et les républiques ; il ne songeait pas qu'il pût exister d'autres lois que son bon plaisir. Sans guide légal, sans soutien, sans autre conseil que ses ignares favoris, ses femmes, ses maîtresses, ses moines, le Roi ne connaissait point d'obstacle à sa suprême volonté. Cependant l'*obstacle* ignoré se dressait devant lui : c'était la loi des lois, la force des choses, qui l'arrêtait en le brisant. Il courait à toute vapeur, mécanicien aveugle, jeté à son poste par droit de naissance ; il franchissait ravins et principes, traînant après lui un peuple vers l'abîme qui devait l'engloutir.

L'opinion publique, ce modérateur des pouvoirs, était elle-même étouffée ou corrompue. La lutte contre les Mores avait fait de la foi catholique la nationalité même de l'Espagne. Une institution terrible, l'Inquisition, c'est-à-dire la force de l'État, le glaive et le bûcher au service de la foi, avait été admise avec faveur par l'opinion du peuple, acceptée avec empressement par les pouvoirs publics[1]. Les deux despotismes s'étaient fondus ensemble

---

nuent à se faire dieux sur la terre, que Dieu ne se fatigue des monarchies, ne les bouleverse, et ne donne une autre forme au monde. » (Mignet, Antonio Perez et Philippe II, page 337.)

1. « Tous les rois de la dynastie autrichienne, de Charles-Quint au dernier et au plus faible de ses descendants, se ressemblent en un point, le zèle avec lequel ils soutinrent pendant leur vie le *Saint-Office*, et le recommandèrent dans leurs testaments à la sollicitude et à la vénération de leurs successeurs. Le premier acte de Philippe II, lorsqu'il vint des Pays-Bas pour ceindre la couronne d'Espagne, ce fut de célébrer un auto-da-fé à Valladolid. Quand la jeune et gracieuse fille de Henri II, de France, arriva à Tolède en 1560, cette cité lui offrit un auto-da-fé, comme une partie des réjouissances de ses noces. La même chose eut lieu à Madrid en 1623, lorsqu'une autre princesse française donna naissance à un héritier de la couronne. »

Toutes les classes de la société espagnole approuvaient, admiraient ces

et durcis encore par leur alliage. Il en résulta l'écrasement le plus complet de toute liberté, l'annulation la plus absolue de toute pensée indépendante, de toute recherche désintéressée du vrai.

Les intelligences les plus hautes, les âmes les plus saintes eurent à trembler devant l'Inquisition. Jean d'Avila, l'apôtre de l'Andalousie; Louis de Grenade, le religieux mystique; Louis de Léon, le grand poëte que nous connaissons, le professeur de littérature sacrée à l'université de Salamanque, sainte Thérèse elle-même, et saint Jean de la Croix, son vénérable associé dans la réforme de l'ordre du Carmel, canonisés tous deux par l'Église, passèrent par les cachots de l'Inquisition, ou furent d'une manière ou d'une autre, soumis à sa discipline.

Il arriva alors en Espagne ce que certaines circonstances atmosphériques produisent dans nos jardins : toute la sève qui ne peut former des fruits se transforme en feuillage. La pensée sérieuse étant interdite, les jeux de l'imagination envahirent sa place[1]. Toute œuvre littéraire fut poésie; non

---

royales abominations. « Lorsqu'en 1680 Charles II exprimait le désir de jouir avec sa jeune épouse du spectacle d'un auto-da-fé, les ouvriers de Madrid s'offrirent volontairement en masse pour ériger le vaste amphithéâtre. Ils travaillèrent avec un tel enthousiasme qu'ils en terminèrent la construction en un temps incroyablement court. Ils s'animaient l'un l'autre au travail par de pieuses exhortations, et déclaraient que si les matériaux venaient à manquer, ils démoliraient leurs propres maisons pour terminer un si saint travail. La cérémonie commença à sept heures du matin, le 30 juin, et ne se termina que le lendemain à neuf heures. Le roi et la reine restèrent à leur loge quatorze heures consécutives. Quatre-vingt-cinq grands d'Espagne s'offrirent comme familiers spéciaux, pour relever l'éclat de la solennité. Le roi mit lui-même, de sa propre main, le premier fagot qui devait allumer le bûcher. Le nombre des victimes s'éleva ce jour-là à cent vingt, dont vingt et une furent brûlées vives.. » *Relacion... de este auto general....*, par *Joseph del Olmo*, familier du Saint-Office, qui en dirigea les préparatifs. — Cité par Ticknor, 2ᵐᵉ période, chapitre XL.

1. Pope exprime cette loi du balancement de nos facultés par une belle image :

As on the land while here the Ocean gains.

pas cette poésie de l'âme qui est la vue instinctive, la perception spontanée du vrai, mais celle qui, en dehors de toute émotion sérieuse, s'amuse à combiner des images, des incidents romanesques, celle qui fuit dans un monde fictif, par crainte de heurter les puissances ombrageuses du réel.

Telle est la cause de cette exubérance de la littérature dramatique de l'Espagne au dix-septième siècle. Cet embonpoint même est une maladie. A la mort de Calderon, la passion pour les représentations dramatiques s'était tellement répandue dans chaque partie du royaume qu'il y avait à peine, nous dit-on, un village qui n'eût une sorte de théâtre. Les monastères mêmes empruntèrent aux scènes publiques leurs acteurs avec leurs pièces les plus mondaines.

Entre 1644 et 1649 le nombre des comédiens devint considérable : à Madrid seulement on ne comptait pas moins de quarante troupes. Gens sans aveu, bohème déréglée et vagabonde, les acteurs pauvres et mal payés, applaudis et méprisés par le public, poursuivis des anathèmes de l'Église, se recrutaient dans la foule des déclassés, toujours nombreuse dans une société pleine d'orgueil et de paresse. Le théâtre en Espagne était une mode : il passa comme passent les modes. Philippe IV l'avait protégé avec passion ; le triste Charles II l'abandonna, comme il abandonnait toute chose. Pour les fêtes de son mariage il ne fut pas facile de réunir trois compagnies de comédiens. Cinquante ans auparavant, dit Ticknor, vingt d'entre elles se seraient disputé cet honneur.

> In other parts it leaves wide sandy plains,
> Thus in the soul, while memory prevails.
> The solid power of understanding fails.

De même que sur le globe, quand l'Océan gagne d'un côté, il abandonne de l'autre de vastes plaines de sable; ainsi dans l'esprit humain, quand la mémoire prévaut, la solide puissance de l'entendement faiblit.

Essay on Criticism, I, 54.

La poésie en général devint un vain cliquetis de paroles et d'images. Le bel esprit frivole, toujours prêt à percer dans les œuvres castillanes, triompha alors d'une manière éclatante. Les grands poètes dont nous avons parlé, les Lope de Vega, les Calderon nous en ont déjà donné de tristes avant-goûts : leur fantaisie s'égare souvent, nous l'avons vu, au milieu des plus choquantes puérilités. Mais vers la fin de la dynastie autrichienne il se constitua de vraies écoles de mauvais style. L'abus le plus effréné de la métaphore, la prodigalité la plus ridicule de l'emphase, du bel esprit, de l'obscurité voulue et recherchée devinrent une mode, une fureur.

Un gentilhomme de Cordoue, Louis de Gongora (1561-1627) fut le chef de la nouvelle secte; un jésuite, Balthazar Gracian (1601-1658) en devint le législateur. Dans son art d'avoir de l'esprit (*Agudeza y arte de ingenio*) il rédigea le code du style cultivé (*estilo culto*); il se fit le Boileau du mauvais goût. Les pensées ingénieuses, *conceptos*, sont, d'après lui, le but suprême de l'écrivain. « Si celui qui sait les comprendre est déjà un aigle, dit-il, celui qui peut les produire est un ange; c'est une occupation digne des chérubins et au-dessus de l'humanité : elle nous élève à une classe supérieure des êtres. » Il est impossible, dit Bouterwek en parlant de ce livre, de lire un ouvrage où le bon goût et le bon sens soient maltraités avec plus d'art et de méthode.

Une troupe nombreuse d'admirateurs se rangèrent sous les drapeaux de Gongora et ne jurèrent que par son nom. On leur donna le nom de *cultistes* et de *conceptistes*.

L'un, chantant les beautés de sa dame, en exaltait les yeux, « grands comme sa douleur et noirs comme son infortune ». Il prétendait que l'amour avait « chiffré son sort avec ces deux zéros animés. » Un autre racontait comment sa maîtresse aperçut un jour à sa porte un « villageois qui ne méritait pas, il est vrai, de l'adorer, mais bien de souffrir pour elle. » Il explique que cela s'est passé « un soir qui était un matin, puisque l'aurore souriait et montrait des perles blanches au milieu d'un carmin enflammé ». Il ajoute que « son ange s'amusant à embraser ce qu'il éclairait, tomba du ciel de lui-même », c'est-à-dire « du ciel qui était lui-même [1]. »

[1]. Citons, comme un spécimen du genre, le texte même de cette ingénieuse folie. Elle est de Félix Arteaga, prédicateur de la cour, mort en 1633.

Ce miracle d'Amarillix,
Cet ange à la beauté suprême,
Qu'appellent du nom de phénix
L'amour et la vérité même,

Un jour vint à considérer
Un laboureur sous sa fenêtre,
Qui, sans mériter d'adorer,
Méritait de souffrir peut-être.

Ce soir-là c'était un matin,
Puisqu'on voyait rire l'aurore,
Et, sous ses flammes de carmin,
Ses dents, blanches perles, éclore.

Elle s'amusait à brûler
De ses feux celui qui les aime ;
Et l'ange se laissa couler
Du ciel, c'est dire de lui-même.

Los miraglos de Amarilix,
Aquel angel superior
A quien dan nombre de fenix
La verdad y la pasion,

Miraba a su puerta un dia
En la corte un labrador,
Que si adorar no mereció
Padecer si mereció.

Una tarde que es mañana,
Pues el alva se rió,
Y entre carmin encendido
Candidas perlas mostró ;

On comprend que de pareils efforts de la pensée ne pouvaient alarmer ni l'absolutisme royal ni les susceptibilités de l'Inquisition.

Au reste le *gongorisme*, qui se naturalisa si bien dans la littérature toute d'imagination des Espagnols, était, comme l'élégance de Boscan et de Garcilaso, une importation italienne. Presque en même temps que le chef des *cultistes* espagnols, naissait à Naples le fameux Marini, le phénix du mauvais goût italien. Des rapports fréquents et une touchante intimité unissaient à travers la Méditerranée les deux écoles du bel esprit. Les Italiens mettaient la *Jérusalem* du Tasse au-dessous de celle de Lope de Vega; de leur côté les Castillans pour ne pas rester en arrière de compliments et de flatteries, prétendaient que Marini était au Tasse ce que le soleil est à l'aurore. Marini était le Gongora italien.

Le gongorisme des deux Péninsules avait été produit par des circonstances semblables. L'absence de liberté et d'intérêts sérieux : l'imagination, exclue du domaine de la pensée, était contrainte à rouler sans cesse sur elle-même et à s'amuser de ses jeux. Rien n'est plus vrai que cette remarque du chancelier Bacon : « Si l'esprit humain agit sur la réalité extérieure, contemplant la nature et les œuvres de Dieu, il reçoit de son sujet son mouvement et sa mesure : mais s'il se borne à tourner sur lui-même comme une araignée qui tisse sa toile, alors il n'a plus rien qui le modère : il produira un tissu admirable, si l'on veut, par la ténuité des fils et la délicatesse de l'ouvrage, mais tout à fait frivole et vain au point de vue de l'utilité. »

> Divirtióse en abrasar
> A los mismos que alumbró,
> Y del cielo de sí mismo
> El angel bello cayó.

CHAPITRE XVIII

L'HISTOIRE

Transformation de la Chronique. — Obstacles qui entravaient l'histoire.
Mendoza; Mariana; Herrera; Melo; Solis.

L'Espagne du moyen âge avait produit, nous l'avons vu plus haut, d'admirables chroniques. Il semblait que l'histoire devait naturellement éclore de ce germe fécond; mais, plus que tout autre, ce genre de composition a essentiellement besoin de liberté : son code se résume en deux devoirs faciles à exprimer, sinon à remplir : ce *témoin des temps*, comme Cicéron l'appelle, doit dire toute la vérité et rien que la vérité : *ne quid falsi audeat dicere, ne quid veri non audeat*; or, que peut être l'histoire sous un monarque absolu et dans un pays d'Inquisition?

Au seizième et au dix-septième siècle, le temps des pures chroniques était passé. Charles-Quint crut utile à la dignité de la monarchie d'avoir, comme ses prédécesseurs, des choniqueurs officiels; mais les relations qu'il commanda à leurs plumes, ne furent jamais entreprises ou ne se terminèrent jamais. L'un de ces écrivains, Florian de Ocampo, commence la chronique de Charles-Quint par le déluge de Noé. Il mourut en 1555, l'année même où abdiqua l'empereur, et laissa deux beaux volumes qui conduisent le récit jusqu'à l'époque des Scipions. Deux autres chroniqueurs chargés par le même prince de raconter les événements de son règne, Ginez de Sepulveda et Pero Mexia, poussèrent plus loin leurs récits, mais ne les publièrent point. Il en fut de même d'un quatrième,

Antonio de Guevara : toute sa chronique ne parut pas à ses contemporains digne des honneurs de l'impression. Il laissa au moins aux fonctionnaires futurs un exemple assez peu suivi : étant resté une année entière sans rien écrire de sa chronique, il fit reporter au trésor impérial ses appointements de cette année.

Si Guevara se montra chroniqueur peu diligent, il n'en fut pas moins un écrivain très populaire en d'autres genres. Évêque et prédicateur de la cour, il composa, sous le titre d'*Horloge des princes*, une vie romanesque de Marc-Aurèle, espèce de Cyropédie ou de Télémaque, qui eut de nombreuses éditions en Espagne, fut traduite dans toutes les langues de l'Europe et réimprimée en France un grand nombre de fois[1]. Ses *Épîtres familières*, désignées généralement sous le nom d'*Épîtres d'or*, ne justifient ni l'un ni l'autre titre : la plus grande partie de ces lettres sont des dissertations morales ou de pures fictions. Elles n'en furent reçues qu'avec plus d'empressement par le public du seizième siècle. Traduites, comme l'*Horloge*, dans les principales langues de l'Europe, elles servirent de type et d'inspiration à notre Balzac[2].

Les œuvres de Guevara eurent une bonne fortune plus honorable encore : c'est de sa *Vie de Marc-Aurèle* que La Fontaine tira son admirable récit : le *Paysan du Danube*.

Les pères de l'histoire espagnole, entièrement distincts des vieux chroniqueurs, sont Jérôme de Zurita et Ambroise de Morales. Zurita (1512-1580), élu par le libre suffrage des Cortès à la fonction d'historiographe du royaume d'Aragon, ne se montra pas indigne de cette désignation. Muni d'une autorisation royale, il parcourut la

---

1. Ant. de Guevara, mort en 1544; première édition : *Marco Aurelio con el relox de principes*, Valladolid, Nic. Thierri, 1529, in-fol. goth.
2. Voir notre *Histoire de la littérature française*, page 365.

plus grande partie de l'Espagne, pour rechercher les documents nécessaires à son travail; il consulta, coordonna l'immense dépôt national de Simancas [1]. Le résultat de ses recherches fut la publication des *Annales d'Aragon*, depuis l'invasion des Arabes jusqu'en 1516. Cet ouvrage est, pour l'histoire d'Espagne, l'œuvre la plus importante qui eût paru jusqu'alors. Zurita était un homme du monde, initié par lui-même et par son père à toutes les grandes affaires du royaume. Attaché à la cause de la liberté et des anciens privilèges de l'Aragon, il osa les défendre, même sous les yeux du sévère monarque de qui dépendait sa fortune. Ses principaux défauts sont une longueur excessive et une grande négligence de style. Le goût du public n'exigeait pas encore les qualités contraires.

Moralès (1513-1591), ami et contemporain de Zurita, nommé en 1570 chroniqueur de la couronne de Castille, avait soixante-sept ans quand il commença son travail; il vécut onze ans de plus et ne put conduire son récit que jusqu'à la réunion des couronnes de Castille et de Léon, qui eut lieu en 1037. Son continuateur, Sandoval (1560-1620), la prolongea jusqu'à la mort d'Alphonse VII, en 1097. Moralès lui-même continuait Ocampo, en le surpassant. Mais, bien que supérieurs aux chroniqueurs leurs devanciers, ni Moralès, ni Zurita ne possédaient encore le don de l'exposition, le talent d'écrire, qui seul assure une vie durable aux œuvres de l'histoire.

Ce mérite appartint pour la première fois à un écrivain que nous connaissons déjà comme poète, comme romancier, comme homme d'État, au vieux politique D. Diego Hurtado de Mendoza. Son histoire de la *Guerre de Grenade* est enfin une œuvre d'art. Né à Grenade, au foyer même de la grande insurrection qu'il raconte, initié dès l'enfance à la

---

1. Petite ville à 11 kilom. de Valladolid, et dont l'antique et imposante forteresse renferme les archives générales du royaume.

langue et aux mœurs des Arabes, mêlé aux plus importantes affaires de son temps, ambassadeur à Venise, gouverneur de Sienne, envoyé de l'Empereur au concile de Trente, Mendoza était de plus un homme de lettres, un habile écrivain, un lecteur passionné des auteurs classiques. Dans sa *Guerre de Grenade*, il prit Salluste et Tacite pour modèles.

L'inspiration de l'antiquité s'annonce dès la première phrase :

> Mon but, dit le vieux soldat, est de raconter la guerre que le roi catholique d'Espagne D. Philippe II, fils de l'invincible Empereur D. Carlos soutint dans le royaume de Grenade contre les rebelles nouvellement convertis, événements que j'ai vus en partie, que j'ai appris en partie de personnes qui y avaient mis la main ou l'esprit.

Le célèbre tableau où Tacite nous montre Germanicus rendant aux guerriers de Varus les derniers devoirs, est reproduit de la façon la plus heureuse par l'auteur espagnol, quand il dépeint l'expédition du duc d'Arcos visitant le champ de bataille où avait péri avec sa troupe, soixante-dix ans auparavant, Alonzo de Aguilar.

> Il partit de Casares, dit l'historien espagnol, en éclairant et assurant les passages de la montagne... On commença à gravir la sierra où les corps étaient restés, disait-on, sans sépulture; spectacle et souvenir de tristesse et d'horreur[1]. Parmi ceux qui les contemplaient, il y avait des petits-fils, des descendants des soldats morts, ou des personnes qui, par ouï-dire, connaissaient déjà ces lieux infortunés. D'abord ils rencontrèrent l'endroit où s'arrêta l'avant-garde avec son capitaine, surpris par l'obscurité de la nuit, lieu assez étendu et sans autre fortification que celles de la nature, entre le pied de la montagne et le campement des Mores. Là blanchissaient des crânes d'hommes et des ossements de chevaux, entassés ou épars, selon la place et la manière où ils s'étaient arrêtés; ici des fragments d'armes, des freins, des restes de harnais. Plus loin, ils virent le fort des ennemis, dont les vestiges paraissaient peu nombreux, bas et rompus. Ils marchaient signalant les places

---

1. Incedunt mœstos locos, visuque ac memoria deformes, etc. Tac. *Ann.* I, 61.

où étaient tombés les officiers, les capitaines, les soldats... Le général ordonna de donner un pieux souvenir aux morts, et les soldats présents prièrent pour qu'ils reposassent en paix, incertains s'ils priaient pour des parents ou pour des étrangers, circonstance qui augmenta leur colère et leur désir de trouver un ennemi sur qui ils pussent se venger[1].

Ailleurs c'est Galgacus qui sert de modèle à Fernando de Valor[2]. Mendoza imite les harangues de Tacite et de Tite-Live, si dramatiques et si vraies dans leur infidélité matérielle. Son récit, comme ceux des historiens grecs et latins, prend les formes et l'intérêt d'une œuvre d'art.

Le succès de ce livre donna le ton à tous les écrivains de talent qui abordèrent plus tard, en Espagne, la composition historique. De plus en plus gênés par les soupçons du pouvoir, ils cherchèrent dans le mérite du style une compensation à la liberté du récit. Mais Mendoza lui-même n'est pas atteint par le reproche qu'implique cet éloge. Malgré son entière sympathie pour l'Espagne, il rend généreusement justice aux ennemis abhorrés de son peuple et de sa religion. Aussi son livre ne put-il être publié que plusieurs années après sa mort, en 1610, lorsque les infortunés Morisques eurent été définitivement expulsés de la péninsule.

Le plus grand historien de cette période est le Père Juan de Mariana (1536-1624), jésuite, qui vécut successi-

---

1. Ce tableau, tracé avec talent, laisse voir cependant les dangers de l'imitation. Tacite avait dit : « Igitur romanus qui aderat exercitus, sextum post cladis annum, trium legionum ossa, nullo noscente, alienas reliquias, an suorum, humo tegeret, omnes ut conjunctos, ut consanguineos, aucta in hostem ira, mœsti simul et infensi condebant. » Ce trait final est aussi vrai que touchant. Mais comment les Espagnols du duc d'Arcos peuvent-ils ignorer s'ils *prient* pour des parents ou pour des étrangers? et comment, après un intervalle de soixante-dix années, cette prière incertaine peut-elle exciter dans leur âme la colère et la vengeance?

2. Tacite, *Vie d'Agricola* xv, ibid. xxx. — Mendoza, *Guerra de Grenada*, lib. I.

vement en Sicile et en France, et, de retour dans sa patrie, se fixa dans une maison de son ordre, à Tolède, où il passa ses quarante-neuf dernières années. Il consacra aux travaux littéraires cette longue période. Un de ses ouvrages : *De rege et regis institutione*, fut condamné aux flammes par le parlement de Paris, qui crut y trouver des doctrines régicides. En Espagne même, deux autres de ses livres furent condamnés par l'Inquisition : l'auteur, âgé de soixante-treize ans, fut soumis à l'emprisonnement et plus tard à une pénitence sévère. Mariana, outre ses erreurs dogmatiques, avait osé soutenir, dans un autre de ses écrits, que tout n'était pas irréprochable dans la Société de Jésus : *Discursus de erroribus qui in forma gubernationis Societatis Jesu occurrunt.* Il mourut à l'âge de quatre-vingt-huit ans.

La grande occupation de sa vie avait été son *Histoire d'Espagne*. Publiée d'abord en latin, puis par lui-même en castillan[1], cette histoire commence à Tubal, fils de Japhet et se continue jusqu'à la mort de Ferdinand le Catholique et à l'avènement de Charles-Quint. A cet ensemble Mariana ajouta plus tard un court abrégé des événements survenus jusqu'en l'année 1621, où Philippe IV monta sur le trône.

Le premier des devoirs de l'historien, celui de rechercher la vérité et de la distinguer de l'erreur, préoccupe médiocrement l'écrivain jésuite. Lui-même le confesse ingénument dans sa préface : « Quelquefois, dit-il, j'ai trébuché dans des erreurs ; mais c'est en suivant les traces de ceux qui marchaient devant moi. » Et ailleurs : « Mon intention n'a pas été d'écrire l'histoire, mais de mettre en ordre et en style ce que d'autres avaient rassemblé comme des matériaux pour mon édifice, et sans m'astreindre à en vérifier tous les détails. Personne donc ne peut exiger de moi plus que n'en exige ma propre volonté. »

---

1. Édition latine 1595-1609 : édition espagnole 1601.

Ainsi le lecteur est bien averti : il a affaire, non à un témoin véridique, non à un juge investigateur, mais à un habile écrivain, à un poète en prose, à un Tite-Live espagnol, qui jettera toute l'élégance de l'art sur les matériaux plus ou moins authentiques qui lui ont été transmis.

A ce point de vue, Mariana est sans rival. Ses narrations, c'est-à-dire la partie la plus considérable de son œuvre, sont belles, pittoresques et frappantes. Ses récits des guerres d'Annibal, dans le second livre ; ceux de l'invasion des Normands, qui commencent le cinquième ; la conspiration de Jean de Procida, au quatorzième ; les dernières scènes de la vie agitée de Pierre le Cruel, au dix-septième ; la plus grande partie des événements du règne de Ferdinand et d'Isabelle, vers la fin de l'ouvrage, sont des modèles de l'art de raconter.

Les portraits des personnages éminents qui apparaissent de temps en temps sur le premier plan de la scène, sont toujours courts, esquissés en quelques traits et de main de maître. Telles sont les figures d'Alvaro de Luna, d'Alphonse le Sage, de l'infortuné prince de Viane, où il serait difficile de renfermer plus de sens en moins de mots.

« Si à toutes ces qualités vous ajoutez un style admirable, à la fois harmonieux et pur, d'une richesse incomparable, vous ferez de cette composition, sinon le plus digne modèle de la véracité historique, du moins le monument le plus remarquable où s'unissent le pittoresque de la chronique et la sobriété de l'histoire[1] ».

La plupart des historiens espagnols qui succédèrent à Mariana embrassèrent des espaces moins vastes : en choisissant pour sujet une biographie, un événement isolé, un épisode restreint, ils pouvaient plus aisément réaliser leur idéal de beauté littéraire : en resserrant le cadre, ils donnaient au tableau plus d'ensemble. Ils pouvaient aussi,

---

1. Ticknor, 2ᵐᵉ période, chapitre XXXVIII.

par un choix prudent de l'époque, éviter les dangers de l'histoire générale.

Plusieurs se jetèrent, à la suite des conquérants espagnols, sur l'Amérique récemment découverte, et vivifièrent leurs récits au contact de ce monde nouveau.

Antonio de Herrera (1559-1625) composa l'*Histoire des Indes*. Il embrasse dans cet écrit la période qui s'écoula depuis la découverte de l'Amérique jusqu'en 1554. Le poète Bartholomé Argensola (1566-1631) publia, en 1609, une description des Moluques : les traditions naïves des indigènes, recueillies par les Portugais à l'époque de l'invasion, donnent à cette composition un intérêt puissant, que la rhétorique du poète ne parvient pas entièrement à détruire.

L'Inca Garcilaso de la Vega, né à Cuzco en 1540, au milieu du tumulte de la conquête, envoyé en Espagne à l'âge de vingt ans, fut à la fois un Péruvien et un Espagnol. Il composa d'abord l'*Histoire de la Floride*, ou, comme il l'appelle lui-même, l'*Expédition de Fernando de Soto*. Dans sa vieillesse, sa pensée se rejeta vers ses premiers souvenirs : il publia ses *Commentaires royaux du Pérou* (1609-1617). On y trouve l'histoire des dix-huit premiers Incas, les traditions populaires du pays, ses institutions, ses mœurs, les détails de la conquête; tout cela d'autant plus attachant et plus vrai que l'écrivain est plus crédule. Garcilaso est à la fois un descendant des Incas et un catholique timoré : il essaie de concilier comme il peut son double culte. Un de ses ouvrages antérieurs, la traduction des *Dialogues d'amour*, du juif Abarbanel, avait été compris dans l'*Index expurgatoire*.

Moncada (1586-1635), gentilhomme de la première noblesse, gouverneur et commandant en chef des armées des Pays-Bas, fils d'un vice-roi de Sicile et d'Aragon, publia en 1623 son *Expédition des Catalans et des Aragonais contre les Turcs et les Grecs*. C'est le récit romanesque et vrai d'un des événements les plus extraordinaires de la fin du moyen âge. Il nous montre le chef d'une bande de mercenaires, Roger de Flor, successivement pirate, grand amiral et César de l'Empire d'Orient, assassiné à la table et par l'ordre du même empereur qui l'avait promu à une si haute dignité.

Un autre gentilhomme, tour à tour militaire et diplomate, Carlos Coloma, marquis de Espinar (1573-1637), traducteur des *Annales* de Tacite, écrivit le récit des onze campagnes de Flandre. Coloma a vu la plus grande partie des événements qu'il raconte; pour le reste, il a consulté les témoignages les plus fidèles. Son langage emprunte au sentiment personnel ou au voisinage des sources la chaleur et la vie.

L'histoire de la *Rébellion catalane* qui éclata sous Philippe IV, écrite par Manuel Melo, gentilhomme portugais, possède les mêmes mérites. L'auteur, qui imite évidemment Mendoza, embrasse, comme son modèle, une courte période, environ six mois; il a vu lui-même, il a fait en partie ce qu'il raconte : son style a la vigueur et la vérité d'une impression sentie. Ces deux écrivains ne sont guère que des auteurs de mémoires.

Le dernier et le plus brillant historien de cette période est un poète lyrique et dramatique, D. Antonio de Solis[1]. Retiré du monde en 1667, et consacré exclusivement au service de la religion, il se sentit obligé, en conscience, par son emploi de chroniqueur officiel des Indes, à faire quelque chose pour justifier son titre et son salaire. Il choisit pour sujet la *Conquête de Mexico*. La période qu'il embrasse ne s'étend pas au delà de trois années. Mais ces années sont remplies de si brillantes aventures et de crimes si atroces qu'on trouverait difficilement dans l'histoire une époque

---

1. Antonio de Solis, 1610-1680; première édition de la *Conquista de Mexico*, Madrid, 1684, in-fol.

plus intéressante. Solis la traita en artiste, en poète. Il en fit la plus dramatique et la plus touchante tragédie. Quoique composé au point de vue purement espagnol, quoique favorable aux bourreaux, parce qu'ils étaient chrétiens, hostile aux victimes, parce qu'elles adoraient de « faux dieux » ce livre n'en a pas moins conquis un succès mérité et durable.

Quand nous parlons de succès, il est bon de comprendre quel sens avait alors cette expression. La publication du livre de Solis (1684) se fit par les soins et aux frais d'un ami. Elle trouva son auteur pauvre, et pauvre elle le laissa. Sur ce point sa correspondance contient de douloureux détails : « J'ai des créanciers, dit-il, qui m'arrêteraient dans la rue, s'ils me voyaient avec des souliers neufs. » Ailleurs il demande à un ami un vêtement chaud pour l'hiver. Il se réjouit de l'accueil fait à son ouvrage, qui au bout d'un an s'était vendu à deux cents exemplaires. Tel était, à la fin du dix-septième siècle, la faveur dont les lettres jouissaient en Espagne.

On le voit, toute l'intelligence s'était jetée avec ardeur dans la seule voie qui lui fût librement ouverte, celle de l'imagination. L'histoire s'était faite œuvre d'art; mais à la fin de la dynastie espagnole, l'art lui-même subissait un visible déclin. Toutes les facultés de l'âme sont unies par une vie commune : aucune d'elles ne peut longtemps survivre au dépérissement de toutes les autres.

CHAPITRE XIX

L'ESPAGNE EN FRANCE

Influence de la littérature espagnole sur la France. — Coutumes, modes, conversation parlée et écrite. — Antonio Perez; Balzac.

La puissance politique d'une nation ne produit pas nécessairement sa prépondérance littéraire, mais elle la prépare, elle l'accroît. L'Espagne, si grande sous Charles-Quint et sous Philippe II, si brillante encore, malgré sa décadence progressive, sous les autres princes de la dynastie autrichienne, ne pouvait manquer d'attirer sur sa littérature, sur sa langue, sur ses arts et ses mœurs, l'attention curieuse des peuples. « Nation conquérante et poète, elle avait découvert un monde et le gardait; elle posait un pied sur le Pérou, l'autre sur l'Allemagne et la Flandre. Le monde entier avait les yeux sur elle [1]. » On tâche d'imiter ceux qu'on envie; on imita l'Espagne. La France surtout, toujours avide de nouveautés, toujours ouverte aux modes étrangères, ne pouvait manquer d'en subir l'influence. Les deux peuples, français et espagnol, avaient été violemment rapprochés par la guerre : la paix, les négociations, les mariages des princes, le mélange des cours les unirent encore davantage. Alors se produisit un phénomène moral qui s'accomplit toujours quand deux nations sont en contact : victorieuse ou vaincue, la plus éclairée prédomine. La France du seizième siècle reconnut dans sa rivale une certaine supériorité intellectuelle. Elle

---

1. Philarète Chasles.

fut frappée de cette noblesse héroïque de l'imagination et du langage, qui contrastait si fort avec ses prosaïques allures et même avec l'élégance efféminée de l'Italie, qu'elle avait jusqu'alors admirée. L'exagération, l'emphase, la pompe des images et des paroles furent peut-être une séduction de plus : on comprit mieux une leçon un peu forcée; un goût plus pur eut produit moins d'effet. Étudions les détails de cette influence littéraire; suivons pas à pas la marche de cette invasion.

« Du jour où le territoire français fut enclavé dans l'empire de Charles-Quint, il n'eut plus une frontière qui ne lui parlât de l'Espagne. » Sous Philippe II, les armes et les intrigues espagnoles, à la faveur de nos guerres religieuses, pénétrèrent jusqu'au cœur du royaume. Pendant la ligue, l'Espagne règne en maîtresse à Paris; les envoyés de Philippe II, Mendoza, Taxis, Moreo, tiennent en leurs mains le bas clergé, les moines, les prédicateurs, qui rattachent à sa cause la plupart des Seize et le menu peuple. Aux États-généraux de 1593, son ambassadeur, le duc de Feria, prend place sous le siège d'honneur, à côté du trône vide qui attend le roi à nommer. Sa fille aînée, l'infante Isabelle-Claire-Eugénie, fut sur le point d'être proclamée reine de France.

Le sentiment national se révolta de tant d'audace. Le vainqueur d'Arques et d'Ivry chassa de France les Espagnols, mais n'effaça point l'impression profonde que leurs idées, leurs mœurs, leur langage avaient laissée dans les esprits. On ne voyait en France que « Français espagnolisés. » Le costume, la pose, le langage, tout rappelait les fiers soldats qu'on avait si longtemps combattus et admirés : barbe pointue, feutre à long poil, pourpoint et haut-de-chausses à demi-détachés, rubans aux jambes, fraises empesées, telle était la mise des gens comme il faut. Le vieux Sully s'irrite en vain à la vue de ces « cajoleurs de cour, » qui semblent n'y être que pour faire des exclamations castillanes, « réitérer des JÉSUS-SIRE ! » et crier en voix dolente : « Il en faut mourir ! » Le bon Régnier, si sensé, si français, signale en vain d'un ton moqueur cette conquête nouvelle, contre laquelle la bravoure ne peut rien[1]. La mode fut plus forte que Régnier, que Sully, que Henri IV lui-même, le plus français de nos rois, endossa bon gré mal gré le noir costume de Philippe II, et sur ses vieux jours il se mit, tout en grondant, à apprendre la langue espagnole.

Des circonstances étranges, un crime, une intrigue de palais, amenèrent à Paris un exilé qui devait y donner au goût et à l'imitation de l'Espagne la plus vive impulsion : Antonio Perez, secrétaire et confident de Philippe II, son rival en amour et son complice en assassinat[2], poursuivi par la vengeance du monarque irrité, fut accueilli avec empressement par Henri IV et par Élisabeth d'Angleterre, comme une victime et une diffamation vivante de leur ennemi. Perez, durant son exil, rédigea de curieux mémoires et écrivit des lettres non moins curieuses à différents titres. Sous le rapport du goût littéraire, le seul qui nous occupe ici, ces lettres servirent d'antécédents et de modèles aux *épistoliers* illustres de l'hôtel de Rambouillet; elles rattachèrent Voiture à Gongora.

« Grave, légère ou galante, dit A. de Puibusque, toute la correspondance de Perez porte l'empreinte de ses habitudes. L'homme d'État s'est effacé devant l'homme du monde; mais l'homme du monde, c'est encore le courtisan, c'est le courtisan qui a cent maîtres à flatter au lieu d'un, et qui se multiplie pour les contenter tous.... Il cajole, il adule, il encense avec une emphase effrontée.

« Avant lui qui se serait avisé de traduire en hyperboles mystiques le formulaire de la civilité? Qui aurait

---

1. Satire VIII, vers 40.
2. Voyez *Antonio Perez et Philippe II*, par M. Mignet.

songé à se dire le « très humble serviteur d'une divinité »
ou à « saluer un ange avec passion ? »... Pompe orientale, gravité castillane, afféterie italienne, rien ne cache cette nature
de favori, toujours réfléchie dans son abandon, insinuante
dans son étourderie, obséquieuse dans sa familiarité[1]. »

Il avait connu le marquis de Pisani, père de la marquise
de Rambouillet, pendant que ce seigneur était ambassadeur de France à Madrid. C'est à lui que Perez s'adressa
pour obtenir de Henri IV la sauve-garde qui devait protéger sa vie. La première lettre qu'il lui écrivit dans ce
but est grave comme le sujet qui l'inspire. Mais dès la
seconde, le bon sens fait place aux recherches du bel
esprit. La marquise de Pisani souffrait d'un mal de dents ;
Perez envoie pour elle une recette à son mari, et profite de
l'occasion pour déployer des *agudezas* dignes de servir de
modèles à Balthazar Gracian.

> Si votre Excellence, écrit-il, a remarqué le soin que je prends de mes
> dents, qu'Elle ne se figure pas, s'il lui plaît, que je les conserve pour
> autre chose que par la peur que j'ai de la langue ; car je crois que la
> nature l'a environnée de dents afin qu'elle eût un sujet de crainte qui
> la forçât de se contenir, et qu'elle ne se précipitât point si follement.
> Mieux vaudrait en effet qu'elle fût mordue, coupée même, que d'avoir
> parlé mal à propos. Peut-être Votre Excellence, homme d'État et général
> si éminent, préférera-t-elle penser que cette disposition a pour but de
> nous montrer que les paroles doivent avoir des effets, et l'exécution
> suivre le conseil, comme l'exécution doit toujours être accompagnée de
> conseil, si l'on ne veut tout livrer au hasard.

Perez est économe dans sa prodigalité : il fait deux coups
d'un trait d'esprit et d'une recette. Il envoie au duc de
Mayenne la prescription qu'il a proposée au marquis de
Pisani ; mais il l'agrémente de quelques ingrédients nouveaux, grâce à des plumes qu'il y joint « pour nettoyer
les dents ».

---

1. A. de Puibusque, *Histoire comparée...* tome II, page 21.

Si je soigne mes dents, dit-il, que l'on ne s'imagine pas que c'est parce que j'ai envie de mordre ; non, je veux seulement que ceux qui mordent voient que je suis en mesure de me défendre : je n'use que d'un droit naturel et d'armes permises.

Quand Votre Excellence aura besoin de plumes, elle n'a qu'à parler, je suis prêt à lui en fournir ; car maintenant que je n'exerce pas la mienne, je n'ai rien de mieux à faire que d'en tailler pour les autres.

Il termine en assurant qu'il n'a rien de la légèreté des plumes, et qu'il ne tient qu'au duc de l'éprouver.

On n'a qu'à ouvrir la correspondance de Voiture pour retrouver, avec plus d'esprit et d'enjouement, le même ton, le même style épistolaire[1]. C'est de cette façon, mais avec un plus franc sourire qu'il envoie à Mlle de Rambouillet « douze galons de rubans d'Angleterre, pour une discrétion » qu'il avait perdue contre elle, et à Mlle Paulet, la *lionne* de l'hôtel Pisani, « plusieurs lions de cire rouge » en souvenir de « messieurs ses parents » les lions d'Afrique, qu'il a été visiter.

Les mémoires de Perez exercèrent aussi leur part d'influence littéraire. Attendus avec une avide curiosité par le monde politique ravi d'y voir Philippe II démasqué dans ses crimes et dans son hypocrisie, ils furent imprimés en France, réimprimés à Genève, traduits par un mauvais écrivain, Dalibray, réduits par le même traducteur en un recueil d'aphorismes politiques, et malgré la faiblesse de ces deux versions, ils eurent, en peu de temps, quatre éditions. Les lecteurs français furent frappés de cette énergie castillane, de cette gravité sentencieuse, de ce langage pompeux qui se révélaient chez nous pour la première fois. Les œuvres d'Antonio Perez furent, avec celles d'Antonio Guevara et de Balthazar Gracian, les modèles et les guides de Louis Guez de Balzac.

Cependant la langue et les coutumes castillanes se

---

1. *Histoire de la littérature française*, 17e édition, page 369.

répandaient à la cour de France. Henri IV avait donné ou suivi l'exemple en demandant des leçons d'espagnol à Antonio Perez. « Votre Majesté, lui écrivait le réfugié dans sa lettre de remerciement, a choisi un gentil barbare pour maître, barbare en ses pensées, en sa langue, barbare en tout[1]. » Il disait vrai, si la recherche et le mauvais goût sont une espèce de barbarie.

Bientôt les mariages princiers viennent accroître en France l'influence espagnole : Louis XIII épouse Anne-Marie, fille aînée de Philippe III ; Philippe IV prend pour femme Isabelle de France, fille de Henri IV ; leur fille, Marie-Thérèse, deviendra un jour épouse de Louis XIV. Dès lors, même avant Philippe V, *il n'y a plus de Pyrénées*. « Aucun homme, aucune femme de qualité, comme le dit Cervantes, ne manque d'apprendre la langue castillane[2]. » Les grammaires espagnoles se multiplient, comme les latines ; un dictionnaire espagnol paraît à Paris en 1604[3]. Voiture parle et écrit l'espagnol aussi bien que l'italien. Balzac, qui connaît également les deux langues et imite de préférence les écrivains castillans, se plaint de ce que le public « court indifféremment après tous les romans espagnols. » Cette passion dure pendant tout le dix-septième siècle, et lorsqu'en 1670 Molière fera jouer le *Bourgeois gentilhomme*, lorsqu'il flagellera de sa moquerie toute française les extravagances du marinisme et du gongorisme, ces corrupteurs du bon goût, il écrira pour les intermèdes de son dernier acte et fera réciter devant un public français une double parodie en vers italiens et en vers espagnols, persuadé qu'elle serait presque aussi géné-

---

1. Por cierto V. M. ha escogido gentil barbaro por maestro, barbaro en los conceptos, en la lengua, barbaro en todo.

2. Ni varon, ni muger deja de aprender la lengua castellana. *Persiles*.

3. L'auteur de ce dictionnaire, Jean Palet, était médecin de Henri de Bourbon, prince de Condé ; il dédia son livre à ce prince, alors âgé de seize ans.

ralement comprise dans ces deux langues qu'elle l'eût été dans la nôtre[1].

La langue de la conversation reçoit peu à peu mille importations espagnoles : un homme du monde se transforme en *cavalier* (*caballero*); un amant devient, comme en Espagne, un *galan* : les rubans même dont la mode vient embarrasser les épaules de nos aïeux, prennent le même nom, *galans,* qui se changera plus tard en celui de *galons.* Le mot qui, en Espagne, désigne la bravoure, la magnificence, l'adjectif *bizarro,* passe dans notre langue, en modifiant sa signification par une teinte moqueuse[2]. « A Madrid, dit un voyageur du dix-septième siècle, les jolies femmes se piquent d'avoir des inventions singulières et d'être *bizarras*. Rien de plus flatteur à dire à une galante qu'elle est *bizarra.* » L'emphase castillane s'empare de la conversation la plus vulgaire; la satisfaction la plus paisible devient une *passion*. « Il est reçu, de notre temps, dit Garasse, qu'*avoir de la passion* pour quelqu'un se prend ordinairement pour le simple mouvement d'une légère affection. » On n'adresse plus aux femmes que des compliments exagérés : on ne se borne plus à les saluer; on se met à leurs pieds (*á los piés de vmd., señora*). Les Italiens se contentaient de leur baiser les mains (*le bacio le mani.*)

Ceux même des Français qui ne peuvent parler la langue de Madrid en reproduisent avec affectation les modes et les habitudes, ce qui est plus facile : on prend du chocolat, on joue le *hoc*, on prise, on fume le tabac, « l'herbe à la

---

1. Ballet des Nations, deuxième et troisième entrée :

> Sé que me muero de amor
> Y solicito el dolor.
> Aun muriendo de querer..., etc.

2. C'est ainsi que l'allemand *reden* devient le français *radoter*, et le noble *Ross*, coursier, se change sur la route en un mauvais cheval.

reine », on donne des *fiestas* sur l'eau, comme dans un autre siècle on donnera des *redoutes* (*raouts*). Les femmes portent la mantille, les hommes prennent des pourpoints tailladés, riches haillons espagnols, qui montrent le satin blanc de la doublure à travers les *crevés* de l'étoffe. Ils chaussent ces vastes bottes coniques, urnes de cuir remplies par en haut de dentelles qui s'extravasent; ils se frisent, se rasent, se filent la moustache. « Votre beau guerrier, écrit Voiture à une dame, consiste tout en la pointe de sa barbe espagnole et de ses deux moustaches de même : pour le défaire, il ne s'agit que de trois coups de ciseau. »

Mais en France l'imitation n'est jamais une reproduction servile. Elle s'assimile, elle se transforme, et retourne parfois ensuite dans son pays natal avec toute la fraîcheur d'une nouveauté :

proles
Ignoscenda suis gratusque parentibus error.

Le genre épistolaire de Perez, acclimaté et corrigé déjà par Voiture et Balzac, subit peu à peu sous la plume des femmes du monde une salutaire épuration. Une dame qui, sous Louis XIII, fit grand bruit à la cour, et dont la conversation enjouée, l'esprit vif et accort attirait alors tous les hommages, Mme des Loges, fut, suivant des Réaux, « la première personne de son sexe qui ait écrit des lettres raisonnables. » Nous en avons quelques-unes : elles sont correctes, élégantes, un peu solennelles et tendues parfois. On y reconnaît l'amie de *l'éloquent* Balzac, celle à qui il écrivait : « Vous êtes admirée de la meilleure partie de l'Europe.... Les princes sont vos courtisans; les docteurs, vos écoliers. » La marquise de Rambouillet écrivait avec esprit, mais avec quelque recherche. Si Mme des Loges voulait ressembler à Balzac, l'*incomparable Arthénice* cherchait à imiter Voiture. Mlle d'Hautefort, dont Louis XIII fut l'admirateur, et qui, sous le nom d'Hermione, faisait partie du cercle des précieuses, eut le bon sens de n'avoir pas tant d'esprit. Il nous reste d'elle une lettre écrite après son mariage ; c'est le langage d'une raison pleine de sagacité et de finesse. Mmes de Sablé et du Maure introduisirent aussi dans les habitudes épistolaires le naturel et l'aisance. Mais l'art d'écrire, que les contemporains de Henri IV et de Louis XIII semblaient tour à tour exagérer ou ignorer, ce don de faire une lettre qui soit une lettre, qui ne tombe ni dans les négligences de la conversation, ni dans la recherche laborieuse du livre, en un mot l'alliance de la forme littéraire avec les réalités de la vie, qui ne se montre nulle part d'une manière plus frappante que dans le style épistolaire, tout cela devait naître et grandir bientôt dans la société même de Mme de Rambouillet, au milieu de ses hôtes spirituels et polis, sous l'enseignement à la fois solide et ingénieux de Ménage : cet art heureux et charmant devait se couronner un jour dans la personne de Marie de Rabutin-Chantal, marquise de Sévigné.

CHAPITRE XX

L'ESPAGNE AU THÉATRE FRANÇAIS

Imitateurs des Espagnols : Hardy, Rotrou, Corneille, Lesage.

C'est au théâtre que la littérature espagnole avait brillé de tout son éclat : il était naturel que nos auteurs dramatiques cherchassent à imiter le théâtre espagnol. C'est ce qui eut lieu pendant tout le dix-septième siècle, et surtout dans sa première moitié. L'Espagne fut alors une mine féconde que tous nos dramaturges s'empressèrent à l'envi d'exploiter.

Lorsqu'en 1588 la Confrérie de la Passion renonça à donner elle-même des représentations *profanes*, les seules que le Parlement lui permit depuis quarante ans, elle loua à de véritables comédiens son théâtre de l'hôtel de Bourgogne, et autorisa moyennant une redevance quelques autres troupes d'acteurs à venir jouer à Paris. Toutes ces compagnies, exclues jusqu'alors de la capitale par le privilège exclusif des confrères, admises enfin comme locataires ou tributaires d'une société d'artisans, mal vues de l'Église, menacées par le Parlement, peu estimées du public, menèrent une existence assez misérable jusqu'au jour où elles se sentirent protégées par la main de Richelieu (1629). On comprend qu'avant cette époque la question de l'art fut pour elles fort secondaire. Vivre en amusant le public était un problème assez difficile à résoudre, sans qu'elles essayassent de le compliquer encore par des considérations littéraires. Celles qui ne se contentaient pas de jouer des parades ou des moralités formaient leurs répertoires soit de mauvaises traductions, soit d'œuvres originales encore plus faibles. Une troupe un peu moins misérable que les autres avait acquis un certain éclat : outre les farces populaires, qui étaient de rigueur, elle jouait la comédie et la tragédie ou tragi-comédie.

Le chef, le directeur, le poète ou fournisseur littéraire de cette compagnie était Alexandre Hardy. Ce n'était pas une tâche facile que de subvenir continuellement à la curiosité d'un public d'autant plus exigeant de nouveautés, que les pièces représentées une fois méritaient plus rarement les honneurs d'une redite. Par bonheur Hardy savait l'espagnol : il avait donc sous la main un trésor auquel il pouvait puiser sans vergogne. Dès qu'une nouveauté était nécessaire, il recourait à son talisman ; en moins d'une semaine la pièce promise était faite et rimée. Presque toutes les nouvelles de Cervantes ont passé par ses mains : sa *Cornélie*, sa *Force du sang*, sa *Belle Égyptienne*, sa

Lucrèce, sa *Frédégonde*, n'ont pas d'autre origine. Puis il se mit à envahir les terres de Lope de Vega, et se jeta sur la plupart des productions de la même époque, sans distinction d'auteur et de mérite. Ainsi sans fin, sans trêve, pendant plus d'un quart de siècle continua ce ravage du grand routier dramatique, à la satisfaction de ses spectateurs français et au grand profit des comédiens ses camarades[1].

Il est évident qu'avec sa langue informe et pauvre encore, avec son vers rude et grossier, avec la rapidité fatale de ses adaptations, Hardy devait rester à cent lieues de ses élégants modèles. Il en négligeait en effet tout l'élément poétique, la grâce du langage, la richesse merveilleuse de la versification, la musique de l'âme, si bien sentie, si bien appréciée par les spectateurs castillans. Les Français étaient moins exigeants, et Hardy leur offrait tout ce qu'ils pouvaient comprendre et désirer, d'intéressantes intrigues, des situations émouvantes. Il n'avait ni le goût qui choisit, ni l'art qui coordonne, ni le style qui assure la durée d'un ouvrage ; mais il possédait l'instinct de l'effet dramatique, il sentait ce qui doit ébranler la foule et arracher ses applaudissements. C'était assez pour des succès d'un jour, et ces succès éphémères (c'est là le mérite et la gloire de Hardy) se renouvelèrent pendant trente ans[2].

Cependant la société élégante qui s'était déjà formée à Paris, les précieuses, qui se piquaient d'épurer le langage et de raffiner les mœurs, ne pouvaient s'empêcher de souhaiter quelque chose de plus délicat que les coups de théâtre de Hardy. Pourquoi le langage des ruelles ne passerait-il point sur la scène ? Pourquoi nos poètes ne donne-

---

1. Hardy (1560-1631) composa, dit-on, plus de sept cents pièces. Le plus grand nombre ne fut pas imprimé : il n'en reste aujourd'hui que quarante et une ; toutes sont écrites en vers.

2. Le plus ancien de ses ouvrages qui ait été conservé est de 1601, et le dernier de 1624.

raient-ils pas à un public d'élite ces fêtes de l'imagination que les Espagnols prodiguaient à leurs *mosqueteros*? L'occasion était favorable. C'était en 1617 : Gongora venait de composer un poème narratif non imprimé encore, mais dont la réputation avait déjà passé les Pyrénées ; c'était une paraphrase brillantée de la touchante fable de Pyrame et Thisbé racontée par Ovide. Le poème espagnol avait obtenu même avant l'impression un succès inouï. C'était, disait-on, le chef-d'œuvre du *cultisme*. Bientôt les commentateurs s'y mirent, comme à une œuvre classique : le docte Cristoval Salazar Mardonez accabla d'une glose de cent quatre-vingt-quatre pages le texte de Gongora qui n'en avait que huit.

Un jeune poète agenais, hôte bienvenu des meilleures compagnies de la capitale, le protégé et le compagnon des Liancourt et des Montmorency, Théophile Viau, ancien ami de Balzac (mais brouillé alors avec lui) ne craignit pas de transporter sur la scène un sujet entouré du prestige d'une admiration étrangère. Né sur les bords de la Garonne, le jeune provincial semblait prédestiné à reproduire Gongora. Il avait appris bien vite le langage des *alcovistes*; dans ses odes, il faisait « fondre les neiges » des montagnes « au feu de son amour »; il « baignait » ses mains « dans les ondes » d'une belle chevelure. Pour lui « les chevaux du soleil, la bouche et les naseaux ouverts, ronflaient la lumière du monde »; l'hiver tenait les poissons « enchâssés en l'argent de l'onde »; et le zéphire, enfermé « dans les creux Éoliens gardait « les œillets et les lis dans ses poumons ensevelis. »

Telle était la première manière de Théophile. Sa tragédie de *Pyrame et Thisbé* en fut l'apogée. Boileau a voué à l'immortalité du ridicule l'apostrophe de Thisbé au poignard dont son amant s'est frappé lui-même :

> Ha! voilà ce poignard qui du sang de son maître
> S'est souillé lâchement ; il en rougit, le traître !

Pyrame, dans la scène précédente, n'avait été ni moins ingénieux ni plus naturel, quand s'adressant au lion absent qu'il supposait avoir dévoré son amante, il lui disait :

> En toi, lion, mon âme a fait ses funérailles,
> Qui digères déjà mon cœur et mes entrailles ;
> Reviens et me fais voir au moins mon ennemi ;
> Encore tu ne m'as dévoré qu'à demi ;
> Achève ton repas : tu seras moins funeste
> Si tu m'es plus cruel. Achève donc le reste.
> Ote moi le moyen de te jamais punir.
> Mais ma douleur te parle en vain de revenir ;
> Depuis que ce beau sang passe en ta nourriture,
> Tes sens ont dépouillé leur cruelle nature,
> Je crois que ton humeur change de qualité,
> Et qu'elle a plus d'amour que de brutalité.
> Depuis que sa belle âme est ici répandue,
> L'horreur de ces forêts est à jamais perdue :
> Les tigres, les lions, les panthères, les ours
> Ne produiront ici que de petits amours ;
> Et je crois que Vénus verra bientôt écloses
> De ce sang amoureux, mille moissons de roses.

Pyrame et Thisbé était au fond une tragi-comédie venant en ligne droite de l'Espagne, comme la plupart de celles de Hardy. Une tentative d'assassinat, un combat, un meurtre s'accomplissaient sur le théâtre au troisième acte, sans préjudice du double suicide qui termine la pièce. Rien de tout cela n'était nouveau pour le public de 1617. L'innovation, c'était la tentative de transporter sur le théâtre français la langue poétique qui lui manquait encore : La société élégante, amoureuse des beaux vers, ne pouvait se lasser d'applaudir les descriptions fleuries, les images brillantes qui venaient çà et là parfumer les monologues et les conversations des deux amants. Le sonnet et la stance, l'églogue et l'élégie, qu'on n'avait récités jusqu'alors que dans les cabinets, prenaient par une consécration publique possession incontestée de la scène française.

L'œuvre de Théophile eut un succès prodigieux. Le

grand Scudéry s'en fit l'éditeur et le panégyriste. D'un trait de plume il immortalisait l'auteur: « Je ne fais pas difficulté de publier, écrivait-il, que tous les morts ni tous les vivants n'ont rien qui puisse approcher des forces de ce vigoureux génie. » Et dix-sept ans plus tard Scudéry disait encore en parlant du *Pyrame*: « Il n'est mauvais qu'en ce qu'il est trop bon ; car excepté ceux qui n'ont point de mémoire, il ne se trouve personne qui ne le sache par cœur; de sorte que sa rareté empêche qu'il ne soit rare [1]. »

De 1617 à 1629 la tragédie sembla abandonner la scène. Pendant ces douze années on ne compte pas un seul succès en ce genre; à peine a-t-on à enregistrer quelques tentatives. Une seconde phase venait de s'ouvrir pour la poésie dramatique: la haute société, qui commençait à fréquenter le théâtre, y faisait prévaloir ses goûts et ses préférences. N'y avait-il pas en effet, dans le *Pyrame* lui-même, contradiction entre le sujet antique, sérieux, passionné, et ces charmants *conceptos* que l'art du poète des ruelles avait su y semer à pleines mains? Pourquoi ne pas séparer l'un des autres, garder les *conceptos* et changer le sujet? L'*Astrée* d'Honoré d'Urfé, imitation de la *Diane amoureuse* de Montemayor [2], était alors la lecture, la passion du grand monde; le roman passa sur le théâtre, comme à d'autres époques. La vogue fut aux pastorales. On ne vit plus que Tircis et Céladons ; on n'entendit plus qu'Idalies et Chloris. Ce ne furent partout que bergers au doux langage, que bergères épousées par des princes, miroirs magiques,

---

1. Disons bien vite, à l'honneur de Théophile, qu'il n'écrivit pas toujours dans le style *précieux* du *Pyrame*. Il a fait, dans le genre familier, des vers dignes du bon Régnier, et sa prose, dans ses *Épîtres au lecteur*, dans son *Histoire comique*, et surtout dans son *Apologie*, égale ou surpasse ce que son ancien ami Balzac a jamais fait de mieux. — Voyez notre *Tableau de la littérature française au dix-septième siècle*, chapitres VI et VII.

2. Voir ci-dessus, chapitre VIII, page 245.

amourettes contrariées et triomphantes, innocences accusées puis reconnues avec éclat, grands druides qui menacent d'immoler de jolies coupables et se contentent finalement de les marier. Le grand monde était doux et compatissant pour les faiblesses du cœur; il goûtait fort les dénouements heureux: il se plut à désarmer de son poignard la grave Melpomène.

Ce qui contribuait le plus à la fortune éphémère de toutes ces fadeurs ce sont les allusions nombreuses aux personnes connues, aux petits faits contemporains qu'aimait à y cacher le poète et que le public se plaisait à y découvrir. Ainsi avait fait en Espagne George de Montemayor, dans sa *Diane*; ainsi firent en France Honoré d'Urfé et les poètes dramatiques ses imitateurs.

Pour assurer au théâtre le succès du genre, il fut inauguré par un vrai poète. En 1618, un an après le *Pyrame* de Théophile, Racan fit jouer *Arténice*, plus connue sous le nom de *Bergeries*. Hardy avait fait aussi des pastorales: que ne faisait-il pas? Mais quelle différence entre ses pièces «mal imaginées, conduites au hasard, bassement versifiées,» et celle de M. de Racan «heureuse dans son plan, sensée dans sa conduite et élégante dans sa versification!» Ce charmant poète semble avoir créé la pastorale: il en avait inventé la poésie.

La foule des poètes dramatiques se précipita à sa suite: Coignée de Bourron donna une *Isis*; Borée, *La justice d'amour*; le sieur de La Croix, la *Climène*; Pichon, *Rosiléon*; Simon du Cros, la *Philis de Scire*; un anonyme, *La folie de Silène*, Rayssiguier, plus ambitieux, mit sur la scène toute la fable des *Amours d'Astrée et de Céladon*. Mais de toutes les pastorales celle qui eut et mérita le plus de vogue fut la *Silvie* de Mairet (1621). « Cette œuvre, disent les frères Parfait, a eu toute la réputation que puisse jamais prétendre une pièce de théâtre. Elle fut représentée avec un succès étonnant pendant quatre années, et ne commença à perdre son lustre que par celui du *Cid* de M. Corneille. »

On ne pouvait vivre éternellement aux bords du Lignon ou sous les ombrages de l'Arcadie : la tragédie et la comédie reparurent, toujours sous l'inspiration de l'Espagne et de l'Italie. Mairet transporta sur la scène française *Les galanteries du duc d'Ossone*, empruntées à Cristoval de Silva (*Las mocedades del duque de Ossuna*) et la *Sophonisbe* de Trissino (1629); Tristan obtint un long succès avec sa *Marianne*, tirée du *Tétrarque de Jérusalem* de Calderon; cette tragédie arracha des larmes au cardinal de Richelieu, et l'auteur, qui jouait Hérode, faillit succomber à son émotion.

Rotrou (de 1609 à 1650), l'un des poètes de la brigade de Richelieu, puisa aussi abondamment aux sources espagnoles. Il prit à Lope de Vega *Les occasions perdues* (1631), *L'heureuse Constance*, *La belle Alfrède*, *Don Lope de Cardonne*, *Don Bernard de Cabreire*; il doit à Francisco de Rojas la plus belle de ses palmes, après *Le véritable Saint-Genest*, son *Venceslas* (1647). Douze au moins de ses pièces appartiennent originairement à l'Espagne. Rotrou était doué d'un talent bien supérieur aux poètes que nous avons nommés jusqu'ici; mais pressé par le besoin, harcelé par ses créanciers, il prenait à peine le temps de versifier des ouvrages qu'il aurait dû commencer par refondre.

Un autre des auteurs qui travaillaient d'après les plans de Richelieu, Desmarets de Saint-Sorlin, celui même qui eut l'honneur de signer l'infortunée tragédie de *Mirame*, où se trouvaient jusqu'à cinq cents vers de la façon du premier ministre, donna à la scène française le premier essai de la comédie de caractère, « l'inimitable comédie des Visionnaires » (1637), comme on l'appela longtemps. Desmarets en avait emprunté le plan et le dessin à l'*Examen des maris*, pièce fort supérieure du poète mexicain Alarcon, le même qui trouvera bientôt un plus illustre imitateur dans la personne de Pierre Corneille.

Nous voici arrivés au nom le plus glorieux parmi ceux des poètes qui ressentirent l'influence de l'Espagne. Pendant les six premières années de sa carrière dramatique, Corneille n'avait été que le plus ingénieux et le plus sensé des dramaturges de son temps. Sauf sa tragédie de *Médée*, qui dans certains passages faisait déjà pressentir ce qu'il serait un jour, ses autres pièces, *Mélite*, *Clitandre*, etc., ne surpassaient pas de beaucoup celles de ses rivaux, Mairet, Colletet, Bois-Robert, L'Estoile. Il fallut, pour le révéler à lui-même, que parmi les ornements efféminés de la comédie contemporaine brillât à ses yeux l'épée du Cid.

Le jésuite Tournemine, régent au collège de Rouen, où Corneille fut élevé, racontait qu'un secrétaire des commandements de Marie de Medici, M. de Châlon, ayant quitté la cour dans sa vieillesse, pour se retirer à Rouen, reçut un jour la visite du jeune poète, déjà connu par ses premiers succès. « Monsieur, lui dit le vieux courtisan, après l'avoir loué sur son esprit et ses talents, le genre de comique que vous embrassez ne peut vous procurer qu'une gloire passagère. Vous trouverez dans les Espagnols des sujets qui, traités dans notre goût par des mains comme les vôtres, produiront de grands effets. Apprenez leur langue, elle est aisée; je m'offre de vous montrer ce que j'en sais, et, jusqu'à ce que vous soyez en état de lire par vous-même, de vous traduire quelques endroits de Guillen de Castro. »

Le drame que M. de Châlon fit connaître à Corneille n'était autre que *La jeunesse du Cid* (*Las mocedades del Cid*). C'était peut-être de toutes les comédies espagnoles celle qui s'éloignait le plus du présent de l'Espagne pour se rejeter dans son passé glorieux. Elle respire la mâle fierté, l'indépendance superbe des grands vassaux du moyen âge. Quelle révélation pour le génie de Corneille que ce monde des hautes pensées et des nobles sentiments, cette peinture vivante du sacrifice, de la générosité, de l'héroïsme! Avec quelle émotion il dut lire, dans le poète aragonais, l'armement de Rodrigue, l'amour fier et discret de l'infante Urraca, l'insulte faite par le comte d'Orgaz à don Diègue, l'épreuve bizarre par laquelle l'offensé sonde le courage de ses trois fils en leur serrant convulsivement les mains, le retour sur la scène du vieillard vengé avec sa joue frottée du sang de l'offenseur; le récit du combat contre les Mores! Il semblait que les vieilles traditions, les vieilles romances populaires eussent pris un corps, une existence visible pour descendre sur la scène et parler aux yeux.

Mais au milieu de ces magnifiques peintures, parmi tant de personnages, d'incidents, de costumes, de traditions toutes nationales, Corneille s'attacha surtout à l'action idéale, qui n'est plus exclusivement espagnole, qui appartient à toute l'humanité. La grande chose pour lui dans ce drame ce fut le combat moral de l'honneur et de l'amour dans Rodrigue, de l'amour et du devoir dans Chimène. C'est là ce qu'il retint, ce qu'il dégagea de tous les accessoires, ce qu'il plaça au premier plan dans son immortelle tragédie du *Cid*. Ce que Corneille demandait alors à l'Espagne ce n'est ni le mouvement de la scène, ni la complication des incidents, c'est la hauteur de pensée, la vigueur d'expression, dont il portait lui-même le germe dans son propre génie.

Il ne fut pas moins heureux en empruntant à l'Espagne sa comédie du *Menteur*. Laissant de côté la comédie d'intrigue, de cape et d'épée, qui s'offrait partout à lui chez les poètes espagnols, il choisit une pièce dont il ne connaissait pas l'auteur, la *Vérité devenue suspecte*[1]. C'était

---

1. Il l'attribuait alors à Lope de Vega. — Voir plus haut, page 304.

(chose rare chez nos voisins!) la peinture d'un caractère. Corneille ici encore faisait un de ces choix qui n'appartiennent qu'aux grands maîtres. Il importait en France le genre de comédie qui fit la gloire de notre théâtre : il ouvrait la route à Molière.

Une autre tentative d'imitation espagnole réussit moins bien à Corneille. Dans sa comédie de *Don Sanche d'Aragon*, il tira une portion de son premier acte d'une assez mauvaise pièce de Lope de Vega (*El palacio confuso*). Ici ce n'était plus, comme dans le *Cid*, comme dans le *Menteur*, l'idée principale qu'il empruntait pour la développer avec toute la sève de son génie; mais au contraire, la partie accessoire, la *partie fastueuse*, comme il l'appelle. L'auteur du *Cid*, de *Cinna*, de *Polyeucte* cherchait alors non à monter plus haut, mais à varier les genres de ses compositions; il allait demander à nos voisins quelque chose de l'éclat et du mouvement de leur scène : « Vous connaissez l'humeur de nos Français, dit-il dans sa dédicace, ils aiment la nouveauté, et je hasarde *non tam meliora quam nova*, sur l'espérance de les mieux divertir. »

Ici s'arrête, croyons-nous, la liste des obligations de Corneille envers les poètes espagnols. Son *Horace* n'a rien de commun avec celui de Lope de Vega (*El honorado hermano*); c'est Tite-Live que le poète français a pris avec raison pour guide. Si les *autos* espagnols ont pu lui suggérer l'idée de donner *Polyeucte* au théâtre, aucun détail de ce chef-d'œuvre ne trahit une imitation. Bien plus, comme pour infliger à Corneille la rançon de ses emprunts, les Espagnols l'imitèrent à leur tour. La gloire du *Cid*, oubliée en Espagne après Guillen de Castro, s'y réveilla après Corneille; Diamante traduisit et gâta la pièce française : son œuvre, imprimée en 1660 quatorze ans après celle de Corneille, n'avait pu en aucune façon, comme le prétendit Voltaire, servir de modèle à notre poète. Il en est de même de l'*Héraclius* de Calderon (*En esta vida todo es verdad y todo mentira*). Cette médiocre féerie est postérieure de dix-sept ans à l'*Héraclius* de Corneille. Calderon vieillissant revenait sur une idée dramatique qu'il avait déjà traitée dans sa jeunesse (*La vida es sueño*), et faisait entrer dans le même cadre fantastique la situation principale de l'*Héraclius* français, le tourment d'un usurpateur qui tient en ses mains deux jeunes gens sans pouvoir distinguer lequel des deux est son fils, lequel a pour père le souverain détrôné :

> Devine si tu peux et choisis si tu l'oses!

L'exclamation pathétique de Phocas était traduite presque textuellement :

> O malheureux Phocas, ô trop heureux Maurice,
> Tu recouvres deux fils pour mourir avec toi;
> Et je n'en puis trouver pour régner après moi!

> Ha! venturoso Mauricio!
> Ha! infelix Focas! quien veo
> Que para reynar no quiera
> Ser hijo de mi valor
> Uno, y que quieran del tuyo
> Serlo para morir dos!

Comment Calderon eut-il connaissance de la tragédie de Corneille? C'est ce qu'il serait difficile de déterminer. Ce qui est certain c'est la date de sa féerie (1664), et l'antériorité de l'*Héraclius* français (1647)[1].

Molière leva peu de tributs sur le théâtre espagnol. Il n'y prit guère qu'une comédie de Moreto, *Dédain contre dédain*, imitée elle-même avec avantage d'une pièce de Lope de Vega, *Les prodiges du dédain*, dont il fit sa *Princesse d'Élide* (1664); et le *Convive de Pierre*, de Tirso de Molina (Gabriel Tellez), qui devint son *Festin de*

---

1. Philarète Chasles, *Études sur l'Espagne*, page 459.

Pierre (1665). Ni l'une ni l'autre de ces pièces n'ont ajouté beaucoup à sa gloire. La première n'est qu'une ébauche faite à la hâte par l'ordre de Louis XIV et pour une fête de cour. Le poète français y resta inférieur à son modèle. La seconde fut commandée à Molière non par le roi, mais par l'intérêt de sa troupe. Les acteurs italiens qui jouaient alors à Paris, y avaient fait connaître la dramatique légende de don Juan Tenorio, d'après Tirso de Molina. Toutes les troupes de Paris (il y en avait alors quatre) voulurent avoir leur *Festin de Pierre*, comme les Italiens. La foule se pressait pour voir la statue qui hochait la tête, qui marchait, qui parlait : il fallut que Molière fît aussi son *Festin de Pierre*. C'était le meilleur de tous; ce fut le seul qui ne réussit pas. Molière y avait mis trop du sien. La terrible légende devenait chez lui une vraie comédie. Sganarelle était aussi vivant que Sancho Pança; M. Dimanche était digne du *Bourgeois gentilhomme*; enfin don Juan s'était perfectionné à l'école de Tartufe : il couronnait ses crimes par une hypocrisie systématique, qui devenait une violente satire des tartufes du monde réel, lesquels ne *veulent pas qu'on les joue*[1]. Au milieu de toutes ces malices de bon aloi, au grand jour de cette gaîté toute française, la pauvre statue du commandeur se trouva aussi dépaysée que le fut plus tard le spectre de Ninus trébuchant sur son théâtre au milieu des banquettes des jeunes seigneurs de Louis XIV. En outre, Molière avait écrit sa comédie en prose, chose alors peu ordinaire : on prétend que cette circonstance nuisit à la popularité de l'ouvrage. Il est certain que depuis que Thomas Corneille l'eut mis en vers, ce fut sous cette

---

1. Les trois premiers actes du *Tartuffe* avaient été joués à la cour en 1664 et 1665, mais la représentation en fut interdite à la ville jusqu'en 1667. — Voir les pamphlets passionnés que provoqua le *Festin de Pierre*. Les frères Parfait en donnent les titres et quelques extraits; *Histoire du Théâtre français*, tome IX, page 346.

forme qu'il se maintint au théâtre. Quoiqu'il en soit, la terrible légende de don Juan, pour atteindre à toute sa puissance dramatique, dut attendre jusqu'à Mozart.

Au-dessous des grands noms que nous avons cités, nous pourrions écrire encore ceux de trente auteurs dramatiques sur qui s'exerça l'influence espagnole [1]. Pour la plupart d'entre eux le théâtre de nos voisins fut une carrière inépuisable d'où ils tiraient sans beaucoup de travail des blocs déjà taillés. L'exploitation devint plus facile lorsque le mariage de Marie-Thérèse, fille de Philippe IV, avec Louis XIV eut amené et fixé à Paris une troupe de comédiens espagnols (1659). Admise à jouer sur le théâtre du roi, cette compagnie, dirigée par le fameux acteur Sébastien Prado, alternait, comme les Italiens, avec la troupe française. La jeune reine assistait à toutes les représentations : c'est dire que les courtisans s'y portaient en foule et naturellement trouvaient excellentes les pièces qu'on y donnait.

On raconte que dans les premiers temps du mariage, les dames du palais se disputaient les mets apprêtés pour la reine par la camériste favorite, la Molina, et vantaient tout haut la cuisine espagnole qu'elles maudissaient tout bas. Ainsi fit la cour, ainsi fit le public à qui l'on servait par faveur les comédies *fameuses* des auteurs castillans. Nos poètes invitèrent le public français au festin royal ; ils n'avaient qu'à choisir dans le répertoire qui passait ainsi sous leurs yeux. Les acteurs étrangers avaient fait un premier choix, les traducteurs et imitateurs en faisaient facilement un second. Dès qu'une pièce semblait réussir chez les Espagnols, l'hôtel de Bourgogne et le théâtre du Marais se hâtaient d'en donner une imitation.

Parmi les auteurs qui s'attachèrent à ce travail, Thomas

---

1. M. A. de Puibusque a dressé une liste très longue et encore incomplète, ainsi qu'il l'avoue lui-même, des auteurs français qui ont emprunté des sujets au théâtre espagnol. *Histoire comparée*, tome II, notes des chapitres IV, V, VI et VII.

Corneille (1625-1709), frère puîné du grand poète, fut un des plus habiles et des plus ingénieux. Pendant quarante années il ne cessa d'écrire pour le théâtre : il fit jouer dix-huit tragédies et quinze comédies en cinq actes et en vers; c'est surtout à l'Espagne qu'il fut redevable de cette fécondité. *Les engagements du hasard, Le feint astrologue, L'amour à la mode, Le charme de la voix, Le gardien de soi-même*; *Don Bertrand de Cigarral, Don César d'Avalos*, sont des emprunts faits à Calderon, à Rojas, à Solis, à Moreto. Thomas Corneille, comme la plupart de ses contemporains et de ses rivaux, se contentait de demander à l'Espagne ce qu'elle a de moins profond et de moins puissant, l'intrigue habilement nouée, l'imprévu des mouvements, le jeu des événements bizarres; mais il savait assouplir les inventions outrées de ses modèles aux habitudes, au goût plus pur ou plus timide de son public. « Plus je sonde Corneille le cadet, dit Destouches, plus il me paraît estimable : il l'est même plus qu'on ne se l'imagine, surtout par rapport à l'invention et à la disposition des sujets : jamais homme, à mon avis, n'a mieux possédé l'art de bien conduire une pièce de théâtre. »

Plus âgé que Thomas Corneille, le grotesque et bizarre Scarron (1610-1660) fut aussi un imitateur, un traducteur plus fécond que laborieux des auteurs d'outre-monts. *L'héritier ridicule, Don Japhet d'Arménie, L'écolier de Salamanque, Jodelet ou le maître valet, Jodelet duelliste*, toutes ses comédies, en un mot, sont d'origine espagnole et d'un mérite assez médiocre. Scarron, qui travaillait à la hâte et sous l'aiguillon du besoin, ne se donnait ni le temps de choisir, ni la peine de refondre et d'approprier : il transportait en masse intrigues et personnages. Toutefois, plus heureux avec les valets bouffons qu'avec leurs maîtres, il a su donner à son *Jodelet* une figure personnelle, originale et bien plus française que castillane.

Le meilleur de ses ouvrages, son *Roman comique*, est

aussi la plus heureuse des inspirations qu'il reçut de l'Espagne, s'il est vrai, ce qui semble probable, qu'il en doive l'idée première au *Viage entretenido* de Rojas Villandrando.

Scarron était mort depuis quelques années, lorsque naquit un écrivain qui devait profiter si heureusement de toutes les influences comiques de l'Espagne que les Espagnols eux-mêmes, par une jalousie bien glorieuse pour celui qui en fut l'objet, revendiquèrent la propriété du plus excellent de ses ouvrages. Nous avons nommé Alain-René Lesage (1668-1747). Un ami, l'abbé de Lyonne, fils aîné du ministre de ce nom, lui enseigna la langue et lui inspira le goût de la littérature castillane. Lesage commença sa carrière littéraire par des traductions : en 1704 il reproduisit en français le *Don Quichotte* d'Avellaneda ; mais l'ouvrage du froid continuateur de Cervantes n'eut guère plus de succès chez nous qu'il n'en avait eu dans sa patrie. Lesage se tourna alors vers le théâtre et emprunta aux Espagnols toutes ses premières comédies, *Le traitre puni*[1], *Le point d'honneur*[2], *Don César Ursin*[3], *Don Félix de Mendoce*[4]. Mais le public français avait eu Molière, il possédait encore Regnard et Dufresny ; il devait bientôt applaudir Destouches, Piron, Gresset. Le théâtre était arrivé au comique des caractères et des passions ; il reçut avec froideur les vieilles intrigues de cape et d'épée, les péripéties heurtées, les dénouements invraisemblables. Lesage le comprit et fit amende honorable par sa jolie bluette de *Crispin rival de son maître* (1707) et par son excellente comédie de *Turcaret* (1709).

Par bonheur il ne renonça point à l'Espagne ; il transporta la bataille du théâtre au roman, veine encore inex-

---

1. *Traicion busca el castigo* de Francisco de Roja.
2. *No hay amigo para amigo*, du même.
3. De Calderon.
4. *Guardar y guardarse*, de Lope de Vega.

ploitée, où Scarron seul peut-être avait été chercher le modèle de ses comédiens *picaros*. Lesage refit le *Diable boiteux*, spirituelle fiction de Louis de Guevara, qu'il augmenta plus tard à l'aide d'autres contes espagnols, et en y mêlant des traits piquants de la vie scandaleuse de Paris. Cette première épreuve du roman satirique fut bientôt suivie par le chef-d'œuvre du genre, l'impérissable *Gil Blas* (1715), dont le roman d'Espinel, *Marcos de Obregon*, lui fournit l'idée première et d'assez nombreux détails. Ici les noms, les coutumes, les évènements, les localités, malheureusement aussi les épisodes sérieux et sentimentaux, sont espagnols ; mais la finesse d'observation, la gaieté délicate, la souplesse et la vivacité du récit principal sont exclusivement françaises. Voltaire, qui n'aimait point Lesage, et quelques Espagnols, jaloux pour leur pays d'une œuvre si remarquable, accusèrent Lesage de plagiat. Le P. Isla prétendit, sans aucune preuve, que ce roman était l'œuvre d'un avocat andalous qui aurait donné son manuscrit à Lesage, pendant que l'écrivain français était en Espagne. Mais jamais on n'a produit le prétendu manuscrit, jamais on n'a cité le nom de l'avocat, jamais Lesage n'a été en Espagne. Le P. Isla ne pouvant donner à son pays l'honneur d'avoir créé *Gil Blas*, lui en donna au moins une excellente traduction [1].

Les derniers ouvrages de Lesage, *Gusman d'Alfarache* [2],

---

[1]. *Aventuras de Gil Blas de Santillana, robadas á España por Le Sage, restituidas á su patria y á su lengua nativa por un Español zeloso*. Madrid, 1797, 4 vol. in-4°. — Dans l'intérêt de sa thèse, Isla aurait mieux fait d'imprimer le texte original. Antonio Llorente, l'auteur de l'*Histoire de l'Inquisition*, reprit en 1822 l'accusation de plagiat. Ce n'est plus à un avocat andalous, mais à Antonio de Solis, qu'il attribua la paternité de *Gil Blas*. Llorente ne produisit pas, à l'appui de son assertion, de meilleures raisons que l'impossibilité où se serait trouvé tout autre écrivain de l'époque à laquelle il attribue *Gil Blas* de composer un roman semblable.

[2]. Traduit en abrégé du *Guzman de Alfarache* de Mateo Aleman (1554).

Estevanille de Gonzalès[1], *Le bachelier de Salamanque*, sont encore des reproductions moins heureuses des types espagnols. Mais dans toutes l'auteur français applique le système qu'il avait inauguré dans ses emprunts de *Gil Blas* : « il adoucit les idées outrées, il ramène doucement les formes inégales à leur juste mesure, qui est celle du bon sens et du goût [2]. »

Nous voici arrivés aux limites extrêmes du dix-septième siècle. Le dix-huitième intervertit les rôles entre la France et l'Espagne : c'est la seconde qui désormais copie la première. Le petit-fils de Louis XIV devient Philippe V. La littérature castillane, épuisée et stérile, se soumet au goût et à l'influence de la France : on parle français dans la société élégante de Madrid; on traduit et on imite nos grands écrivains. Le siècle de Louis XIV et le siècle de Voltaire jettent dans toute l'Europe un incomparable éclat. L'hégémonie littéraire a passé de l'Espagne en d'autres mains.

[1]. Traduit de l'autobiographie intitulée *Vida de Estebanillo Gonzales* (1646).
[2]. A de Puibusque, *Histoire comparée...* t. II, p. 325. En terminant cette partie de notre livre, nous ne saurions trop reconnaître et proclamer les nombreux emprunts que nous avons fait à ce savant et spirituel ouvrage.

FIN

TABLE ANALYTIQUE
DES MATIÈRES

A

Académies d'Italie, leurs noms singuliers ; en 1720 on en compte cinquante et une ; leurs travaux, 146, 147.

Accurse [1151-1229], jurisconsulte bolonais ; réunit en un seul corps les gloses ou commentaires du Droit romain, 14.

Achillini (Claude) [1574-1640], poète bolonais ; citation d'un madrigal en concetti : *col fior di fiori in mano...*, 146.

Actes des notaires de l'Italie au X° siècle écrits en latin et remplis d'expressions empruntées au nouvel idiome vulgaire, 8.

Alamanni [1495-1556], poète florentin ; son *Avarchide* (Siège de Bourges, Avaricum), 106.

Alarcon (don Juan Ruiz de) [XVII° siècle], auteur dramatique espagnol de l'école de Lope de Vega ; ses pièces ; *La vérité devenue suspecte*, où est développé le caractère du *Menteur* admiré par P. Corneille, 311 ; passages cités : d'Alarcon : *Étes-vous gentilhomme, Garcia ?* : de Corneille : *Étes-vous gentilhomme ? ah ! rencontre fâcheuse...*, 312.

Alcala de Henarez, Ximenès y fonde en 1499 une Université, 195.

Alde Manuce [1447-1515], imprimeur à Venise en 1492 ; son dévouement passionné pour la science, 69.

Allemands (des) sont envoyés en Italie au X° siècle pour repeupler certaines régions, 3.

Allusions (les) aux personnes connues, aux petits faits contemporains assurent le succès de la Diane de Montemayor en Espagne [1542], de

D'Urfé en France [1610] et de ses imitateurs, 372.

Alphonse X, le Sage, roi d'Espagne [1221-1284], son poème sur *La Pierre philosophale* ; ses *Tables astronomiques* dites *Alphonsines* ; son Code *Las Siete Partidas* ; passage cité du Code : *Un tyran c'est un maître cruel qui par force...*, 182, 183 ; son *Histoire d'Espagne* jusqu'en 1252, 197.

Amadis (les), première version en espagnol par Montalvo [1467], 234 ; origines galloises, noms, événements et lieux, analyse et résumé du roman, son succès, ses imitations, 235 ; citations de Lancelot et Genièvre : *Et avant-hier, à l'assemblée, pourquoi fîtes-vous tant d'armes ?......* ; *Ma Dame, je me sens de si peu de mérite envers vous...*, 236, 238 ; fait partie des livres de Don Quichotte et est épargné par le curé, citation de Cervantes : *Oh ! dit le curé, il semble qu'il y ait en ceci du mystère...*, 243, 244.

Ambassadeurs vénitiens [1268] ; leurs rapports déposés aux archives de la République, 124.

Animaux (les) servant à la nourriture ont deux noms dans la langue anglaise ; vivants, ils sont désignés par une expression d'origine saxonne ; morts, par une expression d'origine normande, 7.

Antoine (Saint) de Padoue [1195-1231], sa harangue à Etzelin, tyran de Padoue, 129.

Antoine de Lebrija [1442-1522], savant professeur espagnol, 195.

ARCHITECTURE (l') dégénérée en Italie au moyen âge, 4.
ARGENSOLA (Bartholomé) [1546-1631], poète et historien espagnol, sa *Description des Moluques* [1609], 355.
ARIOSTO (Lodovico) [Reggio, 8 sept. 1474; Ferrare, 6 juin 1533], sa vie, ses débuts; l'*Orlando furioso*, analyse du poème, stance citée : *Come orsa che l'alpestre cacciatore...*, 99-103; ses quatre comédies : *La Cassaria*, *I Suppositi*, *La Lena*, *Il Negromante*, 82.
ARISTOTE, premières traductions faites en Italie, XIVᵉ siècle, 13.
ART (l') CATHOLIQUE au moyen âge en France et en Italie, 1.
ARTEAGA (Félix) [mort en 1633], prédicateur de la cour, poète espagnol gongoriste; citation : *Los miraglos de Amarillix*, 346.
ARTE MAYOR (vers d'), vers dactylique espagnol; vers hendécasyllabe, vers de huit syllabes, *Redondillas*; citation d'Alonzo de Carthagène : *La Fuerza del fuego que alumbra, que ciega...*, 206, 207.
ARTICLE (l'), cet auxiliaire grammatical est ajouté au latin qui se corrompt [IXᵉ et Xᵉ siècles], 6.
ARTS (les) et l'industrie ont disparu de l'Italie au moyen âge, 4.
ASSONANCE espagnole, définition et exemples, 164.
AYALA (Don Pedro Lopez de) [1332-1407], historien espagnol, sa chronique [1350-1396], son style, sa manière, son exactitude, 198, 199.

B

BARLETA, dominicain, prédicateur italien du XIIIᵉ siècle; le verbe *Barletare*; citation : apologue du Lion jugeant les animaux coupables, 132.
BASQUE (la langue) est un des éléments qui sont entrés dans la formation de la langue espagnole, 160.
BELLO (Francisco), dit l'Aveugle de Ferrare, son poème *Mambriano* [1509], 91.
BERMUDEZ (Jérôme) [XVIᵉ siècle], dominicain, poète espagnol; ses tragédies, 279.
BERNI (Francesco) [1499-1536], poète italien; satire bernesque, etc.; a refait l'*Orlando innamorato* de Boïardo, 98.
BIBBIENA (le cardinal) [1470-1520], littérateur italien; sa comédie *Calandria*, 81.
BOCCACE [né à Paris en 1313, mort à Certaldo le 21 déc. 1375], sa jeunesse, ses œuvres : *Filocopo*, *Fiammetta*, le *Décaméron*; ses continuateurs, 60; sa pastorale l'*Ameto*, 85.
BOÏARDO (Matteo Maria) [1430-1494], poète italien; l'*Orlando innamorato*; analyse de ce poème, 96.
BOLOGNE; cette ville recueille une des premières, au XIIIᵉ siècle, l'héritage des poètes siciliens, 26; un collège espagnol y est fondé en 1360 par le cardinal Carillo de Albornoz, archevêque de Tolède, 203.
BOSCAN ALMOGAVER (Juan) [1500-1542], poète espagnol : ses relations avec l'ambassadeur vénitien Navagiero; sa poétique; son rythme; il abandonne les *redondillas* et adopte l'*hendécasyllabe*; strophe trochaïque avec la quantité indiquée, 205, 207; ses œuvres; comparé avec Pétrarque; canzon citée : *clairs et frais ruisseaux qui coures doucement...*, 209.
BOUSSOLE (la); voyageurs d'Italie au XIIIᵉ siècle; Marco Polo, 10.
BRACCIOLINI [1566-1645], poète de Pistoia; sa *Moquerie des Dieux*, *Scherno degli Dei*, 148.
BRUNETTO LATINI [1220-1294], maître de Dante; banni de Florence, vient en France : son *Trésor* composé à Paris en langue d'oïl, 32.
BURLESQUE (le); variété du mauvais goût, aggravé en France par les imitations rapportées d'Italie, 145.

C

CALCANASSOR (le pêcheur de); sa complainte en arabe et en espagnol [XIIIᵉ siècle], 171.
CALDERON DE LA BARCA (Pedro) [1600-1681], prêtre, auteur dramatique espagnol; sa vie, sa jeunesse, son triomphe; ses œuvres, ses actes sacramentaux, 313, 315; sa *Dévotion à la*

Croix, analyse abrégée empruntée à Philarète Chasles; citations : *N'allons pas plus loin, dit l'un d'eux. Tirez votre épée...*, 316, 317; *Je suis mystérieusement prédestiné, Lisardo...*, 318; GIL. : *J'admire leur quiétude! ils ont enterré là Eusèbe...*, 319; GIL. : *Voici du monde de tous les côtés. Que tous apprennent par ma voix...*, 320; *Le Magicien prodigieux*, analyse; *Le Prince constant*, analyse, 321; l'honneur est la passion qu'il développe de préférence, 322; *Le Médecin de son honneur*, analyse, trois citations : *Dites-moi donc, pour concevoir tant de crainte...*, 323; *L'amour l'adore, mais l'honneur ne peut le pardonner...*; *Il est temps que tu entres dans ce cabinet...* 324; ses pièces d'intrigue (de cape et d'épée), leur caractère, leur développement, 325; *Casa con dos puertas*, analyse, 326; *L'Esprit follet*, analyse, 327; citations : *Jalouse ou mécontente, il faut pourtant que vous m'entendiez...*; *Et si rien de tout cela n'était vrai?* 328; COSME : *Qui va là? qui êtes-vous?* 329; citation du tailleur : *Seigneur Maître, combien d'aunes d'étoffe me faut-il?* 330; *Cavaliers, dit la dame, il vous faut retourner sur vos pas...*, 331; *La vie est un songe*, citations : *Heureux mille fois le jour où vous vous montrez...*, 332; *Ne dis pas cela, dis plutôt que tu es le soleil...*; *Comment pouvez-vous me nier ce que je vois de mes yeux?* 333; *Quoique je dusse vous remercier d'un discours si galant...*, 334; conditions matérielles des représentations théâtrales en Espagne, 336; l'auditoire, le parterre, 337.

CAMORRA (la) à Séville au XVIe siècle, 272.

CAMPÉADOR, voyez CID.

CANCIONERO GENERAL, recueil de poésies et romances; le plus ancien publié par Fernando del Castillo [1511], 169.

CANCIONERO (le) de Baena [1429], recueil des poésies alors le plus admirées en Espagne, 188.

CARTAGENA (Alonzo de), poète espagnol du XVe siècle; citation d'une cancion : *non sé para qué nasci*, 188, 189.

CÉLESTINE (la), pièce publiée à Burgos en 1499; ses deux auteurs, son succès et son retentissement, 277.

CENT (les) NOUVELLES ANCIENNES renferment des contes des XIIIe et XIVe siècles, 64.

CERVANTES SAAVEDRA (Miguel de) [né à Alcala de Henarès le 8 oct. 1547, mort à Madrid le 23 avril 1616], sa vie, ses premiers ouvrages, 254; son roman pastoral *Galatée* [1584], 251 : dans Don Quichotte les romans pastoraux soumis à l'examen du curé ; citation : *Que ferons-nous, dit le barbier, de tous ces petits livres qui restent?..*, 252, 253; son *Dialogue des Chiens*, citation : *De là je viens à comprendre, ce que j'imagine que tout le monde doit croire...*, 253; *Don Quichotte* (1605-1615), analyse du roman, 265; citation relative à l'admiration témoignée pour cet ouvrage par les étrangers : *Le très illustre Seigneur Don Bernardo de Sandoval...*, 255, 256; citation de *Persiles et Sigismonde*, rencontre de Cervantes avec un étudiant : *Il arriva ensuite, cher lecteur, que deux de mes amis et moi...*, 257; ses contes picaresques; *Las Novelas exemplares* [1613] : caractère de ces contes; citations : *Leur vue me fit un tel effet...*; *Ma mauvaise étoile ou ma pire inclination...*; *Pendant le trajet, Ricon dit à leur guide...*; *Derrière eux vint une vieille à longue jupe...*; *O galopins de cuisine, sales, gras et luisants...*; 266-273; ses œuvres dramatiques : *La Vie d'Alger* et *La Destruction de Numance*, 280, 281.

CHAIRES (des) de grec et de latin sont occupées dans les Universités au XVIe siècle par des jeunes nobles espagnols, 195.

CHAMBORD bâti dans la Sologne pour François Ier par Pierre Nepveu dit Trinqueau [1526], 138.

CHANSON (la) des troubadours et des trouvères; ce qu'elle est en Italie à l'époque de la Renaissance, 2.

CHANSONS de geste de la France; imitations en Italie au XIVe siècle, 88.

CHARLES VIII entre en Italie par le mont Genèvre, 2 sept. 1494; citation d'un passage d'une lettre qu'il écrit à Pierre de Bourbon : *Vous ne sauriez croire les beaux jardins...*, 135.

CHARLES-QUINT reçoit en 1530 à Bologne la couronne de Roi des Lombards et des Romains, 204.

CHIABRERA [1562-1637], poète lyrique italien, 148.

CHIEN (le); citation de Rabelais : *La bête du monde la plus philosophe*, 180.

CHRONIQUES (les) espagnoles du XIIIe au XVIe siècles s'inspirent des chansons de geste et expriment le sentiment national; la plus ancienne est l'œuvre d'Alphonse X. *Las Siete Par-*

tidas, 196 ; la chronique espagnole reparaît en Espagne sous Alphonse XI [1312-1350], 198.

CID (le) CAMPÉADOR [1040-1099], sous Alphonse VI épouse la fille du roi de Séville, 158 ; dès l'an 1147 chansons populaires espagnoles sur ses exploits, 163 ; à la prise de Séville [1068] le Cid se fait suivre de deux trouvères, 164 ; Poème du Cid (XII° siècle) composé en strophes assonantes ; sujet et analyse du poème ; quatre citations : *Cependant de ses yeux tant fortement pleurant...* ; *Mon Cid Ruy-Dias entra dans Burgos la cité...* ; *Les Maures le reçoivent pour l'enseigne gagner..* ; *Grâce à Dieu, qui le ciel et la terre régit...*, 164-168 ; Romances ; deux citations : *Diègue Laïnez pensait...* ; *De Rodrigue de Vibar......*, 174, 175 ; le récit des exploits du Cid forme la quatrième partie de l'histoire d'Espagne du roi Alphonse X, 197 ; Les jeunes exploits du Cid (*Las Mocedades del Cid*), pièce de Guillen de Castro qui a servi de modèle à P. Corneille, 304.

CINO DA PISTOIA (Guittoncino Sinibaldi) [1270-1337], jurisconsulte et poète lyrique italien ; sonnet adressé à la ville de Rome : *A quoi bon, superbe Rome, tant de lois...*, 29.

CITATIONS, passages, extraits cités : Auteurs : Achillini (1 citation), 146 ; Alarcon (1), 312 ; alde Manuce (1), 69 ; Alonzo de Carthagene (2 citations), 188, 207 ; Alphonse le Sage (1), 183 ; Amadis (les) (6), 236-242 ; Arioste (2), 99-103 ; Arteaga (1), 346 ; Barleta (1), 132 ; Boscan (2), 206, 209 ; Calderon (15), 317-377 ; Cervantes (9), 244, 251-268 ; Charles VIII (1), 135 ; Cid (le) (8), 163-175 ; Cino da Pistoia (1), 29 ; Corneille (3), 174, 312, 377 ; Dante (4), 22-49 ; Du Bellay (1), 140 ; Enzo (1), 21 ; François d'Assise (1), 128 ; François Ier (1), 139 ; Garcilaso (2), 207, 212 ; Gonzalo de Berceo (1), 178 ; Guillen de Castro (6), 304-310 ; Herrera (2), 218-222 ; Hurtado de Mendoza (3), 216, 350, 351 ; Jacopo de Lentino (1), 23 ; Jacopone (1), 27 ; Juan Manuel (1), 104 ; Juan Ruiz de Hita (1), 29 ; Lope de Vega (7), 287, 295 ; Machiavel (4), 115-118 ; Malherbe (1), 145 ; Manrique (1), 193 ; Marguerite de Valois (1), 139 ; Pétrarque (2), 50, 208 ; Perez (Antonio), (2) ; 361, 362 ; Ponce de Leon (2), 222-227 ; Pope (1), 343 ; Pulci (1), 90 ; Quintana (1), 230 ; Rabelais (1), 180 ; Rodrigue de Bivar (4), 165, 166, 168 ; Ruiz de Hita (2), 180 ; Savonarole (2), 133, 134 ; Settembrini (1), 125 ; Sismondi (1), 153 ; Stace (1), 104 ; Thérèse (Sainte) (2), 228, 229 ; Viau (Théophile) (2), 369, 370 ; Villani (Jean) (1), 66 ; Virgile (1), 149 ; Zanobi (1), 89.

CITOYENS ; des marquis et des comtes se font inscrire à ce titre au moyen âge en Lombardie et en Toscane, 9.

CIVILISATION ANTIQUE, sa destruction en Italie, 1.

COLLÈGE DE FRANCE fondé à Paris par François Ier [1531] ; quatre Italiens sont appelés à Paris pour y professer, 138.

COLOMA (Carlos), marquis de Espinar [1573-1637], historien espagnol ; Récit des campagnes de Flandre, 356.

COMÉDIENS ESPAGNOLS établis à Paris [1659], 379.

COMÉDIENS (les) ITALIENS, I Gelosi, jouent à Blois [1577] et viennent s'établir à Paris, 84.

COMÉDIES (LES) appréciées par Cervantes dans Don Quichotte, chap. XLVIII, 279.

COMMENCEMENTS de la langue italienne (VIIIe-Xe siècle], 7 ; de la langue espagnole [VIIIe siècle], 157.

COMMERCE (le) renaît en Italie après le Millenium, 10 ; multiplie du XIIIe au XVIe siècle les relations entre l'Espagne et l'Italie, 204.

COMMINES (Phil. de) [1445-1509], son admiration pour les objets d'art de l'Italie, 136.

COMMUNES (les) en Italie au moyen âge, 9.

CONCEPTISTES (les), admirateurs du poète espagnol Gongora [1561-1627], 345.

CONCISION de l'expression en hébreu, en latin, en grec ; pluralité de mots pour exprimer la pensée dans les langues modernes, 6.

CONDOTTIERI (les), leurs batailles au XVIe siècle, 136.

CONFRÉRIES établies à Madrid en 1565 pour des représentations dramatiques, 279.

CONQUÉRANTS (les) barbares en Italie, 1.

CONSTANTIN, moine carthaginois, dit l'Africain [XIe siècle], médecin de Salerne, 17.

CONVERSATION en France au XVIIe siècle : expressions empruntées à la langue espagnole ; imitation affectée des manières espagnoles, 364.

CORDOUE ; ses poètes anciens ; leur influence à Rome, 154.

CORNEILLE (Pierre) [1606-1684]. Le Cid ; ce qu'il retient des auteurs espagnols : l'honneur et le devoir, 375 ;

Le Menteur; Don Sanche d'Aragon; Héraclius, 376; citations d'Héraclius: *Devine, si tu peux, et choisis, si tu l'oses* (acte IV, scène V, vers 20)...; *O malheureux Phocas, ô trop heureux Maurice*..., 377.
CORNEILLE (Thomas) [1625-1709], met en vers le *Festin de Pierre*; ses emprunts au théâtre espagnol: Calderon, Rojas, Solis, Moreto, 378-380.
COURS D'AMOUR [1100-1300], leurs poésies galantes sont reproduites par les poètes siciliens du XIIIe siècle, 21.
COUVENTS (les) au moyen âge conservent les manuscrits, 4.

CROISADES (les) rendent plus fréquents les rapports de l'Italie avec l'Orient, 10.
CUISINE (la) espagnole est mise à la mode en France [1659] par la caméristé favorite de Marie-Thérèse, la Molina, 379.
CULTISME de la langue courtisanesque dans Lope de Vega [1562-1635], 289.
CULTISTES (les); admirateurs du poète espagnol Gongora [1561-1627], 345.
CYCLES (les divers) des romances en Espagne [VIIIe-Xe siècle], Bernard del Carpio, Fernan Gonzalez, le Cid, 172, 173.

D

DANTE ALIGHIERI [né à Florence le 27 mai 1265, mort à Ravenne le 14 sept. 1321]; état des esprits au XIVe siècle; l'épopée de Dante est le chant du dogme catholique; *la Divine Comédie*; *Rime, Canzoni, Vita nuova, Convito, De Monarchia, de Vulgari eloquio*; canzon citée: *poiche saziar non posso gli occhi miei*..., 36; *L'Enfer*, analyse du poème, Béatrice, Ugolin, Françoise de Rimini; début et passages cités: *J'étais à la moitié du chemin de la vie* (I, 1-6)...; *Telles les jeunes fleurs que le vent froid des nuits* (II, 127-129); *Sache qu'on me vêtit du splendide manteau* (XIX, 69-114)....., 41-49; *Le Purgatoire*, vigueur et souplesse de la poésie de Dante, 44; passage cité: *Et je lui dis, moi je suis ainsi fait* (XXIV, 51-60).... 22; *Le Paradis*, le poète décrit non le plaisir des sens, mais le bonheur de l'intelligence et de l'âme; Béatrice, symbole de la science divine, la théologie, 45; Dante n'a pas été compris par François Ier, 140.
DAVILA [1576-1631], historien italien; histoire des *guerres de religion en France*, 143.
DÉCADENCE littéraire de l'Espagne après Calderon; dépopulation de l'Espagne sous Philippe IV [1605-1665]; chute et misère sous Charles II [1661-1700], 339-341.

DÉCADENCE littéraire de l'Italie au XVIIe siècle, 149.
DÉCRÉTALES (les); le moine Gratien [1150]; Droit canonique en Italie, 15.
DESMARETS DE SAINT-SORLIN [1596-1676], poète dramatique français; ses imitations de Alarcon, 373.
DEVISES CHEVALERESQUES (invenciones); emblèmes en vers composés par les poètes espagnols au XVe siècle: citations: le puits garni de deux seaux, le papillon, une grille de prison, 189, 190.
DIALECTE (le) de Florence était à la fin du XIIIe siècle le plus pur de l'Italie, 30.
DICTIONNAIRE (premier) espagnol publié à Paris [1604], 363.
DINO COMPAGNI [XIIIe siècle], chroniqueur italien; récit des événements de 1270 à 1312, 65.
DOLOPATHOS ou le Roman du Roi et des Sept Sages [XIIe siècle]; plusieurs contes de ce recueil ont été reproduits par Boccace, 61.
DROIT (le) ROMAIN qui avait subsisté dans toute l'Europe renait avec éclat en Italie au XIIe siècle, 12; l'étude du droit se rallume à Bologne, Irnérius [1065-1138], 14; droit civil, droit canonique, le moine Gratien [1150], les Décrétales, 15.

E

ÉCOLE DE SALERNE, recueil de vers latins [XIe siècle], 17.
ÉCOLES DE DROIT en Italie au XIIe siècle; zèle des professeurs et des élèves;

Novella, professeur à Bologne, fille de Giovanni d'Andrea, 16.
ÉGLISE (l') sauve au moyen âge quelques débris de la civilisation antique, 4.

ÉGLISE (l') et le cloître; leur état intellectuel en Italie au moyen âge; Rome est le trône de l'autorité religieuse, 11.

ÉLOQUENCE (l') italienne au XIIIe siècle; prédicateurs populaires, 127.

ÉMIRS en Sicile à la cour de Frédéric II [1194-1250], 20.

ENFER (l'), voyez Dante.

ENZO, fils de Frédéric II, roi de Sicile, poète [XIIIe siècle], ses canzoni; fragment cité d'une canzone : *core, che non ti smembri?...*, 21, 22.

ÉPÉES (les) du Cid, « Colada » et « Tizon, » données à ses gendres, 167.

ÉPOPÉE (l') en Espagne et le roman chevaleresque [XVIe siècle]; *l'Araucana, les Amadis*, 231.

ÉPOPÉE (l') italienne de la Renaissance, 87.

ERCILLA (Alonso de) [1525-1595]; son poème de *l'Araucana*, soumission de l'Arauco, province du Chili; indication des principaux épisodes : la bataille de Saint-Quentin, la grotte de l'enchanteur Fiton, la bataille de Lépante, Guacolda, Glaura, Tegualda, 231-233.

ESPAGNE (l'), ses populations primitives, ses langues, sa personnalité, sa physionomie; Cantabres, Goths et Arabes, 153, 154.

ESPAGNOLE (LANGUE); éléments dont elle est formée; son caractère (Sismondi); comparaison avec la langue italienne, 159-161.

ESPINEL (Vicente) [1544-1634], son roman *Don Marcos de Obregon*, a fourni à Lesage la première idée de *Gil Blas* [1715], 273, 382.

EURYDICE, de Rinuccini [1621], premier opéra en Italie, 85.

F

FABLIAUX (les) français [XIIe siècle] transformés par les Novellieri italiens, 2.

FEMMES (des) se sont fait en Italie, au Xe siècle, une réputation par leur savoir en médecine, 17.

FÉODALITÉ (la) ne s'est point établie profondément en Italie, 9.

FERIA (le duc de), ambassadeur d'Espagne en France, prend place aux États-Généraux de 1693, 359.

FERRARE (les ducs de) au XVe siècle font jouer des pièces traduites du théâtre ancien, 81.

FILICAJA [1642-1707], poète lyrique italien, 148.

FLAMINIO SCALA fit le premier imprimer des scenarii de pièces bouffonnes italiennes [1611], 84.

FLORENCE, existence brillante qui y règne à la fin du XIIIe siècle, 31; sa prospérité au XIVe siècle, 70.

FRANÇAIS (les) en Italie avec Charles VIII; la cour de France imite les Italiens, 137.

FRANCE (la) est au moyen âge le cœur du grand corps catholique, 11.

FRANÇOIS D'ASSISE (Saint), Giovanni Moriconi [1182-1226], prédicateur; cantique cité : *Très haut, très puissant et bon Seigneur...*, 25, 128.

FRANÇOIS Ier [1494-1547], protège les arts empruntés à l'Italie, 138; épitaphe qu'il compose pour la tombe de Laure, l'idole de Pétrarque : *En petit bien compris, vous pouvez voir....* 139.

FRÉDÉRIC BARBEROUSSE [1121-1190]; grand conseil réuni par lui à Roncaglia, pour établir les droits de sa couronne [1158], 13.

FRÉDÉRIC II [1197-1250]; la poésie italienne à sa cour; ses canzoni, 20.

FRUGONI [1692-1768], poète lyrique italien de l'école des Arcades à Rome, 147.

G

GAILLON (Château de) [1510]: sa construction fut le premier modèle de l'art nouveau emprunté à l'Italie, 137.

GARCILASO DE LA VEGA [1530-1568], poète espagnol; sa vie, ses œuvres, caractère de ses poésies, 211; citation d'un passage d'une de ses églogues avec l'accent : *Por ti el silencio de la selva umbrósa...*, 207; fragment cité de sa première églogue, Salicio y Nemoroso : *C'est par toi que j'aimais le silence de la forêt ombreuse...*, 212; son *Histoire de la Floride*; ses *Commentaires royaux du Pérou* [1609-1619], 355.

GIBELINS (les); système de Rossetti; les expressions passionnées employées par les poètes siciliens du XIIIe siècle auraient été une langue franc-maçonnique dont se servaient les Gibelins, pour communiquer entre eux, 22.

GIL POLO [1516-1572], publie une continuation du roman pastoral *La Diane* de Montemayor [1504], 250 ; est excepté par Cervantes dans Don Quichotte des romans à jeter au feu, 253.

GLOSES et glossateurs ; Droit romain en Italie ; Irnérius, Accurse, 14.

GONGORA (Louis de) [1521-1627], poète espagnol ; les *Cultistes* et les *Conceptistes* ; le *Gongorisme*, 345.

GONZALEZ DE MENDOZA (Pierre) [XIV° siècle], compose des comédies imitées de Plaute et de Térence, 273.

GONZALO DE BERCEO [mort vers 1268], poète espagnol ; a composé des poésies pieuses ; caractère de ses poésies ; stance citée : *Dans le septième jour, sera presse mortelle*, 178.

GRACIAN (Balthasar) [1601-1668], poète espagnol, le « législateur du mauvais goût », 345.

GRACIOSO (le), « Bouffon » dans les pièces espagnoles et dans Lope de Vega ; citation : LE ROI (à Sanche). *Es-tu venu à pied?* — SANCHE. *Non, Sire, Pélage et moi sommes venus avec nos chevaux...*, 295.

GRATIEN (le moine), canoniste, [né à Chiusi, mort à Bologne], ses *Décrétales* [1150]. 15.

GUARINI [1537-1612], poète italien ; son *Pastor fido*, pastorale, 85.

GUERRES de huit siècles, du VIII° au XV°, en Espagne entre les Maures et les Espagnols ; Grenade, Séville, Tolède, 158.

GUEVARA (Antonio de) [mort en 1544], chroniqueur espagnol ; *Horloge des Princes, Epîtres d'or* ; son désintéressement, 349.

GUICHARDIN [1482-1540], son *Histoire d'Italie*, 126.

GUILLEN DE CASTRO [1580-1630], auteur dramatique espagnol, disciple de Lope de Vega ; ses comédies ; *Les jeunes exploits du Cid (Las Mocedades del Cid)*, pièce indiquée à P. Corneille, par M. de Châlon, secrétaire de Marie de Médicis et qui lui sert de modèle, 304, 374 ; citations : *Comte! — Qui es-tu? — A deux pas d'ici je te dirai qui je suis...*, 304 ; *Elvire, c'est avec toi seule que je veux me reposer un peu...*, 305 ; *Il vaut mieux que mon amour constant se rende à toi...*, 306 ; rapprochements avec le Cid de Corneille ; passages cités : *Mon père, lâches donc ma main...*, 307, 308 ; *Bien! bien! vois-tu à présent la différence entre saint Jacques et Mahomet?...* 309 ; *Qui m'embrâse? qui me touche? Jésus! Ciel!...* 310.

GUINIZZELLI (Guido) [mort en 1276], poète bolonais ; ses poésies, 26.

H

HARDY (Alexandre) [1560-1631], auteur dramatique français ; copie et adapte à la scène française tout le répertoire espagnol, Cervantes, Lope de Vega et autres [1601-1624] ; caractère de ces adaptations, 367, 368.

HERBERAY DES ESSARTS, traducteur français de la version espagnole des *Amadis* de Montalvo [1540], 235.

HERRERA (Antonio de Tordesillas) [1551-1625], historien espagnol ; son *Histoire des Indes Occidentales*, 355.

HERRERA (Fernando de) [1515-1595], poète lyrique espagnol, le « poète divin » ; ses *Odes*, citations de ses trois cancions : « A la gloire de Don Juan d'Autriche », *Alors dans le ciel rasséréné...* 218 ; « La Victoire de Lé-

pante », *Chantons au Seigneur, qui sur la plaine de la vaste mer...*, 221 ; « La mort en Afrique de Don Sébastien, Roi de Portugal », *Qu'une voix de douleur, un chant de gémissement...*, 222.

HISTOIRE (l') en Espagne au XIII° siècle a une intime parenté avec les chants populaires antérieurs ; citation : *Et lorsqu'il vit ses cours désertes et sans serviteurs...* 197 ; Chroniqueurs et historiens : Florian de Ocampo, Ginez de Sepulveda, Pero Mexia, Antonio de Guevara, Jérôme de Zurita, Ambroise de Moralès, Diego Hurtado de Mendoza, Mariana, Solis, 348-356.

HISTORIENS italiens : Machiavel, Paruta, Guichardin, 111.

I

IDYLLES (LES) ANTIQUES; Théocrite, Virgile; leur vérité, leur charme simple et attendrissant; le roman pastoral n'est qu'une dégradation de l'églogue, 248.
IMITATION en France sous François Ier des modes, de la langue et des habitudes de l'Italie; citation d'un sonnet de Du Bellay contre cette manie: *Marcher d'un grave pas et d'un grave sourcil...*, 140.
IMITATION en Espagne au XVIe siècle de la littérature italienne; l'Italie impose à l'Espagne toute sa supériorité littéraire, 202, 203.
IMPRIMERIE (l'); son invention [1450]; ses premiers produits en Italie, 69.
IMPRIMERIE établie à Rome sous Léon X [1513-1522] pour publier les ouvrages grecs, 77.

INDUSTRIE (l') et les arts ont disparu de l'Italie au moyen âge, 4.
INFLUENCE de la littérature espagnole sur la France; costumes, modes, conversation; l'esprit espagnol domine en France jusqu'à Henri IV, 358, 359; influence de l'Italie sur la France XVIe siècle, 135.
INQUISITION (l') en Espagne au XVIIe siècle acceptée par le peuple et par les pouvoirs publics, 342.
INVASION (l') MUSULMANE en Espagne [XIIIe siècle]; les Maures communiquent aux Chrétiens leurs arts, leur poésie, leur imagination, 154.
INVASIONS GERMANIQUES; état de l'Europe au moyen âge, 2.
ITALIENNE (LANGUE); savoir cette langue était au XVIe siècle une distinction recherchée en Espagne, 214.

J

JACOPO DE LENTINO, poète sicilien du XIIIe siècle; chanson et sonnet cités: *Mia canzonetta fina...*; *Io m'aggio posto in core a Dio servire......*, 23.
JACOPONE (Fra) [né à Todi, mort en 1306], moine et poète italien; stances citées: *Sappi ben della polvere...*, 27.
JEAN DE FLORENCE, *Il Pecorone*, recueil de contes [1378], 65.
JEAN DE VICENCE, dominicain, prédicateur italien [XIIIe siècle], 130.
JEANNE, fille d'Isabelle et mère de Charles-Quint [1482-1555] répondait en latin aux harangues qui lui étaient adressées, 195.
JONGLEURS ESPAGNOLS [XIIIe siècle]; le Code d'Alphonse X leur prescrit de ne répéter que des chansons de geste guerrières, 163.
JUAN (Don); type dramatique ébauché par Lope de Vega, créé par Gabriel Tellez (Tirso de Molina) et reproduit par Molière, Mozart, Byron, 303.
JUAN ALFONSO DE BAENA; son « Cancionero [1429] », recueil de poésies espagnoles, 188.
JUAN DE ENCINA; ses comédies sont jouées en Espagne en 1492, année où est établie l'Inquisition, 276.

JUAN DE MENA, poète espagnol du XVe siècle; ses poèmes; ses imitations de l'épopée dantesque; *Le Labyrinthe*, poème en trois cents stances, 191.
JUAN LORENZO SEGURA [XIIIe siècle]; son poème sur Alexandre, 179.
JUAN MANUEL [1282-1347], neveu d'Alphonse X; ses douze ouvrages; son *Comte Lucanor*, recueil de quarante-neuf nouvelles; citation d'un apologue moral: *Le Comte Lucanor s'entretenait un jour comme il suit...*, 184, 185.
JUAN RUIZ DE HITA [XIVe siècle], trouvère espagnol; ses œuvres, son *Combat du Carnaval et du Carême*; passage cité d'une de ses satires: *Grand est le pouvoir de l'argent...*, 179; anecdote citée: « le larron, le juge et la coupe d'or... », 180.
JUAN II, roi d'Espagne [1405-1454], chantait et faisait des vers, 186.
JURISCONSULTES (les) d'Italie sont comblés d'honneurs et de privilèges, par Alexandre III et Frédéric Barberousse [1159-1163], 13.
JURISPRUDENCE en Italie au moyen âge, 12.

L

LACTANCE, premier livre imprimé en Italie 1465], 69.
LA FONTAINE [1621-1695], a tiré son « Paysan du Danube » de la *Vie de Marc-Aurèle* du chroniqueur espagnol Guevara, 349.
LANGUE ITALIENNE; sa formation, 1; la langue de Rome est transformée à la suite des invasions des barbares, 5; commencements de la langue italienne; langue vulgaire de l'ancienne Rome; expressions familières; prononciation, 7.
LANGUE VULGAIRE EN ESPAGNE; sa formation; elle est presque oubliée au VIII° siècle; la langue arabe est seule utilisée: 157; les langues de la péninsule ibérique; vers 728, il en existait dix qui se réduisent à trois: le galicien ou portugais, le catalan ou provençal et le castillan ou espagnol, 159.
LANGUES (les); tendance qui les entraine sans cesse de la synthèse à l'analyse, 6.
LARA (les sept enfants de) [993] dans l'*Histoire de l'Espagne* d'Alphonse X, 197.
LATIN (le) cesse au moyen âge d'être la langue de l'Italie; ses altérations et transformations, 5; le latin des actes des notaires en Italie au X° siècle, 8.
LAURE, fille d'Audebert de Noves et épouse de Hugues de Sade rencontrée à Avignon, le 6 avril 1327, par Pétrarque; chaste amour qu'elle lui inspire, 52; citation de l'épitaphe composée pour sa tombe, par François I°r : *En petit bien compris vous pouvez voir...*, 139.
LAURENT DE MEDICI dit le Magnifique [1448-1492], voyez MEDICI.
LÉON X (JEAN DE MEDICI) [1475-1521], pape [11 mars 1513]; sa vie, son amour pour les arts; Siècle de Léon X, 76.
LESAGE [1668-1747]; ses traductions de l'espagnol; ses imitations; *Crispin rival de son maître*; *Turcaret*; *Le Diable boiteux*; *Gil Blas* [1715] d'après le roman d'Espinel : *Marcos de Obregon*, 381-383.
LITTÉRATURE (la ESPAGNOLE au XVI° siècle a le même éclat que la littérature française sous Louis XIV; l'époque de la Renaissance est son moment le plus glorieux, 202; sous Philippe V [1683-1746] elle se soumet au goût et à l'influence de la France, 383.

LITTÉRATURE ITALIENNE à la cour de François I°r, 138.
LITTÉRATURE PICARESQUE en Espagne [XVI° siècle] : Hurtado de Mendoza, Matteo Aleman, Ubida, Quevedo, Louis de Guevara, Vicente Espinel, 273.
LOMBARDIE; son état au moment des invasions germaniques, 3.
LOPE DE RUEDA [1554-1567], auteur dramatique espagnol, 279.
LOPE DE VEGA CARPIO [1562-1635]; sa vie, sa fécondité, sa théorie dramatique, ses œuvres, 282; citation d'un passage du drame de *Santa Fé*: *Santa Fé brille entourée...*, 286; ses œuvres dramatiques peuvent être partagées en trois classes: pièces de cape et d'épée, pièces historiques, pièces religieuses, 286; *Le Moulin*, comédie; analyse; passage cité : *Un page m'a commandé de votre part de venir vous parler ici...*, 287; *Le Chien du jardinier*, comédie; analyse; passage cité : — *Écoute, Anarda. — Madame? — Quel est l'homme qui est sorti?...*, 289, 290; ses pièces historiques; *La Découverte du Nouveau-Monde*; passage cité : TÉCUÉ : *J'ai eu assez de courage pour m'approcher et les voir...*; DULCAN : *Ah! TÉCUÉ : Je me meurs!* DULCAN : *Dieu, ou qui que tu sois, aie pitié de nous*, 291, 292, 293; DULCAN : *Il n'en faut pas douter. La religion chrétienne est la seule véritable...*, 293; *La fontaine aux brebis*, analyse, 294; *Le meilleur alcade est le Roi*, analyse, 294; citation : LE ROI : *Es-tu venu à pied?* SANCHE : *Non, Sire; Pélage et moi sommes venus avec nos chevaux...*, 295; ses comédies religieuses, leur caractère analogue aux moralités : *Les Travaux de Jacob*, 296; ses actes sacramentaux, leur succès, leur forme, 298; *L'Enlèvement d'Hélène*, analyse, 299; émules et continuateurs de Lope de Vega, 301.
LUCANOR (le comte); recueil de contes et apologues de Juan Manuel [XIV° siècle], 184.
LYRIQUES (les grands) espagnols : Herrera, Louis de Léon, sainte Thérèse, 217; poètes lyriques espagnols des XVI° et XVII° siècles : Lupercio et Bartholomé Argensola, Riojas, Figueroa, Espinosa, Vicente Espinel, Jaureguy, Quevedo-Villegas, 230.

M

Machiavel [1469-1527]; sa vie, son caractère, ses œuvres : *Le Prince*, *Correspondance politique*, *Histoire de Florence*, *Vie de Castracani*, 111; analyse du Prince, quatre passages cités : *Les devoirs du prince varient selon les circonstances qui l'ont porté au pouvoir...*, 115; *Mais il ne suffit pas au nouveau prince d'être cruel...*; *Vous devez savoir qu'il y a deux façons de combattre, l'une avec la loi, l'autre avec la force...*, 116, 117; *Il ne faut donc point laisser passer cette occasion...*, 118.

Mairet [1604-1686], poète dramatique français; ses imitations de Christoval de Silva et de Trissino, 372, 373.

Malherbe [1556-1628]; passage cité de sa traduction des *Larmes de Saint-Pierre*, de Tansillo : *C'est alors que ses cris en tonnerres éclatent...*, 145.

Mandragore (la), comédie de Machiavel [1500]; est restée une des œuvres capitales du théâtre italien, 122.

Manfred [mort en 1266], fils de Frédéric II, roi de Sicile; ses poésies, 21.

Manrique (le comte Jorge), poète espagnol du XVe siècle; ses couplets (coplas); deux citations de ses stances : *Recuerde el alma adormida...*; *Que se hizo el rey don Juan?...*, 193, 194.

Marguerite de Valois [1492-1549] imite Boccace dans son *Heptaméron*; citation d'un passage du prologue : *Je crois qu'il n'y a personne de vous qui n'ait lu les nouvelles de Boccace...*, 139.

Mariages princiers qui accroissent en France l'influence espagnole; Louis XIII, Philippe IV, Marie-Thérèse, 363.

Mariana (le père Juan de) [1536-1624], jésuite, historien espagnol; son *Histoire d'Espagne*; son ouvrage sur les imperfections de la Société de Jésus; son style, ses narrations, ses portraits, 352-354.

Marino (le Cavalier) [1576-1634], appelé en France par le maréchal d'Ancre; devient l'idole de l'hôtel de Rambouillet; son influence, ses concetti, ses relations, 143-146; Marino fut le Gongora italien; rapprochement des deux écoles du bel esprit d'Italie et d'Espagne, 347.

Marot (Clément) [1495-1544], publie des traductions de Pétrarque et de Boccace, 138.

Maures (les) en Espagne au VIIIe siècle; leur domination et leur langue subsistent seules, 156.

Médecine (la) en Italie au moyen âge, 12; au Xe siècle, l'École de Salerne, 16.

Medici (Laurent de), dit le Magnifique [1448-1492]; sa vie, sa cour, ses travaux, ses résidences; société de savants dont il s'entoure; envoie ses canzoni à Frédéric de Naples en 1465, 75; ses poésies, 75; ses *Capitoli*, poésies bernesques, 86.

Melo (Manuel), historien espagnol; son *Histoire de la Rébellion catalane* [1645], 356.

Mendoza (D. Diego Hurtado de) [1503-1575], poète, historien et romancier espagnol; tente de réaliser l'alliance des formes de l'ancienne poésie espagnole avec la nouvelle poésie; caractère de ses poèmes, 215; citation : *Tout mon désir est de retourner jouir du repos dans ma maison...*, 216; son roman pittoresque *Lazarille de Tormes*, 278; sa *Guerre de Grenade*; succès de cet ouvrage; deux citations : *Mon but est de raconter la guerre...*; *Il partit de Casares en éclairant et en assurant les passages*, 350, 351.

Mexia (Pero) [mort en 1552], chroniqueur espagnol, 348.

Millenium (le) [l'an 1000] en Italie, 9.

Molière [1622-1673]; ses emprunts au théâtre espagnol; Moreto [1664]; Tirso de Molina [1665], 377.

Moncada [1586-1635], historien espagnol; son *Expédition des Catalans et des Aragonais contre les Turcs et les Grecs*, 355.

Montaigne [1533-1592]; une partie de son *Voyage en Italie* est écrite en italien, 142.

Montalvan (Juan Perez de), prêtre et auteur dramatique espagnol, disciple de Lope de Vega [1602-1638]; ses œuvres, son succès, sa popularité; son drame *Les amants de Téruel*, analyse, 302.

Montalvo (Garcia Ordonez de) [1465]; premier traducteur espagnol des *Amadis*, 234.

Montemayor (Georges de) [1520-1561], poète espagnol; sa *Diane* [1542], pastorale; analyse et résumé du poème; son succès; appréciation; ses continuateurs, 247-251.

Montpensier (Mlle de) [1627-1693];

forme le projet d'une Arcadie pastorale réelle, 251, 252.
MORALÈS (Ambroise de) [1513-1591], historien espagnol, chroniqueur de la couronne de Castille, 349, 350.
MORALITÉS (les) de la France ont leur analogie dans les compositions des poètes espagnols du XVe siècle; abstractions et personnifications allégoriques, 190.

MORGANTE MAGGIORE [1481]; poème de L. Pulci; analyse et citations; voyez PULCI, 91.
MOZARABES (les) [VIIIe siècle]; chrétiens d'Espagne imitateurs du langage et des mœurs arabes, 157.
MUNICIPALITÉS (l'administration des) romaines persiste en Italie au moyen âge, 9.

N

NAVIGATEURS GÉNOIS dans l'Atlantique avant Christophe Colomb, 10.
NICOLAS III, pape [mort en 1280], interrogé par Dante dans son voyage de l'Enfer, 48.
NOTAIRES DE L'ITALIE au Xe siècle; leurs actes écrits en latin sont remplis de mots appartenant au nouvel idiome vulgaire, 8.

NOVELLA [morte en 1366], fille d'Andrea, docteur et professeur de droit à Bologne, supplée son père, 16.
NOVELLIERI (les) italiens du XIIe siècle s'inspirent souvent en les transformant des fabliaux français, 2.

O

OCAMPO (Florian de) [mort en 1555], chroniqueur espagnol; *Los cinco libreros primeros de la cronica general de España* [1544], 350.

OMMIADES (les) [741-1031]; état de l'Espagne; commerce, population, impôts, villes, bibliothèques, 155.

P

PADILLA (Maria de), épouse de Pierre le Cruel, roi d'Espagne [1334-1369]; son histoire dans la Chronique d'Ayala, 199.
PADOUE; son université nomme en 1260 un espagnol pour Recteur, 203.
PALENCIA (Alonso de), historien espagnol; sa *Chronique du roi Henri IV* [1454-1474], 200.
PALMERIN (les) [XVIe siècle], imitations des Amadis des Gaules, 244.
PANTCHA-TANTRA ou les Cinq Ruses, fables du brahme Vichnou-Sarma, recueil indien considéré comme la source commune d'un grand nombre de contes du moyen âge, 185.
PARADIS (le), voyez Dante.
PARIS est au moyen âge la source de la doctrine, 11.
PARUTA [1540-1578], historien italien; ses ouvrages, 122.
PASSAGE (le) HONORABLE (EL PASO HONROSO) [1434]; récit par De Lena du défi soutenu par Don Suero de Quiñones et ses neuf compagnons contre soixante-huit chevaliers près de Léon, 201.
PASTORALES (les) en France au XVIIe siècle; Théophile Viau, Racan et autres, 371; les Pastorales en Italie: l'*Aminte* du Tasse, le *Pastor fido* de Guarini, *Dafné et Orfée* de Rinuccini, l'*Ameto* de Boccace, l'*Arcadie* de Sannazar, *Les deux pèlerins* de Tansillo [1529], 85, les Pastorales en Espagne, terre privilégiée de la pastorale depuis la Renaissance: Garcilaso, Lope de Vega, Figueroa, Cantoral, Saa de Miranda, Balbuena, Barahona de Soto, Pedro de Padilla, Vicente Espinel, Montemayor, Alonso Perez, Gil Polo, Cervantes, 246-253; les Pastorales en Angleterre et à la cour d'Élisabeth [1533-1603];

fêtes mythologiques au château de Kenilworth, 254.
PÈLERINAGES, visions, songes et voyages merveilleux racontés au XIV° siècle. 37.
PELLICO (Silvio) [1789-1854], romancier et poète italien, 152.
PEREZ (Alonso), littérateur espagnol, donne une continuation à la Diane de Montemayor [1504], 230.
PEREZ (Antonio) [mort à Paris en 1611], secrétaire de Philippe II, exilé en France ; ses lettres écrites à Paris ; citations : *Si votre Excellence a remarqué le soin que je prends de mes dents* (à la marquise de Pisani)... ; *Si je saigne mes dents, que l'on ne s'imagine pas* (au duc de Mayenne)..., 360-362.
PEREZ DE GUZMAN (Fernan), historien espagnol ; sa *Chronique de Jean II* [1405-1454], 200.
PÉTRARQUE (François) [né à Arezzo le 20 juillet 1304, mort à Arqua le 18 juillet 1374] ; sa jeunesse, ses travaux, sa gloire, son triomphe au Capitole ; *Sonnets, Canzoni, Triomphes*, deux sonnets cités (11 et 238) : *Se la mia vita dal' aspro tormento...* ; *Se lamentar agelli, o verdi fronde...*, 50-57 ; Pétrarque comparé avec Boscan, canzon citée : *claires, fraiches et douces ondes...*, 208 ; voyez Sonnet (lois du), 56.
PÉTRARQUISTES (les) en Espagne ; Cristoval de Castillejo ; défense de la vieille poésie nationale, 214.
PHILOSOPHIE (la) SCOLASTIQUE en Italie au moyen âge est tributaire de la France, 12.
PICAROS, filous de bas étage ; voyez Romans picaresques, 266-273.
PLATON [421-347 av. J.-C.] ; académie platonicienne ; fête annuelle instituée en son honneur à partir du 7 novembre 1469, par Laurent de Medici, 73, 74.
POÈMES ÉPIQUES de l'Italie au XIV° siècle ; *Les Princes de France, Buovo d'Antona, la Spagna* de Zanobi, *la Regina d'Ancroja*, 88.
POÉSIE ITALIENNE ; sa naissance en Sicile ; ses progrès sous Frédéric II [1194-1250], 20 ; la poésie en Italie, éternelle poésie de son climat, de son ciel, de la nature, 20 ; poésie italienne au XIX° siècle, son réveil et son énergie nouvelle, 152.
POÉSIE POPULAIRE en Espagne ; poèmes héroïques et monastiques ; les premiers chants, 162, 163 ; poésie espagnole au XIII° siècle ; l'inspiration guerrière et l'inspiration monacale ont leurs zones territoriales déterminées, 179 ; poésie espagnole, rhythmes divers ; définitions et exemples donnés ; *redondillas, coblas españolas, arte mayor* ; ses mètres nouveaux, 206, 207.
POÈTES FRANÇAIS au XVI° siècle ; les deux écoles, la Pleiade, s'unissent pour imiter l'Italie : Du Bellay, Mellin de Saint-Gelais, Desportes, Bertaud, 141.
POLITIEN [1454-1494] ; ses *Stances pour la joute de Julien de Medici* ; son drame d'*Orphée*, 74.
PONCE DE LÉON (Louis) [1527-1591]. poète lyrique espagnol ; sa vie, ses poésies sacrées ; citation de son « hymne pour la fête de l'Ascension » : *Délaisses-tu donc, Saint Pasteur, ton troupeau dans cette vallée profonde.... ; quand je contemple le ciel paré d'innombrables flambeaux*, 224-227.
POPE [1688-1744] ; citation sur la loi du balancement de nos facultés : *as An the land while here the Ocean gains*, 343.
PRADO (Sébastien), acteur et directeur d'une troupe de comédiens espagnols établis à Paris [1659], 379.
PRÉDICATEURS POPULAIRES au XIII° siècle en Italie ; citation : *L'Évêque de ce temps-ci est semblable à l'âne de Balaam*, 130.
PRINCE (le), voyez Machiavel.
PROFESSEURS (des) au nombre de plus de cent enseignent dans l'université romaine sous Léon X [1513-1522], 77.
PROSATEURS FRANÇAIS (les) du XVI° siècle ont ressenti l'influence de l'Italie : Amyot, Montaigne, 142.
PROSE ITALIENNE au XIV° siècle, 59.
PULCI (Louis) [1422-1487] ; son *Morgante maggiore*, analyse de ce poème ; passage cité : *Gli antichi padri nostri nel deserto...* 90.
PULGAR (Fernan del) [1436-1486], historien espagnol, conseiller d'État et annaliste de Ferdinand et d'Isabelle, 200.
PURGATOIRE, voyez Dante.

Q

QUEVEDO Y VILLEGAS (Francisco) [1580-1645], poète lyrique et satirique espagnol, 230.

R

RACAN [1589-1670], poète français ; sa pastorale dramatique *Arténice*, 372.

RAPPROCHEMENTS, alliances, mariages entre les Maures et les Espagnols, du XIe au XIIIe siècles, 158.

RENAISSANCE (la) en Italie au commencement du XIe siècle. 1, 9.

RÉPUBLIQUES (les) LOMBARDES ; leur formation donne plus de gravité aux travaux des poètes [XIVe siècle], 29.

RIBEYRO (Bernardino), écrivain portugais ; sa gracieuse pastorale en prose *Menina e Moça* [1500]. 246.

RICHELIEU [1585-1642] ; protège les représentations théâtrales [1629] ; Alexandre Hardy, 367.

RINUCCINI (Ottavio) [mort en 1621] ; sa pastorale *Dafné* [1594], 85.

RODOMONT ; nom inventé par Boiardo [1434-1494] pour son *Orlando innamorato*, 96.

RODRIGUE DE BIVAR : *Rodrigue, as-tu du cœur?* (Corneille) ; esquisse de cette scène ; citation de la romance espagnole : *Diegue Laïnez pensait...* 174.

RODRIGUE DE COTA, poète espagnol ; son poème *Minio Rebulgo*, satire allégorique sous la forme du drame, de la cour du roi de Castille Henri IV [1454-1474], 275.

ROMAN (le) CHEVALERESQUE en Espagne ; les *Amadis* [XIVe siècle] ; première version en espagnol par Montalvo [vers 1465], 234.

ROMAN (le) PASTORAL en Espagne ; la *Diane* de Montemayor [1542] ; influence extérieure de la poésie bucolique espagnole, 245-251 ; Cervantes, 252.

ROMAN (le) PICARESQUE, les *Novelas exemplares* de Cervantes ; *Lazarille de Tormes, Gusman d'Alfarache, la picara Justina, le Capitaine Pablos, le Diable boiteux, Don Marcos Obregon*, 266-273.

ROMANCERO DU CID publié pour la première fois en 1612, 169.

ROMANCES ; poésies appelées de ce nom par les Espagnols ; leur forme, leur caractère, leur rythme ; les plus anciennes ont été recueillies de la bouche du peuple et sont chantées encore par les muletiers espagnols, 169, 170, 172.

ROME est, au moyen âge, le trône de l'autorité, 11.

RONSARD [1521-1585] ; ses vers à la louange de Boccace, Pétrarque, Dante et Bembo ; citation : *Quel siècle éteindra ta mémoire...* 141.

ROSA DE VITERBE [XIIIe siècle], soulève le peuple contre Frédéric II, 129.

ROTROU [1609-1650], poète dramatique français ; ses imitations de Lope de Vega et de Francisco de Rojas, 373.

RUCCELLAI [1475-1526] ; ses tragédies : *Rosmonde et Oreste*, 81.

S

SACCHETTI (Franco) [1335-1410], conteur florentin, ses *Contes*, 65.

SALAMANQUE ; université fondée en 1254, par Alphonse le Sage. 195.

SALAZAR MARDONEZ (Cristoval) [mort en 1570]. son commentaire en quatre-vingt-huit pages du poème espagnol de Gongora en huit pages : *Pyrame et Thisbé*. 369.

SALERNE (l'École de) ; son enseignement au XIe siècle ; le moine carthaginois Constantin ; 373 préceptes, en vers latins, 17.

SANDOVAL (Prudence de) [1560-1620], historien espagnol, 350.

SANNAZAR [1458-1530], poète italien ; sa pastorale *l'Arcadie*, 83.

SANTILLANE (le marquis de) (Iñigo Lopez de Mendoza) [1398-1458], premier historien de la poésie espagnole ; ses œuvres ; le sonnet ; l'octave du *Filostrato* de Boccace, 187 ; emprunte au Dante son titre de la Divine Comédie, 191 ; il est l'auteur de la plus ancienne pièce dramatique espagnole ; *Comedicta de Ponza*, 275.

SATIRE BADINE en Italie ; Berni [1499-1536] ; (poésie bernesque), 86.

SAVOIR (le) en Espagne au XIIIe siècle ; le roi Alphonse X le Sage donne le signal de l'étude et du travail, 182.

SAVONAROLE [1452-1498], dominicain, prédicateur, révolutionnaire ; passage cité d'un de ses discours : *Peuple florentin, je dis aux méchants : tu sais qu'il y a un proverbe...*, 133.

SCARRON [1610-1660]; ses emprunts au théâtre espagnol et au *Viage entretenido de Rojas Villandrando*, 380.
SCIENCES NATURELLES cultivées avec éclat en Italie au XVIII° siècle; sociétés académiques, 150, 151.
SCUDÉRY (G. de) [1601-1667] se fait l'éditeur de la tragédie de *Pyrame et Thisbé* de Théophile Viau, imitée de l'espagnol Gongora, 371.
SEPULVEDA (J. Ginez de) [1490-1573], chroniqueur espagnol, 348.
SIÈCLES (LES GRANDS) LITTÉRAIRES : Périclès [494-429 av. J.-C.), Auguste [63 av. - 14 ap. J.-C.), Léon X [1475-1521], Louis XIV [1638-1715]; décadence de l'Italie après Léon X, 79.

SIMONIAQUES (les) flétris par Dante en son Enfer (chant XIX, vers 69-114), 48.
SISMONDI [1773-1842], historien; éloge qu'il fait des trois Villani, 67.
SOCIÉTÉ CLÉRICALE en Italie au moyen âge; son caractère, 10.
SOLIS (D. Antonio de) [1610-1686], poète lyrique, dramatique et historien espagnol; sa *Conquête de Mexico* [1684], succès de l'ouvrage, pauvreté de l'auteur, 356, 357.
SONNET (le) créé par les poètes siciliens [XIII° siècle], 21; le sonnet est la forme naturelle de la poésie en Italie au temps de Pétrarque; lois du sonnet; sonnets cités de Pétrarque (11 et 38), 56, 57.

T

TANSILLO [1510-1568], poète italien; premier essai de pastorale dramatique, 85.
TASSO (Torquato) [né à Sorrente le 11 août 1544, mort à Rome le 25 avril 1595]; ses prédécesseurs; son *Rinaldo*; sa *Jérusalem délivrée*, analyse du poème, 106; avait été accueilli en France par la Pléiade et reçu à la cour de Catherine de Medici, 143; son *Aminte*, pastorale, 85.
TASSONI [1565-1635], poète italien; le *Seau enlevé (Secchia rapita)*, 148.
TELLEZ (Gabriel) (TIRSO DE MOLINA) [1613-1648], prêtre et auteur dramatique espagnol; ses pièces : *Don Gil aux chausses vertes, le Railleur de Séville, Don Juan*, 303.
THÉÂTRE (le) EN ESPAGNE, ses origines; mystères, miracles, moralités, *autos*, 274; sa décadence au milieu du XVI° siècle, 278; passion des représentations dramatiques en Espagne à la mort de Calderon [1644-1649], 344; influence du théâtre espagnol sur le théâtre en France; imitations, 366.
THÉÂTRE (le) ITALIEN au XVI° siècle; premiers auteurs : Mussato [1261-1330], Pomponio Leto [1428-1498], Politien [1454-1494], Trissino [1478-1550], Ruccellaï [1475-1526]; types anciens, types nouveaux, 81.
THÉOLOGIE (la) du moyen âge est enseignée surtout avec le livre de Pierre Lombard [1100-1161], 11; écoles de théologie fondées en Italie seulement après 1360, 18.
THÉOPHILE, voyez VIAU.
THÉRÈSE DE CEPEDA (Sainte) [1525-1582]; sa vie, ses œuvres, son inspiration; citation : *Grand Dieu! dans quel état se trouve l'âme quand elle s'épanouit dans votre sein...*; citation du sonnet au Christ crucifié : *No me mueve, mi Dios, para quererte...*, 227-230.
TIRSO DE MOLINA, voyez TELLEZ (Gabriel).
TORRES NAHARRO, auteur dramatique [XV° siècle] imprime à ses compositions le vrai caractère du théâtre espagnol, 277.
TRADUCTIONS faites en espagnol au XV° siècle des auteurs grecs et latins, 195.
TRÉSOR (le) de Brunetto Latini [1220-1294] et son *Tesoretto*, 33.
TRISTAN [1601-1655], poète dramatique français; ses imitations de Calderon, 373.
TROUBADOURS (les), fêtés dans les cours féodales de Montferrat, d'Este, de Vérone et de Malespina [XII° siècle], 19.
TROUVÈRES (les) ITALIENS [XIV° siècle] ressemblent aux Jongleurs de France, 88.
TYPES ANCIENS du théâtre italien : Polichinelle, Arlequin; types nouveaux : Pantalon, Colombine, Scaramouche, 82.

U

UNIVERSITÉ (l') DE SALAMANQUE, fondée en 1254 par Alphonse le Sage, 195.
UNIVERSITÉS DE DROIT créées en Italie au XII° siècle : Modène, Mantoue, Padoue, Naples, Pise, 16.

URFÉ (Honoré d') [1567-1625], prend la *Diane* de Montemayor pour modèle de son *Astrée* [1610], 247, 251.

V

VASCO DE LOBEIRA [XIV° siècle], auteur de la première version portugaise des Amadis, 234.
VENISE ; Jean de Spire y établit une imprimerie [1469], 69 ; ses ambassadeurs [1268], leurs rapports déposés aux archives de la République, 124.
VÊPRES (les) SICILIENNES [1282] ouvrent la Sicile à la monarchie espagnole, 204.
VIAU (Théophile) [1590-1626], imite *Pyrame et Thisbé* de Gongara ; succès de cette pièce ; Scudéry s'en fait l'éditeur ; citations : *Ha ! voilà ce poignard qui du sang de son maître...*; *En toi, lion, mon âme a fait ses funérailles*, 369, 370.
VICO [1670-1744], professeur à Naples, la *Science nouvelle*, 151.
VILLANI (Jean) [1275-1348] ; (Matthieu) [mort en 1363] ; (Philippe) [mort en 1406], *Histoire de Florence*, 31, 66.
VILLENA (Henri de) établit une Académie du gai savoir sous le règne du roi de Castille Jean II [1405-1454] et rédige un *Art poétique (Arte de trobar)*, 187.

X

XIMENÈS (le cardinal) [1437-1517], fonde en 1499 l'Université de Alcala de Henarès, 195.

Z

ZANOBI (Sostegno de'), poète héroïque italien du XIV° siècle ; passage cité de son poème de « la Spagna » : *Ch'ora vi piaccia alquanto por la mano......* 89.

ZURITA (Jérôme de) [1512-1580], historien espagnol, historiographe du royaume d'Aragon ; ses *Annales de la corona de Aragon* [714-1516], 349.

FIN DE LA TABLE ANALYTIQUE DES MATIÈRES

INDEX DES NOMS CITÉS

Abarbanel (le juif) [1437-1508], 355.
Accurse [1182-1260], 14.
Achillini [1574-1640], 146.
Acquaviva (le cardinal) [1543-1615], 254.
Acuña (Hernando de) [XVIᵉ siècle], 214.
Adam de Ros [XIIᵉ siècle], 37.
Agathocle [359-287 av. J.-C.], 114.
Aguilar (Alonzo de) [XVᵉ siècle], 351.
Ajax, 35.
Alamanni [1495-1556], 140.
Albane (l') [1578-1660], 59.
Alberi (Eugenio) [né en 1817], 126.
Albéric [XIIIᵉ siècle], 37.
Albuquerque (le duc d') [XVᵉ siècle], 189.
Alciat [1292-1550], 138.
Alcovistes (les) [XVIIᵉ siècle], 369.
Alde Manuce [1447-1515], 69.
Aleman (Matteo) [XVIᵉ siècle], 273, 382.
Alembert (d') [1717-1783], 152.
Alexandre III [1159-1181], 13.
Alexandre VI (Borgia) [1431-1503], 113.
Alfieri [1749-1803], 151, 152.
Almeria (le siège d') [1147], 163.
Alonzo de Carthagène [XVᵉ siècle], 207.
Alphonse VI [1065-1109], 157.
Alphonse VII [mort en 1134], 350.
Alphonse X, le Sage [1221-1284], 182, 354.
Altamira (le vicomte) [XVᵉ siècle], 190.
Alva (le duc d') [XVᵉ siècle], 189.
Alvaro de Cordoue [XIVᵉ siècle], 156.
Alvaro de Luna, voyez Luna, 189, 354.
Amadis des Gaules [XVIᵉ siècle], 171.
Amador de Los Rios [né en 1818], 185.
Amboise (Georges d') [1460-1510], 137.

Ammirato [1531-1601], 136.
Amphitryon (l') de Plaute, 81.
Amyot [1513-1593], 142.
Anacréon [530 av. J.-C.], 148, 230.
Ancre (le maréchal d'), voyez Concini.
André del Sarto, voyez Vannucchi.
Andrea (Novella d') [XIVᵉ siècle], 16.
Andromède, 103.
Annibal [247-183 av. J.-C.], 354.
Anselme (Saint) [1034-1107], 11.
Antan (les neiges d'), 193.
Appien [IIᵉ siècle], 195.
Apulée [IIᵉ siècle], 7, 195.
Arétin (Leonardo Bruni) [1369-1444], 72.
Arétin (Pierre) [1492-1557], 86.
Argensola (Lupercio) [1565-1613]; (Bartholomé) [1566-1631], 230.
Ariane, 103.
Arioste (l') [1474-1533], 74, 87, 91, 97, 106, 109, 141.
Aristophane [mort 434 av. J.-C.], 279.
Aristote [384-322 av. J.-C.], 18, 73, 80, 337.
Arthur (le roi) [VIᵉ siècle], 171, 234.
Assoucy (d') [1604-1679], 145.
Atellanes (les), 7, 82, 83.
Auguste (l'empereur) [63 av. - 14 ap. J.-C.], 50, 79.
Aulnoy (Mᵐᵉ d') [XVIIᵉ siècle], 336.
Ausone [309-394], 7.
Authentiques (les) [VIᵉ siècle], 14.
Avellaneda [XVIIᵉ siècle], 381.
Averroès [mort en 1198], 18.
Avila (Jean d') [1502-1569], 343.

Bacon (F.) [1561-1626], 347.
Balbuena [mort en 1527], 246, 250.
Balzac (Guez de) [1584-1654], 143, 349, 362, 363, 365, 369.

INDEX DES NOMS CITÉS.

BARBARO (Hermolaus) [1464-1493], 123.
BARBAZAN [1696-1770], 60.
BARET (Eugène) [né en 1816], 185, 233, 239, 256, 263, 271.
BARETTI [1716-1789], 63.
BARLETA [XV° siècle], 131.
BAROHONA DE SOTO [XVI° siècle], 246.
BAROZZI (Niccolo) [XIX° siècle], 126.
BARTOLE [1315-1356], 29.
BARTOLINI [XVI° siècle], 105.
Beatrice (la) de Dante, 43.
BECCARIA [1738-1794], 151.
BEMBO [1470-1547], 69, 77, 78, 123, 141, 208, 209, 211.
BENSERADE [1651-1691], 144.
BERCHET (Guillaume) [XIX° siècle], 126.
BERNIS [1715-1794], 144.
BEROALD fils [1478-1518], 77.
BERTAUD [1552-1611], 144.
BETTINELLI [XIX° siècle], 4, 7, 13.
BIANCHINI [1685-1749], 5.
BIBBIENA [1470-1520], 82.
BOCCACE [1313-1375], 133, 141, 185, 187, 199, 246, 247.
BODIN [1530-1596], 122.
BOÈCE [470-526], 199.
BOILEAU [1636-1711], 90, 186, 270, 345, 369.
BOISROBERT [1592-1662], 374.
BONAVENTURE (Saint) [1221-1274], 11.
Boniface VIII [mort en 1303], 27, 48.
BORÉE [XVII° siècle], 372.
Borgia (César) [mort en 1507], 113, 114, 120, 234.
BOSCAN [1500-1542], 246, 278, 347.
BOUFFLERS [1737-1815], 144.
Bourbon (le connétable de) [1480-1537], 234.
Bourgogne (l'hôtel de) [XVII° siècle], 367, 379.
BOUTERWEK [1766-1828], 263, 345.
Brandan (Saint) [XII° siècle], 37.
Brunelleschi [1377-1444], 71.
BRUNI (LEONARDO), Arétin [1369-1444], 72.
BUCHON [1791-1846], 126.
BUFFON [1707-1788], 223.
BYRON (lord) [1788-1824], 303.

Calcanassor (le pêcheur de), 171.
CALDERON DE LA BARCA [1601-1687], 274, 322, 325, 326, 329, 330, 331, 333, 334, 336, 338, 339, 344, 345, 373, 376, 377, 380, 381.
CANTORAL [XV° siècle], 246.
CAPPONI (Gino) [1792-1876], 126.
CARTAGENA [XV° siècle], 215.
CASA (Della) [1503-1556], 78, 86.
CASARI (Michael) [XVIII° siècle], 156.
CASELLA [XVI° siècle], 30.
CASSINI [1677-1756], 150.
CASTIGLIONE (Baltazar) [1478-1529], 210.
CASTILLO [XVI° siècle], 243.

CASTRO, voyez GUILLEN DE CASTRO.
CATULLE [86-36 av. J.-C.], 103, 104.
Cavalcanti [mort en 1300], 30, 187.
CAYLUS (de) [1692-1765], 60.
Cent (les) nouvelles anciennes [1525], 64.
CERVANTES [1547-1616], 172, 239, 243, 301, 363, 367, 381.
CÉSAR [100-44 av. J.-C.], 195.
CESAROTTI [1730-1808], 151, 152.
Châlon (M. de) [XVIII° siècle], 374.
Chansons de geste [XI° siècle], 2.
Charlemagne [742-814], 11, 18, 87, 99, 171, 172, 234.
Charles II d'Espagne [1661-1700], 340, 341, 344.
Charles VIII [1470-1498], 133.
Charles IX [1550-1574], 256.
Charles d'Anjou [mort en 1472], 35.
Charles-Quint [1500-1558], 145, 169, 202, 215, 231, 234, 242, 260, 278, 300, 301, 340, 348, 353, 358, 359.
CHASLES (Philarète) [1798-1873], 316, 338, 339, 358, 377.
CHATTERTON [1752-1770], 257.
CHRISTINE DE PISAN [1363-1420], 16.
CIBRARIO [XIX° siècle], 126.
CICÉRON [106-43 av. J.-C.], 51, 63, 154, 195, 348.
Circé, 20, 19.
CLARENDON 1608-1674], 121.
CLAUDIEN [IV° siècle], 218.
Clément V, pape [mort en 1314], 48.
Clément XIV, pape [1705-1774], 151.
Code de Justinien [VI° siècle], 14.
COIGNÉE DE BOURRON [XVII° siècle], 372.
COLLETET [1598-1659], 141, 374.
Colomb (Christophe) [1435-1506], 10, 70, 202, 276.
COMMINES [1445-1509], 67, 135, 200, 234.
Conceptos (les), 371.
Concini (le maréchal d'Ancre) [mort en 1617], 143.
CONDÉ [1757-1820], 160, 171.
Constance (la Paix de) [1418], 19.
CONSTANTIN (le moine) [XI° siècle], 17.
CONTARINI [1483-1542], 123.
Coran (le) [635], 157.
Coriolan [mort 488 av. J.-C.], 337.
CORNEILLE (P.) [1606-1684], 165, 240, 304, 305, 307, 308, 309, 311, 312, 322, 373, 374, 376, 377, 380.
COSTANA [XV° siècle], 190.
COURIER (P. L.) [1773-1825], 142.
CROIX (Jean de La) [1542-1591], 343.
CUEVA (Jean de La) [1530-1603], 279.
CYPRIEN (Saint) [mort en 258], 37.
Cyropédie (la), 349.

DALIBRAY [mort en 1654], 362.
DAMAS-HINARD [né en 1805], 170.

INDEX DES NOMS CITÉS. 403

Danse (la) des morts [XIIe siècle], 179.
DANTE ALIGHIERI [1265-1321]. 22, 26, 34, 50, 53, 58, 59, 62, 63, 64, 78, 140, 141, 151, 152, 187, 191.
David [1085-1001 av. J.-C.], 300.
DAVILA [1576-1631], 121.
DELILLE (l'abbé J.) [1738-1813], 8.
DEMOGEOT (J.) [XIXe siècle], 19, 32, 33, 695, 88, 113, 159, 165, 193, 349 362, 371.
DEMOUSTIER [1760-1801]. 144.
DESCARTES [1596-1650], 11.
DESMARETS DE SAINT-SORLIN [1596-1676], 173.
DESPORTES [1545-1606], 141.
DESTOUCHES [1680-1754], 380, 381.
DIAMANTE [XVIe siècle], 376.
Divine Comédie (la) [1300], 2.
DOBLADO [XVIIe siècle], 341.
Dolopathos (le roman de) [XIIe siècle], 61.
Donatello [1383-1466], 71.
DORAT [1734-1780]. 144.
Doria (Tedesio) [XIVe siècle], 10.
Dozy [né en 1820], 239.
Du BELLAY (J.) [1500-1560], 140.
Du CROS (Simon) [XVIIe siècle], 372.
DUFRESNY [1684-1724], 381.
Duguesclin [1314-1380], 198.
DUMAS fils (Alexandre) [né en 1824], 325.

Edouard III d'Angleterre [1312-1377], 31.
Elisabeth d'Angleterre [1466-1502], 360.
EPICHARME [450 av. J.-C.], 85.
ESCHYLE [524-456 av. J.-C.], 281, 318, 338.
ESPINEL (Vicente) [1544-1634], 230, 246, 382.
ESPINOSA [1582-1650], 230.
Este (les ducs d') [XVIe siècle], 70.
ESTIENNE (Henry) [1528-1598], 88.
Etzelin [XIIIe siècle], 129.
EURIPIDE [480-407 av. J.-C.], 279.

Farinata de' Uberti [XIIIe siècle], 35.
FAUCHET [1529-1621], 60.
FAURIEL [1773-1844], 155, 172.
FÉNELON [1656-1715], 227.
Ferdinand III dit le Saint [1200-1252], 163.
Ferdinand IV [1285-1312], 199.
Ferdinand V le Catholique [1452-1516], 113, 353, 354.
FERNANDEZ [XIXe siècle], 224.
FERNANDO CASTILLO [XVIe siècle], 188.
Ferrare (les ducs de) [XVIe siècle], 81.
FICIN (Marsile) [1433-1491], 72.
FICORONI [1664-1747], 82.
FIGUEROA [1540-1620], 230, 246, 337.
FILANGIERI [1752-1788], 152.
FILELFO [XVe siècle], 72.

FIRENZUOLA (Angelo) [1493-1548], 68.
FLOR (Roger de) [1262-1306], 356.
FLORIAN [1755-1794], 252.
FONTENELLE [1657-1757], 11, 252.
FOSCOLO (Ugo) [1776-1827], 59, 99.
FRANÇOIS Ier [1494-1547], 234.
Frédéric Ier Barberousse [1121-1190], 13, 35.
Frédéric II [1194-1250], 18, 20.
FRÉRON [1719-1776], 144.
FROISSART [1337-1410], 66, 200.
Fust, Sweynheym et Pannartz [XVe siècle], 69.

GABRIELLI [XVIe siècle], 69.
GALILÉE [1544-1642], 101, 150.
GALVANI [1737-1798], 150.
GARASSE [1585-1631], 364.
GARCILASO DE LA VEGA [1530-1568], 204, 207, 223, 227, 246, 278, 347.
GARNIER [1545-1601], 82.
GAYANGOS [né en 1809], 184, 185.
Gélon [mort l'an 478 av. J.-C.], 121.
GESSNER [1730-1788], 252.
Ghiberti [1378-1456], 71.
Ghirlandajo (Curadi) [1449-1493], 71.
Gil Blas, de Lesage [1715], 382.
GILIBERT DE MERLHIAC [XIXe siècle], 231.
GIL POLO [1516-1572], 86.
GIL VICENTE [1480-1557], 276.
GINGUENÉ [1748-1815], 16, 69, 114, 116.
Giotto [1276-1336], 71.
GIRALDI CINTHIO [1504-1573], 82.
Glaura, Ercilla (ch. XXVIII, 4-41), 232.
GOETHE [1749-1832], 1, 321.
GOLDONI [1729-1793], 84, 122, 151.
GOMBAULD [1576-1606], 144.
GOMEZ MANRIQUEZ [XVe siècle], 190.
GONGORA [1561-1627], 345, 360, 369.
Gonzague (les) [XVIe siècle], 70.
GONZALEZ ESTEBANILLO [XVIIe siècle], 383.
Gonzalve de Cordoue [1443-1515], 276.
GOZZI [1713-1786], 84, 151.
GRACIAN [1584-1658], 361, 362.
GRATIEN [XIIe siècle], 15.
GRAVINA [1664-1718], 14.
Grégoire Ier (Saint), pape [542-604], 199.
Grégoire VII (Hildebrand), pape [1013-1085], 77.
GRESSET [1709-1777], 381.
GRUTER [1560-1627], 5.
Guacolda, Ercilla (ch. XIII, 44-56), 232.
Guelfes et Gibelins [XIIe-XIVe siècle], 13, 22, 30.
GUEVARA [1574-1646], 260, 273, 337, 362, 382.
GUICHARDIN [1482-1540], 136.
GUIDO D'ASCOLI [XIVe siècle], 187.
GUIDO DE COLONNA [XIIIe siècle], 199.
GUILLAUME DE LORRIS [1195-1260], 32.
Guiscard (Robert) [1015-1085]

INDEX DES NOMS CITÉS.

Guizot [1787-1874], 126, 133, 134.
Gutierre (Don) de Tolède [xiv° siècle], 195.
Gutierre de Cetina [xvi° siècle], 214.

Hallam [1777-1859], 18, 69, 263.
Haro (le comte de) [xiv° siècle], 189.
Haro (Diego Lopez de) [xiv° siècle], 190.
Haro (Louis de) [xvi° siècle], 214.
Hautefort (Mlle d') [xvii° siècle], 366.
Henri II [1518-1559], 342.
Henri IV [1553-1610], 340, 359, 360, 363.
Hermolaus Barbaro [1464-1493], 72.
Hérodien [iii° siècle], 195.
Hérodote [484-406 av. J.-C.], 121.
Herrera [1559-1625], 278.
Hita (de) [xiv° siècle], 276.
Holbach (d') [1723-1789], 152.
Homère, 35, 64, 98, 102, 149, 232, 263.
Horace [66-9 av. J.-C.], 54, 207, 217, 218, 233.
Hottmann [1524-1590], 122.
Huet [1630-1721], 251.
Hugo (Victor) [né en 1802], 271.
Humboldt (G. de) [1769-1859], 160.

Innocent III, pape [mort en 1216], 77.
Institutes de Justinien [vi° siècle], 14.
Irnérius [1065-1138], 14.
Isabelle d'Espagne [1420-1494], 195.
Isidore [570-636], 199.
Isla (le père) [1714-1783], 382.

Jacquinet (P.) [xix° siècle], 131.
Jauréguy y Aguilar [1566-1641], 230.
Jean de Meung [1260-1370], 32.
Jean de Spire [1469], 69.
Jeanne, mère de Charles-Quint [1482-1555], 195.
Jeux floraux (les) de Toulouse [1322], 187.
Jodelet, de Scarron, 380.
Jodelle [1522-1573], 82, 336.
Johnson [1709-1784], 263.
Juan (la légende de Don), 378.
Juan d'Autriche (Don) [1629-1679], 254, 337.
Jules II (de la Rovere), pape [1441-1503], 120.
Julien (Julianus Antecessor) [vi° siècle], 14.
Justin [ii° siècle], 195.
Justinien [483-565], 14.
Juvénal [82-122], 81.

La Boétie [1530-1563], 122.
La Calprenède [1602-1663], 243, 247.
La Croix (de) [xvii° siècle], 372.

La Fayette (Mme de), [1633-1693], 251.
La Fontaine [1621-1695], 102, 131, 145.
Lancelot du Lac [xii° siècle], 171.
Landino (Christophe) [1425-1504], 72.
Lanfranc [1005-1089], 11.
Languet [1518-1581], 122.
La Rochefoucauld [1613-1680], 251.
Larramendi [1690-1766], 160.
aLrrivey (P. de) [1550-1612], 82, 3.
La Rue (l'abbé de) [1751-1835], 37.
Lascaris (Jean) [mort en 1535], 77, 138.
La Taille (Jean de) [1540-1573], 82.
Latour (Ant. de) [né en 1808], 314, 326.
Lebrun (Ec.) [1729-1807], 148.
Legnano (bataille de) [1176], 14, 19.
Le Grand D'Aussy [1737-1800], 60.
Léon (Louis de) [1527-1591], 343.
Leontino (Leontium), 23.
Lépante (bataille de) [7 octobre 1571], 107, 232, 254.
Lesage [1668-1747], 273.
L'Estoile [1597-1652], 374.
Liancourt [xvii° siècle], 369.
Llorente (Antonio) [1756-1823], 382.
Loges (Mme des) [xvii° siècle], 365.
Loherains (les romans des) [xii° siècle], 167.
Lombard (Pierre) [1100-1164], 11.
Longus [iv° siècle], 150.
Lope de Vega Carpio [1562-1625], 192, 250, 255, 274, 291, 301, 302, 303, 311, 313, 314, 315, 335, 338, 345, 347, 368, 373, 375, 376, 377, 381.
Louis de Grenade [1505-1588], 260, 343.
Louis IX (Saint Louis) [1215-1270], 314.
Louis XI [1423-1483], 113, 234.
Louis XII [1462-1515], 119, 137.
Louis XIII [1601-1643], 366.
Louis XIV [1638-1715], 79, 145, 153, 340, 378, 383.
Lucain [38-65], 66, 154.
Luitprand [x° siècle], 159.
Luna (Alvaro de) [mort en 1453], 189, 354.
Luther [1483-1540], 77.
Lyonne (l'abbé de) [mort en 1713], 381.

Macaire (Saint) [iv° siècle], 37.
Macaulay [1800-1859], 31, 113, 116, 120, 121.
Machiavel [1469-1527], 80, 81, 123, 234.
Macpherson [1738-1796], 151.
Maffei (Joseph) [1653-1716], 64.
Maffei (Scipion) [1675-1755], 151.
Magnin (Ch.) [1793-1862], 83.
Maillart (Olivier) [1440-1502], 131.
Mairet [1604-1686], 372, 373, 374.
Malherbe [1556-1628], 144, 210, 270.
Malon de Chaide [xvi° siècle], 260.
Manfred de Faenza [xiv° siècle], 35.
Manni [1690-1788], 60.

INDEX DES NOMS CITÉS.

Manrique (Don Alphonse) [xive siècle], 195.
Manrique (Jorge) [xve siècle], 214.
Manzoni (1784-1872), 152.
Marais (Théâtre du) [xviie siècle], 379.
Marat (1746-1793), 252.
Marc-Aurèle (121-180), 349.
Mariana (1537-1624), 157, 160, 242.
Marie de Médici (1573-1642), 143.
Marie-Thérèse (morte en 1683), 379.
Marini (le Cavalier) (1569-1625), 347.
Marot (Clément) (1495-1544), 138, 141.
Marsile, voyez Ficin, 72, 73.
Martin (Henri) [né en 1810], 137.
Martinez de La Rosa (1789-1862), 275.
Masaccio (1401-1443), 71.
Maure (Mme du) [xviie siècle], 366.
Mauro (Giovanni) [xvie siècle], 86.
Maximilien (1527-1576), 119.
Mayans y Siscar (1697-1781), 187.
Medici (les) : Cosme (1389-1464), Pierre (1414-1469), Laurent (1448-1492), 70 ; Marie de Médici (1573-1642), 374.
Medina-Sidonia (le duc de) [xve siècle], 189.
Mela (Pomponius) [1er siècle], 72.
Mena (Juan de) (1412-1454), 214.
Ménage (1613-1692), 366.
Mendoza (Hurtado de) (1503-1575), 273, 278.
Mendoza (Lopez de) (1398-1458), 187.
Ménechmes (les) de Plaute, 81.
Menot (1450-1518), 131.
Métastase (1698-1782), 151.
Mexia (Hernan) [xve siècle], 190.
Michel-Ange (1474-1564), 59, 71.
Michellozzi [xvie siècle], 71.
Mignard (1608-1668), 144.
Mignet [né en 1796], 342, 360.
Mille (les) et une Nuits, 185.
Million (Messer, Miglione, Marco Polo), 10.
Mimes (les) du théâtre antique, 82.
Mohammed-ben-Assaker [mort en 1193], 157.
Moïse (1725-1605 av. J.-C.), 300.
Molière (1622-1673), 84, 122, 145, 151, 263, 270, 284, 300, 303, 311, 322, 331, 363, 376, 378, 381.
Montaigne (1533-1592), 142.
Montalvan (1602-1638), 303.
Montalvo [xvie siècle], 243.
Montemayor (1520-1562), 86, 371, 372.
Montesquieu (1689-1755), 119, 123, 152, 259.
Monti (1754-1828), 152.
Montmorency [xviie siècle], 369.
Morellet (1727-1819), 152.
Moreto [xviie siècle], 339, 377, 380.
Moriconi, voyez François d'Assise, 25.
Morin (F.) [xixe siècle], 128.
Mosqueteros (les) [xvie siècle], 369.
Mozart (1756-1791), 303, 379.
Muratori (1672-1750), 5, 7, 12, 21, 151.

Musœus [xiiie siècle av. J.-C.], 210.
Mussato (Albertino) (1261-1329), 81.
Musurus (1470-1517), 69.

Napoléon Ier (1769-1821), 126, 340.
Navagero (1483-1529), 69, 123, 205.
Néron (37-68), 154.
Nestor, 35.
Nicolas III, pape (mort en 1280), 48.
Nicolas V, pape (mort en 1455), 18.
Nostradamus (1503-1566), 144.
Novelles (les) de Justinien [vi^e siècle], 14.

Ocampo [xvie siècle], 348.
Ochoa (Eugenio de) [né en 1812], 164, 169.
Oliviero [xvie siècle], 105.
Olmo (Joseph del) (1611-1696), 343.
Ordéric Vital (1075-1150), 17.
Oreste, 81.
Orose (Paul) [ve siècle], 86.
Ossian [iiie siècle], 151.
Ovide (43 av., 17 apr. J.-C.), 34, 102, 277, 369.
Ozanam (1813-1853), 37.

Pacheco (1571-1654), 224.
Padilla (Pedro de) [xvie siècle], 246.
Pandectes de Justinien [vi^e siècle], 14.
Pantcha-Tantra, contes indiens, 185.
Parfait (les frères) ; Fr. (1698-1753), Cl. (1701-1777), 372, 378.
Parini (1729-1799), 152.
Pascal (1628-1662), 218.
Patrick (Saint) (372-460), 37.
Paul (Saint) (2-66), 37.
Paul III, pape (Farnèse) (mort en 1549) 215.
Paulet (Mlle) [xviie siècle], 362.
Pecorone (Il) (1378), 65.
Pellicer (1740-1806), 256.
Perez de Guzman [xve siècle], 186.
Périclès (494-429 av. J.-C.), 79.
Perpétue (Sainte) [xiiie siècle], 37.
Perticari (1779-1822), 5.
Pétrarque (1304-1374), 18, 118, 130, 187 207, 208, 209, 214, 278.
Philippe II (1527-1598), 169, 233, 243, 300, 340, 342, 351, 358, 359, 360.
Philippe III (1578-1621), 230, 340.
Philippe IV, le Bel (1268-1314).
Philippe IV, d'Espagne (1605-1665), 340, 344, 353, 356.
Philippe V (1683-1746), 383.
Pic de la Mirandole (1463-1494), 72.
Pichon [xviie siècle], 372.
Pie V, pape (1504-1572), 254.
Pierre de Corbiac [xiiie siècle], 37.
Pierre le Cruel (1334-1369), 198, 354.
Pilate (Léonce) [xve siècle], 64.

PINDARE [520-456 av. J.-C.], 148, 217, 218.
Pirithoüs, 35.
PIRON [1689-1778], 381.
Pisani (le marquis de) [XVIIe siècle], 361.
Pisistrate [mort 528 av. J.-C.], 121.
PLACENCIA (le comte de) [XVe siècle], 189.
PLATON [421-347 av. J. C.], 73, 150.
PLAUTE [224-184 av. J.-C.], 7, 81, 82, 195, 275.
PLINE [23-79], 7, 72.
PLOTIN [205-270], 73.
PLUTARQUE [1er siècle], 195.
POGGIO [1380-1459], 72.
POLITIEN (Angelo Ambrogini) [1454-1494], 71, 72, 81, 104.
Polo (Marco) [1250-1323], 10.
POMPONIO LETO [1425-1497], 81.
PONCE (Louis) [XVIe siècle], 278.
POPE [1688-1744], 90, 343.
PORPHYRE [233-304], 74.
Précieuses (les) [XVIIe siècle], 368.
Primatice (le) [1490-1570], 138.
Prince (le) Noir, Édouard, prince de Galles [1330-1376], 198.
Procida (Jean de) [1225-1302], 354.
PUIBUSQUE (A. de) [né en 1801], 144, 184, 188, 230, 360, 361, 379, 383.
PULCI (Luigi) [1432-1487], 74, 97, 131, 133, 234.
Pyrame et Thisbé, 369.

QUEVEDO [1580-1645], 230, 273.
QUINTANA [1772-1857], 224, 230.
QUINTILIEN [42-117], 5, 51.

RABELAIS [1483-1553], 86, 179, 180, 186.
RACINE [1639-1699], 151, 300.
Rambouillet (la marquise de) [XVIIe siècle], 361, 362, 366.
Rambouillet (l'hôtel de) [XVIIe siècle], 144, 361.
RANKE (Léopold) [né en 1795], 126.
RAOUL DE HOUDAN [XIIIe siècle], 37.
Raphaël [1483-1520], 77, 78, 137, 138.
RATHERY [né en 1807], 138, 141.
RAYSSIGUIER [XVIIe siècle], 372.
REGNARD [1655-1709], 381.
Regnier, (Macette), 180.
REGNIER [1573-1613], 86, 360, 371.
Régulus [250 av. J.-C.], 321.
RENAL (Anthony) [XIXe siècle], 170.
RIBEYRO (Bernardino) [1500], 246.
RICCOBONI [1674-1753], 82.
Richard Cœur-de-Lion [1157-1199], 35.
Richard III [1352-1435], 113.
Richelieu [1585-1642], 145, 373.
RIDOLFI [1794-1865], 114.
RINIERI [XVIe siècle], 69.
RIOJA (Francisco de) [XVIe siècle], 230.
Robespierre [1759-1794], 252.

Rodéric (le roi) [VIIIe siècle], 172.
Rojas (Francisco de) [XVIIe siècle], 339, 373, 380, 381.
ROJAS VILLANDRANDO [XVIe siècle], 381.
Roland (la Chanson de) [XIe siècle], 87, 165, 167, 171.
Roman (le) de la Rose [1250], 32.
Roman (le) du Renard [1236], 113.
Romans (les) de la Table Ronde [XIIe siècle], 2.
Roncaglia (la plaine de) [1158], 13.
Roncevaux (la vallée de) [778], 171.
RONSARD [1524-1585], 141.
ROSSETTI (Gabriele) [XIXe siècle], 22, 23.
Rosso [XVIe siècle], 138.
ROUSSEAU (J.-B.) [1670-1741], 149.
ROUSSEAU (J.-J.) [1712-1778], 151, 257.
ROXAS (Augustin de) [XVIe siècle], 276.
RUCCELLAÏ [1475-1525], 81, 82, 136.
Ruelles (les) [XVIIe siècle], 371.
RUTEBEUF [XIIIe siècle], 37, 64, 179.

SAA DE MIRANDA [1495-1558], 246.
SABELLICO [1436-1508], 123.
Sablé (Mme de) [XVIIe siècle], 366.
SADOLET [1477-1547] 77, 138.
SAINT-AMANT [1594-1660], 144.
SAINT-GELAIS (Mellin de) [1466-1502], 141.
Saint-Graal (le) [VIe siècle], 171.
Saint-Pierre de Rome (la Basilique de) [1693], 77.
Saint-Quentin (la bataille de) [1557], 232.
Salerne [XIIe siècle], 20.
SALLUSTE [86-38 av. J.-C.], 195, 351.
Salomon [1020-962 av. J.-C.], 300.
Sanche IV, le Brave [mort en 1295], 199.
SANCHEZ [1732-1798], 164, 187.
SAND (Georges) [1798-1876], 252.
SANNAZAR [1458-1530], 105, 208, 211, 214, 246, 247.
SANTILLANE (le marquis de) [XVIe siècle], 182.
SARMIENTO [1692-1770], 160.
Sarragosse (la Paix de) [1118], 163.
SAVIGNY [1779-1861], 12, 15.
SCALIGER (J.-C.) [1484-1558], 138.
SCARRON [1610-1660], 145, 380, 382.
SCHACK [né en 1815], 274, 275, 276.
SCHLEGEL (A. W.) [1767-1845], 83, 316, 321, 322.
SCHÖBER [XVIIIe siècle], 82.
SCHUBERT [né en 1799], 164.
Scipion [235-184 av. J.-C.], 52, 348.
SCOTT (Walter) [1771-1832], 5.
SCUDÉRY (G. de) [1601-1667], 243, 247, 371.
SEGRAIS [1624-1701], 251.
SÉNÈQUE [2-68], 7, 81, 82, 154.
Serlio (Sébastien) [1475-1552], 138.
SETTEMBRINI (Luigi) [XIXe siècle], 126, 150.

INDEX DES NOMS CITÉS.

Sévigné (Mme de) [1627-1696], 145, 366.
Sforza (les) [xvᵉ siècle], 70.
Shakspeare [1564-1616], 251, 256, 284, 291, 300, 322.
Sidney (Philippe) [1554-1586], 251.
Silva (Christoval de) [xviᵉ siècle], 373.
Simon de Abril (Pedro) [1530], 279.
Sinbad le Marin, conte [xiiᵉ siècle], 60.
Sinibaldi (Guittoncino) [1270-1337], voyez Cino da Pistoia, 29.
Sismondi [1773-1842], 80, 153, 161, 185, 212, 258, 263.
Solis [1610-1686], 380, 382.
Sophocle [495-405 av. J.-C.], 81, 318, 338.
Soto (Fernando de) [mort en 1552], 355.
Spinelli (Matteo) [1230-1268], 21.
Stace [61-96], 103, 104.
Stoa (Quinziano) [1484-1557], 138.
Subbiaco, première imprimerie en Italie [xvᵉ siècle], 69.
Suero (Don) de Quiñones [mort en 1434], 201.
Sully [1560-1641], 360.
Sylvestre II (Gerbert), pape [mort en 1003], 158.

Table Ronde (les Chevaliers de la) [xiiᵉ siècle], 171.
Tacite [54-134], 121, 351, 352.
Tagliacarne (Théocrène) [mort en 1536], 138.
Tallemant des Réaux [1620-1693], 365.
Tambroni (Mme Clotilde) [1817], 16.
Tansillo [1510-1568], 85, 145, 270.
Tartufe [1667], 81, 378.
Tasso (Bernardo) [1493-1569], 143, 235.
Tasso (Torquato) [1544-1595], 74, 87, 99, 207, 233, 347.
Tassoni [1565-1635], 57, 90.
Tegualda, Ercilla (Ch.) xx, 29-79], 232.
Télémaque [1669], 349.
Térence [195-159 av. J.-C.], 81, 82, 275, 279.
Thérèse (Sainte) [1525-1582], 227, 233, 343.
Thomas d'Aquin (Saint) [1227-1274], 11, 18, 32.
Ticknor [né en 1791], 157, 164, 171, 172, 204, 244, 286, 303, 335, 336, 341, 343, 344, 354.
Tiraboschi [1731-1770], 17, 18, 123, 204.
Tirso de Molina [xviiᵉ siècle], 377.
Tite-Live [59 av.-19 ap. J.-C.], 66, 119, 198, 199, 352, 354, 376.
Tolosa (la victoire de) [1212], 163.
Tommaseo [1833], 126.

Torres Naharro [xvᵉ siècle], 215.
Torricelli [1608-1647], 150.
Tournemine [1661-1739], 374.
Trianon, Bergeries [xviiiᵉ siècle], 252.
Triboulet [mort en 1536], 27.
Trissino [1478-1550], 81, 82, 105, 141, 373.
Tristan [xiiᵉ siècle], 171, 373.
Troie (la guerre de), 35, 87, 107.

Ubida [xviᵉ siècle], 273.
Ugolin (Gherardesco) [mort en 1288], 35, 44.
Ulysse (Iliade et Odyssée), 35.
Urfé (Honoré d') [1567-1625], 371, 372.

Valère-Maxime [1ᵉʳ siècle], 66.
Valerius Flaccus [111], 102.
Valla (L.) [1406-1457], 72.
Vannucchi (André del Sarto) [1488-1530], 138.
Varus [mort l'an 9 de J.-C.], 351.
Vauquelin des Yveteaux [xviiᵉ siècle], 251.
Vega (G. de la), voyez Garcilaso.
Velasco (Fernandez de) [xviᵉ siècle], 195.
Vettori [1499-1585], 114.
Viane (le prince de) [xvᵉ siècle], 354.
Vida [1490-1566], 105.
Villani ; (Jean) [1275-1348] ; Mathieu [mort en 1363] ; (Philippe) [mort en 1406], 5, 31, 111.
Villegas y Quevedo [1595-1669], 230.
Villemain (Abel) [1791-1870], 66, 225.
Villon [1431-1490], 193.
Vinci (Léonard de) [1452-1519], 138.
Vinson (Hyacinthe) [xixᵉ siècle], 42, 43, 49, 231.
Virgile [70-19 av. J.-C.], 43, 63, 66, 86, 102, 104, 149, 211, 212, 232, 233, 245, 246, 248.
Virues (Christobal de) [xviᵉ siècle], 279.
Visconti (les) [xvᵉ siècle], 70.
Vivaldi (Ugolino) [xiiiᵉ siècle], 10.
Voiture [1598-1648], 144, 360, 363, 365, 366.
Volta [1745-1802], 151.
Voltaire [1694-1778], 70, 105, 151, 152, 231, 376, 382, 383.

Ximenès [1437-1517], 340.

Zanobi (Sostegno de') [xvᵉ siècle], 89.
Zarate [mort en 1658], 339.

FIN DE L'INDEX DES NOMS CITÉS

TABLE GÉNÉRALE

Préface III

L'ITALIE

Chapitre Ier. Les Conquérants barbares. — Destruction de la civilisation antique; formation de la langue italienne.. 1
Chap. II. La première Renaissance. — Formation d'une civilisation nouvelle; société cléricale; étude du droit; université de Bologne; médecine; l'école de Salerne.. 8
Chap. III. Formation de la poésie italienne. — Imitation des troubadours; importance du milieu politique; la ville de Florence; influence de la France du nord; Brunetto Latini.. 18
Chap. IV. Dante Alighieri. — L'Épopée catholique; ouvrages divers de Dante; la Divine Comédie............ 34
Chap. V. Pétrarque. — Travaux d'érudition; Laure de Noves; Sonnets, Canzoni, Triomphes.................... 50
Chap. VI. La Prose au XIVe siècle. — Boccace; les Cent Nouvelles anciennes; Franco Sacchetti; Les Chroniqueurs, Dino Compagni, les Villani............ 59
Chap. VII. La grande Renaissance. — Travaux de l'érudition; les grands imprimeurs; les réfugiés grecs; la famille des Medici; l'académie platonicienne... 68
Chap. VIII. Le Théâtre; la Satire. — Résurrection du théâtre classique; la comédie improvisée; le drame pastoral; la satire populaire 80

Chap. IX. La Poésie épique. — L'Épopée italienne de la Renaissance; prédécesseurs de l'Arioste et du Tasse ; Louis Pulci, Boïardo 87
Chap. X. Chefs-d'œuvre de l'épopée. — Le Roland furieux de l'Arioste; la Jérusalem délivrée du Tasse 98
Chap. XI. Publicistes et historiens. — Machiavel, Paruta, Guichardin ; rapports des ambassadeurs de Venise. 111
Chap. XII. L'Éloquence. — Prédicateurs populaires: François d'Assise, Jean de Vicence, Savonarole 127
Chap. XIII. Influence de l'Italie sur la France. — Éducation italienne de la France; décadence et résurrection de l'Italie 135

L'ESPAGNE

Chapitre Ier. Peuples et langues de l'Espagne. — Populations primitives ; culture littéraire des Ommiades; influence des Arabes sur les chrétiens ; caractère de la langue castillane........................ 153
Chap. II. Poésie populaire de l'Espagne. —Poèmes héroïques et romances ; le Cid; poèmes monastiques..... 162
Chap. III. Littérature de cour. — Poésie imitée des troubadours français; préludes de la Renaissance..... 182
Chap. IV. Les Chroniques. — Alphonse X; Ayala; le Passage honorable; Don Quichotte dans la vie réelle.... 196
Chap. V. L'art italien en Espagne. — L'innovation; Boscan, Garcilaso; l'opposition nationale, Castillejo; la transaction, Mendoza........................ 202
Chap. VI. Poésie lyrique. — Les grands lyriques espagnols; Herrera, Louis de Léon, Sainte Thérèse........ 217
Chap. VII. Le Roman. — L'Épopée et le roman chevaleresque en Espagne; l'Araucana, les Amadis. 231
Chap. VIII. Le Roman pastoral. — La Diane de Montemayor; influence de cette œuvre en Angleterre et en France... 245
Chap. IX. Le Roman satirique. — Cervantes; Don Quichotte, Persilès et Sigismonde...................... 254
Chap. X. Le Roman picaresque. — Nouvelles instructives de Cervantes; Lazarille de Tormes, Marcos Obregon; modèles de Gil Blas...................... 266
Chap. XI. Le Théâtre. — Origines; l'école classique ; la Célestine; les pièces de Cervantes............... 274
Chap. XII. Lope de Vega. — Théorie dramatique de Lope de Vega; ses comédies de cape et d'épée......... 282

Chap. XIII.	Suite de Lope de Vega. — Pièces historiques; pièces religieuses; actes sacramentaux............	291
Chap. XIV.	École de Lope de Vega. — Tirso de Molina, Don Juan; Guillen de Castro, le Cid; Alarcon, le Menteur.............................	301
Chap. XV.	Calderon de La Barca. — Actes sacramentaux; pièces religieuses; drames héroïques..........	313
Chap. XVI.	Suite de Calderon. — Pièces d'intrigue; style de Calderon; représentations théâtrales; spectateurs.................................	325
Chap. XVII.	Décadence de l'Espagne. — Conséquences de l'absolutisme royal et de l'Inquisition; vide des formes littéraires; le Gongorisme................	339
Chap. XVIII.	L'Histoire. — Transformation de la Chronique; obstacles qui entravaient l'histoire; Mendoza, Mariana, Herrera, Melo, Solis	348
Chap. XIX.	L'Espagne en France. — Influence de la littérature espagnole sur la France; coutumes, modes, conversation parlée et écrite; Antonio Perez, Balzac.	358
Chap. XX.	L'Espagne au théâtre français; imitateurs des Espagnols: Sdardy, Rotrore, Corneille, Lesage	366
Table analytique des matières...........................		386
Index des noms cités...................................		401
Table générale..		409

FIN DE LA TABLE GÉNÉRALE

25 024. — Imprimerie A. Lahure. rue de Fleurus, 9, à Paris.

www.ingramcontent.com/pod-product-compliance
Lightning Source LLC
Chambersburg PA
CBHW070928230426
43666CB00011B/2361